Die deutsche Lyrik

Erster Band

Emil Ermatinger

Die deutsche Lyrik seit Herder

Erster Band
Von Herder zu Goethe
Zweite Auflage

Verlag und Druck von B. G. Teubner in Leipzig und Berlin 1925

Vorwort zur ersten Auflage

„Nicht der reflektierende Verstand, sondern das
Gemüt ist die auszeichnende Eigenschaft der Deutschen; und was bei uns noch Großes geleistet werden
mag, das wird und muß aus dieser Quelle strömen."

Paul Pfizer, Briefwechsel zweier Deutschen. 1831.

Die nachfolgenden Blätter wollen Zeugnis ablegen von der
schöpferischen Kraft des deutschen Gemütes im lyrischen Gedicht. Von
1915 bis 1919 niedergeschrieben, begleitete das Buch alle Schick-
salsschwankungen des ungeheuern Ringens, von dessen Ausgang
nicht nur die staatliche Gestalt des Deutschen Reiches, sondern auch
die geistige Bildung des gesamten Deutschtums aufs tiefste bestimmt
ist. Ich hoffe, man fühle den Wellenschlag der großen und schweren
Zeit darin nachbeben. Für mich kann ich sagen, daß mir die Arbeit
an dem Buch ein Glück war. Denn es prägte mir stets aufs neue ein,
was für Kraftquellen in den Tiefen des deutschen Liedes strömen.
Nur den Zugang zu den verschütteten Schatzkammern gilt es wieder zu finden.

Es hat keinen Sinn, unter den drei Gattungen der Dichtung,
Drama, Epik und Lyrik, eine Rangordnung zu bilden. Jede kann
an ihrem Orte das Höchste leisten. Aber wer sich lange und ernsthaft
mit deutscher Dichtung befaßt hat, weiß: in der Lyrik lebt die ur-
tümlichste, innerlichste und gewaltigste Kraft des Volkes. Es ist ihr
versagt, die großen Spannungen des Schicksals darzustellen, wie es
das Drama tut. Mit der Armut ihres äußeren Tatsachenstoffes, der
Unsicherheit ihres sichtbaren Weltbildes steht sie hinter dem Epos.
Sie entäußert sich ihres besseren Selbst, wenn sie sich der großen
Probleme des ringenden Volkes zu bemächtigen sucht. Worin sie
aber Drama und Epos überflügelt, das ist die Innigkeit und Un-

mittelbarkeit ihres Weltgefühls und ſeines künſtleriſchen Ausdrucks.
Wehe dem Dramatiker, dem Epiker, der nicht den erlebten Stoff mit
dem Verſtand in die durchſichtige Klarheit kriſtallheller und =feſter
Geſtalt zu erheben vermag! Wehe aber auch dem Lyriker, deſſen
fließendes Fühlen zur Kriſtallgeſtalt abgekühlt und erſtarrt iſt! Das
gerade iſt doch das Eigentümliche des lyriſchen Dichters, daß er das
Walten der Urkräfte des Lebens, der dumpf und dunkel drängenden
und quellenden Triebe des Gemütes, als drängende und quellende
zu offenbaren vermag in der Eigentümlichkeit der ihm verliehenen
Kunſtform. Und da das Wirken dieſer Gemütskräfte doch wohl An=
fang und Antrieb zu allem Leben und Schaffen iſt, ſo mag die Lyrik
in der Tat den Empfänglichen zutiefſt ins Herz des Lebens führen.

Aber nun macht, wer die Jahrzehnte lyriſchen Schaffens von Her=
der bis zur Gegenwart durchwandert, eine ſchmerzliche Erfahrung:
die Zahl der Dichter und die Maſſe lyriſchen Gutes wird immer
größer, die Kraft des ſchöpferiſchen Gemütes und der künſtleriſche
Gehalt ſeiner Erzeugniſſe immer kleiner. Die Urſache iſt nicht ſchwer
zu finden, und vielleicht iſt es mir gelungen, ihr Wirken als eine
Art geſchichtlicher Notwendigkeit darzulegen: es iſt der Fortgang
oder vielmehr Niedergang von der Kultur zur Ziviliſation. Die
Verwirklichung der Bildungsideen in Tatſachen der Lebenshaltung.
Die Umſetzung der frei bildenden Kräfte der Seele in mechaniſch
oder chemiſch bedingte Erfindungen der Technik, Erzeugniſſe der In=
duſtrie, Annehmlichkeiten des Handels. Flucht aus dem Innern ins
Äußere. Verkruſtung des Lebens. Gerade weil die Lyrik die künſt=
leriſche Darſtellung der innerlichſt quellenden Seelenkräfte als ſolcher
iſt, ſo mußte ſie an dieſer Veräußerlichung und Verſchalung des
geiſtigen Lebens am eheſten und tiefſten leiden. Je reicher das deut=
ſche Volk nach außen wurde, um ſo ärmer wurde es nach innen. Die
Aushungerung hat ſchon lange vor dem Weltkriege eingeſetzt; nur
war ſie nicht eine wirtſchaftliche, ſondern eine ſeeliſche. Man kann es
Schritt für Schritt verfolgen. Goethe und die Romantiker (mit Ein=
ſchluß von Mörike und dem jungen Keller), die noch das Drängen
und Wallen der Lebenskräfte in pantheiſtiſcher Inbrunſt ſpüren, ſtel=
len den vielzackigen Gipfel deutſcher Lyrik dar. Mit dem erſten Auf=
treten einer realiſtiſch=materialiſtiſchen Geiſtesrichtung (nach 1820)
beginnt die Kriſe für die alte pantheiſtiſche Lyrik, ſichtbar vor allem
bei Platen, Heine, Lenau. Die neue Zeit ſcheint neue Aufgaben
und Stoffgebiete zu erſchließen, zum Beiſpiel die Forderung neuer

staatlicher Ordnung. Ein politisches Volkslied entsteht um 1840. Aber auf der Rednerbühne erzeugt, ist es rednerisch durch und durch, gesprochenes Gedicht. Der Gesang, die Melodie fehlt, die Seele der Lyrik. Je kräftiger der Materialismus sich durchsetzt, je ausschließlicher das Denken und Schaffen in Geist und Leben auf das Sammeln von Stoffen und Tatsachen gerichtet ist, um so weiter flieht das sehnsüchtige Träumen der Seele aus der elektrisch und intellektuell überhellten Welt. Auch die Lyrik beschränkt sich jetzt auf die möglichst genaue Beschreibung von Sinneneindrücken und geht ihrer eigentlichen Kraft verlustig, die nicht im Lichte, sondern in der Dämmerung wirken mag. Man sollte es endlich einmal einsehen, daß impressionistische Lyrik keine Lyrik ist, sondern Virtuosität.

Soll man nun am Ende dieser beklemmenden Wanderung die Waffen strecken und mit gefaßter Entsagung feststellen, daß ein künstlerisches Leben, das vor hundert Jahren herrlichste Blüten getrieben, für alle Zeiten abgestorben sei? Wer dies tut, gibt nach meiner Überzeugung das deutsche Volk als lebendig wirkenden Teil der Geschichte auf. Warum soll nicht der abgebrochene Stamm, der krank war, aus kräftiger Wurzel neue Schosse treiben? Die Tatsachen der Geschichte wiederholen sich, aber sie wiederholen sich nicht in den gleichen Formen und Zeitabständen. Wer gibt uns das Recht, ganz eigentlich von einem „Untergang des Abendlandes" zu sprechen? Hieße das nicht, sich selber preisgeben? Weist nicht gerade die Geschichte des deutschen Volkes mit ihren tief eingeschnittenen Tälern mehrmals eine Wiedergeburt aus dem Schoße seines geistigen Selbst auf? Und leistete dabei nicht gerade das lange Zeit verschüttete Bildungsgut früherer Zeiten kostbarste Hilfe?

Ich weiß wohl, daß man nicht künstlich und bewußt Geschichte machen kann, und daß es nicht Monde und Jahre, sondern Jahrzehnte, vielleicht Jahrhunderte bedarf, um ein Blatt in dem Buche der Welt zu wenden. Aber es wird auch nicht gewendet, wenn man tatlos und entsagend die Hände in den Schoß legt und auf das Wandeln der Schicksalsmächte wartet. Es kann also wohl auch heute nicht nutzlos sein, Einkehr zu halten und durch den so überaus durchsichtig gewordenen Glanz unserer Zivilisation ins Innere der Seele zu schauen und zu horchen auf das unterirdische Quellengeriesel ihrer alten lyrischen Offenbarungen.

Aber dazu darf man die Literaturgeschichte nicht mehr so auffassen, wie sie durch die Zeit einer positivistischen Wissenschaft meist

und immer mehr betrieben wurde: als Anhäufung von äußeren Din=
gen wie Namen, Jahreszahlen, Lebensgängen, Beeinfluſſungen,
Techniken, verwaſchener Kritik, wobei Tatſachen und Urteile nur zu
oft ungeprüft von Buch zu Buch wandern. Wer dieſe Anfangsmono=
loge des Goetheſchen Fauſt in ihren einzelnen Teilen als eine lo=
giſche Schlußkette auffaßt (es iſt tatſächlich geſchehen) und ſie dar=
nach beurteilt und verurteilt, weil ſie dieſem Anſpruche nicht genü=
gen, der iſt zum Geſchichtſchreiber deutſcher Innerlichkeit im Schrift=
tum verdorben. Man ſpricht heute viel und fein über Wege und
Ziele deutſcher Literaturwiſſenſchaft, um ſie immer mehr dem Ideale
einer „exakten Wiſſenſchaft" anzunähern — reiner pſychologiſcher
Beſchreibung. Sollen wir nicht eher froh ſein, daß ſie es nicht iſt
und daß, wer ſich ihr hingeben will, dazu nicht nur die Beobach=
tungsgabe und den Verſtand des Naturforſchers, ſondern auch die
Liebe und Erlebniskraft des Künſtlers haben muß? Nur dann wird
er befähigt ſein, ſoweit es dem menſchlichen Blicke gegeben iſt, dem
Wirken des ſittlichen Geſetzes im Innern des geſchichtlichen Lebens
nachzuſpüren, ſtatt ſich mit den äußeren Tatſachen ſeiner Erſchei=
nung zu begnügen. Dadurch kommt ein ſubjektiver, ja metaphyſi=
ſcher Zug in die Geſchichtſchreibung hinein, gewiß. Aber ſei man
doch ehrlich: gibt es überhaupt eine Wiſſenſchaft ohne Metaphyſik?
Iſt nicht die „exakteſte" ein Geflecht von Beobachtungen, Vermu=
tungen, Ahnungen? Iſt nicht in jeder ein Reſt Mythologie? Wäre
er größer, ſo ſtünde die deutſche Bildung vielleicht nicht da, wohin ſie
der Krieg geführt.

Es iſt hier der Verſuch gemacht, auf Grund verſchiedenſter Kenn=
zeichen des geſchichtlichen Lebens, vor allem auch ſolcher der Philo=
ſophie, die weſentliche Richtung zu finden, nach der der Geiſt im
lyriſchen Schaffen der letzten anderthalb Jahrhunderte ſich entfaltete,
und zu zeigen, wie die einzelne Perſönlichkeit durch ſie nach An=
lage, Gehalt und Form ihrer Äußerungen beſtimmt iſt (wobei es
ſich aber nicht um die ſogenannte Milieutheorie handelt). Die ge=
ſchichtliche Einreihung iſt dadurch vielfach eine andere geworden
als in der bisherigen Literaturgeſchichtſchreibung, aber es ergaben
ſich dadurch auch neue Ausblicke. Es kam mir darauf an, die ein=
zelne Perſönlichkeit als S y m b o l , als aus= und durchgebildete Ge=
ſtalt einer Entwicklungsmöglichkeit, vielleicht =notwendigkeit erſchei=
nen zu laſſen. Daher wurde erſtens bei dem einzelnen Dichter nicht
das Hauptgewicht auf eine große Menge charakteriſtiſcher Tatſachen

als vielmehr auf die Hervorhebung des Wesentlichen gelegt, und zweitens wurden nur diejenigen Persönlichkeiten in den Kreis der Betrachtung gelassen, die symbolische Bedeutung haben. Ich mußte mich auch in dieser Hinsicht von der positivistischen Geschichtschreibung trennen. Es war mir nicht um Vollständigkeit zu tun, die nach meiner Ansicht das Ende der Wissenschaft und der Anfang der Verdummung ist. Man mag daher manchen Namen vermissen, der durch die Literaturgeschichten zu wandern pflegt. Es ist auch möglich, daß ich den einen und andern Dichter aus zu wenig tiefer Kenntnis seines Wertes weggelassen habe; solche Lücken sollen später, wenn sich die Gelegenheit gibt, ausgefüllt werden. Den Symbolwert meinte ich namentlich auch betonen zu sollen, wo es sich um Lebende handelt. Vielleicht bin ich in dem Bestreben, den bloßen Katalog zu vermeiden, in welchen Darstellungen der jüngsten Literatur sonst gern auslaufen, zu streng gewesen. Mein Grundsatz war, nur solche aufzunehmen, die wirklich eine eigentümliche, tiefgeschnittene und einmalige Gestalt innerhalb der Lyrik unserer Zeit darstellen.

Ein Wort des Dankes mag dies Bekenntnis beschließen. Es gebührt dem literarischen Leiter des Teubnerschen Verlages, Herrn Dr. A. Giesecke, der 1913 dieses Buch anregte, sein Entstehen die Jahre hindurch mit nimmermüdem Verständnis betreute und jetzt, in dieser schwersten Zeit, sein Erscheinen ermöglicht.

Zürich, den 1. Mai 1920

Emil Ermatinger

Vorwort zur zweiten Auflage

Ich habe der zweiten Auflage meiner „Deutschen Lyrik" nur wenige Worte zum Geleite mitzugeben. Vor allem den Ausdruck der Freude über die gute, ja herzliche Aufnahme, die das Buch gefunden.

Von mancher Seite ist mir nahegelegt worden, meine Stellung zu dem einen und andern Dichter etwas zu ändern oder noch weitere, wie z. B. Martin Greif, in die ausführlichere Besprechung aufzunehmen. Ich muß es unterlassen, denn ich würde damit meinen Standpunkt verrücken und die innere Form des Werkes sprengen. Diese aber ist, wie man hoffentlich auf jeder Seite lesen wird, in sich geschlossen und einheitlich, durch die einmalige Lebens= und Zeitstimmung bedingt.

Auch von den heutigen Lyrikern mehr zu erwähnen, als nur ein paar symbolische Vertreter von Richtungen, die mir für die jetzige Lage typisch erscheinen, konnte ich mich nicht entschließen. Denn hätte ich hier den Grundsatz der symbolischen Gestaltung (der ja durch das ganze Buch hindurchgeht) aufgegeben und den einer auch nur annähernden geschichtlichen Vollständigkeit gewählt, so wäre der Namen kein Ende gewesen. So zog ich jener Vollständigkeit im äußerlichen Sinne die innere Geschlossenheit in der Verbildlichung des organischen Wachstums einer lyrischen Epoche vor.

Dennoch ist der Text aufs sorgfältigste nochmals erwogen und überprüft worden. Die wichtigsten und umfangreichsten Zusätze beziehen sich aber nicht auf die Charakterbilder der einzelnen Dichter, sondern auf die Zeichnung der weltanschaulichen Zeitgründe. Ich glaubte so den Begriff einer Geschichte der deutschen Lyrik seit Herder zu vertiefen, wobei freilich der Begriff Geschichte in einem geistigen und künstlerischen Sinne gefaßt sein will. Die Literatur= wissenschaft hat durch wissenschaftliche „Behandlung" zartester Kunst= gebilde allzuviel an dem heiligen Geiste der Dichtung gesündigt, als daß man nicht auch einmal einen Versuch gelten lassen dürfte, Wissen um die Kunst mit der Kunst selber zusammengehen zu lassen, ohne daß eines im Innersten wider das andere streitet.

Zürich, 25. September 1924

Emil Ermatinger

Inhaltsverzeichnis

Einleitung

Seite

Die Lyrik der Aufklärung 3

Erstes Buch
Die Entdeckung der Natur

I. Die Poesie als Muttersprache des menschlichen Geschlechtes . . 25

II. Lyriker des Sturms und Drangs 39

III. Der Göttinger Hain 53

IV. Die lyrische Idylle. (Matthisson, Salis, Hebel) 77

Zweites Buch
Goethe

I. Die Persönlichkeit 101

II. Jugendgedichte 118

III. Die Lösung des Gefühls 133

IV. Im Sturm und Drang 148

V. Die Klärung des Weltgefühls 181

VI. Antike Sinnlichkeit und plastische Rundung 224

VII. Die Balladen 246

VIII. Der west-östliche Diwan 272

IX. Entsagung 291

Anmerkungen zum ersten Band 306

Einleitung

Die Lyrik der Aufklärung

Eines der reizvollsten Schauspiele in der Geschichte des geistigen Lebens ist der Durchbruch der Persönlichkeit durch den Zwang verjährter Urteile, die in Mode und Konvention zur hemmenden Fessel erstarrt sind. Immer wieder tritt es vor unsern Blick. In der kurzen Daseinsspanne des einzelnen, in den ausgedehnten Lebensläufen von Völkern, in ganzen Kulturperioden spielt es sich ab: in die toten Eismassen, zu denen letztjährige Lebensflut gefroren ist, spült eine neue ihre gelösten und erlösenden Wasser, und der Genius schöpft, wie jene Brahmanenfrau in dem Goetheschen Gedichte, aus dem bewegten Strom seinen Stoff und ballt ihn zur neuen Form, der die Geschichte den Adel der Unsterblichkeit verleiht. Der Stoff ist stets derselbe. Wohl auch die Ideen, die ihn beleben. Was den Wechsel bringt, ist der Unterschied der Temperatur. Er ändert sozusagen den Aggregatzustand von Stoff und Idee. Löst, was als Wissen erstorben war, als Glauben und schafft in ihm die verjüngende Kraft und den Keim der Persönlichkeit. Wissen ist nützlich und einträglich, aber an der Spitze aller geistigen Bewegung steht der Glaube.

Es war eine Tat des Glaubens, als im Oktober 1687 Christian Thomasius an dem schwarzen Brett der Universität Leipzig ein in deutscher Sprache abgefaßtes Vorlesungsprogramm „Von Nachahmung der Franzosen" anschlug und verkündete, die Deutschen müßten den Franzosen, die ihnen an Bildung, Geschmack und Lebensgewandtheit weit überlegen seien, in den Mitteln nachahmen, durch die sie zu diesen Vorzügen gelangt seien. Es gelte, an die Stelle der schwerfälligen stoffreichen deutschen Vielwisserei die elegante Denkkunst des Port-Royal zu setzen, und es gelte, auch in gelehrten Dingen die allgemeinverständliche Muttersprache zu brauchen.

1*

Die Denkkunst des Port-Royal, der Grundsatz von Descartes, daß das Denken der Beweis des Seins und der Zweifel die Quelle der Erkenntnis sei, und die deutsche Muttersprache als Ausdrucksmittel für das Gedachte; selber denken und naturhaft sprechen: die Idee der Aufklärung, der Autonomiegedanke, war in diesen beiden Forderungen verkündigt, über gefrorenes Leben spülte die Woge neuen Werdens. Was Dogma gewesen, sollte wieder Kampf und Erlebnis werden. Und wie es immer ist, wenn es Frühling werden will: es regte sich zugleich an vielen Orten.

Die neue Universität Halle, wo der Kurfürst Friedrich III. dem aus Leipzig vertriebenen Thomasius eine Stätte des Wirkens schuf, wurde der erste Mittelpunkt der deutschen Aufklärung. Zu gleicher Zeit begründeten Spener und Francke den deutschen Pietismus, liefen Sturm gegen die orthodoxe Kirche und erstrebten eine Vertiefung des religiösen Lebens. Samuel Pufendorf, auf Hugo Grotius' Schultern stehend, lehnte die kirchliche Lehre von dem göttlichen Ursprunge von Gesetz und Staat ab und erklärte die sittlich-gesellige Natur des Menschen als einzige Quelle des Rechtes, die natürliche Vernunft als den vollkommen genügenden Grund zu seiner Erkenntnis und die Beförderung des allgemeinen Besten als des Rechtes einziges Ziel.

Umfassender und tiefer als alle wirkte Leibniz, weil er sich nicht mit einer neuen „Denkkunst" begnügte, sondern eine neue Weltanschauung schuf. Eine deutsche Weltanschauung: er wurde der Schöpfer des deutschen Idealismus. Wenn Descartes die Natur als bloße Materie, die Tiere als Automaten und Gott als die letzte Ursache aller Bewegung bezeichnet hatte, so war für Leibniz das All ein beseeltes, intelligenzerfülltes Wesen. Wie er selber, ein Alleswisser und -könner, eine lebendig bewegte Welt in sich trug und um die Wahrheit rang, so machte er Gott als lebendige Geisteskraft zum Wecker und Träger, zu Anfang und Ende alles Seins. Was für eine großartige Vorstellung: das All ein Kosmos von lebendigen Monaden oder geistigen Atomen! Jede Monade ein individuelles Wesen für sich, aber jede zugleich im Spiegel ihrer besonderen Intelligenz ein Bild Gottes, des Universums, tragend; alle kreisend nach dem Grundgesetz der vorbestimmten Harmonie um den einen Gott, alle aus dumpfem Geistesschlummer in die Helle seines Lichtes strebend und so den ewigen Fortschritt des Lebens verbürgend! Ein tiefsinniges Bild des geistigen Werdens, das mit der Aufklärung anhebt. Und zugleich ein hochgemutes Bekenntnis des Glücksgefühls eines fruchtbar Wirkenden: die geschaffene Welt ist die beste aller möglichen. Der weltfreudige Optimismus der Aufklärung hebt an, nachdem die vorangegangenen Geschlechter — Grimmelshausen und Gryphius bezeugen es — in furchtbarer Qual und Kümmernis den dunkeln Weg durch das irdische Jammertal gewandert.

Doch auch hier galt: „Du gleichst dem Geist, den du begreifst, nicht mir." Die Zeitgenossen und Nachfahren vermochten die Großartigkeit von Leibnizens Ideen nicht zu fassen, und was ihm, als Geist von seinem Geist, schaffende Vernunft gewesen war, verflachte in ihrem armseligen Gehirn zum trockenen Verstand. Die Dichtung im besonderen hatte darum von der Aufklärung zunächst keine oder nur geringe Förderung zu erwarten. Denn es zeigte sich rasch: sie war eine einseitige Bewegung des Intellektes, nicht der geistigen Gesamtpersönlichkeit. Sie kam der Wissenschaft, nicht der Dichtung zugute.

Sie befreite den forschenden Verstand von dem kirchlichen Dogma und die Natur als Gegenstand der Forschung von dem Fluch, mit dem die mittelalterliche Kirche sie gebannt. Großartige naturwissenschaftliche Entdeckungen, wie die Erfindung und Verbesserung des Fernrohrs, des Mikroskops, die Entdeckung der Elektrizität, waren die Frucht dieser Befreiung des menschlichen Erkenntnistriebes. Das Verhängnis war, daß der Verstand, dessen sich der Gelehrte zur Deutung der durch Beobachtung oder Versuch erschlossenen Tatsache bediente, nicht auf die wissenschaftliche Arbeit beschränkt blieb. Schon bei Descartes greift die mathematische Denkmethode auf das ganze Gebiet des menschlichen Lebens über, und Spinoza gründet auch die Ethik und Religionsphilosophie auf seine geometrische Art zu philosophieren. Den Deisten wird, was bisher eine Tatsache mystischer Offenbarung gewesen war, die Existenz Gottes, zum Problem wissenschaftlicher Untersuchung, und Newton, in seinem physiko-theologischen Gottesbeweis, begründet aus der zweckmäßigen und vollkommen richtiggehenden Weltmaschine die Notwendigkeit der Annahme eines intelligenten Welturhebers. In der Ethik setzte der verflachende Schüler von Leibniz, Christian Wolff, der Modephilosoph der deutschen Aufklärung, an die Stelle der göttlichen Sittengebote eine Glückseligkeitslehre, die das moralische Handeln und das Glück des Menschen zu einem höchst einfachen Rechenexempel machte: Handle gut, so vervollkommnest du den Zustand der Menschen. Vollkom-

menheit aber heißt natur- und vernunftgemäßes Leben und dieses
Glückseligkeit. Die innere Zweckmäßigkeit, die Leibniz in dem be=
seelten All wahrgenommen hatte, erniedrigte Wolff zur banalen
Nützlichkeit der Naturdinge für den Gebrauch des Menschen. Wie er
in seiner Psychologie das lebendige Ganze der Seele in einzelne
„Seelenvermögen" zerlegte und mechanisierte, so ließ er überhaupt
in schulmeisterlich=pedantischer Systematik das frei flutende Leben
zu einem starren Gerüste logischer Beziehungen eintrocknen. Für
das Dogma der Kirche hatte man das Dogma der Wissenschaft ein=
getauscht. Wie Erkenntnistheorie, Metaphysik, Psychologie und
Moral, wurde auch die Dichtung von Logik durchsetzt, und der Ver=
stand, oder wie man damals lieber sagte, die Vernunft wurde die
höchste Gesetzgeberin. In der programmatischen „Untersuchung von
dem guten Geschmack in der Dicht= und Redekunst", die J. U. König
seiner Ausgabe von Canitz' Gedichten beigab (1727), ist der gute
Geschmack der entscheidende Maßstab in der Beurteilung von Dicht=
werken. Der gute Geschmack aber wird von dem Verstande geleitet:
„Der allgemeine gute Geschmack des Verstandes," so wird erklärt, ist
„ein richtiger Begriff des Vollkommenen in allen Dingen." Der
gute Geschmack des Verstandes entspricht dem guten Geschmack der
Zunge. Er lehrt uns durch „die Empfindung (das Gefühl) dasjenige
hochschätzen, was die Vernunft unfehlbar würde gebilligt haben,
wann sie Zeit gehabt hätte, solches genugsam zu untersuchen, und
durch Gegeneinanderhaltung der deutlichen Begriffe, richtig darüber
zu urteilen". Also nicht Empfindung oder Gefühl an sich als un=
mittelbare Äußerung des Geistigen ist der Maßstab für den Wert
etwa eines lyrischen Gedichtes, sondern die Empfindung, als abkür=
zende Stellvertreterin der Vernunft, entscheidet, ob ein Gedicht den
Ansprüchen eines rational gebildeten Geschmackes entspreche. Daher
kann König den Satz von Bouhours unterschreiben: „Der gute Ge=
schmack ist nichts anderes als eine gewisse Gleichheit, die sich zwischen
dem Verstande und zwischen denen ihm vorkommenden Dingen be=
findet. Kurz, er ist die erste Bewegung, oder, sozusagen, eine Art
eines Antriebs der gesunden Vernunft, der sie mit Gewalt fortzieht,
und der sie viel richtiger führet als alle Überlegungen, die sie selbst
machen könnte." Noch in Gellerts Geistlichen Liedern, noch mehr
aber in seinen Fabeln und Erzählungen spürt man diesen nüchtern=
rationalistischen Zug der Zeit: immer wieder versiegt das Bächlein
des Gemütes, das Gellert eigen war, im dürren Sand der Reflexion.

Am deutlichsten aber offenbart sich der Verstandesstil in der na=
turbeschreibenden Dichtung der Aufklärung.

Die Natur existierte in der Dichtung des 17. Jahrhunderts, wenn
man etwa von der innigen Naturvergottung eines Friedrich v. Spe
absieht, im wesentlichen nur als äußerlich malerischer Hintergrund
der tändelnden Vergnügungen der Schäferpoesie. Ihre Darstellung,
entsprechend dem Grundzuge der Literatur jener Zeit, war Nach=
ahmung klassischer Vorbilder, Konvention ohne individuelles Er=
lebnis. Klischeemotive, wie „Lustgebüsche“, „bunte Blumen“, „schwarze
Nacht“, Lämmer und Böcklein, Bächlein und Springbrunnen, wur=
den in unverdrossener Eintönigkeit immer aufs neue wiederholt. Wie
man in Wirklichkeit durch den Gärtner Bäume und Gebüsche zu
menschlich=tierischen oder architektonischen Gebilden verschneiden ließ,
so übertrug man auch in der Dichtung Vorstellungen der höfisch=
gesellschaftlichen Konvention auf das Naturleben: die Bäume küssen,
die Erde wird schwanger, die Vögel sind ein verbuhltes Luftvolk.
Die Steine dienen dazu, daß der Schäfer darauf sinnreiche Liebes=
verse anbringt, die Bäume, daß er Sonette in ihre Rinde schneidet.

Jetzt sucht der realistische Sinn der Aufklärung die Dinge der
Natur nach ihrer äußeren Erscheinung wissenschaftlich genau zu er=
fassen, und zugleich müht sich das teleologische Bedürfnis ab, in
ihrem Bau überall die sinnreiche Vernunft Gottes nachzuweisen
und die innere Zweckmäßigkeit des Naturganzen oder auch nur eine
banale Nützlichkeit der einzelnen Naturgegenstände für den Men=
schen aufzudecken. Im Jahre 1721 gab der Hamburger Ratsherr
Barthold Heinrich Brockes den ersten Teil seiner berühmten
Gedichtsammlung „Irdisches Vergnügen in Gott“ heraus. Der Ver=
fasser war ein vertrauter Freund des Aufklärers Samuel Reima=
rus und des realistischen Malers Willem van Mieris, und er hatte
sich von Alexander Popes Idyllen und Naturschilderungen anregen
lassen. Mit dem englischen Dichter bekennt er sich zu dem Satz
„whatever is, is right“, und mit Leibniz betrachtet er die bestehende
Welt als die beste aller möglichen. Durch die Schönheit der Natur
gerührt, so berichtet er, habe er sich entschlossen, den Schöpfer der=
selben in fröhlicher Betrachtung und möglicher Beschreibung zu be=
singen. „Verfertigte demnach, zumal zur Frühlingszeit, verschiedene
einzelne Stücke und suchte darin die Schönheit der Natur nach Mög=
lichkeit zu beschreiben, um sowohl mich selbst als andere zu des weisen
Schöpfers Ruhm durch eigenes Vergnügen je mehr und mehr anzu=

frischen." David Friedrich Strauß hat mit Recht Brockes' Naturpoesie
einen gereimten physikotheologischen Beweis genannt. Nur daß die
innere Zweckmäßigkeit der Welt dem Philister gemeine Nützlich=
keit für den täglichen Hausgebrauch des Menschen bedeutete. Er
konnte eine sieben Seiten lange Betrachtung anstellen über die Zweck=
mäßigkeit eines gebratenen Lammskopfes oder aus dem Schnupf=
tabak die Lehre ziehen: „Lieber Mensch, du selber bist Staub." So
mag auch auf ihn das Goethe=Schillersche Xenion passen, das eigent=
lich für Fritz Stolberg bestimmt war:

> Welche Verehrung verdient der Weltenschöpfer, der gnädig,
>   Als er den Korkbaum schuf, gleich auch die Stöpsel erfand.

Aber die Ehrfurcht vor dem Schöpfer lehrt ihn auch Ehrfurcht
vor dem Geschaffenen. Man kann ihn den ersten Impressionisten der
deutschen Literatur nennen, nicht nur weil er vor keiner Schranke des
Stoffes haltmacht, sondern vor allem weil er auf peinliche Genauig=
keit in der Wiedergabe der Wahrnehmungen hält. Bodmers Freund
Breitinger hat ihn höchst glücklich mehr einen Historikus als einen
Poeten genannt, d. h. „er stelle die Dinge nicht von der Seite dar, die
auf das Gemüt einen starken Eindruck mache, vielmehr bringe er auch
die unbedeutendsten mit der Sorgfalt eines Naturforschers". Ein fein
ausgebildetes Beobachtungsvermögen und eine achtungswerte Kraft
sprachlicher Charakteristik beweist etwa seine Schilderung der singen=
den Nachtigall:

> Ihr Hälschen ist am Ton so unerschöpflich reich,
>   Daß sie tief, hoch, gelind und stark auf einmal singet.
> Die kleine Gurgel lockt und zischt und pfeift zugleich,
>   Daß sie wie Quellen rauscht, wie tausend Glocken klinget.
> Sie zwitschert, stimmt und schlägt mit solcher Anmut an,
>   Mit solchem nach der Kunst gekräuselten Geschwirre,
> Daß man darob erstaunt, und nicht begreifen kann,
>   Ob sie nicht seufzend lach', ob sie nicht lachend girre.
> Ihr Stimmchen ziehet sich in einer hohlen Länge
> Von unten in die Höh', fällt, steigt aufs neu empor,
> Und schwebt nach Maß und Zeit; bald drängt sich eine Menge
> Verschiedner Tön' aus ihr als wie ein Strom hervor.
> Sie dreht und dehnt den Ton, zerreißt und fügt ihn wieder,
> Singt sanft, singt ungestüm, bald klar, bald grob, bald hell ...
> Ein flötend Glucken quillt aus ihrer hohlen Brust,
>   Ein murmelnd Pfeifen labt der stillen Hörer Herzen.

Das ist Annette Droste=Hülshoff in der umständlicheren Sprache
des 18. Jahrhunderts, und es ist nur folgerichtig, wenn Brockes

schließlich, in dem Streben des Realisten nach Vollständigkeit und
Fülle der Anschauungen, zur reinen Aufzählung von Gegenständen
greift, so wenn er, im 5. Teil des „Irdischen Vergnügens", eine
„Liste einiger uns von Gott geschenkten und erhaltenen Gaben" als
Wundergaben unseres Körpers aufzählt:

Haupt und Hände, Füß' und Arme, Brust und Rücken, Ohr und Auge,
Adern, Nerven, Fleisch und Haut, Herz und Blut, Milz, Leber, Lunge,
Magen, Nieren, Mark und Knochen, Mund und Nase, Zähn' und Zunge,
Haare, Gaum, Gehirn und Wangen, Lippen, Finger, Augenlider,
Hüfte, Drüsen, Eingeweide, Knorpel, Kehle, Hals und Schlund,
Nägel, Kniee, Rippen, Achseln, Muskeln und viel andre Glieder.

Die Naturbeschreibung Albrecht von Hallers ragt an kühner
Größe ebenso über die philiströse Flachheit von Brockes empor wie
die Berge des Berner Oberlandes über die bescheidenen Hügel Nord-
deutschlands. In seinen „Alpen", zu denen ihm das Erlebnis 1728
eine Fahrt ins Berner Oberland geschenkt, hat er der deutschen Literatur die fruchtbare Stoffwelt der schweizerischen Berge entdeckt.
Er schildert erschöpfend und aus genauer Kenntnis Land und Leute.
Den Lauf der Flüsse und den Absturz der steilen Hänge. Die bunt-
beblümten Matten und die munteren Herden. Die Arbeit des Alp-
lers und seine Spiele. Seine Genügsamkeit und Natureinfalt. Als
echter Realist und Naturforscher betrachtet er das Große und Kleine,
das Schöne und Häßliche mit gleicher Liebe. Die erhabene Aussicht
auf die Walliser und Berner Berge schildert er nicht liebevoller als
den Bau des Enzians, und vor dem scharfen Dufte von Zieger und
Käse drückt er nicht die Nase zu. Er hält peinlich auf Bestimmtheit
und Anschaulichkeit in der Wiedergabe seiner Wahrnehmungen, und
seine Adjektive wählt er aufs sorgfältigste aus. Meisterhaft beobachtet sind Schilderungen wie:

Dort drängt ein träger Schwarm von schwerbeleibten Kühen,
Mit freudigem Gebrüll, sich im betauten Steg,
Sie irren langsam hin, wo Klee und Muttern blühen,
Und mäh'n das zarte Gras mit scharfen Zungen weg.

Seine Pflanzenbeschreibungen gleichen an Genauigkeit den Bestimmungen in einem botanischen Lehrbuche:

Hier kriecht ein niedrig Kraut, gleich einem grauen Nebel,
Dem die Natur sein Blatt in Kreuze hingelegt;
Die holde Blume zeigt die zwei vergüldten Schnäbel,
Die ein von Amethyst gebildter Vogel trägt.
Dort wirft ein glänzend Blatt, in Finger ausgekerbet,

Auf eine helle Bach den grünen Widerschein;
Der Blumen zarten Schnee, den matter Purpur färbet,
Schließt ein gestreifter Stern in weiße Strahlen ein;
Smaragd und Rosen blühn auch auf zertretner Heide,
Und Felsen decken sich mit einem Purpur=Kleide.

Dabei ist seine Sprachkraft durchaus neu, eigentümlich, bedeutend. Seine Kunst zu reimen ungewöhnlich, sein Sinn für den Rhythmus so stark und ursprünglich, daß er sehr oft sogar den steifen Alexandriner zu beschwingen vermag. So macht in dem Verse:

So eilt der muntre Hirt nach den betauten Gründen,

eine deutlich wahrnehmbare Abstufung in der Stärke des Tones auf den geraden Hebungen (muntre, betauten) den Vers beweglich, während in dem Verse:

Der Ochsen schwerer Schritt führt ihre Winter=Speise

die wuchtige Gleichmäßigkeit der Betonung das schwerfällige Dahinwandeln der Stiere malt. Wie wundervoll nach Klang und Anschauung ist der Vers:

Die blaue Ferne schließt ein Kranz beglänzter Höhen!

Das Wuchtige und Große gelingt ihm besser als das Zarte und Liebliche. Dieses kann er genau beschreiben, auch in seiner Anmut bewundern, von der Größe aber lebt das Herz des durch und durch Pathetischen.

Soll man es bedauern, daß auch er, von der teleologischen Naturbetrachtung des Deismus ergriffen, sich nicht mit der reinen Naturbeschreibung und der realistischen Schilderung des Lebens der Alpenbewohner begnügt, sondern philosophische Betrachtung einmischt? Das hieße doch die Gesetze eines nur auf Wiedergabe von Sinneseindrücken ausgehenden Realismus auf das Denken und Bilden eines völlig andersgearteten Geschlechtes übertragen. Der tief religiös fühlende Naturforscher Haller sieht auf Schritt und Tritt die Erscheinungen der sinnlich augenfälligen Welt von geistigen Beziehungen und sittlichen Gesetzen durchzogen, die ihm ein Beweis der erhabenen Weisheit, Güte und Allmacht Gottes sind. Er vergeistigt so, genauer er verwissenschaftlicht und versittlicht die Natur, ohne je in die Blachfelder von Brockes' moralisierender Lyrik niederzusteigen. Seine Vergeistung der Welt bleibt immer, ob sie uns auch hie und da erzwungen scheint, bedeutend, erhaben, gewichtig,

weil ein gewaltiger sittlicher Ernst sie treibt. Ihm entspringt auch
der Grundgedanke der „Alpen": der Preis der Einfachheit und Genügsamkeit der Alpenhirten, die den Schatz gediegenen Goldes in den
Fluten der Aare fließen lassen, gegenüber dem Prunk der Städter,
„die bis zum nahen Grabe Geiz, Ehr' und Wollust stets an eitlen
Hamen hält":

> O glaubt's, kein Stern macht froh, kein Schmuck von Perlen reich.
> Seht ein verachtet Volk zur Müh' und Armut lachen,
> Die mäßige Natur allein kann glücklich machen.

Das war das aufwühlende Erlebnis, das Haller selber, als Kind
seiner Glück und Tugend suchenden Zeit, in den bis dahin gemie-
denen Alpen und unter ihren mißachteten Bewohnern gehabt hatte.
Er sah darin das einzige Heil seines Volkes, das, wie er schon Jahrzehnte vor dem Sturz des alten Bern ahnte, in üppigem Genuß dem
Abgrund zueilte. Unter den Schriften, die den Wandel des Lebensgefühls in der zweiten Hälfte des 18. Jahrhunderts vorbereiten,
nehmen seine „Alpen" einen Platz, und nicht den schlechtesten, ein.
Sein Stoff war, seiner Persönlichkeit entsprechend, groß und weit;
aber sein Geist war bernerisch schwerfällig und von dem Rationalismus des Forschers durchwirkt. Beides zog den Auffliegenden immer
wieder zur Erde nieder.

Andere Dichter jener Zeit fesselte die Kleinheit und Armut
ihres Lebens. So vor allem die Anakreontiker.

Seitdem im Jahre 1554 Henri Estienne die unter dem Namen
Anakreons gehenden griechischen Liederchen veröffentlicht hatte, war
der geselligen Lyrik ein klassisches Vorbild gegeben, das zunächst
in Frankreich eifrig von den Dichtern der Plejade wie des Hotel
Rambouillet nachgeahmt und weitergestaltet wurde. Dem reichent-
wickelten Gesellschaftsleben der Franzosen, der von dem Hofe in
alle Kreise sich verbreitenden Galanterie und der Freude am Lebens-
genuß entsprachen diese leichtgeschürzten und gefälligen Dingerchen,
die von Liebe und Wein sangen. In Deutschland breitete sich die
Anakreontik erst nach dem Anfang des 18. Jahrhunderts aus. H a g e -
d o r n , der 1729 seine ersten Gedichte, 1738 seine „Fabeln und Erzählungen", 1742 die erste Sammlung seiner „Oden und Lieder" und
ein Jahr nach Goethes Geburt seine „Moralischen Gedichte" veröffentlichte, wirkte bahnbrechend. Sein Lehrer war Horaz, den er über
alles schätzte, und seine Leitsätze sind dessen „Nil admirari" und die
Mahnung zum Genuß des Tages in der maßvollen Beschränkung

eines zufriedenen Gemütes. Die Erzählung von Johann dem muntern Seifensieder spricht seine Weltanschauung aus: Nicht Reichtum, sondern Zufriedenheit macht glücklich, und dem Zufriedenen winken ringsum die köstlichsten Freuden.

> Was ist die Weisheit denn, die wenigen gemein?
> Sie ist die Wissenschaft, in sich beglückt zu sein.

singt er in einem seiner frühesten Lehrgedichte. So preist er die Jugend in dem „Tag der Freude":

> Ergebet euch mit freiem Herzen
> Der jugendlichen Fröhlichkeit:
> Verschiebet nicht das süße Scherzen,
> Ihr Freunde, bis ihr älter seid.

Er preist den Frühling:

> Du Schmelz der bunten Wiesen!
> Du neubegrünte Flur!
> Sei stets von mir gepriesen,
> Du Schmelz der bunten Wiesen!
> Es schmückt dich und Cephisen
> Der Lenz und die Natur.

Er besingt die Liebe:

> Tochter der Natur,
> Holde Liebe!
> Uns vergnügen nur
> Deine Triebe.
>
> Gunst und Gegengunst
> Geben allen
> Die beglückte Kunst
> Zu gefallen.

Er huldigt dem Wein:

> Aus den Reben
> Fleußt das Leben;
> Das ist offenbar.
> Ihr, der Trauben Kenner!
> Weingelehrte Männer!
> Macht dies Sprichwort wahr.

Die Quelle aber all dieser Genußfähigkeit, aller Weisheit und Tugend, ist ein ewig offenes Herz, die Menschenliebe:

> Ist nicht des Weisen Herz ein wahres Heiligtum,
> Des höchsten Guten Bild, der Sitz von seinem Ruhm?

Den falschen Eigennutz unordentlicher Triebe
Verbannt aus seiner Brust die treue Menschenliebe.
Es quellen nur aus ihr der tugendhafte Mut,
Der Freunde nie verläßt und Feinden Gutes tut,
Den Frieden liebt und wirkt, der Zwietracht Wildheit zähmet
Und nur durch neue Huld Undankbare beschämet;
Der Wünsche Mäßigung, wann nichts dem Wunsch entgeht;
Die Unerschrockenheit, wann alles widersteht;
Der immer gleiche Sinn, den Fälle nicht zerrütten;
Wahrhaftigkeit im Mund und Wahrheit in den Sitten.

An Hagedorn, der die pseudoanakreontischen Lieder der Grie=
chen erst in reiferem Alter aus einer französischen Übersetzung kennen
lernte, schließen sich die eigentlichen Anakreontiker an: Gleim,
Uz und Götz (die 1746 miteinander eine Übersetzung des Anakreon
herausgaben), der junge Lessing, I. G. Jacobi u. a. Erst sie
bilden einen eigentlichen anakreontischen Stil aus, den Stil der tän=
delnden Kleinigkeiten. Jacobi nennt sich den „kleinen Sänger kleiner
Lieder" und gesteht („An die Karschinn"):

> Ach! zu bezauberndem Gesang
> Ist Feuer nicht in meinem Busen;
> Nur die gefälligste der Musen
> Hört dieser Flöte leichten Klang.

Die Grazien sind die Schutzgöttinnen dieser Lyrik. In dem be=
schränkten Stoffkreise, in den sie sich selber gebannt, sind diese Dich=
ter gezwungen, dieselben wenigen Motive ewig hin= und herzuwen=
den. Ihren Gesichtskreis begrenzte der Rand eines Weinglases und
der Saum eines Weiberrockes.

Immer aufs neue erörtern sie, bald witzig bald fad, bald zierlich
bald steif, das Wesen und die Macht der Liebe und die Reize der
Geliebten wie Blick und Kuß, Augen, Wangen und Busen. Die Liebe
wird, mit echt rationalistischer Neigung zur Antithese, der Vernunft
und dem Tod, die Treue der Unbeständigkeit gegenübergestellt. Gleim
singt einmal („Diener der Liebe"):

> Alles, Liebe, muß dir dienen;
> Alles dienet deinen Kindern.
> Sonnen scheinen, sie zu wärmen,
> Schatten schweben, sie zu kühlen,
> Vögel singen, sie zu loben,
> Tauben girren, sie zu reizen,
> Rosen blühen, sie zu schmücken,
> Sterne funkeln, sie zu führen,

Monde leuchten, sie zu zeigen,
Und die Nächte tragen Wolken,
Deine Kinder zu verbergen;
Liebe, laß doch, wenn ich liebe,
Schatten, Rosen, Vögel, Sonnen,
Sterne, Mond und Nächte dienen!

Dazu kommen Wein und Freundschaft. In der Natur liebt man das
Kleine, Liebliche, Zierliche: Täler, Blumen, sanfte Weste, Schatten,
Haine, Bäche, Quellen, Nachtigallen. Die Natur wird nicht, wie
bei Brockes und Haller, im einzelnen charakterisiert, sondern kon=
ventionell gesehen, und ihre Haine und Wiesen bevölkern die Ge=
stalten der antiken Mythologie, vor allem Venus oder Zythere,
Amor, die Grazien, Bacchus, dazu Mars und die Satyrn als Ver=
körperung von rohen und feindlichen Naturgewalten. Auch die Lie=
benden und Geliebten tragen die aus der Schäferpoesie stammenden
antiken Namen wie Damon und Amoetas, Chloris und Phyllis.

Die Wirkungen dieser niedlichen Kleinigkeiten war schließlich eine
fade Eintönigkeit, die kräftigere Geister abstieß und der Verspottung
rief. Bodmer schrieb seine Satire: „Von den Grazien des Kleinen“.
Abraham Gotthelf Kästner höhnte:

Was Henker soll ich machen,
Daß ich ein Dichter werde?
Gedankenleere Prose
In ungereimten Zeilen,
In Dreiquerfingerzeilen,
Von Mägdchen und von Weine,
Von Weine und von Mägdchen,
Von Trinken und von Küssen,
Von Küssen und von Trinken,
Und wieder Wein und Mägdchen,
Und wieder Kuß und Trinken,
Und lauter Wein und Mägdchen,
Und lauter Kuß und Trinken,
Und nichts als Wein und Mägdchen,
Und nichts als Kuß und Trinken,
Und immer so gekindert,
Will ich halbschlafend schreiben.
Das heißen unsre Zeiten
Anakreontisch dichten.

Und doch wirkte auch die Anakreontik an ihrer Stelle zur Be=
freiung des lyrischen Gefühls. Die materialistisch=epikureische Rich=
tung der Aufklärung fand in ihr den dichterischen Ausdruck, und mit

ihrer Sinnlichkeit und heiteren Lebensfreude bildete sie die Ergän=
zung zu der logischen Strenge der Wolffianer, wie ihre tändelnde
Anmut die Wucht Hallerscher Gedankendichtung milderte. Es war
ein Spiel, was sie trieben; ein Spiel auch nach der Seite des Bürger=
lich=Anständigen. Wenn sie etwa sogar die Grenze überschritten,
lüstern und frivol wurden wie Gleim in seinem „Tierchen ohne Na=
men", so mochte man sich trösten. Es war nur Gebärde. Diese in
ihren Liedern sich so locker gebärdenden Poeten waren in ihrem wirk=
lichen Leben höchst tugendsame Männer. Hagedorn sagte es:

> Petrarchen, der in Versen herzet,
> War Laura keine Lesbia;
> Voiture, der so feurig scherzet,
> Trank Wasser wie ein Seneca.

Wichtig war, daß die unablässige Übung in der Darstellung ewig
derselben Motive die Sprache zu großer Beweglichkeit, Leichtigkeit,
ja Virtuosität ausbildete, und daß die Kunst, die verbotene Nackt=
heit mit den duftigen Schleiern eines geistreich verstedenden Aus=
drucks halb zu verhüllen und sie dadurch um so reizender zu machen,
eine bemerkenswerte Höhe erstieg. Wenn man bedenkt, welche Last
von Pedanterie und Steiffaltigkeit man in Kunst und Leben abzu=
schütteln hatte, so wird man von diesen hingehauchten, auf leichten
Schmetterlingsflügeln durch die Zeit gaukelnden Liederchen der
Anakreontiker doch nicht allzu gering denken. Unzerreißbare Fäden
leiten von hier zu Goethe hinüber; könnte nicht er noch in seiner
Weimarer Zeit die Schlußstrophe in Hagedorns „Zemes und Zu=
lima" gedichtet haben?:

> Mir strahlt kein Stern so schön als Selims Blicke,
> Und du bist wild, so wie das schwarze Meer;
> Und doch ist mir, wenn ich nur dich beglücke,
> Das Leben süß und auch der Tod nicht schwer.

Den großen Gehalt, der der Anakreontik, wie der ganzen Dich=
tung, fehlte, hätte der Lyrik ein Zeiterleben bringen und damit das
Denken von den selbstsüchtigen Genüssen der bürgerlichen Kleinwelt
in die Weite eines Allgemeingefühls heben können: die Persönlich=
keit und Politik Friedrichs des Großen. In ihm stellte sich dem Aus=
land ein Fürst gegenüber, der es zur Achtung vor dem deutschen
Namen zwang. Seine Kriegstaten begeisterten die Tatendurstigen,
seine Förderung der Geistesfreiheit hob alle Emporstrebenden. Zog

nicht der glänzende Stern dieses Mannes sogar einen nüchternen Schweizer an, den Züricher Hauptmann Salomon Landolt? So mochte der große König den Zeitgenossen wohl als die leuchtende Verkörperung des Deutschtums vorkommen, das, von feindlichen Mächten eingeengt, sich tapfer durchschlägt, der Freiheit in Leben und Denken entgegen.

Die größte dichterische Verherrlichung Friedrichs II. ist Lessings „Minna von Barnhelm". Die Lyrik weist bescheidenere Taten auf. Die bedeutendste war Gleims Sammlung: „Preußische Kriegs= lieder in den Feldzügen 1756 und 1757 von einem Grenadier". Er hatte nach den weichlichen Tändeleien seiner Jugend in ihnen den Ton männlichen Heldenmutes gesucht, dabei freilich die Tändelei nur zum Bänkelsang vergröbert. Aber sie rissen die Zeitgenossen zu flammender Begeisterung hin. Sie verkündeten als das neue Er= lebnis jenem Geschlechte die Herrlichkeit des Todes fürs Vaterland, die Hingabe des einzelnen an ein Großes, Allgemeines und seine Verkörperung, den Herrscher.

> Krieg ist mein Lied! Weil alle Welt
> Krieg will, so sei es Krieg!
> Berlin sei Sparta! Preußens Held
> Gekrönt mit Ruhm und Sieg! — —
> Ein Held fall' ich; noch sterbend droht
> Mein Säbel in der Hand!
> Unsterblich macht der Helden Tod,
> Der Tod fürs Vaterland!

Was man bis dahin nur aus den Schriften der Alten als künst= liche Begeisterung der Schulbank gesogen, erlebte man in Gleims Grenadierliedern als eigene Wirklichkeit: Schlachten, in denen Hel= denmut und Feldherrngröße über die Zahl siegten. Bekannte Na= men des bürgerlichen Lebens, wie der des Generals Müller, und Orte des eigenen Vaterlandes wurden durch sie ins strahlende Reich ewigen Ruhmes gehoben. Und zugleich stärkte die familiäre Ver= traulichkeit, mit der Gleim von dem König und seinen Kriegern als vom „Vater Friedrich" und seinen „Kindern" sprach, das Gefühl der Volksgemeinschaft. Indem der Dichter sich Friedrich zu dem Volke niederbeugen ließ, hob er das Volk zu dem König empor.

Wie Gleim wurde auch Christian Ewald von Kleist durch das große Erleben der Zeit von der Idylle zum heroischen Gedichte geführt. 1744 hatte er in dem elegischen Lehrgedichte „Sehnsucht

nach Ruhe" ein abschreckendes Gemälde vom Kriegsgetümmel ent=
worfen und den Frieden der Natur gepriesen. In seinem viel=
bewunderten Gedicht „Der Frühling" (1749) hatte er, Thomsons
„Jahreszeiten" nachahmend, Brockes' und Hallers realistische Treue in
der Wiedergabe beobachteten Landlebens mit der sanften Anmut
der Anakreontiker verbunden und Bilder der Natur und des bäuer=
lichen Getriebes entworfen, denen ein elegischer Hauch zarten Reiz
verlieh. Zehn Jahre später besang er in „Cissides und Paches",
einem Seitenstück zu Lessings „Philotas", den Heldentod mazedoni=
scher Krieger, die ein athenisches Heer in einer Festung bei Lamia
umschlossen hat. Aber die Begeisterung über die Kriegstaten der
eigenen Zeit hat der dürftigen Handlung ihre Seele eingehaucht
und die oft recht prosaischen Verse beflügelt. Am Schlusse wird in
kühnem Schwung die Brücke aus dem Altertum in die eigene Zeit
gespannt:

> Ihr Krieger, die ihr meiner Helden Grab
> In später Zeit noch seht, streut Rosen drauf
> Und pflanzt umher von Lorbeern einen Wald!
> Der Tod fürs Vaterland ist ewiger
> Verehrung wert. — Wie gern stürb' ich ihn auch,
> Den edlen Tod, wenn mein Verhängnis ruft!
> Ich, der ich dieses sang im Lärm des Kriegs,
> Als Räuber aller Welt mein Vaterland
> Mit Feur und Schwert in eine Wüstenei
> Verwandelten — als Friedrich selbst die Fahn'
> Mit tapfrer Hand ergriff und Blitz und Tod
> Mit ihr in Feinde trug und achtete
> Der teuern Tage nicht für Volk und Land,
> Das in der finstern Nacht des Elends seufzt'.

Aber erst Klopstock erweckt in uns das Gefühl der Größe. Bei den
andern Dichtern der Zeit sieht man, selbst bei Lessing, mit oft auf=
dringlicher Deutlichkeit die Vorbilder im Hintergrund stehen; Klop=
stock, trotz aller bewußten und unbewußten Nachahmung, erscheint
als Neuer und Eigener, weil er den Stoff souverän aus dem tiefen
Erlebnis heraus gestaltet. Von dem Pietismus und dem Altertum
kam er her. Jener nährte sein Gefühl mit reichen Strömen, dieses
seinen Sinn für Größe und Form durch klassische Muster. Beide
Keime brachte, in der freieren Atmosphäre des sich weitenden Den=
kens der Zeit, seine starke und stolze Persönlichkeit zu machtvoller
Entfaltung. Gefühl ist ihm alles. Nicht ein leeres Gefühl — man

findet niemals Phrasen bei ihm —, sondern ein mit Gedanken ge=
sättigtes. Um das nüchtern=verständige Erwägen von Grenzen und
Möglichkeiten kümmert er sich nicht. Jene herrschen auf dem festen
Boden physischer Wirklichkeit. Klopstocks Dichtung aber lebt im
Äther des Übersinnlichen. Auf rauschenden Flügeln schwebt sie von
Berg zu Berg, von Wolke zu Wolke, so hoch, daß die Wohnsitze und
Felder der Menschen tief unten wie zierlich abgestecktes Spielwerk
von Kindern erscheinen, über das der Erwachsene lächelt. Es ist
wonnig, sich von ihm tragen zu lassen, höher, immer höher:

> Nicht in den Ozean der Welten alle
> Will ich mich stürzen, schweben nicht,
> Wo die ersten Erschaffnen, die Jubelchöre der Söhne des Lichts
> Anbeten, tief anbeten und in Entzückung vergehn.

> Nur um den Tropfen am Eimer,
> Um die Erde nur will ich schweben und anbeten.
> Halleluja! Halleluja! Der Tropfen am Eimer
> Rann aus der Hand des Allmächtigen auch.

> Da der Hand des Allmächtigen
> Die größeren Erden entquollen,
> Die Ströme des Lichts rauschten und Siebengestirne wurden,
> Da entrannest du, Tropfen, der Hand des Allmächtigen!

Alles verliert in seiner Hand sein Maß. Er lebt unbedingt und
ohne Einschränkung in großen Dimensionen. Er bemüht sich nur
um große Stoffe: Gott, Christus, die Menschheit, Vaterland, Herr=
scher, Freundschaft. Wo sein Blick einmal auf etwas Kleinem und
Alltäglichem gnädig weilt, da schwellt es der Dampf seines gedanken=
gesättigten Gefühls zur Größe auf. In seiner Ode „Der Zürchersee"
gönnt er auch dem Preis des Weines das Wort. Aber es tönt nicht
tändelnd=anakreontisch, wenn er singt:

> Lieblich winket der Wein, wenn er Empfindungen,
> Bess're, sanftere Lust, wenn er Gedanken winkt,
>   Im sokratischen Becher
>   Von der tauenden Ros' umkränzt;

> Wenn er dringt bis ins Herz und zu Entschließungen,
> Die der Säufer verkennt, jeden Gedanken weckt,
>   Wenn er lehret verachten,
>   Was nicht würdig des Weisen ist.

In dem Luftreich des Übersinnlichen, wo ihm kein fester Gegen=
stand im Wege steht, hat er sich die große Gebärde angewöhnt. Die

stolzesten Wörter, die weitesten Begriffe wirbelt er auf als prächtigen
Schweif, wie ein gewöhnlicher Mensch eine Wolke Erdenstaubes:
Ozean, Welten, Jubelchöre, Erden, Allmächtiger. In der Ode „Der
Eislauf" nennt er die Schlittschuhe „Flügel am Fuß", „schlüpfen=
den Stahl", „Wasserkothurn", das Eisfeld „des Kristalls Ebne",
das Brot „des Halmes Frucht". Die banale Warnung, nicht wag=
halsig aufs schwache Eis zu gehen, umrieselt seine pathetische
Sprache mit allen Schauern des Unheimlichen:

> Zurück! laß nicht die schimmernde Bahn
> Dich verführen, weg vom Ufer zu gehn!
>   Denn wo dort Tiefen sie deckt, strömt's vielleicht,
>   Sprudeln vielleicht Quellen empor.
>
> Den ungehörten Wogen entströmt,
> Dem geheimen Quell entrieselt der Tod.
>   Glittst du auch leicht wie dies Laub ach! dorthin,
>   Sänkest du doch, Jüngling, und stürbst!

Goethe hat später, aus einer ähnlich pathetischen Stimmung
heraus, seine Gefühle in freie Rhythmen ergossen. Klopstock, und
darin ist er noch ganz in dem ästhetischen Koder der Aufklärung
befangen, beugte sich dem Gesetz. Goethe war sich bewußt, auch im
freiesten Schweifen der Gedanken, die Wurzeln in der Erde zu haben.
Klopstock nicht. Weil ihn der Gedanke völlig vom Erdreich abgelöst
hatte, spürte er das Bedürfnis, sich nun in den Weiten des reinen
Geistes feste Form und Fassung zu geben. Die deutschen, boden=
ständigen Formen, Vers, Strophe, Reim, verschmähte er. Sie waren
durch die Anakreontik entweiht: man konnte nicht aus dem gleichen
Becher mit dem Zechbruder auf seine Liebste trinken und das Blut
Christi im Abendmahl genießen. So holte er bei den Alten, vor
allem Horaz, ihre kunstvollen Strophensysteme und bildete sie nach
seinem eigenen rhythmischen Sinn selbständig weiter. Der scho=
lastische Intellektualismus der Aufklärung war an der Aufstellung
dieser Systeme wie an ihrer gedanklichen Füllung stark beteiligt;
schon die Voranstellung der Schemata vor die Gedichte beweist es.
Daß er auch damit jenseits der Wirklichkeit stand und sich von ihr
immer weiter entfernte; daß er, wie durch Wortwahl und Satz=
fügung, so durch das Versmaß weite Kreise des Volkes von sich fern=
hielt, dafür hatte der selbstbewußte Mann kein Gefühl.

So ist seine Dichtung höchstgespannte Subjektivität. Sie kennt
nur ein Ich, und was nicht Ich ist, tritt nur ins Bewußtsein, soweit

es sich vor dem Ich beugt — und verbeugt. Der Jüngling begeisterte sich für Friedrich den Großen. Aber als Friedrich seine Wünsche nicht erfüllte, merzte er seinen Namen aus seinen Gedichten und seine Existenz aus seinem Bewußtsein aus. Ein Deutschland des 18. Jahrhunderts ohne Friedrich den Großen — was für eine ungeheuerliche Fälschung der Geschichte!

Aber braucht der Lyriker Geschichtschreiber zu sein? Hat er nicht das Recht und die Pflicht, durch die Glut seines Gefühls die festen Gestalten der objektiven Wirklichkeit zu erweichen und zu lösen, daß die Dämpfe, die ihnen entsteigen, uns mit der berauschenden Empfindung unmittelbaren Lebens erfüllen?

Wenn es nur auf die Macht des Gefühls ankäme, so wäre Klopstock der größte Lyriker der deutschen Literatur. Er ist es nicht, weil seine Empfindungskraft allzu einseitig und eigenwillig ist. Er bringt die Dinge nicht nur zum Schmelzen, er löst sie auf, er löscht sie aus. So starr und eigensüchtig ist er, daß er sein Ich an die Stelle der Welt setzt.

Wie bezeichnend ist für seine Mißachtung des Objekts seine Ode „Der Zürchersee". An ein wirkliches Erlebnis knüpft er an: die Fahrt auf dem See. Diese selber wird in einzelnen Stationen — nicht allzu wirklichkeitsgetreu — geschildert: „Schon lag hinter uns weit Uto ... Jetzt entwölkte sich fern silberner Alpen Höh' ... Jetzo nahm uns die Au in die beschattenden, kühlen Arme des Walds." Erlebnisse im Schiff werden genannt. Aber dann enteilt das Lied dem festen Boden der Wirklichkeit und wiegt sich im Luftreich des abstrakten Gefühls. Man merkt, die ganze Beschreibung der Fahrt dient nur als Grund, auf dem die Anrufung an die Freude sich erhebt, und aus der Freude, die die Geselligkeit auf der Au schafft, steigt die Lobpreisung der Freundschaft hervor. So umglänzt der schimmernde Nebel gefühlvoller Gedankenhaftigkeit die Landschaft des Zürichsees und verhüllt ihre wirklichen Formen. Goethe, in seinem stofflich ähnlichen Gedicht „Auf dem See" („Und frische Nahrung") läßt das seelische Erlebnis aus der sinnlichen Naturanschauung klar und genau hervorwachsen und macht so die Landschaft und die Fahrt zu Symbolen. Klopstock setzt selbstherrlich sich an die Stelle der Landschaft. So beraubt er die Welt ihres Glanzes, ihrer Farbigkeit, ihres Gestaltenreichtums. Er verarmt an sich selber, und sein Lied wird zum fernen kreisenden Stern im unendlichen All, durch den luftleeren Raum von unserm Leben geschieden.

Klopstocks Lyrik ist der erste ragende Gipfel des absoluten Idealismus in der neuern deutschen Dichtung. Seit Jahrhunderten zum
erstenmal wieder war in ihm der Dichter als Priester und Seher, als
Offenbarer urgeheimer Tiefen erschienen. Aber ein noch höherer
Gipfel war erreicht, wenn es gelang, die Welt nicht mit dem Seelenleben des Ich zu überschütten, sondern zu durchdringen, und so sie
aus dem Schlafe der bloßen Materie zu wecken.

Derjenige, der den Weg dazu wies, war Herder.

Erstes Buch

Die Entdeckung der Natur

Erstes Kapitel

Die Poesie als Muttersprache des menschlichen Geschlechtes

In dem Gespräch zwischen einem Rabbi und einem Christen über Klopstocks Messias — in der zweiten Sammlung der „Frag=mente über die neuere deutsche Literatur" von 1767 — macht Herder Klopstock durch den Mund des Rabbi den Vorwurf, er habe in seinem „Messias" sich zu wenig um den Nationalgeist der Juden, den poetischen Sinn des Alten Testamentes und den Geschmack der damaligen Zeit gekümmert. Die „moralische Schönheit", worin Klop=stock das Kennzeichen der höheren Poesie sehe, sei nicht ein Beweis des dichterischen Wertes des „Messias".

In diesem Worte scheiden sich zwei Auffassungen des Wesens der Dichtung. Noch mehr: des Wesens der Kultur überhaupt: die moralisch=rationale der Aufklärung und die geschichtlich=natürliche des 19. Jahrhunderts.

So verschieden die lyrischen Persönlichkeiten sind, die uns vor Herder begegnen, so weit sich der geistige Schwung Klopstocks über die epikureische Flachheit eines Hagedorn und über die peinliche Sauberkeit eines Brockes erhebt, durch alle weht Geist des Ratio=nalismus. Sie sind alle vom nährenden Grund der Erde gelöst. Sie stehen alle außerhalb des zeitlichen Werdens. Es fehlt ihnen allen jenes irrationale, mystische Verwachsensein mit der sinnlichen Na=tur in einer unmittelbar geschichtlichen Erscheinung. Zeigen nicht gerade Gleims Grenadierlieder, die Zeitstimmung wiedergeben wollen, wie wenig jenes Geschlecht dies vermochte? Wie gewaltig ist in ihnen die Entfernung zwischen dem großen Stoff und der kleinlichen Form! In all diesen Dichtern wirkt der Sinn der Re=naissance und des Humanismus nach: sie dürfen sich alle das Bei=wort doctus als Ehrentitel beilegen. Sie können sich kein Dichten ohne Bildung denken, im besonderen klassische Bildung. Sie leben nicht in der natürlichen Welt und singen nicht aus ihr, sondern wie das Ideal der griechischen Klassik, ob eingestanden oder nicht, alles Schaffen bestimmt, so sind sie in Urteil und Hervorbringen vom Gedanken eines durch die Kultur bestimmten Musters, einer Vernunftnorm überhaupt geleitet. Statt in naivem Vertrauen auf die geniale Naturkraft ihrer Begabung hervorquellen zu lassen, was ihr Inneres bewegt, leiten sie ihr geistiges Leben behutsam nach mühsam erarbeiteten Regeln und fragen immer wonach? und wozu? Ist nicht gerade Klopstock, die stärkste Gefühlskraft unter den Dichtern vor Goethe, ein Beweis für die Verstandesgebundenheit dieser Dichtung? Wird sein Gefühlsleben nicht immer wieder rhetorisch erhitzte Reflexion? Religiös=philosophische Gedankenkette statt Unmittelbarkeit des seelischen Ausdrucks? Wie oft erstarrt im Kühlhaus der wissenschaftlichen Theorie sein bestes und feurigstes Wollen! Wie schlägt seine antikisierende Strophenbildung den Strom seiner Begeisterung in Fesseln, wie dichtet er seine vaterländischen Oden und Dramen, wie schreibt er seine Gelehrtenrepublik an seiner Zeit vorbei! Den Kothurn, den er mit auf die Welt brachte, erhöhte er zur Stelze, und statt mit seinen Sohlen die Erde zu berühren, bildete er sich etwas darauf ein, in der Höhe zu schweben und aus den Wolken auf sie niederzuschauen.

Herder war es, der die Dichtung wieder barfuß gehen lehrte. Ihm verdankte sie die lebendige Berührung mit der mütterlichen Erde. Statt wozu? fragte er woher? Statt mit dem Stabe der Vernunftregel der Pflanze Gestalt und Wachstumsrichtung zu bestimmen, spürt er behutsam ihren natürlichen Bedingungen nach, Keim, Standort, Klima, Jahreszeit. Er lehrt die Deutschen geschichtlich denken und säubert das Feld für das Wachstum einer innerlich geformten, natürlich=genialen Dichtung.

Man kann Herder nicht einmal das Lob spenden, daß er durchaus der Vater der von ihm verkündeten Ideen sei.

David Hume, auf Lockes und Berkeleys Grundlagen weiter bauend, lehrte oder stärkte in ihm den leidenschaftlichen Zweifel gegen die Vernunfterkenntnis. In seiner „Enquiry concerning human understanding" (1742) hatte er die Unzulänglichkeit unseres Verstandes gegenüber allen Vorgängen und Gegenständen der natürlichen und geschichtlichen Welt dargetan. Jede unserer Vorstellungen ist einem vorhergehenden Eindruck oder Gefühl nachgebildet;

ohne Eindruck keine Vorstellung. In allen Einzelfällen körperlicher oder geistiger Wirksamkeit hinterläßt nichts einen direkten Eindruck; es kann folglich auch nicht die Vorstellung von Kraft oder notwendiger Verknüpfung entstehen. Wenn aber viele gleichförmige Fälle sich ereignen und demselben Gegenstand immer dasselbe Ereignis folgt, bilden wir in uns den Begriff von Ursache und Wirkung aus dem Gefühle der gewohnheitsmäßigen Verknüpfung eines Gegenstandes mit der auf ihn folgenden Erscheinung in unserem Denken. Das Kausalitätsgesetz, der letzte Grund der rationalen Denkmethode, liegt also nicht in den Dingen und ihrer Bewegung; wir sehen nicht, daß eine Billardkugel, die eine andere abstößt, ihr eine Kraft mitteilt; vielmehr legen wir, ohne über die wirklichen Beziehungen der Dinge etwas zu wissen, das Kausalitätsgesetz als willkürliche Deutung unseres Denkens in sie hinein; es hat nur Erfahrungswert, keine Allgemeingültigkeit. Als Ergebnis allen philosophischen Denkens bleibt nur die Erkenntnis der Blindheit oder Schwäche der Vernunft in bezug auf die letzten Gründe. All unser Wissen um die natürlich-geschichtlichen Tatsachen (mit den Vorstellungen mathematischer Art verhält es sich anders) ist ein Glauben (belief), ein gewohnheitsmäßiges Überzeugtsein, daß es so sei, keine Erkenntnis des wirklichen Sachverhalts.

Rousseau schenkte Herder den tiefen Haß gegen die Kultur. Schon in dem Discours sur les sciences et les arts, fünf Jahre nach Herders Geburt entstanden, konnte dieser lesen, wie ein den Menschen feindlicher Gott der Erfinder der Wissenschaften gewesen sei, und daß einzig Wissenschaft und Kunst schuld seien, wenn das Talent über die Tugend gesetzt werde. Jetzt frage man nicht mehr, ob ein Mensch Tugend, nur ob er Geist habe. „Allmächtiger Gott, erlöse uns von der Erleuchtung und den verhängnisvollen Künsten unserer Väter, führe uns wieder zur Einfalt, Unschuld und Armut zurück, den einzigen Gütern, welche unser Glück fördern und dir genehm sind!" Der „Emil" konnte Herder verkünden, daß alles gut und vortrefflich sei, wie es aus den Händen der Natur hervorgehe.

War bei dem Bürger von Genf der Geniegedanke moralisch-pädagogisch gerichtet, so hatte ihn Edward Young, der Verfasser der Night-Thoughts, auf das Feld künstlerischen Schaffens getragen in seiner berühmten Schrift Conjectures on original composition (1759). Young stellt der Nachahmung der Schriftsteller die Nachahmung der Natur gegenüber. Nur wer aus dieser Quelle trinkt, ist ein Original, ein Genie; wer sich die Schriftsteller zum Muster nimmt, ist ein bloßer Nachahmer. „Wer die göttliche Iliade nachahmt, ahmt den Homer nicht nach; sondern der, der die nämliche Behandlung wählt, die Homern nur eigen war, um sich die Fähigkeiten, ein gleiches vollkommnes Werk zu schaffen, zu erwerben. Wandelt in seinen Fußstapfen zu der einzigen Quelle der Unsterblichkeit; trinkt, wo er trank, am einzigen Helikon, am Busen der Natur. Ahmt nach; nicht aber das Werk, sondern den Mann.... Je weniger wir die Alten nachahmen, desto näher kommen wir ihnen." Mit leidenschaftlichen Worten wird gegen die Kunstgesetze der Gelehrsamkeit Sturm gelaufen: das Genie, das vom Himmel stammt, trägt das Gesetz der Schönheit und Vortrefflichkeit in sich selber; es überspringt die Regel der Wissenschaft. „Alle Vortrefflichkeit, aller Vorzug und Würde liegt außerhalb dem gebahnten Wege; ausweichen und den glücklichen Abweg zu finden, das ist die Kunst, und je weiter ihr euch von der allgemeinen Heerstraße entfernt, desto rühmlicher ist's euch." Die Regel mag eine Krücke für die Lahmen sein; aber sie ist ein Hindernis für die Gesunden. Die Dichtung ist etwas Geheimnisvolles; der prosaische Verstand des Kunstgelehrten dringt nicht in ihre Tiefen. So kann Young den Ruhm Shakespeares, dieses Naturgenies, verkünden, der „weniger gedacht hätte, wenn er mehr gelesen hätte". Er besaß zwei Bücher, die viele Hochgelehrte nicht kennen: das Buch der Natur und das Buch des Menschen. Die wußte er auswendig, und ihre besten Seiten schrieb er in seinen Werken ab.

Für solche Stimmen war Herder dank seinem Lehrer Hamann, dem „Magus des Nordens", empfänglich genug. Deutet doch dieser in seiner bedeutendsten Schrift, den „Sokratischen Denkwürdigkeiten" von 1759, seiner Kampfschrift gegen die rationalistische Wissenschaft der Aufklärung, jenen Ausspruch des Sokrates gegenüber den Sophisten, er wisse, daß er nichts wisse, auf das intuitive Wissen des Genies, das dem intellektuellen Wissen des Gelehrten den Rücken kehrt. „Die Unwissenheit des Sokrates war Empfindung. Zwischen Empfindung aber und einem Lehrsatz ist ein größerer Unterschied als zwischen einem lebenden Tier und anatomischen Gerippe desselben." Es ist dem pietistischen Einschlag in Hamanns Erziehung zuzuschreiben, der Mißachtung aller gelehrten Bildung, wenn er aus dem sokratischen Bekenntnis des Nichtwissens die Notwendigkeit der Verachtung des rationalen Denkens

folgert, den naiven Realismus der Aufklärung zerstört und mit
Hume die Vernunft durch den Glauben ersetzt: „Unser eigen Dasein
und die Existenz aller Dinge außer uns muß geglaubt und kann
auf keine andere Art ausgemacht werden.... Der Glaube ist kein
Werk der Vernunft und kann daher auch keinem Angriff derselben
unterliegen; weil Glauben so wenig durch Gründe geschieht als
Schmecken und Sehen." Also anstatt des abgeleiteten, durch Ver=
standesregeln gegängelten Wissens Ursprünglichkeit des Gesamt=
menschen in Erkenntnis und Schaffen. Leidenschaftlicher noch als
Young verkündet er das Evangelium des Genies: „Was ersetzt bei
Homer die Unwissenheit der Kunstregeln, die ein Aristoteles nach
ihm erdacht, und was bei einem Shakespeare die Unwissenheit oder
Übertretung jener kritischen Gesetze? Das Genie."

Auf das Titelblatt seiner „Kreuzzüge des Philologen" (1762)
hat Hamann einen derb geschnittenen Satyrkopf setzen lassen. Er
deutete selber damit auf den sinnlich=naturhaften Zug, der sich in
seinem Wesen mit dem religiös=mystischen zur unlöslichen Einheit
verband. Diese Polarität des Sinnlich=Geistigen, wie sie sein Leben
und seinen Stil verwirrte, war doch dem Denker die Quelle tief=
sinnigster und fruchtbarster Kunstbetrachtung. In den „Sokratischen
Denkwürdigkeiten" deutet er die Herkunft des Sokrates von einem
Bildhauer und einer Hebamme auf das Gesetz seiner geschichtlichen
Sendung: Als Bildhauer, der Sokrates anfangs selber war, suchte
er die geistigen Bilder seines Innern aus dem sinnlichen Stoffe
herauszuarbeiten; als Sohn der Hebamme half er die im dunkeln
Mutterschoß verborgenen Gestalten ans Licht der Erkenntnis fördern.
Das Wesen seines Denkens und Sprechens also war Symbolik. In
der „Aesthetica in nuce", der wichtigsten Abhandlung der „Kreuz=
züge des Philologen", dem Schatzkästlein und Katechismus des
Sturms und Drangs, gräbt er noch tiefer. Hier wird aus dem
ganzen religiös aufgewühlten, chaotischen, sinnlich=geistigen Urgrund
seiner Natur die Symbolik oder wie er sagt die Hieroglyphik der
Sprache und Dichtung aufgedeckt: „Poesie ist die Muttersprache des
menschlichen Geschlechts; wie der Gartenbau älter als der Acker:
Malerei, — als Schrift: Gesang, — als Deklamation: Gleichnisse,
— als Schlüsse: Tausch, — als Handel.... Sinne und Leiden=
schaften reden und verstehen nichts als Bilder. In Bildern besteht
der ganze Schatz menschlicher Erkenntnis und Glückseligkeit."

Schon Bodmer und Breitinger hatten durch ihre Vergleichung

der Poesie mit der Malerei gegen das Verstandesmäßig=Mathe=
matische in der Sprache der Aufklärungsdichtung ihren anschaulichen
Charakter betont. Aber sie waren im Außerlich=Bildhaften stecken
geblieben. Jetzt erklärt Hamanns hieratische Prophetie die Bild=
lichkeit der Sprache als „heilige Schrift". Die Poesie, die ein viel
mißverstandenes Schlagwort der Aufklärung als „Nachahmung der
Natur" ausgegeben, wird ihm nun zur Deutung der göttlichen Weis=
heit in heiligen Bildzeichen. Wie ist gegenüber diesem bohrenden
Tiefsinn Youngs Genieverkündigung noch bloßes aufklärerisches Ge=
stammel, wenn Hamann den Kritikern und Dichtern seiner Zeit
zuruft: „Wagt euch nicht in die Metaphysik der schönen Künste, ohne
in den Orgien und Eleusinischen Geheimnissen vollendet zu sein.
Die Sinne aber sind Ceres, und Bakchus die Leidenschaften." Das
heißt ihm Nachahmung der lebendigen, wirkenden Natur: der Dich=
ter ein zweiter Gott, von innen heraus schaffend, das Ebenbild des
lebendigen Gottes im Werk ausprägend.

Man findet alle diese Ideen in den programmatischen Jugend=
schriften Herders wieder, manchmal mit wörtlichen Anklängen an
seine Vorgänger. Und doch ist er nicht der Nachbeter, der mechanisch
weiter gibt, was er von andern empfangen. Die Naturkraft des
Genies, die er mit jenen unaufhörlich preist, wirkt in ihm. Mit dem
Ganzen seiner geistigen Kraft bemächtigt er sich jener Ideen als
Nahrungsstoff und gibt ihnen aus der Tiefe eigenen Wesens neue
Gestalt. In seinem Aufsatz „Vom Erkennen und Empfinden der
menschlichen Seele" (1778) verkündet er gegen die naturentfremdete
Erkenntnismethode der rationalistischen Wissenschaft Christian
Wolffs und seiner Schule das Recht der Sinne: „Auch der ab=
straktesten Wissenschaft liegt Anschauung zugrunde"; gegen ihre Zer=
stückelung der menschlichen Seele in verschiedene Seelenvermögen
verficht er ihre lebendige Einheit. Die menschliche Natur hat Hippo=
krates einen lebendigen Kreis genannt, und das ist sie. „Ein Wagen
Gottes, Auge um und um, voll Windes und lebendiger Räder.
Man muß sich also für nichts so sehr als für dem einseitigen Zer=
stücken und Zerlegen hüten. Wasser allein tut's nicht, und die liebe
kalte spekulierende Vernunft wird dir deinen Willen eher lähmen,
als dir Willen, Triebfedern, Gefühl geben. Wo sollte es in deine
Vernunft kommen, wenn nicht durch Empfindung? Würde der Kopf
denken, wenn dein Herz nicht schlüge? Aber gegenteils, willst du
auf jedes Pochen und Wallen deines Herzens, auf jeden Nachhall

einer gereizten Fiber als auf die Stimme Gottes merken und ihr
blindlings folgen, wo kannst du hingeraten, da alsdann dein Ver=
stand zu spät kommt? Kurz, folge der Natur! Sei kein Polype ohne
Kopf und keine Steinbüste ohne Herz; laß den Strom deines Lebens
frisch in deiner Brust schlagen, aber auch zum feinen Mark deines
Verstandes hinauf geläutert und da Lebensgeist werden!"

Weil Herders Genie ursprüngliche Naturkraft in sich schaffen
fühlt, ist ihm die ganze Welt ein Wirken gestaltender Gotteskraft.
Lebendiger Organismus, nicht toter, logischer Mechanismus. Dem
Walten der bildenden Kraft in der individuellen geschichtlichen Ge=
stalt nachzuspüren, begreift er als seine Lebensaufgabe. Sie zu er=
füllen, hat die Natur ihm alles mitgegeben: Feinheit der Sinne,
Stärke des Gefühls, Schärfe des Verstandes, schöpferischen Reich=
tum der Vernunft, Phantasie, Bildsamkeit, Feuer, Gewalt der
Sprache und — vor allem — die hinreißende, weil hingerissene
Begeisterung für das Evangelium, das er zu verkünden hat. Es
ist kein Zufall, daß dieser Prophet höchst profaner Weisheit im bür=
gerlichen Berufe Pfarrer war. Er war es auch als Kritiker, Ästhe=
tiker und Geschichtsphilosoph. Er hatte in allem und mit dem Ganzen
seiner Kraft die göttliche Botschaft des bildenden Geistes zu ver=
künden. Man braucht gegen die Mängel seiner Denk= und Dar=
stellungsart nicht blind zu sein: sein Enthusiasmus ist oft genug
ein Schwärmen, das gähnende Probleme mit Worten wie mit Blu=
men überschüttet, statt sie zu lösen, und sein Gefühl oft genug Mangel
an Unterscheidungskraft. Es sind die Schwächen des Dilettanten
im guten und schlimmen Sinne, sie haben sich ins Alter gesteigert
und den Zusammenstoß mit dem strengen Methodiker Kant bewirkt.
Was er erstrebte, das lebendige Bild der Natur, kann nur der Künst=
ler erschaffen in der Symbolik seines Werkes. Es ist die tiefe Tragik
in Herders Wirken, daß ihm die Sprache des Künstlers versagt
blieb. Aber sein Genie bleibt deshalb unverkümmert. Herder gehört
zu jenen großen Dilettanten, die der menschliche Geist von Zeit zu
Zeit bedarf, um jenen starken Schritt vorwärts zu tun, den der
trippelnde Gang oder das Am=Ort=Gehen der zünftigen Wissen=
schaft oft nicht zu tun vermag.

Am fruchtbarsten wirkte er durch seine Auffassung des Wesens
der Sprache und der aus ihr hervorgehenden Dichtung. Hamanns
Wort von der Poesie als Muttersprache des menschlichen Geschlechts
aufnehmend, aber genauer und folgerichtiger als Hamann, unter=

sucht Herder das Verhältnis zwischen Sprache und Poesie. Zu Be=
ginn der ersten Sammlung der „Fragmente über die neuere deutsche
Literatur“ von 1767 steht das Wort, das der Leitstern für seine
Erörterung des Problems der Dichtung geworden ist: „Der Genius
der Sprache ist auch der Genius von der Literatur einer Nation.“
Den Geist einer Sprache also hat man zu ergründen, wenn man die
Poesie ergründen will. Und zwar nicht die Sprache, wie sie bei den
gelehrten, philosophischen, abstrakten Schriftstellern erscheint, sondern
die Sprache des Volkes und jener Schriftsteller, die in ihr leben und
schaffen. Schon Lessing hatte in den Literaturbriefen Wieland emp=
fohlen, in der Schweiz gute Wörter aus dem Dialekte zu retten.
Herder rät, aus den Zeiten der Meistersänger, des Opitz, Logau und
Luther Idiotismen zu sammeln. Mit Hamann ist er der Meinung,
daß die Reinheit und Richtigkeit einer Sprache ihren Reichtum
mindere, ihre Stärke und Mannheit schwäche. Wie reich ist die
Sprache der Juden an Vieh= und Naturnamen! So klein die Bibel
ist, sie enthält 250 botanische Wörter, die unsere Sprache zwar aus=
drücken kann, aber nicht auszudrücken weiß, weil unsere Gebildeten
die Kenntnis der Pflanzen, wie sie das Volk besitzt, nicht haben,
oder nicht haben wollen. Die Preisschrift über den Ursprung der
Sprache sagt es immer wieder: Je näher eine Sprache ihrer Jugend
ist, um so lebendiger, reicher, beweglicher ist sie. Je gebildeter sie ist,
je mehr in Regeln geordnet und in Wörterbüchern aufgezeichnet,
um so starrer und ärmer. Was für ein hartes Urteil muß sich das
Sprachstudium der Aufklärung gefallen lassen: „Es ist für mich un=
begreiflich, wie unser Jahrhundert so tief in die Schatten, in die
dunkeln Werkstätten des Kunstmäßigen sich verlieren kann, ohne
auch nicht einmal das weite, helle Licht der uneingekerkerten Natur
erkennen zu wollen. Aus den größten Heldentaten des menschlichen
Geistes, die er nur im Zusammenstoß der lebendigen Welt tun und
äußern konnte, sind Schulübungen im Staube unsrer Lehrkerker;
aus den Meisterstücken menschlicher Dichtkunst und Beredsamkeit
Kindereien geworden, an welchen greise Kinder und junge Kinder
Phrases lernen und Regeln klauben.“

Was von der Sprache, gilt auch von der Dichtung. Auch sie
kann in ihrer Kraft und Fülle nur in der Freiheit der Natur ge=
deihen, nicht in der Werkstätte der gelehrten Bildung. In jene Zeit
also muß man zurückgreifen, wo die Völker noch im Zustande der
Natur lebten, wenn man lebendige Dichtung finden will. 1765 hatte

der Bischof Percy seine „Reliques of ancient English poetry" her=
ausgegeben. Diese Sammlung alter Balladen und Volkslieder gab
Herder, wie er später selber gestand, den unmittelbaren Anstoß zu
seiner Beschäftigung mit dem Volkslied. Zum erstenmal weist er in
der zweiten Sammlung der „Fragmente" auf die Wichtigkeit der
alten Volkslieder hin: unter Skythen und Slawen, Wenden und
Böhmen, Russen, Schweden und Polen gibt es noch Spuren alter
Volkspoesie. „Würde man, jeder nach seinen Kräften, sorgsam sein,
sich nach alten Nationalliedern zu erkundigen; so würde man nicht
bloß tief in die poetische Denkart der Vorfahren dringen, sondern
auch Stücke bekommen, die, wie die beiden lettischen Dainos, die die
‚Literaturbriefe' anführten, den oft so vortrefflichen Ballads der Bri=
ten, den Chansons der Troubadoren, den Romanzen der Spanier,
oder gar den feierlichen Sagoliuds der alten Skalder beikämen;
es möchten nun diese Nationalgesänge lettische Dainos, oder ko=
sakische Dummi, oder peruanische, oder amerikanische Lieder sein."
Was für ein gewaltiges Programm! Herder traute sich die Kraft
zu, es zu verwirklichen. Schon der Student in Königsberg hatte
Materialien dafür gesammelt. Die Briefe, die er seiner Braut Ca=
roline Flachsland sandte, begleiteten Gedichte aller Art: Klopstock=
sche Oden, Stücke aus Ossian, Lieder aus Shakespeares Dramen,
altenglische Balladen aus den „Reliques of ancient English poetry"
und andere Proben der Volksdichtung. So entstand, teils in der
Ursprache, teils in Herders Umdichtung, eine rasch wachsende Samm=
lung von Kunst= und Volksliedern, die Caroline Flachsland im
Frühjahr 1771 in ein Heft mit silberpapiernem Umschlage eintrug.
Immer klarer bildet sich über dem Sammeln Herders Verständnis
für die Volksdichtung, immer reiner sein Gefühl für das Natürlich=
Echte und das Gebildet=Künstliche des lyrischen Stiles aus. Wäh=
rend er in den „Fragmenten" noch in einem Atemzuge neben den
Idiotismen aus den Zeiten der Meistersinger und Luthers die
Sprache Klopstocks nennt, weiß er nun genauer zu scheiden. An
den Oden des von Caroline schwärmerisch geliebten Klopstock hat
er nun „tausenderlei auszusetzen". „Daß Sie Klopstock und Geßner
nachempfinden können, ist hold und schön, aber — — immer auch ein
bißchen holde Schwachheit, die ich so gut als Sie mit Süßigkeit
und Anmut empfinde, die aber — kurz, die schon immer Liebe
u n s e r e s Jahrhunderts ist." Wenn er freilich dann gegen Klop=
stock die „schottischen Bardenlieder" von Macphersons Ossian aus=

spielt und der Braut ihre „Zartheit und Süßigkeit und Anmut und
Adel und Stärke" rühmt, so beweist dies nur, wie unendlich schwer
es damals auch dem feinsten Gefühle war, Nachahmung und Echt=
heit zu unterscheiden. Es waren, neben den echten Resten alter
Volkspoesie, die Liedeinlagen in Shakespeares Dramen, die ihm
mehr und mehr den Sinn für die eigentlich volksmäßige Lyrik
erschlossen.

Es war darum keine zufällige Zusammenstellung, wenn das Heft
„Von deutscher Art und Kunst", das 1773 bei Bode in Hamburg
erschien, von Herder den Aufsatz über Shakespeare und einen zwei=
ten über Ossian und die Lieder alter Völker enthielt. Sie sind im
wesentlichen in der zweiten Hälfte 1771 geschrieben worden. Was
beide eint, ist die mit intuitivem Gefühl für das Individuelle unter=
nommene Aufdeckung geistig=künstlerischen Schaffens als eines na=
türlich=genialen Hervorbringens. Wie im Shakespeareaufsatz die
Dramen des großen Briten nach Gehalt und Form aus den be=
sonderen geschichtlichen Verhältnissen seines Volkes und seiner Zeit
abgeleitet und so ihr Unterschied gegenüber den Dramen der Alten
erklärt wird, so wird im Aufsatz über Ossian das Volkslied aus
der Seele des Naturvolkes entwickelt. Leidenschaftlicher als in den
„Fragmenten" wird nun das Axiom vorgetragen, je wilder, d. h. je
lebendiger, je freiwirkender ein Volk sei, desto wilder, lebendiger,
freier, sinnlicher, lyrisch handelnder müssen auch seine Lieder sein.
Je entfernter von künstlicher, wissenschaftlicher Denkart, Sprache und
Letternart das Volk ist, desto weniger müssen auch seine Lieder fürs
Papier gemacht und tote Letternverse sein. Vom Lyrischen, vom
Lebendigen und gleichsam Tanzmäßigen des Gesanges, von leben=
diger Gegenwart der Bilder, vom Zusammenhange und gleichsam
Notdrange des Inhalts, der Empfindungen, von Symmetrie der
Worte, der Silben, bei manchen sogar der Buchstaben, vom Gange
der Melodie hängt das Wesen, die wundertätige Kraft dieser Lie=
der ab.

Freilich, hier vor allem muß unsere geschultere Kenntnis des
Begriffes Volkslied Herder der Unklarheit zeihen. Wohl weiß er
Ewald von Kleists Nachbildung eines Lappländerliedes von dem
Original zu unterscheiden, aber immer noch gelten ihm neben peru=
anischen und lettischen Volksliedern, neben Liedern der Eskimos
und der Edda Macphersons modern=empfindsame Ossian=Gesänge
als „Lieder eines ungebildeten sinnlichen Volkes", und dicht neben

Ossians Lieder werden die „Rhapsodien" Homers gestellt: sie waren „impromptus", weil man damals noch von nichts als impromptus der Rede wußte, „bis endlich die Kunst kam und die Natur aus= löschte" — als ob nicht „Ossian" und Homer samt Shakespeare Kunstdichter wären, so gut wie Goethe und Schiller!

Doch — scheint nicht schon die Bezeichnung „Volkslied" eine Un= klarheit zu enthalten? Heißt „Volkslied" Gedicht einer Stammes= und Spracheinheit, einer Nation im kulturellen oder politischen Ge= gensatz zu andern Nationen, oder heißt es Gedicht der ungebildeten Masse, des „Pöbels"? Schon seit Jahrhunderten hatte, nicht nur in Deutschland, sondern auch in den Nachbarländern, das Wort Nation einen edleren Klang. Nun bekam seit der Mitte des 18. Jahr= hunderts, zuerst in Frankreich, dann auch in Deutschland der Be= griff einen volleren Inhalt. Montesquieu erörtert in seinem „Esprit des lois" von 1748 den esprit général d'une nation, Voltaire unter= scheidet in seinem „Siècle de Louis XIV" von der nation den peuple, „qui a nul commerce avec les honnêtes gens, qui n'est pas du siècle, qui est inaccessible au progrès de la raison", und gibt daher einem seiner berühmtesten Werke den Titel „Essai sur les moeurs et l'esprit des nations". In Deutschland regt sich ein „nationales" Empfinden vor allem seit dem Siebenjährigen Kriege. Friedrich Karl von Moser gab 1765 seine Schrift vom „Deutschen Nationalgeist" heraus und stellte den Begriff damit zur öffentlichen Erörterung. Nationaltheater — nicht Volkstheater — entstanden an verschie= denen Orten in Deutschland als Ausdruck des stammhaften Kultur= gefühls. Mochte Lessing am Schlusse seiner Hamburgischen Drama= turgie spotten „über den gutherzigen Einfall, den Deutschen ein Nationaltheater zu verschaffen, da wir noch keine Nation sind", die höhere Wertung des Begriffes Nation gegenüber der Bezeich= nung Volk stand ihm von vornherein fest: er wollte damit auf den „sittlichen Charakter" einer Volksgemeinschaft hingewiesen haben.

Herder nun braucht beide Ausdrücke durcheinander. In jener ersten Stelle der „Fragmente" spricht er von „alten National= liedern", später, so in der Schrift über Ossian, von den „Liedern alter Völker". Noch in den „Briefen zur Beförderung der Humani= tät" ist ihm Nation gleichbedeutend mit Volk im Sinne von Stam= mes= und Kulturgemeinschaft. Was versteht er aber nun unter Volks= oder Nationalliedern? Lieder des Pöbels oder Lieder der Nation im Sinne des sonstigen Sprachgebrauchs jener Zeit? Der Brief=

wechſel über Oſſian klärt uns auf: Volk iſt für Herder eine Nation
in ihrem Urzuſtande, als Naturgeſchöpf ſozuſagen. Er ſpricht immer
von alten, wilden Völkern. Je näher ein Volk oder eine Nation dem
Urzuſtande, um ſo ſinnlicher, urſprünglicher ſeine Dichtung. Im
modernen Volke aber hat ſich nur in der Maſſe der Ungelehrten,
Ungebildeten der urſprüngliche nationale Stammescharakter, die
Naturperſönlichkeit des Volkes noch rein erhalten. „Sie wiſſen aus
Reiſebeſchreibungen“, ſagt der Briefſchreiber, „wie ſtark und feſt
ſich immer die Wilden ausdrücken. Immer die Sache, die ſie ſagen
wollen, ſinnlich, klar, lebendig anſchauend.“ Wer noch bei uns Spuren von dieſer Feſtigkeit finden will, der ſuche ſie ja nicht bei Schul-
meiſtern, Küſtern, Halbgelehrten, Apothekern, ſondern bei unver-
dorbenen Kindern, Frauenzimmern, Leuten von gutem Naturver-
ſtande, mehr durch Tätigkeit als Spekulation gebildet. Bei dieſen
Leuten iſt darum auch noch Volkspoeſie zu treffen; bei ihnen muß
man ſie ſuchen, wie Goethe im Elſaß auf Herders Geheiß aus dem
Munde alter Mütterchen Volkslieder aufgezeichnet hat.

Die Unklarheit bleibt freilich auch ſo beſtehen, wenn nun, je älter
ein Lied iſt, es auch um ſo echter ſein ſoll. Die rouſſeauiſierende Na-
turſehnſucht ſchafft denn doch eine zu einfache Konſtruktion des geſchichtlichen Lebens, wenn ſie nach der Formel denkt: je älter, deſto
näher der „Natur“. Aber — was gilt die kritiſche Unterſcheidung,
wo wir uns dem Erlebnis gegenüberſehen? Und Herders Entdeckung
des Volksliedes war ein Erlebnis, für ihn wie für ſeine Zeit bis
zum heutigen Tage. Aus dem leidenſchaftlichen Bedürfnis der
Sturm- und Drangzeit nach Natur, Unmittelbarkeit, Sinnlichkeit
in der Ausſprache des Gefühlsdranges; aus dem Abſcheu jenes
lyriſch-dramatiſchen Geſchlechtes vor der trocknen und ſteifen Regel-
kunſt und der ganzen rationalen Bildung der Aufklärung war das
Erlebnis hervorgewachſen. Es bedeutete ganz einfach die Gefühls-
erkenntnis des Echten und Hinreißenden in der Dichtung. Wo dieſe
Urkraft war, da war für Herder Volkspoeſie; denn ſie war der lebendige Sinn eines Volkes oder einer Nation, nicht die Staats-
form und nicht die gelehrte Kultur. Darum gehörten für Herder auch
Homer und Shakeſpeare zur Volksliteratur und konnte er Goethes
„Heideröslein“ als Volkslied gelten laſſen.

Aus dieſer Auffaſſung der Poeſie iſt ſeine Sammlung von Volksliedern entſprungen. Er plante ihre Herausgabe ſchon für 1774.
Es ſollte „ein Auszug der vortrefflichen Reliques of ancient poetry

nebst eignen altdeutschen sein". Als „Volkslieder, alte. Zwei Teile
Englisch und Deutsch" sollten sie im Meßkatalog angekündigt werden. Aber 1775 wurde der Entschluß der Herausgabe wohl mit
wegen der Angriffe auf seine theologische Schriftstellerei von Herder
aufgegeben. Nicolais parodierender „Feyner kleyner Almanach vol
schönerr echterr liblicherr Volckslider", dessen erster Band 1777 erschien, zeigt, wie man in den Kreisen der waschechten Aufklärer Herders Begeisterung für das Volkslied beurteilte. Aber gerade diese
„öffentlich aufgetragene Schüssel voll Schlamm" mußte ihn bestimmen, den Zeitgenossen eine würdigere Vorstellung von dem Volksliede zu geben. 1776 sprach Bürger in seiner „Herzensausgießung
über Volkspoesie" den Wunsch aus, es möchte bald ein deutscher
Percy aufstehen. Herder folgte dem Rat der Freunde und eigenem
Bedürfnis und setzte seine Sammlung nach allen Seiten fort. Er
wandte sich an Lessing, an Gerstenberg, an Gleim u. a. m. um Beiträge, er lernte bei Bertuch in Weimar Spanisch und ging den Philologen Heyne um ein gälisches Wörterbuch an. 1778 und 1779 erschienen die „Volkslieder" in zwei Teilen. Man spürt ihnen an,
daß die ursprüngliche Begeisterung des Sammlers durch allerlei
Mißhelligkeiten getrübt ist. Gegen Lessing nennt er das Werk ein
„confusum chaos", „mehr ein Auswurf des Unmuts als Sammlung, Werk . . . die faulen Bäuche unsrer Literatur fanden Sache
und Namen so lächerlich und possierlich, und da warf ich nur eine
nackte Probe dahin von dem, was getan werden könnte". „Ich bin
froh, daß ich des Zeugs los bin." In den Erläuterungen, die Herder
der Sammlung beigab, spiegelt sich seine Verdrossenheit. Statt eines
Aufsatzes über das Wesen des Volksliedes schickt er dem ersten Teil
als Antikritik gegen Nicolai eine Reihe Zeugnisse über Volkslieder,
so von Milton, Addison, Luther, Lessing voraus. Das kurze Nach-
wort erklärt, „um wenigstens von meiner Seite schiefen Urteilen
vorzubeugen", der Sammler dieser Lieder habe weder Muße noch
Beruf, weder Sinn noch Absicht gehabt, ein deutscher Percy zu werden. Noch weniger könne es sein Zweck sein, regelmäßigere Gedichte
oder die künstlichere nachahmende Poesie gebildeter Völker zu ver-
drängen, sondern höchstens die neue Romanzenmacher- und Volks-
dichterei.

Die Vorrede zum zweiten Teile zeigt, daß es etwas anderes ist,
voll Begeisterung geniale Apperçus, Impromptus hinzuwerfen, etwas anderes, sie in wissenschaftliche Arbeit umzusetzen. Herder ist

offenbar bestrebt, die Kritik der Gegner des Volksliedes zu entkräf=
ten, aber nur mit dem Erfolg, daß nun die Unklarheit in dem Be=
griff Volkslied vollends zutage tritt. Denn was er gibt, ist nicht eine
klare Umschreibung des Volksliedbegriffes, sondern ein Abriß dessen,
was er unter den Schöpfungen der Weltliteratur, soweit er sie
kannte, für wertvoll hielt, Geschichte statt Wesensbestimmung. Nach
den sagenhaften griechischen Sängern Linus und Orpheus und Am=
phion erwähnt er Homerus und Hesiodus, Äschylus und So=
phokles und Pindar. Auch in Catull und Lucrez findet er noch
„viel alten Gesang“. Mit einem gewaltigen Sprung über den Ozean
eines Jahrtausends, in dem als einzige Insel das Ludwigslied auf=
ragt, kommt er zu den Minne= und Meistersängern, die flüchtig
genannt werden. Die Minnesänger „waren Volkssänger und waren's
auch nicht, wie man die Sache nimmt“! Länger verweilt er bei den
Volksliedern, vor allem den historischen, aus dem späteren Mittel=
alter und dem Beginn der neueren Zeit, ohne sie doch viel anders
als nach Titel und Inhalt anzuführen. Bedenklicher ist, daß Herder
nun die Anschauung fallen gelassen hat, je wilder ein Volk sei, desto
lebendiger müßten auch seine Lieder sein, und daß die Ungebildeten
das Wesen des Volkhaften reiner erhalten hätten als die Gelehrten.
„Zum Volkssänger gehört nicht, daß er aus dem Pöbel sein muß
oder für den Pöbel singt... Volk heißt nicht der Pöbel auf den
Gassen; der singt und dichtet niemals, sondern schreit und verstüm=
melt.“ So hat er denn neben Liedern der Naturvölker, wie Lapp=
länder, Wenden, Madagassen, Peruaner, neben Volksliedern aus
England, Skandinavien, Deutschland usw. Lieder in seine Samm=
lung aufgenommen, die auch nach seinem eigenen Geständnis keine
Volkslieder sind, so Bruchstücke der Sappho und einen Hochzeits=
gesang des Catull, Goethes Lied „Der Fischer“ und Claudius'
„Abendlied“, sowie ein halbes Dutzend eigener Gedichte. Aus die=
sem Grunde mochte der spätere Herausgeber dieses Teils von Her=
ders Werken, Johannes von Müller, den wenig passenden Titel
Volkslieder wohl durch den sachlich berechtigteren, aber prettiösen,
„Stimmen der Völker in Liedern“ ersetzen.

Als Ganzes ist die endgültige Sammlung der Volkslieder we=
niger eine literarhistorisch=wissenschaftliche Tat, denn eine künst=
lerische. Materialien zur Dichtkunst, nicht Dichtkunst, hat Herder
sie selber bescheiden genannt. Aber sie ist mehr: sie ist das Credo von
Herders literarischem Geschmack, im besonderen seiner Auffassung der

Lyrik. Das Wertvollste in der Vorrede zur zweiten Sammlung ist eine Darlegung des Wesens des Liedes. Nicht ein Gemälde niedlicher Farben soll es sein; nicht Glanz und Politur sind seine einzige und Hauptvollkommenheit. Vielmehr ist das Wesen des Liedes Gesang. Seine Vollkommenheit liegt im melodischen Gange der Leidenschaft oder Empfindung, den man mit dem alten treffenden Ausdruck „Weise" nennen könnte. Fehlt diese dem Lied, hat es keinen Ton, keine poetische Modulation, so vermag keine Farbe, kein niedliches Beiwort das Fehlende zu ersetzen. „Lied muß g e h ö r t werden, nicht g e s e h e n; gehört mit dem Ohr der S e e l e, das nicht einzelne Silben allein zählt und mißt und wäget, sondern auf Fortklang horcht und in ihm fortschwimmt."

Damit hatte Herder, mit seinem feinen Sinn für das tiefe Rauschen unterirdischer Quellen, das innerste Wesen der Lyrik aufgespürt. Ihm selber war die Gabe eigenen Gesanges versagt. Er vermochte nur nachzubilden und zu übersetzen. Wo er selbständig zu gestalten suchte, was ihn erfüllte, zerfloß ihm das Gefühl in Worte ohne Form, wie in dem Hymnus „Die Schöpfung", oder vertrocknete ihm die Vision zur moralischen Erzählung, wie in der Parabel „Das Kind der Sorge". Aber unabsehbar in ihrer Wirkung war seine Anregungskraft. Über das epikureisch-gesellige Lied der Anakreontik, über die gedankenschwere Grandezza Klopstockscher Oden führte er das Lied wieder ins Freie und öffnete den Deutschen das Ohr für die rhythmischen Klänge in Wind und Wald und Wasser.

Zweites Kapitel
Lyriker des Sturms und Drangs

Es ist das Kennzeichen einer greisen Kultur, wenn die Einheit des Geistig-Schöpferischen auseinandergebrochen scheint einerseits zu einer verstandesmäßig-begrifflichen Erfassung, andererseits zu einem sinnlich-genießerischen Aussaugen der Wirklichkeit. Eine solche Zeit gleicht einem Menschen, der über vielen Erfahrungen alt geworden ist: die Unberührtheit, die seelische wie die leibliche, ist längst abgestreift. Die Dinge haben den Reiz unmittelbaren Lebens eingebüßt. Zu oft hat der Mensch sie mit Gedanken und Fingern betastet. Wie sein eigenes Fleisch die blühende Spannkraft verloren hat, so ist ihre natürliche Frische, ihre pralle Saftigkeit für ihn

welf geworden. Leben ist zum Begriff eingeschrumpft, mit dem man
gedanklich operiert, den man nicht mehr erlebend schafft. Auch für
die Sinnlichkeit ist der Genuß, so sehr er, und immer lüsterner, lockt,
nichts Neues mehr. Die Begierde drängt ungeduldig und auf kür=
zestem Weg zum Ziel. Hemmung ist reizlos, weil nicht Geistiges
den langen Weg verkürzt. Das Gefühl fehlt, welches das Geistige
lebendig macht und das Sinnliche adelt.

Das Rokoko ist eine solche Zeit. Verstandesmäßig und sinnlich.
Das Leben ist einerseits eine Begriffskette geworden, deren Glieder
Philosophen und Gelehrte spielend hin= und herschieben, aus den
Verbindungen lösen, zu neuen zusammenfügen, mit oft unerhörter
Kühnheit vor keinen Schlußbildern zurückschreckend. Und es ist eine
Reihe von Genüssen geworden, die man, die Memoiren Casanovas
wissen davon zu erzählen, gelegentlich nicht minder kühn zu uner=
hörtestem Raffinement, zu neronischer Unnatur zu steigern weiß.
In beiden Verhalten fehlt jene Keuschheit, die letzten Endes die Ehr=
furcht vor dem Leben an sich und dem in ihm wirkenden Überindivi=
duellen ist. Eine verstandeskluge Tugendlehre, in der der Intellekt
bei den Besseren das Sinnliche regelte, hatte die Stelle der Reli=
gion eingenommen.

Das ist das Geheimnis der hinreißenden Eroberungskraft des
Sturm und Drangs, daß er an die Stelle von Verstand und Sinn=
lichkeit wieder das Gefühl setzte. An die Stelle eines lüsternen
Wissens ein unbefangenes Glauben. Dazu aber brauchte es Jugend.
Wenn man sich etwa besinnt, wodurch das Bild des literarischen
Lebens der Siebziger Jahre des 18. Jahrhunderts in uns bestimmt
wird, fällt uns nicht zuerst ein, daß damals der etwa vierzigjährige
Wieland die Höhe seines Schaffens erst erstieg, daß Lessing seine
„Emilia Galotti" und seinen „Nathan" schrieb und Klopstock seinen
„Messias" beendete. All das steht im Hintergrunde. Im Vordergrund
ragen die Zwanzigjährigen. Die unreife Jugend bestimmt die lite=
rarische Atmosphäre jener Zeit, nicht das reife Alter. Denn in ihrer
Unreife gärte Zukunft und Größe. Und es ist erstaunlich, welche Zahl
von jungen Dichtern mit einemmal auf den Plan treten: Bürger,
Claudius, Klinger, Goethe, Lenz, Wagner, Maler Müller, Voß,
Hölty, Friedrich Leopold von Stolberg u. a. So verschieden sie sind,
einig sind sie alle in der Lobpreisung des Gefühls als der schöpfe=
rischen Urkraft, des Genies, das sie selber in sich spürten. Und nun
ist auf einmal jenes zähe und trockene Begriffsnetz, das der Ratio=

nalismus um die Wirklichkeit gespannt, durch den übermächtigen
Druck der sich hebenden Brust gesprengt, und vor dem staunenden
Blick der Seele liegt aufs neue die Unendlichkeit der Welt offen. Ob
der begriffspaltende Verstand hundertmal die Existenz des Übersinn=
lichen wegdekretiert hatte, in der Allgewalt, Allgegenwart des Ge=
fühls kündigte es sich aufs neue an und zwang, daran zu glauben.
Mit kühner Peitsche trieb Lavater die kritischen Begriffskrämer des
Rationalismus aus dem Vorhofe des Heiligtums: „Die Tugend
hat es mit der Erde, die Religion mit dem Himmel zu tun." Das
Leben, das in den Händen der Aufklärung zu einem sinnreichen Me=
chanismus geworden war, wurde aufs neue ein Wunder, quellend
von bildender Kraft, Natura — die Gebärende. Was brauchte man
nun noch die Kenntnis von Regeln und Gesetzen, wie sie die Kunst=
gelehrsamkeit der Aufklärung mühsam konstruiert und ihre Dichter
sie peinlich befolgt hatten, wo man doch im Besitze des schöpferi=
schen Geheimnisses selber war? Jene früheren Dichter gingen von
außen an das Werk heran, bei den Stürmern und Drängern drang
es mit Naturnotwendigkeit aus dem Innersten hervor, wie die Knospe
aus dem Zweig. Eigentlich schufen sie es gar nicht; eine mystische
Macht schuf es in ihnen. „Ein Gott arbeitet in mir," läßt Klinger
in der „Neuen Arria" einen Malerlehrling sagen; „meine Seele
malt." Man versteht, welche Offenbarung eigensten Geheimnisses
für diese Jünglinge Rousseaus Naturevangelium, Youngs Verkün=
digung des Originalgenies, Hamanns Lehre von der Poesie als
Muttersprache des menschlichen Geschlechtes und Herders Botschaft
von dem Volksliede, der Wunderwelt Homers, Pindars und Shake=
speares sein mußte. Aus der älteren Zeit war es einzig Klopstock,
der ihre Seelen aus dem uferlosen Ozean seiner Gefühlsseligkeit
tränkte.

So bildete sich eine neue Gegensätzlichkeit der Lebensstimmung
aus: einer wirklichen Welt, die man verabscheute, dem intellek=
tuellen System der Aufklärung, war ein Ideal entgegengetreten,
nach dem man mit allen Kräften rang: die Natur. Der poetische
Gewinn dieser neuen Stimmung war eine Befruchtung von Lyrik
und Drama. Den Unterschied zwischen beiden bestimmte die Wil=
lensstärke des Temperaments. In der Lyrik schmolz der Gegensatz
zwischen dem Bestehenden und dem Ideal zur Sehnsucht nach dem
Unerreichbaren, im Drama spannte er sich zum Kampf für das
Erreichbare. Das Epos ging zunächst leer aus, und wo es auftrat,

wie in Goethes „Werther", gab es sich als gedehnten lyrischen Monolog. Denn das Epos lebt nicht vom Gegensatz zwischen Wirklichkeit und Ideal, sondern von der beruhigten Bestätigung des Bestehenden, dessen Reichtum den Dichter beglückt. Erst nach Italien
vermochte Goethe „Wilhelm Meisters Lehrjahre" zu schreiben.

Aber auch innerhalb der Lyrik flutete der Strom des Gefühls
im allgemeinen nach zweifachem Rhythmus, je nach dem Stärke-
grad des Temperamentes. Es entstand eine pathetisch-gespannte und
eine idyllisch-gemütvolle Lyrik. In jener wirkt sich der Drang nach
Größe und Glanz und Freiheit leidenschaftlich-oratorisch aus. Diese
nährt sich vom beglückenden Genießen der harmlosen Freuden des
Landlebens; das sehnsüchtige Gefühl, daß dieses Glück des Natur-
geschöpfes dem Vergnügen des gebildeten Städters überlegen sei,
überhaucht die Idylle mit dem lyrischen Schmelz der Wehmut. Jene,
Klopstock und Horaz und Pindar nacheifernd, schwingt sich gedanken-
getragen in die Lüfte. Diese, vor allem am Volkslied, aber auch
nach der Anakreontik gebildet, breitet sich in konkreten Anschauungen am Boden der Natur aus. Unter dem Bilde von dem Adler-
jüngling und dem Taubenpaar in Goethes Gedicht mag man sich
den Gegensatz vorstellen. Die leidenschaftlich-oratorische Lyrik des
Sturms und Drangs stellt das Schaffen von Bürger und Schubart
dar; idyllisch-gemütvolle Lyriker waren im allgemeinen die Dichter des Göttinger Hains. Aber Übergänge, wie in allem Lebendigen,
fehlen nicht: Bürger wie Schubart neigen auch zum Idyllisch-Volks-
mäßigen, von den Göttingern ist Fritz Stolberg nach dem pathetischen Sturm und Drang gerichtet.

In seiner berühmten Rezension der zweiten Auflage von Bürgers Gedichten von 1789 (in der Jenaischen Allgemeinen Literaturzeitung) hat Schiller Bürger vor den höchsten Richterstuhl geladen
und verurteilt. Was für ein spannendes, zugleich erhebendes und
bedrückendes Schauspiel! Nicht nur zwei Persönlichkeiten, zwei Welt-
anschauungen, zwei Zeiten stehen sich gegenüber! Dem zwölf Jahre
jüngeren Richter drückt nicht Anmaßung oder Zufall den Stab in
die Hand, sondern das sittliche Recht und die innere Nötigung der
Persönlichkeit, die in schonungslosen Kämpfen das eigene Ich zur
klaren Größe klassischer Ausgeglichenheit emporzutragen strebte. Darnach formt er den Maßstab seines Urteils. Der Dichter soll der Inbegriff der ganzen sittlich-ästhetischen Bildung der Zeit sein, sein
Werk ein Spiegel, der sie, geläutert und veredelt, in sich sammelt

und mit idealisierender Kunst zum Muster erhebt. Bloßes Talent
kann den Mangel an sittlicher Reife nicht ersetzen. Der Mangel,
den Schiller daher an dem älteren Dichter findet, ist das ausge=
brannte Stück seines eigenen Selbst: Bürger gebricht die geistige
Klarheit, die sittliche Reife der geschlossenen Persönlichkeit, seinem
Werke die künstlerische Größe und Harmonie.

Dreieinhalb Jahre nach dem Erscheinen der Schillerschen Re=
zension ist Gottfried August Bürger gestorben. Als sie erschien,
war er 43 Jahre alt — er war am 31. Dezember 1747 geboren.
Das entscheidende Geschehen seines Lebens lag hinter ihm. Eine
Jugend, die nicht der faule Vater, der Pfarrer in dem armseligen
Dorf Molmerswende im Bistum Halberstadt war, leitete, sondern
die sinnlich=leidenschaftliche und boshafte Mutter und daneben ein
eigensinniger, unberechenbarer Großvater. Ein Studentenleben in
Halle und Göttingen, in dem Bürger die Theologie mit der Philo=
logie, diese mit der Jurisprudenz vertauschte, allerlei Kenntnisse in
sich niederlegte, aber auch, in Halle im Hause des durch Lessing ge=
brandmarkten Professors Klotz, in Göttingen in dem Hause von
dessen nicht besser beleumdeter Schwiegermutter, in alle Laster ein=
geweiht wurde. Ein Berufsleben als Amtmann in Gelliehausen,
das ihm Streitigkeiten, Schulden, Unordnung verbitterten, vor
allem aber seine Sinnlichkeit. Er hatte sich 1774 mit Dorette Leon=
hart, einer Tochter des Amtmanns von Niedeck, verlobt. Noch ehe
es zur Heirat kam, fühlte er sich in noch glühenderer Leidenschaft zu
ihrer damals sechzehnjährigen Schwester Molly hingezogen. Aber
bereits war Dorette durch ihn Mutter, und die Pflicht zwang ihn,
trotz seiner Liebe zu Molly, zur Heirat mit jener. Die drei Men=
schen hatten sich in einem Labyrinth der Gemütsverwirrung gefan=
gen. Dorette öffnete wenigstens dem Manne einen Ausweg, indem
sie in eine tatsächliche Doppelehe einwilligte. 1784 starb Dorette,
zwei Jahre darauf Molly. War Bürgers Verhältnis zu den beiden
Frauen durch eine gewisse Tragik geadelt worden, so sank er durch
seine dritte Ehe, mit der späteren Schauspielerin Elise Hahn, tief
in Schmutz und Lächerlichkeit. Das schöne, aber eitle und gefall=
süchtige Mädchen hatte sich dem berühmten Bürger selber, wie sie
nachher behauptete, zum Spaße, angetragen, er, nicht weniger eitel,
sofort ernsthaft zugegriffen, sie geheiratet — um sich von ihr hinter=
gehen zu lassen. Die Ehe mußte nach zwei Jahren (1792) wieder
gelöst werden. 1794 starb Bürger.

In dem Gedichte „Das vergnügte Leben" hat Bürger eine Art
Lebensideal besungen. Der Geist muß denken. Das Herz muß lieben.
Also lustige Gesellschaft, wo man über einen Witz lachen kann, gutes
Essen und nachts ein Weibchen. Auch er gehört mit dem Grunde
seines Charakters noch zu jenem Geschlechte der Aufklärer, in dem
Verstand und Empfindung getrennt nebeneinander hingingen. Aber
er gehörte nicht mehr mit seinem ganzen Wesen dieser Zeit an. Er
vermochte die Kluft nicht mehr durch Moralität zu überbrücken. Er
ragte auch bereits in die neue Zeit hinein. Er fühlte das Früh-
lingswehen jener Leidenschaft in sich, die die Stürmer und Dränger
verzehrte, ohne daß ihm die Fähigkeit wurde, sie als Triebkraft zur
Reife einer höheren sittlichen und künstlerischen Persönlichkeit in
sich wirken zu lassen. So ergibt der Charakter des Menschen und des
Dichters ein verworrenes und trübes Bild: Schärfe des Verstandes,
Reichtum von Kenntnissen, Glut der Sinne, Tiefe des Gefühls,
geniale Kraft des Ausdrucks, hinreißender Schwung der Sprache,
neben kindischer Eitelkeit, haltloser Leidenschaft, Größenwahn, ge-
schmackloser Roheit, Prunken mit Wissen, reflektierender Geschwätig-
keit. Vieles bleibt daher, statt echtes Wesen zu sein, bloße Gebärde.

Keine Frage, eine große und ursprüngliche Kraft arbeitete in
ihm. Gedichte wie „Lenore" und manche Sonette bringt kein bloßes
Talent hervor. Aber diese Kraft wirkte zu sehr als rohe Gewalt.
Bürger mochte sich der Natur vergleichen, die aus dem gleichen
Schoße die mannigfaltigsten Geschöpfe hervorbringt. Aber bildet
ihr unendlicher Reichtum nicht doch eine Kette der reinsten Harmonie? Bürgers Mannigfaltigkeit dagegen ist nicht Reichtum, der
einem einzigen Quell entspringt, sondern Zerstreutheit, wahlloses
Ausgießen einer nicht in sich geeinigten Person. Wer vermutete,
daß der Dichter, der die derbe Bänkelsängerei von der Frau Schnips
verfertigte, die wie ein Fischweib alle Himmlischen abkanzelt, Gedichte geschaffen hat, wie das kunstvolle und zugleich von tiefem Gefühl durchglühte Sonett „An das Herz"? Oder daß von ein- und
demselben Verfasser ein galantes Rokokoliedchen wie „Stutzertände-
lei" (worin der Dichter den Amor in eine Fliege verwandelt, die
in den Busen der Geliebten sich verirren und sie kitzeln soll) herrührt
und die sinnige Idylle „Das Dörfchen", worin das Landleben mit
so reinem feinem Pinsel gemalt ist wie etwa bei Hölty oder Voß?

Bürgers Traum war es, ein Volksfänger zu sein. Er hatte 1770
Percys Reliques kennen gelernt und war begeistert von der Kraft

und dem Reichtum echten Volkslebens, das sich in den englischen
Balladen aussprach. Er fand, kein poetisches Buch sei seinem Geiste
so verwandt wie dieses. In dem Bruchstück „Aus Daniel Wunder-
lichs Buche" veröffentlichte er 1776 im „Deutschen Museum" einen
„Herzensausguß über Volkspoesie". Noch ist ihm da, wie Herdern,
das Volk ein mystisches Ganzes. Wer es kennt, seine „Phantasie
und Fühlbarkeit", der wird Gedichte schaffen, die „den verfeinerten
Weisen ebenso sehr als den rohen Bewohner des Waldes, die Dame
am Putztische wie die Tochter der Natur hinter dem Spinnrocken
und auf der Bleiche" entzücken werden. Auch ihm fällt nicht nur das
eigentliche Volkslied, sondern auch Homer und Ossian, ja sogar der
„Rasende Roland" in den Kreis der Volksdichtung, und wie Herder
in seinem Ossianaufsatze fordert er auf, die Volkslieder zu sammeln
und zu studieren, die unter Bauern und Hirten, Jägern, Bergleuten,
Handwerksburschen umlaufen. So bekennt er denn auch in der Vorrede zur ersten Ausgabe seiner Gedichte (1778), er erkenne die Volkspoesie als die einzige wahre an. Aber der zum Teil leidenschaftliche Streit über den Begriff Volkslied, der damals zwischen den
Feinden und Freunden desselben ausgefochten wurde, zwang auch
Bürger zu genauerer Umschreibung. Die Zweideutigkeit des Begriffes Volk macht nun auch ihm zu schaffen. Volk sei nicht Pöbel,
gesteht er 1789 in der Vorrede zur zweiten Gedichtausgabe. „Das
Siegel der Vollkommenheit" mache die Popularität eines poetischen Werkes aus. Allein auch diese Bestimmung befriedigt ihn,
und mit Recht, nicht; denn sonst müßte ja auch ein Goethescher
„Tasso" populär sein. So betont er denn doch wieder als das Wesentliche des Begriffes Volk ein Gemeinsames, das durch alle Schich-
ten geht: „In den Begriff des Volkes müssen nur diejenigen Merkmale aufgenommen werden, worin ungefähr alle oder doch die an-
sehnlichsten Klassen überein kommen." Ein Volkslied ist wie ein
Normalschuh, der zwar nicht für Riesen und Zwerge, aber doch für
den Durchschnittsbürger paßt. „Die Natur," so nimmt er einen Ausspruch aus dem Spectator auf, „ist dieselbe in allen vernünftigen
Geschöpfen („Human Nature is the same in all reasonable creatures").
Es war für Schiller nicht schwer, in seiner Rezension die trübe
Dämmerung dieses Denkens mit dem Licht seiner philosophisch geklärten Ästhetik zu durchschneiden. Einen Volksdichter im Sinne
Homers oder der Troubadours gebe es heute nicht mehr, erklärt er;
denn das heutige Volk sei nicht mehr in Fühlen, Denken und Bil-

dung ungefähr einheitlich; der Abstand zwischen der Auswahl der
Nation und der Masse derselben sei heute sehr groß. Volksdichter
kann heute also nur sein, wer dem ekeln Geschmack des Kenners Genüge zu leisten und zugleich dem großen Haufen genießbar zu sein
vermag. Der Schlüssel des Geheimnisses ist: glückliche Wahl des
Stoffes und höchste Simplizität in Behandlung desselben. Diese
Forderung erfüllt Bürger nicht. Seine Gedichte sind volkstümlich
nur in dem äußerlichen Sinne, daß er für die einzelnen Klassen
des Volkes schreibt; die Leser der „Leonore" und der „Nachtfeier der
Venus" sind nicht die der „Frau Schnips" und der „Menagerie der
Götter". Das Verdienst des Volksdichters sollte aber darin bestehen,
in jedem einzelnen Liede jeder Volksklasse genug zu tun. Dazu muß
er in seiner Seele ein allgemeines Ideal von Vollkommenheit ausbilden.

Bürger hat in seiner „Vorläufigen Antikritik und Anzeige"
Schillers Bedenken nicht zu entkräften vermocht. Es war sein Schicksal, daß er sie gar nicht in ihrem Kern verstand. Ihm war die Dichtung nicht erhöhte Neugestaltung des Lebens durch die sittlich und
ästhetisch geklärte Persönlichkeit, sondern „Bildnerei", d. h. anschauliche Wiedergabe der Wirklichkeit durch ein sinnenkräftiges Temperament. Seine Kunst ist Naturalismus. Ihr Schwerpunkt liegt,
wie bei allem Naturalismus, nicht im Künstler, sondern im Stoffe.
Er drückt nicht allem Stoff das Siegel seiner Persönlichkeit auf, sondern er wandelt sich chamäleonartig je nach dem Stoffe. Er greift
jeden auf und behandelt jeden anders: den gemeinen gemein, den
kräftigen kräftig, den weichen weich. Das wäre schon vortrefflich,
wenn über dieser völligen Hingabe an den Stoff nur nicht der künstlerische Stil litte.

Er leidet vor allem in den rein lyrischen Gedichten. Da, wo
er ganz auf seine eigene Persönlichkeit gestellt ist, spürt man am
stärksten, wie unfertig und diffus diese Persönlichkeit ist. So reine
und tiefe Klänge wie die Sonette „An das Herz", und besonders
das tief ausschöpfende „Verlust" gelingen ihm selten:

> Wonnelohn getreuer Huldigungen,
> Dem ich mehr als hundert Monden lang,
> Tag und Nacht, wie gegen Sturm und Drang
> Der Pilot dem Hafen, nachgerungen!
>
> Becher, allgenug für Götterzungen,
> Goldnes Kleinod, bis zum Überschwang
> Stündlich neu erfüllt mit Labetrank,
> O, wie bald hat dich das Grab verschlungen!

Nektarkelch, du warest süß genug,
Einen Strom des Lebens zu versüßen,
Sollt' er auch durch Weltenalter fließen.
Wehe mir! Seitdem du schwandest, trug
Bitterkeit mir jeder Tag im Munde,
Honig trägt nur meine Todesstunde.

Bürger hat das Verdienst, das Sonett, das schon die Dichter des
17. Jahrhunderts gepflegt, für seine Zeit erneuert zu haben, indem
er den Alexandriner durch den zeitgemäßern Blankvers ersetzte;
A. W. Schlegel, sein Schüler und Freund, ist ihm auf diesem Wege
gefolgt. Bürgers Sprachkunst reizte die schwierige Form. Gibt es
nicht zu denken, daß er in ihr seine vollendetsten rein lyrischen
Gedichte geschaffen hat? Sie stellte der fessellosen Naturkraft seines
Temperamentes den wohltätigen Damm eines festen Gesetzes entgegen. Was hätte dieser Mensch zu schaffen vermocht, wenn er sich
durch eigenen Willen zu zähmen vermocht hätte! In seinen Gedichten an Molly meint er das ganze Feuer seiner Leidenschaft
auflodern zu lassen; aber löscht es nicht das Wasser der Reflexion,
aus einer Unzahl aneinander gereihter Strophen träufelnd, fortwährend wieder aus? Ist die lange Elegie „Als Molly sich losreißen wollte" oder „Das hohe Lied von der Einzigen" etwas anderes als ein lyrisch-moralischer Aufsatz? Statt Gefühle darzustellen, beschreibt er sie, wie der waschechteste Aufklärungsdichter.
Um erhöhte Stimmung zu erzeugen, putzt er die Sprache mit ora-
torischem Zierat aus, mit Ha und O und Heda, mit Redefiguren
und Vorstellungen aus der antiken Mythologie. Wie bezeichnend
für das Stilverfahren Bürgers ist in der Elegie auf Molly die
Strophe:

Bettelarm ist, sie zu schildern,
Aller Sprachen Überfluß.
Zwischen tausend schönen Bildern
Wählt umsonst mein Genius.
Spräch' ich auch mit Engelzungen
Und in Himmelsmelodie,
Dennoch, dennoch unbesungen,
Wie sie wert ist, bliebe sie.

„Es ist nicht genug, Empfindung mit erhöhten Farben zu schildern," sagt Schiller; „man muß auch erhöht empfinden."

Wo Bürger den Ton des Volksliedes nachahmt, etwa in dem
„Blümchen Wunderhold", gerät er gern ins Spielerisch-Seichte hinein. Auch in seinen Balladen ist er dieser Gefahr nicht immer ent-

ronnen, und die Percysche Volksballade artet bei ihm mehr als ein=
mal zum Gleimischen Bänkelsang aus. Die Leichtigkeit, zu reimen,
verführt ihn auch hier, wie in den rein lyrischen Gedichten, zu
strophenreicher Geschwätzigkeit. „Lenardo und Blandine", „Des
Pfarrers Tochter von Taubenhain" und auch „Der Bruder Grau=
rock und die Pilgerin" leiden darunter. Eine derartige Breite ver=
trägt aber höchstens der an sich schon scharf profilierte Stoff, ohne
daß er dadurch gewinnt. So ist der „Kaiser und der Abt" (1784), wo
Bürger aus den 27 Strophen der Vorlage 39 machte, durch diese
Verbreiterung nur geschwätziger, nicht anschaulicher geworden. Die
Quelle der prachtvoll lebendigen Ballade ist ein Gedicht bei Percy,
„King John and the abbot (nach einer älteren Version bishop)
of Canterbury". Bürger hat Fabel und Stil im wesentlichen, die
Strophenform völlig übernommen. In der Vorlage ist der König
gewalttätig und ungerecht, der Abt reich und stolz; bei Bürger der
Kaiser — der Vorgang ist nach Deutschland verlegt — arm und durch
sein Amt geplagt, der Abt kann sein Bäuchlein pflegen. So ist eine
gewisse sittliche Begründung der Tat des Kaisers aus dem Geist
der Aufklärung heraus gewonnen. Aber ein wichtiges Motiv hat
Bürger preisgegeben: der Schäfer kann für den Abt eintreten, weil
er ihm gleicht. Zahlreiche Verse sind wörtlich übersetzt z. B.:

> For thirty pence our Saviour was sold.
> Für dreißig Reichsgulden ward Christus verschachert.
> For I thinke, thou art one penny worser than hee.
> Denn einen müßt Ihr doch wohl minder wert sein.

Der Ton ist von Bürger mehr ins Derbvolkstümliche gewendet.

    Mit seiner berühmten „Lenore" hat Bürger die deutsche Ballade
oder Romanze eigentlich geschaffen. Was es vorher an Romanzen
gab, etwa die Schauerballaden von Gleim (1756) oder die Schweizer=
lieder von Lavater (1767), war banaler Bänkelsang. Erst Bürger
hat den Bänkelsang zum Kunstgedicht erhoben. Denn Kunst ist aller=
dings, was er schuf, und mit den Percyschen Balladen hat seine
„Lenore" nicht viel gemein. Schon die lange Dauer ihrer Entstehung
— vom April bis Ende September 1773 —, die Erörterungen, die
Bürger über die Formung mit den Dichtern des Hains, vor allem
Boie, pflog — alles deutet auf eine ausnahmsweis gründliche Sorg=
falt hin. Und in der Tat hat er den Ausdruck, wie die drei erhalte=
nen Fassungen zeigen, immer wieder aufs neue zu verbessern unter=
nommen.

Die Fabel hatte Bürger auch hier bis ins einzelne vorgebildet gefunden. Ein plattdeutsches Märchen, sei es in Prosa mit eingemischten Versen, sei es ganz in Versen, war diesmal die Quelle. Der Geliebte ist fern im Krieg. Das Mädchen weiß nicht, ist er noch am Leben, und erschöpft sich in Klagen. Da erscheint er nachts als Gespenst zu Pferde vor ihrem Hause und bewegt den Ring an der Türe:

> Wo lise, wo lose
> Rege hei den Ring.

Nach kurzer Wechselrede entführt er sie durch die Nacht:

> De Mond de schynt so helle,
> De Doden ryet so snelle,
> Fyns Lêfken, gruwelt dy ok?

Am Kirchhof angekommen, verschwinden Roß und Reiter im Grabe.

Das Märchen, das auch Herder in der Kinderzeit singen gehört hat, ist jedenfalls viel einfacher und kürzer gewesen als die Bürgersche Ballade. Bürger hat es umgewandelt in ein förmliches Prunkstück nach Art von Barock= und Rokokoschränken mit zahlreichen Fächern, mächtigen Ausladungen und mehr phantastischen als geschmackvollen Formen. Manches ist mit genialer Sicherheit geprägt und von unmittelbarster Anschaulichkeit, so die Klage der Tochter:

> O Mutter! Was ist Seligkeit?
> O Mutter! Was ist Hölle?

Oder die Schilderung des Gespensterrittes. Aber auch hier schweift Bürger ins Geschmacklose und Aufdringliche aus. Man spürt, welche grimmige Lust es ihm war, bei der Schilderung des Rittes das Grausige zu häufen: ein Leichenzug, die Gehenkten am Hochgericht müssen beitragen, das Unheimliche zu steigern, und mit Behaglichkeit wird die Rückverwandlung ins Gerippe ausgemalt. Mit äußerlicher Klangmalerei — hurre hurre; hopp hopp hopp! — werden die Nerven aufgepeitscht. Bürger verschmähte es bei der Vorlesung des ersten Entwurfs vor den Haingenossen nicht, bei der Stelle:

> Rasch auf ein eisern Gittertor
> Ging's mit verhängtem Zügel.
> Mit schwanker Gert' ein Schlag davor
> Zersprengten Schloß und Riegel —

mit einer Reitgerte an eine Türe zu schlagen, so daß Fritz Stolberg vor Entsetzen aufsprang! Die Neigung zur Breite hat dazu

geführt, manche Motive zu gründlich auszuschöpfen, wie das Glau=
bensmotiv im Gespräch zwischen Mutter und Tochter, oder die spie=
lende Verwendung des Grabes als Brautbett. All das macht aus
der „Lenore" mehr ein prunkendes Kunststück als ein von innen
wirkendes Kunstwerk. Wie im Leben, so hat Bürger auch in der
Kunst kein Maß gekannt und sich oft so die reine Wirkung seiner
großen Begabung selber zerstört. Die Gebärde des Kraftmeiertums
— seht, was bin ich für ein Kerl! — bricht auch in „Lenore"
durch.

Freilich, sie gehörte nun einmal zum eigentlichen Sturm und
Drang. Auch Christian Friedrich Daniel Schubart (1739
bis 1791) ist sie eigen. Er ist das süddeutsche Gegenstück zu dem Nord=
deutschen Bürger. So sinnlich und haltlos wie dieser, scheint er nur
ein Doppelgänger Bürgers zu sein. Aber es besteht eine Grenze
zwischen beiden: Bürger ist als Dichter der weit begabtere; Schubart
ist als Mensch der modernere. Es ist, als kündige sich in ihm die
größere politische Beweglichkeit und Selbständigkeit des Süddeut=
schen an. Wenn ein Fritz Stolberg gegen die Tyrannen loszog, so
waren das leere Tiraden im Munde des gräflichen Sängers. Schu=
bart aber hat die despotische Willkür eines Tyrannen mit grauen=
voller Härte an seinem eigenen Leibe gespürt. Das politische Pro=
blem, das Problem Bürger oder Untertan, gibt seinem Leben In=
halt und Gestalt. Nachdem er von 1763—1769 sich als Präzeptor
in dem kleinen Orte Geißlingen bei Ulm mit einer Schar unge=
bärdiger Jungen geplagt und in der verständnislosen Öde einer vor=
eiligen Ehe geschmachtet, hatte er in Ludwigsburg als Musikdirek=
tor und Organist sich in den Strudel von Lustbarkeiten und Aus=
schweifungen gestürzt, in denen Hof und Bürgerschaft damals dem
Herzog Karl Eugen nacheiferten. Aber quod licet Iovi, non licet
bovi: der Herzog ließ 1773 den allzu Leichtsinnigen plötzlich aus=
weisen. Nun setzte Schubart in Mannheim und Schwetzingen sein
genial=tolles Bohemienleben noch eine Zeitlang fort. Dann grün=
dete er in Augsburg eine wöchentlich zweimal erscheinende Zeit=
schrift, die „Deutsche Chronik", die er 1775 aus dem katholischen
Bayern in die freie Reichshauptstadt Ulm verlegen mußte. Es war
die Glanzzeit seines Lebens. Ein geborener Journalist und Volks=
redner, besprach er den ganzen Kreis des damaligen öffentlichen Le=
bens mit sprühendem Witz, männlichem Freimut und glänzender
Beredsamkeit. Er kämpfte gegen Ausländerei und Pfaffentum, ge=

gen Entartung und Frivolität und für Deutschtum, Sitte und Mann=
haftigkeit. Er scheute sich nicht, die niederträchtige Verschacherung
deutscher Untertanen durch deutsche Fürsten in ausländische Kriegs=
dienste an den Pranger zu stellen, und verschonte auch den Herzog
von Württemberg nicht. Jedermann wußte, daß auf dessen pädago=
gische Bestrebungen das boshafte Epigramm ging:

> Als Dionys von Syrakus
> Aufhören muß
> Thrann zu sein,
> Da ward er ein Schulmeisterlein.

So schuf er sich ringsum gefährliche Feinde, und ihre Rache blieb
nicht aus. Zu Beginn des Jahres 1777 mußte ein Beamter Karl
Eugens ihn auf Befehl seines Herrn aus Ulm in das herzoglich=
württembergische Blaubeuren locken. Da wurde er festgenommen.
Zehn Jahre lang hielt man ihn auf der Festung Hohen=Asperg ein=
gekerkert; das erste Jahr verbrachte er in einem dunkeln und feuchten
Turmverlies ohne Schreibzeug und Bücher auf faulendem Stroh
— im Gefühl langsamer Verwesung. Wer will einen Stein auf
ihn werfen, wenn in der entnervenden Qual dieser unmenschlichen
Grausamkeit, die der eitle, kriegerische und bigotte Oberst Rieger,
der Kommandant des Asperg, von sich aus steigerte, der Haltlose
völlig zusammenbrach und aus dem stolzen und selbstbewußten Frei=
heitsfreund ein winselnder Frömmler wurde? Wenn er würdelos
die Hand küßte, die ihn in den Kerker gestoßen? 1785 und 1786 durfte
er seine Gedichte herausgeben, weil ihr Druck durch die akademische
Druckerei dem Herzog einen artigen Gewinn brachte. Erst 1787 öff=
nete sich die Welt dem Unglücklichen wieder. Aber er war ge=
brochen, und nur noch ein Jahr konnte er im Kreise der Seinen
verbringen, von ihrer Liebe umgeben.

In seiner Selbstbiographie nennt Schubart einmal Klopstock, Bod=
mer, Ossian, Shakespeare, Geßner, Young, Gerstenberg, Gleim, Uz
und die Karschin seine Lieblinge unter den deutschen Dichtern —
eine seltsame Schar feindlicher Brüder. In seinen Gedichten spürt
man den Einfluß des einen und andern, vor allem den Klopstocks in
den wortreichen geistlichen Gesängen. Aber auch das protestantische
Kirchenlied bildete er nach. Dazu kommt die Wirkung Goethes und
Stolbergs in pindarischen Oden, der Ton von Claudius in volks=
tümlichen Schilderungen des Landlebens (Von glücklicher Natürlich=
keit ist das Schwäbische Bauernlied: „So herzig wie mein Liesel,

4*

Gibt's halt nichts auf der Welt"). In Prologen und Kantaten prunkt die volutenreiche Architektur des Spätbarock. Nicht eine tiefe, aus Selbsterarbeitetem schöpfende Natur, sondern eine reiche, Fremdes geschickt assimilierende, ungeheuer bewegliche, sprachbegabte Persönlichkeit spricht sich in diesen Werken aus.

Es wird erzählt, daß Schubart seine Artikel für die „Deutsche Chronik" am liebsten auf dem Schauplatze seiner mündlichen Volksreden, im Wirtshause, beim Bierkrug und einer Pfeife Tabak, ohne andere Hilfsmittel als sein Gedächtnis und seinen Mutterwitz diktiert habe. Wenigstens aus der gleichen Geistesverfassung, wenn auch nicht unter denselben äußeren Umständen, mag man sich seine Gedichte entstanden denken. Er war der geborene Improvisator. Seine Gedichte sind Schöpfungen eines Journalisten. Rasch entstanden, auf unmittelbare Massenwirkung zielend. Zwei oder drei Menschenalter später wäre Schubart ein gefeierter politischer Tendenzdichter geworden wie Freiligrath oder Herwegh. Noch mehr als bei Bürger übernimmt die oratorische Gebärde bei ihm die Führung in Wahl, Entwicklung und Gestaltung des Stoffes.

Der Volksredner sucht zu überreden, für etwas zu gewinnen, von etwas abzuschrecken. Er ist auf Kampf und Gegensatz gestellt, wie der Dramatiker. Auch Schubart wählt in seinen eigensten und besten Gedichten innerlich antithetische Stoffe. In der lyrischen Rhapsodie „Der ewige Jude" ist es der Gegensatz zwischen dem geschichtlichen Leben, in dem eine Erscheinung die andere ablöst — „Jerusalem sank . . . Roma stürzte in Trümmer" —, und dem Ahasver, der nicht sterben kann. In der „Fürstengruft" ist es der Gegensatz zwischen der Macht und Pracht der Fürsten im Leben und ihrer Ohnmacht und Verwesung im Tode. In dem „Gefangenen" („Gefangner Mann, ein armer Mann") bilden Freiheit und Kerker die Antithese.

Oratorisch ist die innere Entwicklung des geistigen Gehaltes. Nicht das unbewußt=geheimnisvolle, leise sickernde oder mächtig auf= und abwogende Gefühl bestimmt sie, sondern der bewußte Gedanke, der seinen Blick fest auf ein Ziel richtet. Eine Disposition ist da, z. B. in der Fürstengruft eine dreigeteilte: 1. äußerer Anblick der Gruft, 2. Rückblick in das Leben der Fürsten, 3. das einstige Gericht. Aber der Gedanke ist rhetorisch erhitzt. Er sucht immer neue Wege, sein Ziel zu erreichen, immer neue Vorstellungen und Bilder holt er aus dem Gedächtnis herauf, um durch Variationen zu überreden und zu wirken. Es ist ein unablässiges Hämmern auf

den gleichen Punkt. Anaphoren und Antithesen bestimmen die Wahl
der Einzelmotive und die Sprache. Die „Fürstengruft" beginnt:

> Da liegen sie, die stolzen Fürstentrümmer,
> Ehmals die Götzen ihrer Welt!
> Da liegen sie, vom fürchterlichen Schimmer
> Des blassen Tags erhellt.

Da liegen sie — Da liegen sie!; Fürsten — Trümmer; fürchterlich
— Schimmer; blaß — erhellt: alles anaphorisch und antithetisch.
Wortreichtum und Witz. Stil der leidenschaftlichen öffentlichen
Rede, die auf Glanz und Hitze, nicht auf Licht und Wärme zielt.

Schubart erzählt, daß, als er einst als Pfarramtskandidat eine
Predigt hielt, ein älterer Freund sie ein Gemälde voll hoher Lack=
farben genannt habe. Man kann das Urteil auch auf seine Ge=
dichte anwenden.

Drittes Kapitel

Der Göttinger Hain

An den Dichtern des Göttinger Hains mag man erfahren, wie
unendlich mühsam dem deutschen Bürgertum jener Zeit der Weg
aus der wirtschaftlichen, ständischen und geistig=sittlichen Enge zu
freier menschlicher Bildung wurde. Ihr Auftreten zeigt eine selt=
same Mischung von kleinlicher Philisterhaftigkeit und geistigem
Schwung.

Ernestine Voß erzählt in ihren gemütvollen Mitteilungen aus
dem Leben ihres Mannes, wie Voß in der Zeit ihrer Verlobung
in dem bescheidenen Witwenhäuschen ihrer Mutter mit den beiden
Frauen hauste. Er arbeitete an der Übersetzung der Odyssee und der
Herausgabe des Musenalmanachs. Wenn ihm nun nachmittags sein
Zimmer zu heiß wurde von der Sonne, so ward ihm der Arbeits=
tisch in die Küche gestellt, und auf seiner kleineren Hälfte kramten
die Frauen ihren Kaffee aus. Als einmal Graf Stolberg mit seiner
Schwester so den Freund überraschte, mußten die beiden Frauen
sich auf den Herd setzen, um den Besuchern ihre Stühle einzuräu=
men. Auch als Voß Rektor in Otterndorf war, diente ihm der Eß=
tisch des Familienzimmers zugleich als Arbeitstisch: zur einen
Hälfte für das Mahl gedeckt, zur andern mit Büchern und Papieren
belegt. Ist das nicht einer jener Züge, wo sich geschichtlich Wesent=

liches im konkreten Bilde ausspricht? Wie sich hier Geistig=Ewiges
und Materiell=Alltägliches uneinheitlich und doch nicht feindlich auf
dem gleichen Tische zusammendrängen, so überhaupt in dem Den=
ken und Leben der Göttinger.

Mit Ausnahme der beiden Grafen Stolberg waren alle aus
kleinbürgerlich=ländlichen Verhältnissen hervorgegangen, Pastoren=
und Lehrerssöhne, und keiner von ihnen hatte, wie Lessing in Leip=
zig und Wieland in Biberach, das Bedürfnis, sich zum Weltmann
umzubilden. So fest standen sie bereits auf dem Boden der neuen
Zeit, daß sie die weltmännische Bildung wenn nicht verachteten, so
doch gering schätzten und die Verhältnisse, in denen sie heran=
gewachsen waren, als „Natur" liebten. Ihre feste Ehrenhaftigkeit
und sittliche Ordnung trugen sie ungeschwächt auch in die Weite des
geistig=künstlerischen Berufes, und Dichter sein hieß ihnen beileibe
nicht wie den Anakreontikern und noch Schubart und Bürger, sich
als Libertin gebärden. Der nüchterne Tugendbegriff des aufgeklär=
ten deutschen Bürgertums erhielt unter Klopstocks Ägide durch sie
die Aureole religiöser Weihe. Nicht ohne jene Selbstgefälligkeit, die
kleinen Leuten eigen ist, nahmen sie die Tugend für den deutschen
Jüngling und das deutsche Mädchen in Pacht. Auch das feurige
Nationalgefühl, das in ihnen lebte, kleidete sich in die Nonnenhaube
der Tugend. Im Grunde waren sie überzeugt, daß nur der Deutsche
tugendhaft sein könne. Wenn sie Klopstock in alle Himmel erhoben,
so geschah es, weil er ihnen der Verkündiger sittlicher Gefühle und
des nationalen Gedankens war; wenn sie Wieland haßten, so war
daran seine weltmännische Sittenlosigkeit und sein literarischer Kos=
mopolitismus schuld, vor allem seine Liebe für die Franzosen. Auch
ihre Schwärmerei für die Freiheit wurzelte letzten Endes in ihrem
bürgerlich=rechtlichen Selbstgefühl. Wer waren denn eigentlich die
Thrannen, denen sie ihren Haß schworen? Nicht an erster Stelle po=
litische Unterdrücker — keiner hat mit einem Fürsten so bittere Er=
fahrungen gemacht wie Schubart —, sondern ganz unbestimmte mo=
ralische Mächte: vor allem der überstarke Einfluß französischer Ro=
kokokultur, und erst in zweiter Linie war man sich der staatlichen
Demütigungen bewußt, die Deutschland, und in Deutschland der
einzelne Untertan, hatten erfahren müssen. Jedenfalls begnügte man
sich mit einer sehr harmlosen Freiheitsschwärmerei und fügte
sich, wo es Taten galt, in die Schranken des Bestehenden, auch
wenn sie noch so kleinlich waren. Die Pastoren= und Lehrerssöhne

nahmen die beiden Grafen Stolberg mit offenen Armen in ihrem
Bunde auf; aber sie blieben sich auch des Unterschiedes des Standes
wohl bewußt und beharrten in ihrem Verkehr mit den gräflichen
Bundesbrüdern bei dem respektvollen Sie. So war ihr Idealismus,
wo er sich in Begeisterung auslebte, mehr jugendlicher Überschwang
und weit entfernt von jener tiefen und starken Glut, die Herders
Schaffen beseelt.

Die förmliche Gründung des Bundes fand am 12. September 1772 statt. Am Abend dieses Tages begab sich Voß mit Hölty,
Johann Martin Miller und drei andern Jünglingen nach dem nahen
Dorfe Weende. Der Abend — so erzählt Voß — war heiter, der
Mond voll. Die Freunde überließen sich ganz den Empfindungen der
schönen Natur. In einer Bauernhütte wurde Milch getrunken, dann
ging man aufs freie Feld. In einem kleinen Eichengrund wurde beschlossen, unter den heiligen Bäumen den Bund der Freundschaft
zu schwören. „Wir umkränzten die Hüte mit Eichenlaub, legten
sie unter den Baum, faßten uns alle bei den Händen, tanzten so
um den eingeschlossenen Stamm herum, riefen den Mond und die
Sterne zu Zeugen unseres Bundes an, und versprachen uns eine
ewige Freundschaft. Dann verbündeten wir uns, die größte Auf-
richtigkeit in unsern Urteilen gegeneinander zu beobachten, und zu
diesem Endzwecke die schon gewöhnliche Versammlung noch genauer
und feierlicher zu halten. Ich ward durchs Los zum Ältesten er-
wählt." Der Eichenhain erhielt durch Klopstock, der ihn als deutschen Musensitz dem griechischen Musenhügel, dem Parnaß, ent-
gegenstellte, sinnbildliche Bedeutung für die teutonische Begeisterung des Bundes. Die jungen Dichter betrachteten sich als Barden
und gaben sich entsprechende Übernamen. Regelmäßig wurden
Sitzungen abgehalten, über die in einem „Bundesjournal" Proto-
koll geführt wurde; in einem „Bundesbuch" wurden die vorgelese-
nen Gedichte eingetragen, wenn sie einmütigen Beifall gefunden
hatten.

Rasch erweiterte sich der Bund. Im Dezember wurden die beiden Grafen Friedrich Leopold und Christian Stolberg aufgenommen.
Beziehungen zu Bürger spannen sich. Klopstocks Geist schwebte als
Genius über den Bundesbrüdern; in jeglicher Weise wurde ihm
gehuldigt: man sandte oder überbrachte ihm Gedichte, man bat um
sein Urteil. Überschwänglich, wie den Tag eines Heiligen, beging
man seinen Geburtstag am 2. Juli 1773. Oben an der langen, blu-

mengeschmückten Tafel stand ein Lehnstuhl ledig, für Klopstock, mit
Rosen und Levkojen bestreut, und auf ihm thronten Klopstocks Werke.
Unter dem Stuhle lag Wielands „Idris" — zerrissen. Man las
Klopstocksche Oden vor. Dann wurde Kaffee getrunken und geraucht,
wobei die Fidibusse aus Wielands Schriften gemacht wurden. In
Rheinwein trank man auf Klopstock, Luther, Hermann den Cherus=
ker, Goethe, Herder, den Bund. Als man warm wurde, sprach man
von Freiheit, die Hüte auf dem Kopf, von Deutschland, von Tugend=
gesang. Zuletzt verbrannte man Wielands „Idris" und Bildnis.
Ein Jahr später erlebte der Bund seinen höchsten Triumph: Klop=
stock erschien in höchst eigener Person in Göttingen und ließ sich
vom 18. bis 20. September feiern. Bald darauf begann die
Auflösung. Die einen der Bundesbrüder setzten ihre Studien an
andern Orten fort, die andern mußten sich nach einer nahrhaften
Tätigkeit umsehen. Die Jugendschwärmerei verflog und die Wirk=
lichkeit führte die einstigen Bundesbrüder sehr verschiedene, zum Teil,
wie Fritz Stolberg und Voß, entgegengesetzte Wege.

In dem Göttinger „Musenalmanach" hat sich der Bund sein lite=
rarisches Denkmal errichtet. Der Dithmarse Heinrich Christian
Boie (1744—1806) hatte ihn 1769 mit Friedrich Wilhelm Gotter
(1746—1797) gegründet. Sein ursprünglicher Zweck lief den späteren
Zielen des Hains schnurstracks zuwider. Die beiden Gründer sta=
ken noch tief in dem eleganten französierenden Rokoko, und ihr Werk
verriet sich schon durch den Namen als eine Nachahmung des fran=
zösischen „Almanac des Muses". Die ersten Bände enthalten denn
auch friedlich nebeneinander Beiträge der alten und der neuen Rich=
tung: neben Gedichten der Herausgeber brachten sie Stücke von Klop=
stock und seiner Schule und Liedchen der alten Anakreontiker
Gleim und Götz; der Almanach auf das Jahr 1773 druckte sogar
Wielands „Gedanken bei einem schlafenden Endymion" ab und war
mit zum Teil üppigen Kupfern zum „Agathon" geschmückt. Erst
allmählich drangen die Dichter des Haines ein, zuerst Bürger (1771),
dann Voß und Claudius (1772). Aber erst der Almanach auf 1774,
der bedeutsamste von allen, trägt ein völlig neues Gesicht: nun fehlen
Wieland und Gleim, und Klopstock und seine Schüler herrschen un=
bedingt. Aber auch andere Stürmer und Dränger haben sich einge=
stellt: Herder; Goethe mit vier Gedichten, darunter „Der Wandrer",
„Der Adler und die Taube", und (Mahomets) „Gesang". Von Bür=
ger brachte dieser Almanach die „Lenore". Es war zugleich der

letzte Jahrgang, den Boie besorgte. 1774 übernahm Voß die Herausgabe. Im folgenden Jahr trat eine Spaltung ein. Voß verpflanzte
den Verlag des Almanachs von Göttingen nach Lauenburg, von
da nach Hamburg und Neustrelitz, wo er 1800 erlosch. Der alte
Göttinger Verlag setzte inzwischen ebenfalls seinen Musenalmanach
als Konkurrenzunternehmen fort, das, eine Zeitlang von Bürger
geleitet, den Vossischen Almanach um einige Jahre überlebte.

Als Lyriker ragt Ludwig Heinrich Christoph Hölty über alle
andern Dichter des eigentlichen Hains. Was in diesem an lyrischen Lebenskeimen schlummerte, hat er zu schönster Reinheit entfaltet. Der Predigersohn, der 1748 in dem Dorfe Mariensee bei
Hannover geboren wurde, als Student der Theologie im April 1769
nach Göttingen kam und nach einem fleißigen, entbehrungsreichen
Studium 1776, erst achtundzwanzigjährig, an der Lungenschwind-
sucht starb, gehört, wie Novalis, zu jenen Jünglingsgestalten der
Literaturgeschichte, aus deren todumschatteten Liedern der Lebens-
traum um so süßer und rätselvoller lockt. Aber den mystischen Tiefsinn von Novalis darf man bei Hölty nicht suchen. Dafür steht er
dem Rokoko noch zu nahe. In seinen früheren Gedichten hat er, ähnlich wie der junge Goethe, nur weniger witzig und keck, der Anakreontik rosenduftende Opfer gespendet. Auch er läßt Zephyr die
Rose küssen, den Schmetterling um sie tändeln und besingt den
Kanarienvogel Daphnes. Er läßt Gott Amor seine Pfeile spitzen,
preist die Grübchen in den Wangen des geliebten Mädchens und
weiht seinen Erstling dem blendenden Busen, der hinter der lichten
Silberwolke des Schleiers wallt. Auch triviale Volksballaden und
Ritterromanzen hat er, Perchs Reliques mißverstehend, der Bänkelsängerei Gleims nachgedichtet („Adelstan und Röschen"). Eine
Zeitlang schwelgte er in jenen seraphischen Verstiegenheiten, wie
sie schon der junge Wieland Klopstock und der Miltonnachahmerin
Elisabeth Rowe nachgebildet hatte. Sogar zu Bardengesängen hat
er seine Harfe gestimmt. Denn die Seele des Jünglings war überaus
weich und von jedem Windhauche erklingend.

Dann aber ließen ihn Ewald von Kleist, der Sänger des „Frühlings", und Salomon Geßner, der Idyllendichter, und Herders Volkspoesie im Bunde mit Klopstock und Youngs Night-toughts sich selber finden. Jene lehrten ihn fühlen und singen, was er längst gesehen: die sanfte Schönheit der Natur und die unschuldigen Freuden
des Landlebens. Diese lösten die Trauer seiner Seele in den süßen

Zauber der Wehmut. Auch bei Hölty nimmt man jene den Göt=
tingern eigentümliche Zweiteilung in nüchternen Alltag und ge=
hobene Geistigkeit wahr. Man erwehrt sich des Lächelns nicht, wenn
er in feierlichem Odenstil seine Tabakspfeife ansingt:

> Dir, braune Pfeife, die du dem zögernden
> Dezemberabend schnellere Flucht gebeutst,
> 　　Vertraute meiner Einsamkeiten,
> 　　　　Will ich ein Fidibusopfer bringen.

Bei seinen Schilderungen ländlicher Arbeit und Kurzweil muß man
sich daran erinnern, welch beglückende Entdeckung dem kulturübersät=
tigten Menschen jener Zeit das Bauernleben war. Fehlt der ge=
schichtliche Gesichtspunkt, so findet man nicht viel mehr als trockene
Tatsachenaufzählung und Wortklingklang in Gedichten wie dem
Erntelied:

> Sicheln schallen,
> Ähren fallen
> Unter Sichelschall;
> Auf den Mädchenhüten
> Zittern blaue Blüten;
> Wonn' ist überall. —
>
> Alles springet,
> Alles singet,
> Was nur lallen kann.
> Bei dem Erntemahle
> Ißt aus einer Schale
> Knecht und Bauersmann.

Neben solchen reinen Tatsächlichkeiten des Alltags stehen Ge=
dichte voll Gedankenreichtum und Gefühlstiefe, völlig dem wirklichen
Leben abgewandt. Die Todesschauer des Kirchhofs, die Weihestim=
mungen der Nacht werden in ernsten Betrachtungen geschildert und
die Phantasie angerufen:

> Ewig träufle dein Kelch, Zauberin Phantasie,
> 　　Seinen Himmel auf mich herab;
> Ewig lächle dein Blick deinem Geweiheten,
> 　　Der an deinem Altare kniet!

Was in den schönsten und bleibendsten Gedichten Höltys beiden
Seiten seiner Wesensentfaltung die zwingende Einheit der Persön=
lichkeit verleiht, ist der sanfte Adel dieser früh entsagenden Jüng=
lingsseele. Er verhütet bei den ländlichen Liedern, die mit ihren
kurzen gereimten Versen und ihrer schlichten Sprache den Einfluß

der Volksdichtung verraten, den Eindruck des Prosaischen, Trocke=
nen, den die bloß realistische Darstellung des Tatsächlichen gerne
macht, und belebt sie mit der wohltuenden Wärme echter Treuherzig=
keit. Solche Strophen haben sich im Gedächtnis des Volkes bis
heute lebendig erhalten, wie z. B. die erste aus dem Gedicht des
alten Landmanns an seinen Sohn: „Üb' immer Treu und Redlichkeit
Bis an dein kühles Grab" — bei dem man nur bedauern muß, daß
der Dichter, wie es scheint durch ein Gedicht des Barden Denis:
„Mutterlehren an einen reisenden Handwerksburschen", verführt, aus
dem Tone gefallen ist und in den folgenden Strophen das reine
Gefühl durch Ausmalung von Gespensterspuk moralisiert.

Noch aus Höltys Todesjahr stammt die „Aufmunterung zur
Freude":

> Wer wollte sich mit Grillen plagen,
> Solang' uns Lenz und Jugend blühn?
> Wer wollt' in seinen Blütentagen
> Die Stirn' in düstre Falten ziehn?

Wie rührend und tiefergreifend klingt aus dem Munde des Tod=
geweihten die Schlußstrophe:

> O wunderschön ist Gottes Erde
> Und wert, darauf vergnügt zu sein;
> Drum will ich, bis ich Asche werde,
> Mich dieser schönen Erde freun!

Man lasse sich aber nicht durch diesen hellen Klang täuschen.
Der Grund von Höltys Seele ist dunkel. Der Siegwartdichter Johann
Martin Miller schildert sein äußeres Wesen so: „Wer ihn zum ersten
Male, oder wer bloß aufs Äußerliche sah, bekam eben keine vorteil=
hafte Meinung von ihm. Er ging niedergebückt, hatte einen trägen
Gang, sah einem treuherzig, aber einfältigscheinend ins Gesicht;
seine Gesichtsfarbe war beständig gelbblaß und verkündete den Tod,
der ihm seit vielen Jahren schon am Leben nagte; und von dieser
Kränklichkeit kam's auch, daß er träg und phlegmatisch zu sein schien.
Unter unbekannten Menschen sprach er wenig, oder nichts; denn er
war furchtsam und ein wenig mißtrauisch."

Schwermut nennt Hölty einmal die „Mutter der Betrachtung".
Der Lebensschmerz gibt seinen edelsten Gedichten den zarten Silber=
ton. Klopstock waltet über ihnen; ihm bildet er Gedanken und For=
men nach. Aber nicht der ganze Klopstock. Nicht der in steilem Selbst=

bewußtsein zum Himmel aufgerichtete oder dithyramisch dahinrau-
schende, sondern der in weicher Wehmut schmelzende. Der Sänger
der „Frühen Gräber" und der „Sommernacht". Verse wie:

> Willkommen, o silberner Mond,
> Schöner, stiller Gefährt' der Nacht — —

wecken ein wohllautendes Echo in Höltys Seele. Am Schlusse der Ode
„Die Beschäftigungen der Menschen" singt er:

> Wie ein mächtiger Gott flieg' ich den Himmel durch,
> Reiße Sterne wie Blumen ab
> Und bekränze mein Haupt, trinke die Quelle leer,
> Die durch Rosen der Engel fleußt!

Aber das ist ein fremder und verirrter Klang. Meist begnügt er sich
damit, wirkliche Blumen zu pflücken und aus irdischen Quellen zu
trinken. Seinem durch und durch lyrischen Geiste fehlt — muß man
nicht sagen: zum Glück? — jene energische Schwungkraft des Geistes,
die Klopstock gewaltig und kühn durch die übersinnlichen Reiche des
reinen Gedankens trägt. Hölty fühlt sich viel zu schwach, um die
Erde loszulassen. Dafür träumt er den Himmel auf sie herunter und
verklärt, durch ihre Schönheit wandelnd, sich und sie durch den
lächelnden Blick in die Gefilde der Seligen. Lenau nennt in einer
schönen Ode den Frühling Höltys Freund. In der Tat hat Hölty
keine Jahreszeit so oft besungen wie den Frühling. Aber erweckt
unter dem Dutzend von Mai- und Frühlingsliedern eines in uns
jenes süße Erschauern, das echte Lenzlyrik erzeugt? Weiß Hölty vom
Frühling uns mehr als die äußeren Zeichen zu melden, den blauen
Himmel, das grüne Feld, der Blumen Pracht und der Vögel Gesang, und die Güte Gottes, der diese Schönheit hervorgebracht?
Spüren wir den Frühling auch sein Gemüt lösen? Mit nichten.
Es ist gewiß rührend, wie er, manchmal in nahverwandten Klängen,
immer wieder zum Preis des Frühlings anhebt. Aber weist nicht
gerade die große Zahl der Versuche auf ihre Aussichtslosigkeit? Der
Aufbruch der Natur ist ihm kein Erlebnis. Denn zu fest umklammert
der Tod seine Seele, ob er ihm auch, in dem Hoffnungsrausch des
Schwindsüchtigen, immer wieder zu entrinnen sucht. Nur in jenen
Gedichten ist er wahrhaft groß, wo der dunkle Flügel der Vergänglichkeit über die Natur hin streift und wir den Dichter, mit der
Gebärde der Sehnsucht, in seinem Schatten stehen sehen. Die prachtvolle Ode „Das Landleben" singt nicht der naive Bauer, der das

Landleben Tag für Tag genießt, sondern der gedankenvolle Städter, der für seltene Augenblicke die Natur genießen und Gott in ihr lieben darf. Wie spürt man gleich in dem herrlichen Rhythmus des Anfangs die gepreßte Brust aufatmen:

> Wunderseliger Mann, welcher der Stadt entfloh!
> Jedes Säuseln des Baums, jedes Geräusch des Bachs,
>   Jeder blinkende Kiesel
>   Predigt Tugend und Weisheit ihm!
>
> Jedes Schattengesträuch ist ihm ein heiliger
> Tempel, wo ihm sein Gott näher vorüberwallt;
>   Jeder Rasen ein Altar,
>   Wo er vor dem Erhabenen kniet!

Wie gießt der jenseitsgewandte Blick eine selige Klarheit über alles Leben und Treiben des Landes, wie adelt die seelische Schönheit und klangliche Weichheit auch das Alltägliche, wie das „bestrohete Dach" und das Taubenvolk, das Krumen und Erbsen pickt! Darum darf auch dicht neben diesem Bilde munteren Lebens, das ja doch nicht als solches gefühlt wird, der Kirchhof nicht fehlen:

> Einsam wandelt er oft, Sterbegedanken voll,
> Durch die Gräber des Dorfs, setzet sich auf ein Grab,
>   Und beschauet die Kreuze
>   Und den wehenden Totenkranz.

Ja, einmal erhebt sich das Gefühl eines vom Gedanken des Todes geläuterten Lebens zur Höhe fast mystischer Entrücktheit: in der „Elegie bei dem Grabe meines Vaters" (1775 — der Vater war Anfang Februar dieses Jahres gestorben).

> Selig alle, die im Herrn entschliefen;
>   Selig, Vater, selig bist auch du!
> Engel brachten dir den Kranz und riefen,
>   Und du gingst in Gottes Ruh!

Die beiden Gegensätze, aus denen sich Höltys Schaffen nährt — Klopstock und der Gedanke einerseits, das Volkslied und die Natur anderseits —, sind hier durch die Glut eines starken Gefühls zu völlig organischer Einheit verschmolzen. Alles Verstiegen=Abstrakte, alles äußerlich Anschauliche ist geschwunden, Tiefstes stellt sich un= mittelbar in einfachstem Bilde dar. Die Lyrik des Göttinger Hains hat niemals eine größere Höhe erstiegen, als sie Hölty in diesem Liede erreicht hat.

Das Schwergewicht des dichterischen Schaffens von Johann

Heinrich Voß (1751—1826) ruht nicht auf seiner Lyrik. Der aufrechte, fleißige, knorrige Mann, der sich so unermüdlich und tapfer durchs Leben geschlagen hat, hielt den Blick mehr auf das äußere als das innere Leben gerichtet. Aus den Aufzeichnungen seiner ihm treuverbundenen Frau Ernestine erhält man ein überaus anschauliches und stoffreiches Bild von den Leiden und Freuden seines häuslichen und beruflichen Lebens von der Verlobung im Jahr 1777 an bis zur Übersiedlung nach Heidelberg im Jahr 1805. Gewiß ist vieles darin mit weiblichen Augen gesehen, aber im ganzen dürfte doch Voß selber das Leben so aufgefaßt und gelebt haben, wie seine Frau es schildert. Ein typisches Gelehrtenleben der Zeit. Die Triebkraft ist der Wille zum Geistigen; die Helfer ein trotziges, gelegentlich auch übertriebenes Vertrauen auf die innerlich gefühlte Tüchtigkeit, rastloser Arbeitswille und feste Rechtschaffenheit. Das Leben selber ist nichts weniger als ein leichtes Gleiten auf geebneter Bahn. Es ist ein zähes Sichdurchkämpfen durch Gestrüpp und über Steine. Der Knabe und Jüngling, dessen Vater Haus und Hof im Siebenjährigen Kriege verlor, mußte sich den Weg zum Studium mühsam durch Stundengeben und Freitische erkaufen. Aber früh lernte er, daß „Armut mit durchsetzender Kraft Segen ist", und die Demütigungen, die der Enkel eines noch leibeigenen, dann freigelassenen Handwerkers von dem mecklenburgischen Adel zu erdulden hatte, steiften ihm den Nacken. Erst mit 21 Jahren konnte er die Universität beziehen. Seine Ehe mit Ernestine Boie, deren Hand der gänzlich Mittellose der Mutter der Geliebten abringen mußte, begann in den dürftigsten Verhältnissen. Das junge Paar, das zuerst in Wandsbek in zwei oder drei kleinen Zimmern lebte, vermochte nicht einmal einen Mörser anzuschaffen. Voß selber spaltete das Holz und holte das Wasser aus dem Pumpbrunnen. Dann, 1778, wurde er Schulrektor in Otterndorf. Die Gegend war trostlos. Im Herbst hatten sie unter den stinkenden Marschnebeln zu leiden, in denen die Bücher schimmelten und das Klavier ausquoll. In Eutin, wohin Voß 1782 übersiedelte, bestand die Amtswohnung des Rektors zuerst aus kleinen und niedern Zimmern. Auf dem Absatz der erbärmlichen Treppe, die zu der Arbeitsstube von Voß führte, mußte man den Kopf biegen, um nicht einen Stoß zu bekommen. Ein Teil der Möbel mußte im Kuhstall untergebracht werden, wo Ernestine mit den Kindern die heißen Sommertage zubrachte. Rastlose literarische Arbeit, Herausgebertätigkeit, Übersetzen, eigene dichterische

Werke mußten die schmalen Einkünfte aus der Stelle steigern. Mit innerlicher Fröhlichkeit wurde die Enge ertragen und durch eine bescheidene Geselligkeit das kargliche Leben bereichert. Bis dann unter der doppelten Arbeitslast Vossens Gesundheit zusammenbrach und er sich pensionieren lassen mußte. Die hausbackene Ehrlichkeit, die dieses Leben bestimmt, spricht sich auch in seiner schroff ablehnen= den, entschieden protestantischen Haltung gegenüber den mystisch=ro= mantischen Strömungen der Zeit aus: er hat seinem alten Freunde Fritz Stolberg aus seinem Übertritt zum Katholizismus 1800 eben= sosehr einen Vorwurf gemacht, wie er später in Heidelberg die Ro= mantiker bekriegte.

Eine solch biedere Geradlinigkeit des Denkens prädestiniert nicht zum Lyriker. Sie hält den Blick zu ausschließlich an den positiven, sinnlich sichtbaren Tatsachen fest. Sie vermeidet das sehnsüchtige Ausgreifen ins Unsinnliche, Schwebende des reinen Gefühls= und Gedankenlebens. Sie steht zu sehr „mit festen markigen Knochen auf der wohlgegründeten dauernden Erde". Ein rotbackiger Materialis= mus zieht sich, wie durch das häusliche Leben, so durch die Schrift= stellerei von Voß. Aber dieser Materialismus trägt immer den Bakel des Schulmeisters im Rücken. Auch das Lebendige und Künst= lerische, was er geschaffen, wollte er nachträglich mit diesem Bakel schulgerecht machen. An den Hexametern seiner Homerübersetzung dokterte er so gründlich immer wieder herum, bis er sie glücklich zum Paradigma einer gelehrten Metrik gesteift hatte, und die ursprüng= liche Frische seiner „Luise" störte er später durch homerisierende Ge= spreiztheiten und die aufklärerische Didaktik des Pfarrers von Grünau.

Auch seinen lyrischen Gedichten merkt man an — nur in einem viel weniger zierlichen Sinne, als Mörike es meint —, „daß der Verfasser lateinisch kann und schnupft". Er baut metrisch tadellose antike Oden und Elegien, aber der tragende Schwung und der innere Rhythmus der Stimmung fehlen. Er wettert gegen Wieland und die Franzosen, preist die Freiheit und das deutsche Wesen, besingt die ländlichen Freuden und Arbeiten in deutschen Formen — und ergreift uns so wenig in den antikisierenden Gedichten wie in den schlicht gereimten. Jene sind gebauscht, diese prosaisch. Groß ist seine sprachlich=metrische Virtuosität. Er schreibt „schwergereimte Oden", d. h. Oden mit schweren, ungewöhnlichen Reimen wie: Aga — Braga, Harzwald — schwarz wallt, und verspottet in einer virtuosen „Kling=

sonate" die Sonettsucht der Romantiker: „Mit / Prall= / Hall /
Sprüht / Süd= / Tral= / Lal= / Lied. / Kling= / Klang / Singt; /
Sing= / Sang / Klingt." Aber trotzdem oder vielleicht gerade des=
wegen fehlt ihm das innere Formgefühl. Form ist ihm nicht der
organische künstlerische Ausdruck des Erlebnisses, mit Notwendig=
keit von innen heraus wirkend, sondern ein bald feierliches, bald
schlichtes Gewand, das er dem Stoff überwirft. Er kann den pro=
saischen Tabak in feierlichen Asklepiadeen besingen und der Natur
als „Gottes Abglanz" fromme Huldigung darbringen in den glei=
chen kurzen gereimten Versen, wie er einen Hasenbraten auf seinem
Tische begrüßt. Am echtesten war der Mensch im friedlichen Ge=
nügen des häuslichen Kreises. Die Idyllen bilden des Erzählers
Ruhmestitel. Behagen weiß er in ihnen auszuströmen, das die Her=
zen wärmt, wie der altväterische Ofen im „Siebzigsten Geburts=
tag" das winterliche Zimmer. Auch der Lyriker ergreift uns am
tiefsten, wo er sich im bescheidenen Kreise des Tageslaufes bewegt.
Etwa im „Abendlied" (1794):

> Das Tagewerk ist abgetan.
> Gib, Vater, deinen Segen!
> Nun dürfen wir der Ruhe nahn;
> Wir taten nach Vermögen.
> Die holde Nacht umhüllt die Welt,
> Und Stille herrscht in Dorf und Feld.

Dem gründlichen Ernst von Johann Heinrich Voß setzt der Ulmer
Präzeptors= und Predigerssohn J o h a n n   M a r t i n   M i l l e r (1750
bis 1814) die Leichtigkeit eines süddeutschen Naturells gegenüber.
Aber sie geht nirgends über die flüchtige Fertigkeit des nachemp=
findenden und nachahmenden Talents hinaus. Im Grunde ist er
Anakreontiker. In hüpfenden Liedchen tändelt er mit West und Rose,
Wein und Freundschaft, Taube und Liebchen. Aber es geht — das
ist der Einfluß der deutschen Tugendschwärmerei des Hains — sehr
ehrbar bei ihm zu. Alles wird ins Kleine, Hausbackene, Bürgerliche
heruntergezogen. Juppiter trägt bei ihm ein Hauskäppchen und
Juno eine Hausfrauenschürze:

> Bei Nektar und Ambrosia
> Sitzt Vater Zeus gefoltert da;
> Denn Mutter Juno zankt.

Wo er die Freuden der bürgerlichen Kleinwelt besingen kann, ge=
lingt ihm etwa ein lang nachhallendes Lied, wie die „Zufrieden=
heit" (1776):

Was frag' ich viel nach Geld und Gut,
    Wenn ich zufrieden bin!
Gibt Gott mir nur gesundes Blut,
    So hab' ich frohen Sinn,
Und sing' aus dankbarem Gemüt
    Mein Morgen= und mein Abendlied.

Wo er aber andere, tiefere Töne sucht, gerät er ins Verschwom=
mene und Unwahre. Dem neuerwachten Interesse an den Dichtern
des „schwäbischen Zeitalters", d. h. dem Minnesang, meint er als
Schwabe sein Opfer bringen zu müssen. Aber seine „Minnelieder"
sind spielerisch und kleinlich, wenn nicht gar läppisch, wie eine Nach=
bildung von Walthers von der Vogelweide „Unter den Linden", wo
sich die Liebende weinend neben den weinenden Geliebten aufs Blu=
menlager setzt. Seine Bauernlieder sind ebenso weinerlich wie seine
Schilderungen des Nonnenlebens. So bejammert in dem „Klage=
lied eines Bauren" ein Landmann den Tod seines Hannchens in
fünfzehn sentimentalen Strophen. Er läßt seine Personen ganze
Eimer mit Tränen füllen; aber er selber schwimmt trocken auf einem
Stück Kork an der Oberfläche der Flut. Denn er ist viel zu leicht,
um irgend etwas ernst zu nehmen. Sogar auf die äußere Form
Sorgfalt zu verwenden, ist ihm zu mühsam. Im Vorbericht zur
Gesamtausgabe seiner Gedichte (1783) gesteht er selber, er habe
vieles stehen lassen, das er anders gewünscht hatte. „Teils konnt'
ich's nicht ändern, teils daurte mich die Zeit, die ich auf eine
strengere Feile hätte wenden müssen." So ist dann seine Selbst=
charakteristik in einem Gedichte an Voß:

Mich Johann Martin Miller
Hat Liederton und Triller
Mama Natur gelehrt.

nur dann wahr, wenn man Natur als sorgloses, jeder Selbstzucht
und Tiefe bares Temperament nimmt.

Ein Nachempfinder und Nachbildner ist im Grunde auch der
begabtere jüngere der beiden Brüder Christian und Friedrich
Leopold von Stolberg (1750—1819). Aber er ist eine viel
ernstere, tiefere und reichere Persönlichkeit als Miller. Aufgewach=
sen in der Bildungsfülle des hohen Adels, beweglich, allen Ein=
flüssen offen, für alles Gute und Schöne begeistert, breitet er seine
geistigen Interessen über ein bedeutendes Stück Welt aus. Nach
einigen Semestern in Halle studierte er mit seinem Bruder 1772

und 1773 in Göttingen. Diese drei Semester waren für sein dichte=
risches Schaffen entscheidend. Hier treten Homer und Pindar, Shake=
speare und Ossian in seinen Gesichtskreis; hier lernt er schwärmen
für Freiheit, Vaterland, Tugend, Volksdichtung und Mittelalter.
Die berühmte Geniereise durch Süddeutschland und die Schweiz
vom April 1775 bis in den Januar 1776 brachte den Abschluß der
Bildungsjahre und ein erneutes tiefes Untertauchen in die geistige
Gärung der Sturm= und Drangzeit. In Frankfurt trank man mit
Goethe auf den Tod der Tyrannen; in der Schweiz badete man den
göttlich nackten Leib in den frischen Fluten der Natur. Dann folgen
Jahre des diplomatischen Dienstes für Dänemark. Der frühe Tod
seiner heißgeliebten Gattin Agnes von Witzleben stärkte im Ver=
kehr mit der bigotten Fürstin Gallitzin den schwärmerisch religiösen
Zug seines Wesens. Immer tiefer grub er sich in das Studium
pietistischer und mystischer Glaubenslehren ein und 1800 trat er
mit seiner zweiten Gattin zum Katholizismus über — ein für den
Wandel des Zeitgefühls symbolischer Schritt: die Genie=Ekstase des
Sturms und Drangs zerfloß in die schwärmende Mystik der den
Spuren des Mittelalters nachtastenden Romantik.

Schwärmende Gefühlstrunkenheit ist der Grundzug seines We=
sens. In einem Aufsatz, den er 1777 im „Deutschen Museum" ver=
öffentlichte, preist er in dem elastischen Schwung einer hochgestimm=
ten, aber weichen Seele die „Fülle des Herzens". Aus ihr kommen
alle edlen Empfindungen. Man wird an Herders Ansicht von der
einen, ungeteilten, lebendigen Seele erinnert, wenn Stolberg ver=
kündet: Liebe, Mut, Mitleiden, Andacht, Bewunderung des Guten,
Abscheu des Bösen, Wonne beim Anblick der Natur sind sieben
Strahlen eines siebenfarbigen Bogens, alle der Fülle des Herzens
entströmend, welche gleich der Sonne Leben und Wärme um sich
her verbreitet. Verstandesverachtung des Stürmers und Drängers
ist es, wenn Stolberg auch die Wissenschaft verschmäht, die keinen
Teil hat an der Pflege des Herzens. Die meisten Gelehrten, die
in einem Überfluß von Erkenntnissen prassen, tun es aus Eitel=
keit oder einer Art von Liebhaberei, bei welcher das Herz kalt bleibt.
„Sie sammeln im Garten der Musen keinen Honig, sondern nähren
sich wie faule Hummeln." „Dem Fühllosen sind die Wissenschaften,
welche er besitzt, ein toter Schatz; dem Gefühlvollen eine Quelle
reiner Freuden." Ohne den Anteil des Herzens ist die Geschichte
eine tote Chronik. Die göttliche Dichtkunst entströmt der Fülle des

Herzens. Die Philosophie, die Religion, „die Hauptquelle jedes Seelenadels und der ewigen Wonne", sie haben ihre Quelle in der Liebe. „Fülle des Herzens ist die edelste Gabe Gottes."

Wer vernimmt hier nicht das Echo von Fausts „Gefühl ist alles"? Aber auch dieses tiefe Wort bleibt bloßer Schall und Rauch, wo es nicht durch die Erlebniskraft der Individualität befruchtet wird. Und diese Individualität im Sinne des schöpferisch Einmaligen fehlte im Grunde Fritz Stolberg. Seine „Fülle des Herzens" war nicht zeugende Urkraft des künstlerischen Individuums, sondern ein schwärmendes Heben der Wirklichkeiten in die Sphäre des Gefühlvollen. Sie brachte nicht aus dem mystischen Schoße des Erlebnisses F o r m hervor, sondern sie konnte vorhandene Formen, die Stolbergs leichtes Sprach= und Verstalent andern nachgebildet hatte, nur mit Gefühl ü b e r strömen. Die jungen Schwärmer des Sturms und Dranges, die zwischen innerer und äußerer Form, zwischen Echtheit und Nachahmung des geistigen Gehalts nicht unterscheiden konnten, mochten diese Erzeugnisse bewundern; wer den Sinn für das Wesentliche hat, übersieht nicht die innere Leere des rauschenden Überschwanges. Ist es nicht ein köstliches Zeichen für den gesunden Lebenssinn der Frau Rat, wenn sie bei dem Besuch der Grafen Stolberg in Goethes Vaterhaus, die nach dem Blut der Wüteriche lechzende Freiheitsschwärmerei der Jünglinge ins Heitere zu wenden, ein paar alte Flaschen aus dem Keller holt und ruft: „Hier ist das wahre Thrannenblut!"

Mit glänzender Beweglichkeit tummelt sich Stolberg in allen Stoffen und Formen des Sturms und Drangs und später des Klassizismus. Er schreibt Klopstockfche Oden, er bildet Voß und Claudius das Bauernlied, Miller den mittelalterlich=ritterlichen Singsang, Gleim die Bänkelsängerballade, Lavater die Schweizerlieder, Goethe die freien Rhythmen und Elegien nach. Bildet sie nach bis zur Grenze des Persönlichen, in die er das fremde Gut doch nie energisch hereinzieht. Der Kenner der Zeitlyrik hört immer wieder Anklänge. Wie in Klopstocks „Frühen Gräbern" dem Mai in der Mondnacht Tau aus den Locken träuft, so träufelt in Stolbergs „Hymne an die Erde" (1778) Tau aus den duftenden Locken der nächtlichen Erde. Wie Gleim in einer einst berühmten „Romanze" (1756) von dem Ehebruch Mariannes erzählt, die von ihrem Mann in den Armen ihres Leander ertappt und samt ihrem Buhlen niedergestoßen wird, so schildert Stolberg in seiner „Ballade" (1777)

5*

eine ähnliche Schauermär aus „den alten Biederzeiten, da noch
Keuschheit Sitte war": nur daß der betrogene Ehemann die Frau
leben läßt und sie mit ausgesuchtester Grausamkeit zwingt, in einem
Verlies mit dem Gerippe des getöteten Buhlen zu leben und aus
seinem Schädel zu trinken, bis er sie endlich begnadigt, sie von
neuem in sein Bett nimmt und „sich weidlich mit ihr freuen tät"!

Von goetheschem Fühlen und Formen geht der „Felsenstrom"
vom Juli 1775 aus. Die literarische Anregung bot Goethes „Gesang" (aus dem Mahometdrama), den der Göttinger Musenalmanach
auf 1774 brachte. Bei Goethe ist alles Ausdruck der Gefühlsidee. Die
geschichtliche Mission des religiösen Genies ist am Wasserlaufe versinnbildlicht, als Lebensgesetz gedeutet, das bis in die letzten Ader-
chen von Sprache und Takt die Form bestimmt. Stolberg bot für
sein Gedicht Veranlassung und äußere Anschauung der Anblick der
Wasserfälle der Schweiz, die er im Juli 1775 begeistert schildert
in Briefen an Voß aus Zürich: „Die unendlichen Ströme vom
Felsen herab!" und aus Marschlins, nach dem Besuch des Walensees: „Göttliche Felsenströme stürzen sich aus dem Himmel in den
See." Er selber nennt das Gedicht „von Herzen gegangen". Aber
eben doch nur aus einem Herzen, in dem Goethes „Gesang" bereits
wohnte. Der Wasserfall — man mag etwa an die Wasserfälle auf
der Nordseite des Walensees denken — ist auch Stolberg Symbol
des stürmenden Jünglings. Motive aus dem Goetheschen „Gesang"
werden weiter ausgeführt, oft überraschend glücklich. Der Walen-
see gab dazu das Motiv des Sees, in dessen Bett der Bergbach
Ruhe findet. Aber während Goethe in „Mahomets Gesang", wie
später in dem „Gesang der Geister über den Wassern" Naturleben
tiefsinnig und naturhaft deutet, löst sich nun Stolberg — die spätere Wendung zur Hingabe ans Geistige ist schon hier vorbereitet —
von der Natur ab und mahnt den stürzenden Fluß:

> Was eilst du hinab
> Zum grünlichen See?
> Ist dir nicht wohl beim näheren Himmel?
> Nicht wohl im hallenden Felsen?
> Nicht wohl im hangenden Eichengebüsch?

Man beachte die stoffliche Ablösung von der Naturwirklichkeit:
Stolberg hat die Bergbäche der Schweiz kaum von hangendem
Eichengebüsch umgeben gesehen — dieses Motiv stammt aus der Be-
griffskonvention des Hains!

Zwar schmeichelt dir unten die ruhende Stille,
Die bebende Wallung des schweigenden Sees,
Bald silbern vom schwimmenden Monde,
Bald golden und rot vom westlichen Strahl.
O Jüngling! was ist die seidene Ruhe,
Was ist das Lächeln des freundlichen Mondes,
Der Abendsonne Purpur und Gold
Dem, der in Banden der Knechtschaft sich fühlt?

Nun ist es ganz klar: das Tyrannenmotiv des Göttinger Hains ist in das Naturbild hineingetragen. Statt daß Gefühlserlebnis Natur deutet, löst Gefühlsüberschwang den Dichter von ihr ab und mischt etwas Fremdes in sie hinein. In einem moralisierenden Gedicht „Ikaros" mahnt einmal Stolberg zur Bescheidenheit. Er selber ist ein umgekehrter Ikaros. Ihn hat nicht sein trotscher Körper, der Federn beraubt, in die Tiefe gezogen, sondern körperlos tragen ihn die Federn seines Gefühls über die Erde hinweg.

Dem Bunde des Göttinger Hains hat **Matthias Claudius** (1740—1815) nicht angehört. Aber er steht den Göttingern innerlich und äußerlich nahe. Im Gegensatz zu Fritz Stolberg ist er tief in dem kleinen Stück Erde verwurzelt, das ihm Heimat war. Aber das Knorrige, Starkgeprägte, Zielbewußte von Voß fehlt ihm. Darum ist er aber auch der größere Lyriker. Er ist eine Pflanze, die nur dazu mit zähen Wurzeln sich fest an die Erde anklammert, um ihren biegsamen Stengel und die zarten Zweige von den Winden um so lustiger hin und her wehen zu lassen. Das Gefühl, ja die Laune bestimmt sein Wesen, nicht der Verstand. Sein äußeres Leben macht, etwa wie das Mörikes, leicht den Eindruck des Schwankenden. Als Pastorssohn in Reinfeld bei Lübeck auf dem Lande aufgewachsen, bildet er im trauten Umgang mit der Natur vor allem die Kräfte seines Gemütes aus. So tief versenkt er sich in sich selbst, daß er sich fortan in der Kultur nicht heimisch fühlt. In Jena, wo er 1759 immatrikuliert wird, studiert er zuerst Theologie, dann die Rechte. Aber auch dieses Studium behagt ihm nicht. Überhaupt haßt er, soweit er des Hasses fähig ist, alle Gelehrsamkeit und alles Schulwissen. Denn sie ziehen ihn aus sich selber hinaus in den Intellektualismus, aus einem blühenden Garten in die Sandwüste. So mag er sich in keiner Weise in das Beamtensystem einfügen, in dem die Kultur der Zeit ihren staatlichen Ausdruck fand. Als Gerstenberg ihm riet, sich um die Stelle als Rektor in Oldenburg zu bewerben, gestand er, keine einzige Regel aus der Grammatik mehr zu wissen; er sei in dem Betracht gar nicht geschickt zum Rektor und habe auch eben nicht große Lust, in Oldenburg zu sein; „aber wenn Sie's meinen, wollte ich's doch werden, oder was Sie sonst meinen".

So fand er denn seine Zuflucht bei der Tagesschriftstellerei, der er, welcher selber nicht vom Tage lebte, eine Wirkung weit über den Tag hinaus zu geben vermochte. Zuerst war er etwa zwei Jahre lang Redakteur der „Hamburger Addreß-Comtoir-Nachrichten". Dann gab er von 1771—1775 jene Zeitschrift heraus, der er sein ganzes Wesen eingoß, so daß ihr Titel zugleich zur Bezeichnung seiner eigenen Persönlichkeit werden konnte: den „Wandsbecker Boten". Zur gleichen Zeit ungefähr, als er seine Herausgabe begann, gab er seiner Liebe zu Natur und Volksleben sozusagen auch symbolischen Ausdruck durch seine Heirat mit einem einfachen Bauernmädchen, der Tochter eines Wandsbeker Zimmermanns, mit der er in glücklichster Ehe lebte, die Dürftigkeit seiner äußeren Lage mit innerer Heiterkeit vergoldend. Als ihm 1776 seine Freunde, um sein Einkommen zu verbessern, eine Stelle in Darmstadt verschafften, mußte er die Verpflanzung mit einer schweren Bedrückung seines Gemütes und gefährlicher Krankheit bezahlen. Nach einem Jahre kehrte er nach Wandsbek zurück. Ein Schatten verdunkelte fortan die einst sorglose Fröhlichkeit seines Herzens.

Aus kleinstem Kreise zog, wie sein äußeres Leben, auch sein geistiges Bedürfnis seine Nahrung. Sie floß ihm aus zwei Quellen zu: dem Christentum und der Natur. Das Christentum war ihm Glaube, nicht Wissen; Gemütsleben, nicht Verstandeskritik. Mit der naiven Kraft eines unzerteilten Gemütes drang er in seinen tiefsten Gehalt ein, wie ihn die volkstümlichen Gefäße, Bibel und Gesangbuch, bargen. Auch Klopstock liebte er nur, soweit in ihm der Quell christlicher Empfindung fließt. „Der Mensch lebet nicht vom Brot allein, das die Gelehrten einbrocken, sondern ihn hungert noch nach etwas andern und bessern, nach einem Wort, das durch den Mund Gottes gehet. Und dieses andre und bessere; dies Wort, das uns auf der Zunge schwebt und wir alle suchen, ein jeder auf seine Art, finde ich zu meiner großen Freude im Christentum wie es die Apostel und unsre Väter gelehrt haben." So erklärt er in der Pränumerationsanzeige zum siebenten Teil seiner Werke. Unbeirrt durch die kritischen Erörterungen des Rationalismus über die Grundlehren der Religion bekennt er sich, ähnlich wie Goethe

in dem „Brief des Pastors", in der Einfalt seines Gemütes zu dem
alten apostolischen Christentum. Darin geht er mit der Aufklärung
einig: nicht das Dogma, sondern die Gesinnung und die Tat sind
entscheidend. Gott ist das A und O seines Glaubens. Auch ihm
sind alle Menschen Brüder. „Gott hat sie alle gemacht," sagt er
in der „Audienz beim Kaiser von Japan", „einen wie den andern,
und gab ihnen diese Welt ein, daß sie sich darin bis weiter wie
Brüder miteinander freuen und lieb haben, und glücklich sein sollten." Aus seinem einfältigen Gottesglauben fließt seine patriarchalische Auffassung der Regierung. Sie ist die schlichteste und
natürlichste Form des Gottesgnadentums, die man sich denken kann.
Da die Menschen sich leider nicht vertragen können und einander
allerlei Unrecht und Herzeleid antun, so hat Gott die edelsten unter
ihnen ausgewählt, die demütig, weise, gerecht, reines Herzens, gütig,
sanftmütig und barmherzig sind, und hat verordnet, daß sie bei
den übrigen Vaterstelle vertreten sollen. Das sind die Fürsten. Ein
guter Fürst bittet Gott stets um Weisheit, und er vergißt seine
eigene Glückseligkeit und lebt und webt nur für sein Volk. Er ist
wie die Sonne, die auch nichts davon hat, Tag und Nacht um die
Erde zu gehen, und deren Fußstapfen von Segen triefen.

Auch den trüben Grabes- und Todesvorstellungen der Zeit gibt
er urchristliche Fassung und schützt sich so vor der Krankheit der
Empfindsamkeit. Die Gewißheit des Sterbens zieht ihn nicht von
der Erde weg, sondern schenkt ihm den richtigen Lebenssinn. Er
weiß, daß alles eitel ist, und der Tod ist ihm „ein eigner Mann,
der den Dingen dieser Welt ihre Regenbogenhaut abzieht". Aber
der Tod ist auch „ein guter Professor Moralium. Und es ist ein
großer Gewinn, alles, was man tut, wie vor seinem Katheder und
unter seinen Augen zu tun". Sterben und Leiden lehren ihn, das
Leben tiefer zu verstehen und die Natur heiliger zu lieben. „Die
Leut," schreibt er einmal im „Wandsbecker Boten", „fürchten sich so
vor einem Toten, weiß nicht warum. Es ist ein rührender, heiliger,
schöner Anblick, einer Leiche ins Gesicht zu sehen; aber sie muß
ohne Flitterstaat sein. Die stille blasse Todsgestalt ist ihr Schmuck,
und die Spuren der Verwesung ihr Halsgeschmeide, und das erste
Hahnengeschrei zur Auferstehung." Wie er in einem tiefempfun-
denen und schlichten Liede beim Tode seiner Schwester sein Leid
ausspricht, kann er es nur tun, indem er den leiblichen Menschen
als Pflanze faßt und seine Seele als Adler:

Der Säemann säet den Samen,
Die Erd' empfängt ihn, und über ein kleines
Wächset die Blume herauf — —

Wie Gras auf dem Felde sind Menschen
Dahin, wie Blätter! Nur wenige Tage
Gehn wir verkleidet einher!

Der Adler besuchet die Erde,
Doch säumt nicht, schüttelt vom Flügel den Staub, und
Kehret zur Sonne zurück!

Immer wieder fließen ihm so Gottesliebe und Naturverehrung
ineinander zusammen. In einem tieferen und reineren Sinn als
andern ist ihm die Natur Tempel und Sinnbild Gottes, weil er
die Idee des Pantheismus nicht mit dem Verstande, sondern mit
dem Gemüt erfaßt hat. Zur Hingegebenheit an das Ewige und
Jenseitige gesellt sich in ihm das heitere Genießen der Freuden
der diesseitigen Welt. Darum liebt er das Volk so sehr und ist das
weltliche Volkslied neben dem geistlichen Liede eine Quelle seiner
Lyrik. Diese Freude an Volk, Natur und Wirklichkeit eint ihn Voß,
mit dem er während dessen Aufenthaltes in Wandsbek in trauter
Freundschaft gelebt hat. Aus so ehrlicher Überzeugung wie Voß kann
er sich an Wald und Feld, an Bauernarbeit und -lust, an Freundschaft und Geselligkeit, an Wein und Liebe ergötzen. Sein Rhein-
weinlied: „Bekränzt mit Laub den lieben vollen Becher, Und
trinkt ihn fröhlich leer!" ist so echt empfunden, daß es noch heute lebt.
Aber — und das unterscheidet ihn von Voß — er gibt sich dem
irdischen Gegenstand nie völlig hin. Wenn Voß über die oft kleinlich realistische Beschreibung des täglichen Krimskrams in der „Luise"
durch das theologische Gespräch etwas Höheres auszugießen strebt,
so empfindet man vor allem das unorganische Nebeneinander von
zwei Welten, die nicht viel miteinander zu tun haben. Bei
Claudius lebt und webt eine in der andern, ist das Wirklich-
Sinnliche durch das religiöse Gemüt vergeistlicht und das Geistliche
durch die Freude am Sinnlichen von aller Muckerei entfernt. So
wird seine Lyrik zugleich kräftig und zart, tief und traulich. In
seiner Naturlyrik verchristlicht er die Natur, wie Hebbel sie, nach
Goethes Wort, verbauert. Die Pflanze lebt ihm den tiefsten Sinn
des Christentums vor, die Vögel jubilieren zu Gottes Preis, und
in den Sternen glänzt Gottes Liebe über die Welt. Aus dieser
Doppelwurzel von christlicher Frömmigkeit und weltlicher Wirklich-

keitsliebe sprießt sein wundersames „Abendlied". Von dem Natur=
bild geht er aus:

> Der Mond ist aufgegangen,
> Die goldnen Sternlein prangen
> Am Himmel hell und klar;
> Der Wald steht schwarz und schweiget,
> Und aus den Wiesen steiget
> Der weiße Nebel wunderbar.

Aber ganz von selber wird das Naturbild zum Abendgebet:

> So legt euch denn, ihr Brüder,
> In Gottes Namen nieder!
> Kalt ist der Abendhauch.
>
> Verschon' uns, Gott, mit Strafen,
> Und laß uns ruhig schlafen,
> Und unsern kranken Nachbar auch!

Claudius hat seine Rebekka unter dem Schäfernamen Phidile
besungen — in Erinnerung an Horazens „rustica Phidyle". Aber
das lüstern tändelnde Spiel der Anakreontik ist bei ihm zu lieb=
licher Innigkeit geläutert. In seinem Leipziger Lieberbuch hat Goethe
das liebende Mädchen im Stil der Anakreontik raffiniert und er=
fahren geschildert. Eigene Sprödigkeit und die Lehre der Mutter hei=
ßen sie Widerstand leisten, aber dringt des Jünglings Leidenschaft
feurig auf sie ein, so regt sich ihr eigenes Blut, und nun ist sie es,
die den Jüngling anlockt, wenn er zum Schein sich von ihr zurück=
zieht. Wie rein und natürlich erscheint dieses seelische Verhalten
von Jüngling und Mädchen bei Claudius! Phidile erzählt, wie der
Jüngling ihr allenthalben nachgeht:

> Sein Auge, himmelblau und klar,
> Schien freundlich was zu flehen;
> So blau und freundlich, als das war,
> Hab' ich's noch nie gesehen.

Wie sie ihn einmal freundlich ansieht, fällt er ihr um den Hals
und weint:

> Das hatte niemand noch getan;
> Doch war's mir nicht zuwider,
> Und meine beiden Augen sahn
> Auf meinen Busen nieder.
>
> Ich sagt' ihm nicht ein einzig Wort,
> Als ob ich's übel nähme,
> Kein einzigs, und — er flohe fort —
> Wenn er doch wiederkäme!

In wundervoller Innigkeit entfalten sich die kleinen Vorgänge des Familienlebens in Claudius' Liedern. Gibt es in der ganzen deutschen Lyrik ein Wiegenlied, in dem die Mutterliebe phantasievoller, einfacher, tiefer und melodischer dahinströmt als in seinem „Wiegenlied beim Mondschein zu singen"? Wie lieblich tönt es, wenn es von dem Mond heißt, der die Kinder liebt:

> Er liebt zwar auch die Knaben,
>   Doch Mädchen mehr,
> Schenkt ihnen schöne Gaben,
>   Von oben her.

Wie neckisch zart, wenn gesagt wird, er sei schon alt:

> Schon älter als ein Rabe,
>   Sieht manches Land,
> Mein Vater hat als Knabe
>   Ihn schon gekannt.

Wie taucht dann gegen den Schluß hin, wo das Kind einschlummert, das Singen der Mutter in den mystischen Grund des Liebeslebens unter, wenn sie von ihrer eigenen Mutter erzählt:

> Als sie im Tal
> Zum Monde für mich flehte.
>   Sie saß einmal
>
> In einer Abendstunde
>   Den Busen bloß;
> Ich lag mit offnem Munde
>   In ihrem Schoß;
>
> Sie blickte sanfte Freude
>   Und seufzte tief.
> Der Mond beschien uns beide,
>   Ich lag und schlief.
>
> Dann sah sie auf: „Mond scheine —
>   Ich hab' sie lieb,
> Schein' Glück für diese Kleine!
>   Ich hab' sie lieb."
>
> Nun denkt er immer wieder
>   An diesen Blick,
> Und scheint von hoch hernieder
>   Mir lauter Glück.
>
> Er schien in meiner Laube
>   Mir ins Gesicht,
> In meiner Hochzeitslaube —
>   Du warst noch nicht.

Wie wundervoll ist das alles geformt, rein aus dem Erlebnis heraus! Wer hört nicht in dem leisen Gleiten dieser Verse die süße Eintönigkeit des Schlummergesanges, indes der zarte Wechsel von drei- und zweihebigen Versen das Hin- und Herschaukeln der Wiege leise andeutet?

Wie Chamisso, aber noch einfacher, echter und inniger läßt Claudius das Leben der Familie an uns vorbeiziehn, und nichts ist ihm zu klein. Er macht Kinderreime, sogar den ersten Zahn begrüßt er. Aber auch der Tod kehrt ein. Er raubt ihm seine Tochter Christiane:

> Es stand ein Sternlein am Himmel,
>   Ein Sternlein guter Art;
>   Das tat so lieblich scheinen,
>   So lieblich und so zart. — —
>
> Das Sternlein ist verschwunden;
>   Ich suche hin und her,
>   Wo ich es sonst gefunden,
>   Und find' es nun nicht mehr.

Und auch von Claudius gibt es eine Elegie „Bei dem Grabe meines Vaters", schlichter als die von Hölty, aber nicht minder tief empfunden.

Die gemütvolle Innigkeit hebt auch die Bilder aus dem ländlichen Volksleben über die von Voß oder Miller. Gewiß, auch Claudius' Bauern sind für den realistischen Geschmack des 19. Jahrhunderts zu weich und zart, zu sehr von der sehnsüchtigen Empfindsamkeit des Gebildeten überhaucht, und wenn der Dichter in dem „Abendlied" seinen Bauersmann, nachdem er den ganzen Tag draußen gewerkt hat, das Abendbrot im Freien unterm Apfelbaum einnehmen läßt, weil es da „gut schmeckt", so dürfte diese Freude an der frischen Luft kaum zu bäuerlicher Gepflogenheit stimmen. Aber ist dieser realistische Gesichtspunkt der entscheidende? Ist es nicht zu allen Zeiten das Recht des Dichters gewesen, die Wirklichkeit so zu schildern, wie er sie fühlt, nicht nur, wie er sie tatsächlich sieht? Gerade daß Claudius die ganze zarte Weichheit seines tiefen Gemüts in die Seele seiner Bauern fließen läßt, nimmt seinen Gedichten die harte, sozusagen wissenschaftlich-unpersönliche Trockenheit der realistischen Bauernschilderungen von Voß, macht sie zu Liedern, gibt ihnen ihre innere Melodie. Und wie glücklich, schlicht und innerlich groß weiß er auch hier zu prägen, etwa wenn er in dem „Bauernlied" den Vorsänger sagen läßt:

Was nah ist und was ferne,
Von Gott kömmt alles her!
Der Strohhalm und die Sterne,
Der Sperling und das Meer.

Claudius, der im Leben so hilflose, besitzt die innere Heiterkeit des in sich gefestigten Menschen. Sie fließt aus seiner Liebe zu Gott und seiner Schöpfung. Sie hat dem Tode den Stachel genommen. Auch er weiß, wie der Steinklopferhannes bei Anzengruber, daß ihm „nichts geschehen" kann. „Ich mag wohl Begraben mit ansehn," sagt er einmal, „wenn so ein rotgeweintes Auge noch einmal in die Gruft hinabblickt, oder einer sich so kurz umwendet, und so bleich und starr sieht und nicht zum Weinen kommen kann. 's pflegt mir dann wohl selbst nicht richtig in'n Augen zu werden, aber eigentlich bin ich doch fröhlich. Und warum sollt' ich auch nicht fröhlich sein; liegt er doch nun und hat Ruhe!" Diese ruhige Heiterkeit des Selbstgewissen ist die Quelle von Claudius' Humor. Er ist der erste Humorist der deutschen Lyrik. Wohl gibt es vor ihm Schriftsteller, die Sinn für das Lächerliche, für Witz und Komik haben, aber dieses Lachen schafft nur der spielende Verstand, die Überlegenheit des Geistes über die Erbärmlichkeit oder Bosheit der Menschen und Verhältnisse. Erst die Güte macht den Witz zum Humor; denn erst sie nimmt ihm das Herzlos-Spielerische, indem sie uns mitfühlen läßt mit den Kleinen und mitleiden mit den Armen. Sie stellt dem stolzen Selbstbewußtsein des Geistes die demütige Ergebenheit des Gefühles entgegen und schließt so erst den Kreis dessen, was Menschsein heißt.

Claudius' Gedichte sind voll eines lächelnden Humors, manchmal sogar wo sie klagen, weil sie voll sind von seiner inneren Heiterkeit. Der Elegie „Bei dem Grabe meines Vaters" gibt er in den Gesammelten Werken einen Kupferstich bei, der einen Mann darstellt, wie er Öl auf eine Grabsteinplatte gießt, und setzt die Worte hinzu: „Was das bedeuten soll? — 's liegt ein Mann unter dem Stein, dem ich viel zu danken habe und nichts habe vergelten können. Da steh' ich nun so dahier und salbe Seinen Grabstein mit Öl, und — 's soll nichts bedeuten."

Es ist ein Zeichen für die Echtheit von Claudius' Humor, wenn seine Wirkung nach Jahrzehnten nicht verblaßt ist. Gewiß mutet er uns in der Prosa des „Wandsbecker Boten" heute gelegentlich verstaubt an, weil sie von Gemachtheit nicht frei ist. Aber der Humor in Claudius' Schwänken ist nun anderthalb Jahrhunderte alt und noch tun die „Geschichte von Goliath und David" und „Urians Reise um die Welt" ihre Wirkung bei allen Menschen, deren Gemütskraft nicht durch die hetzende und zersetzende Genußsucht des modernen Lebens verbraucht ist. Wie köstlich ist in „Urians Reise" der Einfall durchgeführt, daß die Leute bereitwillig in alle Kritik einstimmen, wo sie an andern geübt wird, aber sofort selber tadeln, wenn sie sich an sie heranwagt!

So hat Claudius, ein Vorläufer Johann Peter Hebels, reichste Kräfte der Natur, die sein frommes Gemüt aus dem Volksleben schöpfte, im Gedichte veredelt ihm wieder zurückgegeben. Er ist in Wahrheit, was er sich nannte: Asmus omnia sua secum portans — der Weise, der all sein Gut in sich trägt.

Viertes Kapitel

Die lyrische Idylle

(Matthisson, Salis, Hebel)

Zur Zeit, als in Frankreich die Blutstürme der Revolution den Anbruch eines neuen Jahrhunderts verkündeten, vollendete der regierende Fürst von Anhalt-Dessau seinen berühmten Park zu Wörlitz. Er war eine Schöpfung jenes empfindsamen Geschlechtes, das aus Überdruß über die schnurgerade Verständigkeit des wirklichen Lebens all sein Sehnen nach Freiheit und Schönheit in die Natur trug. Was man in aller Welt liebte und bewunderte, war hier auf kleinem Raume zu künstlicher Wirkung zusammengestellt: ragende Baumgruppen und lauschige Gebüsche, geschlungene Wege und heimliche Tälchen, antike Tempelchen und zierliche Grotten, Inseln, Vulkanbildungen und was das Herz sonst begehrte, um in eine romantisch-schwärmerische Stimmung versetzt zu werden.

Um diesen Park von Wörlitz kreist das Leben des Predigersohnes Friedrich Matthisson (1761—1831). Er sah ihn als Schüler von Klosterbergen in seinen Anfängen entstehen. Er wohnte mit Unterbrechungen als Privatsekretär und Vorleser der Fürstin von Dessau in Wörlitz von 1795—1811. Er beschloß hier, als ihn 1827 die Ungnade des württembergischen Königs von Stuttgart vertrieb, sein Leben. Was der Wörlitzer Park für die Gartenbaukunst, bedeutet seine Lyrik für die Dichtung. Sie ist der Ausdruck der-

selben empfindsamen Naturschwärmerei, die die Zeitgenossen, sie
teilend, bewunderten.

Die „Schriften von Friedrich von Matthisson", die 1825—1829
als Ausgabe letzter Hand erschienen, umfassen neben einem Band
sorgfältig ausgewählter Gedichte sieben Bände Erinnerungen. Matthisson berichtet darin von seinen Reisen zu berühmten Orten und
Personen, die er mit höfischer Gefälligkeit und seichter Geschwätzigkeit charakterisiert. Das sind seine Erinnerungen. Dies der Inhalt
seines Lebens: Ein Promenieren im Lichte von Berühmtheiten, auf
den breiten Straßen, die die Fama anlegte. Aber er erreichte sein
Ziel. Er wurde beleuchtet und von aller Welt gesehen und am Ende
selber berühmt. Ja, der Schein, den in einer Stunde ästhetischer
Spekulation Schiller auf seine Gedichte fallen ließ, hat seinen Namen für alle Zeiten davor bewahrt, in jener Dämmerung zu verschwinden, in der die Gotter und Karschin und Brun und die vielen
anderen Trabanten der Großen jener Zeit sich heute bergen müssen.
Und doch, es war eine grausame Wohltat, die Schiller mit seiner
Rezension dem Eiteln erwies. Das helle Licht, das aus ihr auf ihn
fiel, deckte seine Blößen auf und zog die Blicke der Kritiker auf ihn.
Das Bedenklichste ist, daß Schiller ihn eigentlich gar nicht für den
großen Lyriker hielt, als den ihn die Rezension auszugeben scheint.
Wie er in Bürger den falschen Naturdichter bloßstellt, den er in
sich überwunden, so diente ihm Matthisson als willkommenes Beispiel für seine Theorie des Naturgedichtes, über das er sich in dem
ringenden Ernst seiner ästhetischen Lehrjahre seine Gedanken machen
mußte, gerade weil das wahre Naturgedicht seiner Persönlichkeit so
unendlich fern lag. Zugleich aber zeigt die Rezension, wie leicht
die sentimentalische Art Schillers in die sentimentale Matthissons
hinübergeglitten wäre, wenn ihn nicht der große sittliche Wille davor geschützt hätte.

Denn in Wahrheit war Matthisson (und das gestand Schiller
sich und Goethe im Vertrauen selber) nichts Besseres als ein lyrischer Kotzebue oder Iffland. Er versetzte das Edelmetall der Voll-
blutlyriker mit sehr viel eigenem Kupfer und Zinn und brachte
seine Gedichte als gangbare Münze in Umlauf. Kaum ein nam-
hafter Liederdichter, den er nicht nachgeahmt hätte. Wie er als
Mensch von Berühmtheit zu Berühmtheit wanderte und es als Höfling verstand, gefällig-freundlich eines jeden Art in sich aufzunehmen und seine Stammbücher mit ihren Einträgen, seine Dos-

fiers mit ihren Briefen zu füllen: so trägt auch sein Gedichtbuch
zwischen den Blättern die Gastgeschenke literarischer Bekannten, und
es kam ihm auf geistige Einheitlichkeit oder Gleichheit nicht an.
Er wußte den hausbackenen Witz Gellerts mit dem erhabenen
Schwung Klopstocks zu vereinen. Er bildete die tändelnde Heiterkeit der Anakreontiker nach und den schweren Trübsinn von Thomas
Grays „Elegy written in a country churchyard". Er läßt mit den
zeitgenössischen Barden Wodans Adler über deutschen Eichen schweben und mit den Renaissancepoeten Psyche an dem Letheflusse knien.
In dem „Lebenslied" hört man Goethes „Feiger Gedanken Bäng-
liches Schwanken" ebenso deutlich nachklingen, wie in dem „Zauber-
lied" (1799 in Schillers Musenalmanach erschienen) den „Zauberlehrling". Vor allem aber plünderte er die Hausgärten der Göttinger, im besondern Höltys, dessen Todesahnungen und Grablieder,
aber auch dessen volkstümlich-burleske Romanzen in seinen Gedichten wieder auferstehen. Dabei zeigt sich nicht einmal in der Reihenfolge der Nachahmung eine Entwicklung. Nicht ein inneres Gesetz,
sondern die bloße Laune, ja manchmal der zeitliche Zufall lenkt ihn
zu diesem oder jenem Vorbild, und es kommt vor, daß er das eine
verläßt und sich einem andern zuwendet, um das erste dann bei späterer Gelegenheit aufs neue nachzubilden. So ist er niemals bei
sich selber.

Die Zeitgenossen haben ihm das Naturgemälde als Domäne zu-
gewiesen. Aber er hat doch wohl die Natur nur deswegen gemalt,
weil er keine eigene Seele darzustellen hatte. Ist doch die Natur an
sich für den Lyriker nichts oder höchstens eine zufällige Zusammenstellung von äußeren Gegenständen, wenn keine persönliche Einheit
menschlichen Fühlens und Denkens sie beseelt. Und diese gebrach
Matthisson; wie hätte er, der immer auf Reisen oder am Hofe war,
sie in sich bilden können? Wo das Naturerlebnis an ihn herantreten wollte, zog er sich furchtsam zurück. Einmal, so erzählt er in
seinen Erinnerungen, wie er im Jahre 1788 die Tour de Mayen besuchte, eine harmlose Felskuppe in der Nähe von Yvorne, geriet er
beim Abstieg in eine „Wüste, wo nur Schneeflächen, bald durch
Schlünde, bald durch Felsenhörner unterbrochen, unabsehbar hin-
gelagert waren, und wo alles vegetierende Leben, wie an den Grenzen eines Chaos, zu ersterben schien". Er hatte bis dahin — auch
in seinem Naturgenuß den Berühmtheiten nachziehend — nur die
Orte aufgesucht, deren Reize durch Rousseau und den sentimentalen

Geschmack der Rousseaujünger gepriesen waren. So liebte er, der
Konvention folgend, das Sanfte, Anmutige, Idyllische. Nun warf
ihm der Zufall das Großartige und Wuchtige eines doch nur mitt-
leren Gebirges in den Weg. Er aber, statt sich mit empfänglicher
Seele dem Neuen hinzugeben, ward „selten unfreundlicher überrascht,
als durch diese Wandlung der Szene". In seiner Schilderung der
nun beginnenden Strapazen, die zu Hochgebirgsgefahren gesteigert
werden, verschwindet die Fähigkeit zu genießen völlig vor dem Gräß-
lichen und Mühsamen, und das zahme Herz des Höflings verkriecht
sich vor der nackten Riesenhaftigkeit der wilden Natur, weil es nur
die modisch aufgeputzte ertragen kann. Man sucht denn auch in
seinen Gedichten umsonst nach dem künstlerischen Niederschlag dieses
Ereignisses, das er nicht zum Erlebnis zu vertiefen fähig war.

    Seine Naturgemälde besitzen weder die logisch-wissenschaftliche
Bestimmtheit und räumliche Geschlossenheit des realistischen Stiles
noch die lebendige Durchseelung der Naturgedichte Goethes.

    Schiller hat das „Mondscheingemälde" gepriesen, weil es nicht
die ruhende, sondern die bewegte Natur darstelle. Aber die Bewegung ist nur eine äußerlich-mechanische, nicht eine seelisch-lebendige.
Die Phantasie des Dichters streift nur suchend über die Welt hin,
rafft ihre Teile zusammen und reiht sie aneinander, nicht wie sie
räumlich und logisch zusammengehören, sondern wahllos, um des
Reimes und der Vorstellungsnarkose willen:

> Der Vollmond schwebt in Osten;
>   Am alten Geisterturm
> Flimmt bläulich in bemoosten
>   Gestein der Feuerwurm.
> Der Linde schöner Sylphe
>   Streift scheu in Lunens Glanz;
> Im dunkeln Uferschilfe
>   Webt leichter Irrwischtanz.
>
> Die Kirchenfenster schimmern;
>   In Silber wallt das Korn;
> Bewegte Sternchen flimmern
>   Auf Teich und Wiesenborn;
> Im Lichte wehn die Ranken
>   Der öden Felsenkluft;
> Den Berg, wo Tannen wanken,
>   Umschleiert weißer Duft.
>
> Wie schön der Mond die Wellen
>   Des Erlenbachs besäumt,

Der hier durch Buchenstellen,
Dort unter Blumen schäumt,
Als lodernde Kaskade
Des Dorfes Mühle treibt,
Und wild vom lauten Rade
In Silberfunken stäubt.

Also: Mond. Glühwurm am Geisterturm. Lindenschwärmer. Irr=
wisch im Uferschilf. Kirchenfenster. Kornfeld. Teich und Wiesenborn.
Felsenkluft. Berg und Tannen. Erlenbach. Schilf und Blumen.
Mühle. Alle Einzelheiten bestimmt gesehen, aber kein organisches
Ganze daraus gebildet, d. h. keine Einheit, die sich organisch sinnvoll
in unserem Vorstellungsvermögen zusammenschließt, wie die wirk=
liche Landschaft in der sinnlichen Anschauung.

Ebensowenig vermag Matthisson ein Stück Natur als indivi=
duelle Gefühlseinheit zu geben. Wie hat Goethe im „Mailied"
oder im „Fischer" oder in dem Lied „An den Mond" das atmende
Einzelleben einer Naturerscheinung erfaßt, der Landschaft eine Seele
gegeben! Matthisson, statt Natur und Menschenseele zur neuen le=
bendigen Einheit künstlerisch verwachsen zu lassen, übergießt los=
gerissene Stücke der Natur mit seiner sanften Melancholie. Seine
Gedichte sind Felder von Ruinen und Felsentrümmern, beleuchtet
vom Mondlicht. Er selber führt die melancholische Färbung seiner
Seele auf ein Jugenderlebnis zurück: den erschütternden Tod einer
schwärmerisch geliebten jungen Tante. Klopstocks „Messias" und der
mystisch=verstiegenen Elizabeth Rowe Briefe von Verstorbenen,
„Friendship in Death", wurden, wie einst Wielands und Höltys, nun
auch seine Erbauung. Später gesellten sich Young und Ossian, Goe=
thes „Werther" und Millers „Siegwart" und andere Werke der
Empfindsamkeit hinzu. Die sentimentale Melancholie, die den Ge=
dichten Matthissons entströmt, erklärt vor allem seine außerordent=
liche Beliebtheit in seiner Zeit. Er hielt ihr mit seinen Liedern den
Spiegel vor, in dem sie sich sehnsüchtig beschaute.

Aber die Melancholie vermochte, weil sie nur koloristisches Mittel,
nicht beseelendes Erlebnis war, so wenig wie der äußere Naturstoff
seinen Gedichten Gehalt zu geben. So reich sie an Einzelheiten äuße=
rer Anschauung sind, innere Leere gähnt in ihnen. In der „Beruhi=
gung" z. B. weiß der Dichter nur durch das anaphorische „Wo"
etwa ein Dutzend romantisch=elegische Naturvorstellungen, wie dunkle
Buchengänge von Vollmond durchschienen, Felsen, Turmruine, kla=

gende Eule, trüber Erlenteich, Wind im dürren Rohr, aneinander-
zureihen, um dann zu bekennen:

> Da, da wandelt, von den Spielen
> Angestaunter Torheit fern,
> Unter ahnenden Gefühlen,
> Schwermut, dein Vertrauter gern!
>
> Da erfüllt ein stilles Sehnen
> Nach des Grabes Ruh sein Herz!
> Da ergießt in milden Tränen
> Sich der Seele banger Schmerz!

Wenn dann der Schluß lautet:

> Und sein Blick durchschaut die trübe
> Zukunft ruhig bis ans Grab,
> Und es ruft: Gott ist die Liebe!
> Jeder Stern auf ihn herab!

so ergibt sich der religiöse Trost nicht organisch aus der vorgestellten
Bilderreihe, sondern ist eine willkürlich aufgeklebte Redensart aus
dem konventionellen Schatz der Sprache.

So verschmelzen die gegenständlichen und gedanklichen Elemente
nicht zur Einheit, und das künstlerische Gestaltungsvermögen wirkt
nur im Kreise der äußeren Form. Form ist auch ihm nicht Heraus-
arbeiten des individuellen Erlebnisses zum künstlerischen Gebilde,
sondern malende Schilderung eines gewählten Stoffes durch die
ein für allemal gegebenen Mittel einer dichterischen Gemeinsprache:
Richtigkeit und Glätte, Fluß der Verse, Reinheit der Reime, Wohl-
klang der lautlichen Zusammensetzung. Schiller hat es als das Musi-
kalische in Matthissons Lyrik gerühmt. Aber wie vergreift er sich
hier gelegentlich in der Strophenwahl! Wenn bei Goethe die Strophe
der Körper ist, worin sich die Seele auslebt, so ist sie für Matthisson
das im Laden gekaufte Kleid, das er jedem Stoff willkürlich überwirft. So hüllt er seine sanfte, friedliche Idylle in das sturmbewegte
Flattergewand von daktylischen Versen in der „Alpenreise":

> Süß atmen die Blüten am stürzenden Bach,
> Hoch lächelt vom Himmel manch friedliches Dach,
> Umkreist von grünen Gehegen,
> Dem Wandrer entgegen.
>
> Die Lüfte wehn reiner, die Unterwelt flieht,
> Die Pfade sind schattig, der Zytisus blüht;
> Wie mild ergeußt sich die Frische
> Der Balsamgebüsche!

Eine reine künstlerische Wirkung erzielt Matthisson darum nur in dem engen Gebiete, wo einen schwermütigen Stoff die melancholisch= weiche Melodie seiner Verse umsäuselt, wie in der von Beethoven vertonten Ode „Adelaide", über die der wohlklingende Name hin= haucht wie sehnsüchtiger Flötenton über eine Frühlingsabendland= schaft:

> Einsam wandelt dein Freund im Frühlingsgarten,
> Mild vom lieblichen Zauberlicht umflossen,
> Das durch wankende Blütenzweige zittert,
> Adelaide!

> In der spiegelnden Flut, im Schnee der Alpen,
> In des sinkenden Tages Goldgewölken,
> Im Gefilde der Sterne strahlt dein Bildnis,
> Adelaide!

Mit Friedrich Matthisson wird Johann Gaudenz von Sa= lis=Seewis (1762—1834) zu Unrecht in einem Atemzuge ge= nannt. Er hat es freilich selber verschuldet: nachdem er, fünfund= zwanzigjährig, Matthissons Gedichte 1787 kennen gelernt, war er mit ihm in Briefwechsel getreten und hatte 1790 in Lausanne per= sönliche Freundschaft geschlossen. Durch Matthisson ließ er 1793 seine erste Gedichtsammlung herausgeben. Zweimal, 1803 und 1808, ließ er seine Gedichte zusammen mit denen Matthissons erscheinen, und es gibt Stücke in dem Bestande des einen, die der andere gedichtet haben könnte, wie denn auch der eine den andern und der andere den einen in wetteifernder Freundschaft nachahmte. Und doch schei= det sich Salis in dem Kern seines menschlichen und dichterischen Wesens scharf von Matthissons Art. In ihm ist echter Gehalt, was bei Matthisson im wesentlichen Nachempfindung ist. In Wahrheit steht er Hölty näher als Matthisson, und über Hölty führte ihn der Weg zu Matthisson. Was ihn Hölty eint, ist die ursprüngliche Kenntnis des Landlebens und die Liebe zur wirklichen Natur, die ihm kein Wörlitzer Park ersetzen mußte.

Wie der Pfarrerssohn Hölty, ist er als Sohn eines hohen grau= bündnerischen Beamten auf dem Dorfe aufgewachsen, ohne selbst zu dem Bauernvolke zu gehören. So stand er der Natur, zu der dem Geschlechte Rousseaus auch der Bauer gehörte, zugleich nah und ferne. Er lebte als ihr Geschöpf in ihr und überschaute sie doch als Gebildeter. In Kolmar, in der militärischen Erziehungsanstalt des blinden Fabeldichters Pfeffel, erhielt er seine Mittelschulbildung und

die Vorbereitung zu dem militärischen Berufe, für den er nach der
Überlieferung seiner Familie bestimmt war. Von 1779—1793 diente
er in der Schweizergarde in Paris. Aus nächster Nähe schaute
er die große Umwälzung mit an. Er war Zeuge der phosphoreszie-
renden Fäulnis des ancien régime und der Schrecknisse der Revolution, und blieb in beiden er selber: der selbstbewußte, reine, tüch-
tige Sohn seiner Graubündner Bergheimat. „Ich lebe mitten im
Gewühle, ziemlich einsam," bekennt er einmal einem Freunde. „Das
heißt, ich besuche oft Gesellschaften, aber bekümmere und verbinde
mich mit und um sehr wenige." Den Verführungskünsten der Damen aus Welt und Halbwelt stellte er siegreich seine Philosophie
entgegen. „Ich darf und kann mich fast keinem Weib offen zeigen;
— an Philosophieren darf man gar nicht denken, man wird sonst
gewöhnlich zuletzt zum Empfinder. Und gerade heraus, ich würde
mich vor mir selbst schämen, wenn mein Herz meinen Geist betröge."
Sogar ein Aufenthalt am Hofe im Jahre 1785 lockte ihn nicht aus
sich selber heraus. Er sah eine Parforcejagd, einen Ball, ein Spiel,
wo es um hohe Summen ging, „und fühlte Patriotismus". Er
hatte es nicht nötig, zum Höfling zu werden, wie Matthisson, um
sich Ansehen zu geben; denn er stammte ja aus ältestem Adel und
war stolz auf seine Freiheit, wie nur je ein Bündner. Da ihm der
Dienst zudem „ein Unding" war, so suchte er seinen innern Halt
in Philosophie und Wissenschaft und vertiefte sich in die Schriften
Rousseaus und Charles Bonnets, des Naturforschers und Aufklä-
rungsphilosophen. Und vor allem erbaute er sich an der Vorstellung seiner bündnerischen Heimat. Es war kein erweichendes
Heimweh, wie er denn im ganzen eine durchaus männliche Gestalt
ist, sondern einfach das Hochgefühl, ein Bündner zu sein. Die starke
Erinnerung an eine glückliche Jugend im Schoße der Berge. Das
Bewußtsein, einen fernen Zufluchtsort zu haben mitten in dem
leichtfertigen oder blutigen Getümmel von Paris. Eine starke Sehnsucht war dabei. Sie genügte, um von seiner Seele das Gedicht abzulösen. Um 1780 entstanden seine ersten Lieder. Nach seiner Rückkehr in die Heimat im Jahre 1793 nahm er an den politischen
Kämpfen Graubündens teil. Seine Überzeugung stellte ihn, entgegen der Überlieferung seiner Familie, in die Reihen der an Frankreich sich anlehnenden Volkspartei. Er mußte seine Selbsttreue mit
Flucht und Verbannung bezahlen. Die Beruhigung der Partei-
leidenschaft der Schweizer durch die Verfassung der Mediations-

akte (1803) führte auch ihn wieder in die Heimat zurück, der er später in wichtigen Ämtern diente.

Von all den gewaltigen Erschütterungen in der großen Welt, die zum Teil tief sein eigenes Leben verheerten, spürt man in seinen Gedichten nichts. Denn wenn er auch 1794 einmal „die edeln Unterdrückten" apostrophiert, so klingt das nicht persönlicher als der Tyrannenhaß eines Fritz Stolberg. Das Flämmchen seiner Dichtung vermochte nur in der ruhigen Luft der Idylle zu gedeihen. Das ist bei ihm eigentlich noch erstaunlicher als bei Matthisson, weil er nicht nur, wie dieser, wandernd durch das große Leben schlenderte, sondern tätigen Anteil an ihm nahm und sich von ihm tüchtig schütteln ließ. Aber der Sohn eines patriarchalischen Zeitalters vermochte, wie die meisten seiner Zeitgenossen, Klopstock und die Göttinger, und sein Landsmann Geßner voran, die Poesie in der politischen Bewegung der Zeit nicht zu sehen. Er mußte seine Stoffe aus einem Jenseits holen, sei es das Jenseits des Hier oder des Jetzt oder der Wirklichkeit überhaupt. Auch ihn machte die Wehmut des Verzichtens und Verzichtenmüssens zum Lyriker. Er dichtete Elegien: „Abendwehmut", „Abendsehnsucht". Er singt in Paris eine „Elegie an mein Vaterland" und das „Lied eines Landmanns in der Fremde":

> Traute Heimat meiner Lieben,
> Sinn' ich still an dich zurück,
> Wird mir wohl, und dennoch trüben
> Sehnsuchtstränen meinen Blick.

Er richtet eine Elegie „An die Ruhe", „An die Erinnerung", „An die Kinderzeit"; er begrüßt „mit leisen Harfentönen" die Wehmut, „die der Tränen Geweihten Quell verschließt". Er klagt:

> Wer gibt uns unsern Kinderglauben
> An eine treue Welt zurück?

Er richtet an das Schicksal einen „Letzten Wunsch":

> Wann, o Schicksal! wann wird endlich
> Mir mein letzter Wunsch gewährt?
> Nur ein Hüttchen, still und ländlich,
> Nur ein kleiner eigner Herd.

Und er findet einfache und tiefe Worte für das Grab:

> Das Grab ist tief und stille,
> Und schauderhaft sein Rand;
> Es deckt mit schwarzer Hülle
> Ein unbekanntes Land.

Das Lied der Nachtigallen
Tönt nicht in seinen Schoß;
Der Freundschaft Rosen fallen
Nur auf des Hügels Moos.

In diesen wehmütigen Liedern steht er Matthisson nahe. Aber
nur in der allgemeinen Stimmung, nicht in dem geistigen Gehalt
und der künstlerischen Gestaltung der Stimmung. Er weiß, daß es
nicht genügt, bloß Vorstellungen des Verfalls in der äußeren Wirk=
lichkeit zusammenzustellen, wie Grab, Ruinen u. dgl., und sie in
die Mondscheinbeleuchtung der Wehmut zu rücken, sondern daß die
Wehmut aus dem Innern seelischen Erlebens hervorquellen muß.
Er dichtet niemals bloße Naturgemälde wie Matthisson, sondern
Lyrik; die Vergleichung seiner „Abendwehmut" (1783) mit Mat=
thissons „Sehnsucht" (1780 im „Deutschen Museum" erschienen) mag
dies zeigen.

Matthisson: Sehnsucht.

Über des Frühlings Blüten funkelt Hesper;
Leiser wandelt des Abends linder Odem
Durch des Hügels Blumen und durch der Haine
    Dämmernde Wipfel!

Leuchtend vom Nachschein lichter Westgewölke,
Ruht im Tale des Sees kristallner Spiegel,
Lieblich kränzen flüsternde Pappeln seine
    Grünenden Ufer.

Schmachtendes Sehnen nach des Tags Erwachen,
Dem kein sterbender Abendglanz wird folgen,
Trübt den Blick mir unter des jungen Frühlings
    Duftenden Blüten.

Salis: Abendwehmut.

Über den Kiefern blinkte Hespers Lampe:
Sanft verglommen der Abendröte Gluten
Und die Zitterespen am stillen Weiher
    Säuselten leise.

Geistige Bilder stiegen aus dem Zwielicht
Der Erinnerung; mich umschwebten trübe
Die Gestalten meiner entfernten Lieben
    Und der gestorbnen.

Heilige Schatten! Ach, kein Erdenabend
Kann uns alle vereinen! seufzt' ich einsam.
Hesper war gesunken, des Weihers Espen
    Säuselten Wehmut.

Außer der ersten Zeile, die Salis' Kenntnis von Matthissons Gedicht anzudeuten scheint, — „Hespers Lampe" findet sich zwar auch in Höltys „Elegie auf einen Stadtkirchhof" — und dem beliebten sapphischen Strophenmaße haben die beiden Gedichte nichts miteinander gemein. Matthisson begnügt sich mit dem äußeren Naturgemälde, dessen Anblick höchstens die heilige Sehnsucht nach dem ewigen Tage des Jenseits trübt; Salis hebt in der ersten Strophe aus der Abendlandschaft drei Momente hervor: Hesper über den Kiefern, Abendrot, Zitterespen am Weiher und schildert sie so zugleich schärfer — „Über den Kiefern" statt „Über des Frühlings Blüten" —, einheitlicher und anschaulicher als Matthisson. Dann wird ihm das Zwielicht in der Natur, ähnlich wie Goethen im Lied an den Mond, zum Sinnbild des seelischen Zwielichtes der Erinnerung, aus deren Gründen nun die Bilder emporsteigen. Dem trüben Gefühle, daß kein Erdenabend ihn mit den heiligen Schatten allen vereinigen kann, entspricht dann in der Natur der Untergang des Abendsterns, das Hereinbrechen der Nacht, und es ist sehr fein, daß erst jetzt, wo wir durch des Dichters Seele hindurchgewandelt sind, des Weihers Espen „Wehmut säuseln". Denn nun ist die menschliche Stimmung nicht, wie Matthisson es macht, unvermittelt von außen in die Natur hineingetragen, sondern sie scheint als ihr seelischer Inhalt aus ihr hervorzufließen. So ist Salis' Lied geformt, wo das von Matthisson im Stofflichen hangen bleibt.

Noch weiter entfernt sich Salis von Matthisson in jenen Gedichten, die das Leben und Treiben des Landvolkes darstellen. Für Matthisson ist Natur das Jenseits der Menschenwelt. Für Salis wie Rousseau das Jenseits der Kultur. Matthisson, der Maler, schildert das Tote und Ruhende, höchstens das Sanftbewegte: Himmel, Berg, Wald, See, Flur und etwa noch (ganz konventionell) das Lied Philomeles. Salis aber erzählt vom Leben in der Natur. Wie er, statt ein breites Gemälde der ruhenden Abendlandschaft zu geben, sich lieber in das Fluten seiner Seele vertieft, so stellt er gern auch Bewegung in der äußeren Wirklichkeit dar und läßt sich von ihr die Wolken des Trübsinns von der Seele scheuchen. Von der Pflanzenwelt, dem Wesen der Tiere, dem Leben und Treiben der Bauern besitzt er eine Kenntnis, die man bei Matthisson vergeblich sucht, und er weiß all das so scharf-sinnlich und durchweg aus eigener Anschauung zu schildern, daß man erst an seinem Realismus so recht die völlig konventionelle Mache Matthissons erkennt. Wie be-

stimmt gesehen und geformt ist die folgende Situation („Herbst-
nacht"):

> Der Mond, umwallt von Wolken, schwimmt
>   Im feuchten Blau der Luft;
> Der Forstteich, matt versilbert, glimmt
>   Durch zarten Nebelduft;
> Die Glut, vom Hirtenkreis' umwacht,
> Verschwärzt, entflackernd, rings die Nacht;
>   Eintönig rollt vom Brunnenrohr
> Der Wasserstrang, der sich verschlürft;
> Und zarte, graue Schatten wirft
>   Schräghin das Kirchhoftor.

Könnte nicht, wie diese, so die folgenden Strophen die Droste geschrieben haben („Die Einsiedelei"):

> Wo von Wachholdersträuchen
> Den Kieselsteig hinan
> Verworrne Ranken schleichen,
> Da brech' ich mir die Bahn;
> Durch des Gehaues Stumpen,
> Wo wilde Erdbeern stehn,
> Klimm' ich auf Felsenklumpen,
> Das Land umher zu sehn.
>
> Nichts unterbricht das Schweigen
> Der Wildnis weit und breit,
> Als wenn auf dürren Zweigen
> Ein Grünspecht hackt und schreit,
> Ein Rab' auf hoher Spitze
> Bemooster Tannen krächzt,
> Und in der Felsenritze
> Ein Ringeltäubchen ächzt.

Wie realistisch und munter tritt das Arbeiten und Spielen, der
Charakter und die Tracht des Landvolkes in seinen Gedichten vor
uns hin! So ist in dem „Herbstlied", das die „Gedichte" glücklich
eröffnet, das Ganze des Herbstes lebendig und ehrlich dargestellt:

> Sieh! Wie hier die Dirne
> Emsig Pflaum' und Birne
> In ihr Körbchen legt!
> Dort, mit leichten Schritten,
> Jene goldne Quitten
> In den Landhof trägt!
>
> Flinke Träger springen,
> Und die Mädchen singen,
> Alles jubelt froh!

Bunte Bänder schweben,
Zwischen hohen Reben,
Auf dem Hut von Stroh!

Ohne Scheu vor Banalität und Hausbackenheit stellt er den
Fischer und den Pflüger bei ihrer Arbeit draußen und bei ihrer
Erholung im Kreise der Ihrigen dar. Denn er weiß, daß die Poesie
nicht nur in der Kehle von Philomele flötet und aus Abendröten
quillt, sondern auch auf der Dorfstraße liegt und in dem roten
Gesicht einer Bauerndirne glänzt, wenn man sie nur zu sehen ver=
mag. Diesen Sinn für das Wirkliche teilt er mit Albrecht Haller
ebenso wie mit den Göttingern, und wie diesen droht auch ihm
die Gefahr, daß in dem bunten Vielerlei des äußeren Lebens die
Stimmung erstickt.

Aber er kehrt durch die realistische Außenschilderung doch
immer wieder zur Lyrik zurück. Er gibt Außenwelt, gespiegelt in
seinem Gemüte, und nicht auf das Bild, sondern den Spiegel kommt
es ihm an. Nicht der objektive Tatbestand der Dinge kümmert ihn,
wie den Epiker, sondern er muß zuerst durch seine Seele hindurch=
gewandelt und ihm da zum Gefühlserlebnis geworden sein, bevor
er ihn darstellt. So haucht die sehnende Erinnerung des heimat=
fernen Dichters über die an sich völlig gegenständliche Darstellung
des ländlichen Treibens im „Herbstlied" den lyrischen Schmelz; in
der „Einsiedelei", mit ihrer genauen Charakteristik von Landschaft,
Pflanzen= und Tierwelt, wird die Beziehung des äußeren Gegen=
standes zur Seele des Dichters in einer Paraphrase des Goetheschen
„Selig, wer sich vor der Welt" offen ausgesprochen:

Wie sich das Herz erweitert
Im engen, dichten Wald!
Den öden Trübsinn heitert
Der traute Schatten bald.
Kein überlegner Späher
Erforscht hier meine Spur;
Hier bin ich frei und näher
Der Einfalt und Natur.

O blieb' ich von den Ketten
Des Weltgewirres frei!
Könnt' ich zu dir mich retten,
Du traute Siedelei!
Froh, daß ich dem Gebrause
Des Menschenschwarms entwich,
Baut' ich hier eine Klause
Für Liebchen und für mich.

Da spricht sich der Kern von Salis' Naturgefühl schön und tief
aus: es ist nicht die marklose Wehmut Matthissons, der sich in der
Welt unbefriedigt fühlt, und der ihr doch immer wieder höfisch nach=
läuft, sondern die starke Liebe zu der Idylle, in der der Dichter, dem
„öden Trübsinn" entfliehend, sich selber findet im Arme der Ge=
liebten.

Das aber macht ihn zum Lyriker. Sein Stoffbezirk ist nicht des=
wegen so klein, weil er nur in der Natur und auf dem Lande lebt —
denn für den Epiker können diese Stoffe, wie etwa Jeremias Gott=
helf zeigt, unendlich reich sein —, sondern deswegen, weil sein lyri=
sches Gemüt den Stoff nur als Produkt der Erinnerung oder der
Sehnsucht erfassen kann. Nur als Situation, niemals als Geschehen.
Die Bewegung, durch die sich seine Landschaftsbilder von den Na=
turgemälden Matthissons unterscheiden, lebt immer nur im ein=
zelnen: die Ranken schleichen, der Grünspecht hackt, die Mädchen tan=
zen. Zur lebendigen Einheit aber schließen sich die einzelnen Ele=
mente nicht in der Außenwelt, sondern im Gemüte des Dichters,
seiner Erinnerung oder Sehnsucht, zusammen. Es ist Salis nicht
gegeben, einen in sich geschlossenen Ablauf äußeren Geschehens dar=
zustellen, also als Epiker zu erzählen. Wo er es versucht, wie in
„Fontana", gibt er, statt Entwicklung, preisende Rückschau.

Dies ist die Linie, wo Johann Peter Hebel (1760—1826) sich
von Salis scheidet. Er ist weniger Lyriker und mehr Epiker.

In dem idyllenhaften Charakter seiner Persönlichkeit und seiner
Dichtung trifft er mit den Göttingern, mit Claudius, Matthisson
und Salis zusammen. Was für Salis die graubündnerische Heimat,
ist für ihn das badische Wiesental. Aber er ist noch tiefer mit dem
Volke und der Natur verwachsen als Salis. In Basel während
eines vorübergehenden Aufenthaltes seiner Eltern geboren, wächst
er in seiner Heimat Hausen bei Schopfheim auf. Die notwendige
Distanz zum Lande und zur Natur schuf bei ihm das Studium der
Theologie. Aber er wurde nur Pfarrer im Nebenamt, im Hauptamt
Lehrer, erst am Pädagogium in Lörrach, darauf am Gymnasium in
Karlsruhe, dann Direktor der zum Lyzeum umgewandelten Schule
und zuletzt Prälat oder Vorsteher der evangelischen Kirche in Baden.
In Karlsruhe schrieb er 1801 den Hauptteil seiner „Allemannischen
Gedichte", die dann 1803 im Druck erschienen (spätere Ausgaben
brachten Zuwachs). Der Titel trägt den Zusatz: „Für Freunde länd=
licher Natur und Sitten". Sie waren eine Schöpfung des Heim=

wehs, der rücksinnenden Liebe zu dem anmutigen Flecken Natur, wo
er aufgewachsen; an ihm hing sein Herz und aus ihm strömte seine
Stärke. Er stieg schließlich so hoch, als er nach des Landes Verhält=
nissen nur vermochte, und die großen Geschehnisse seiner Zeit wan=
delten an ihm vorüber und zum Teil durch ihn hindurch. Als die
Franzosen 1796 den Rhein überschritten und sengend und plün=
dernd das badische Ländchen durchzogen, sah er den Krieg der Völker
aus nächster Nähe. Aber er erlebte ihn nur als Privatmensch. Er
fühlte sich nur in seiner persönlichen Existenz durch ihn bedroht und
bedrückt. Ihn bekümmerte nur die Zerstörung des Glückes der Be=
völkerung, nicht die Schicksalsfrage der Völker. Er besaß auch kein
Verständnis für die Bedeutung des preußischen Krieges gegen Na=
poleon 1806 und 1807 oder für den Aufstand der Tiroler 1809.
Es gab für ihn nur Menschen — gute und böse, reiche und arme, zu=
friedene und unzufriedene —, aber keine Bürger. Das Verhältnis
des einzelnen zu den ewigen Mächten des Lebens war ihm wich=
tiger als das zu den zeitlichen.

Er war ein durch und durch frommer Mensch. Aber seine Fröm=
migkeit hatte, wie die von Matthias Claudius, nichts Starr=Dog=
matisches, sondern war die geniale Gabe eines ganzen und na=
türlichen Menschen. Er war zugleich aufgeklärt und wundergläubig,
verständig und gemütvoll, weltmännisch und kindlich, fröhlich und
ernst, frei und streng, denn er stand über dem Buchstaben und lebte
im Geiste. Weil aber seine Frömmigkeit nicht auf Orthodoxie be=
ruhte, sondern eine intuitive war, vertraute er mehr auf die Kräfte
des Gemütes als auf die des Verstandes. Als ihn eine Freundin
über die Vorsehung befragte, meinte er, seine Vorstellung davon
laufe hauptsächlich dahinaus, „daß wir nicht viel von der Sache
wissen, und das Ende abwarten müssen, wie wenn wir zum erstem=
mal ein Haus bauen oder einen Schuhmacher ein paar Stiefel zu=
schneiden sähen", und es ist ihm nicht zweifelhaft, daß in einer so
geheimnisvollen Sache das Herz eines frommen Weibes der Wahr=
heit durch Ahnen näher ist, als der Kopf eines Mannes durch die
Spekulation. Der christliche Katechismus, den er als Prälat für die
badische Kirchensynode in den letzten Jahren seines Lebens aus=
arbeitete, ist ein ebenso schlichtes wie tiefes Zeugnis seiner Fröm=
migkeit. „Gott," so heißt es da, „ist unsichtbar dem menschlichen
Auge; aber das Gemüt ahnet und sucht ihn. Es kann sich nicht zu=
frieden geben, bis es seinen Gott gefunden hat. Die Vernunft er=

kennt ihn aus sich selbst und seinen Werken und Wirkungen. Die
Heilige Schrift bestätigt diese Erkenntnis auf die erfreulichste und
befriedigendste Weise." Gott verursacht die Veränderungen in der
Natur und im Menschenleben so, „daß dadurch sein heiliger und
guter Wille befördert und erreicht wird". Das Übel ist vorübergehend
und verwandelt sich wieder in Wohltat und Segen. Der Mensch
sündigt, wenn er gegen das göttliche Gesetz den Neigungen der Sinn=
lichkeit folgt. Gegen die Sünde gefeit ist aber kein Mensch, und es
entspricht durchaus der natürlichen, nicht orthodox=dogmatischen Ge=
sinnung Hebels, wenn er in einem seiner religiösen Aufsätze den
Guten als einen Menschen definiert, der mehr Gutes als Böses
getan habe. Denn für ihn gibt es in einem andern Leben keine
absolute Seligkeit und keine ganz trostlose Hölle, so wie auf der
Erde keine absolute Tugend und kein absolutes Laster. So ist bei
ihm der christliche Glaube zur edeln Humanität geläutert; daß er
nicht zur seichten Moralität oder phrasenhaften Allerweltsbildung
wurde, hinderte die Naturhaftigkeit seines tiefen Gemütes.

Matthisson, der höfische Dichter, geht eifrig neuen Pflanzen nach
und schmückt seine Briefe mit ihren lateinischen Namen. Hebel bedarf
das nicht. Sein Natursinn ist Gefühl, nicht Verstand und Gedächt=
nis. Wohl hatte er sich, schon für seinen Unterricht, mit wissenschaft=
licher Botanik abzugeben; aber den Dichter störte sie eher. „Lassen
Sie sich", schrieb er 1804 einem Freunde, „nicht zu tief in die
Botanik ein. Sie tut's einem an, wie ein schönes Mädchen, und man
hat keine Ruhe mehr. Sie fordert viel Zeit; der Genuß der Natur im
Großen, der freie, frohe An= und Umblick in der Natur auf Ihren
Spaziergängen ist für Sie verloren." Sein Naturgefühl ist nicht
mehr sentimental wie das der Göttinger, sondern durchaus naiv,
organisch. Er läßt sein Leben wachsen und sich ausbreiten, wie er
Pflanzen und Tiere gedeihen sieht. Wohl ist ihm trübes Leid nicht
erspart geblieben. Aber das Leid dient ihm zur Verklärung und
Vertiefung seines Gemüts und steigert, indem es ihn in die Gren=
zen seines Ichs zurückweist, sein kosmisches Gefühl. Er lernt sich
einfügen und einfühlen in den göttlichen Willen, der alles zum
Besten werden läßt, und gewinnt Verständnis und Liebe für alle Ge=
schöpfe. Denn jedes ist wichtig an seinem Ort, jedes vollbringt die
ihm gestellte Aufgabe, in jedem steckt ein winziger Teil der großen
göttlichen Weltordnung. Wie spricht er mit geradezu religiöser Ehr=
furcht von dem Haferkeimlein und seinem Wachstum (im „Haber=

muß"), von dem Käferlein, das von dem Nektar der Lilie trinkt
und dafür den Blumenstaub vertragen muß („Der Käfer")! Aber
er kann auch mit dem harten Zorn des Naturmenschen strafen, wo er
das demutvolle Gefühl für die göttliche Ordnung durch sinnlichen
Egoismus verletzt sieht: der wüste Ueli im „Statthalter von Schopf=
heim", weil er Fridli und seinen Leuten das wohlverdiente Geschenk
vorenthält, muß auf die kläglichste Weise enden: er sieht im bluti=
gen Traum sich als Schwein erstochen, gebrüht und geschabt werden,
und am Morgen darauf trifft ihn der Schlag. Im „Karfunkel"
gar, der Geschichte von dem wüsten Spieler, der, vom Teufel verführt,
sein unglückliches Weib in trunkener Leidenschaft ersticht und zuletzt
sich selber ums Leben bringt, schwillt der strafende Zorn des Dichters
zu grausiger Größe auf, die des Mönches prophetische Deutung des
unseligen Chelofes der Frau aus den Figuren des Kartenspiels in
die Nähe echter Schicksalstragik führt.

Die organische Naivität seines kosmischen Gefühles gibt Hebel
aber nun auch jene überlegene und zugleich gütige Freiheit gegen=
über den Dingen des Lebens, die das Wesen des Humors ausmacht.
Denn indem ihm die demütige Einfügung in die weise Weltord=
nung religiöse Pflicht ist, der er sich willig unterzieht, verzehrt er
seine geistige Kraft nicht im ohnmächtigen Kampf mit den Wider=
ständen der Wirklichkeit, sondern bekommt ihren Überschuß frei, um
aus der festen Burg seines weltfrommen Ichs mit den Dingen zu
spielen. Um seines Gemütes und seines Witzes willen, den beiden
Quellen des Humors, hat er Jean Paul über alles geliebt. Sein
Humor ist dem Jean Pauls verwandt, aber mehr in seinen Briefen
(wo er, besonders in denen an die Straßburger Familie Haufe, oft
barock=groteske Arabesken schlingt), als in seinen poetischen Wer=
ken. Wenn bei Jean Paul der Witz sich oft auf Kosten des Ge=
mütes ausbreitet, ist Hebels Humor mehr gemütvoll als witzig=
geistreich. Jean Pauls humoristische Einfälle sind Blumenranken,
die auf überschlanken Stengeln, scheinbar ohne in der Erde zu wur=
zeln, in der bewegten Luft des Geistes übermütig schwanken und
flattern; die von Hebel wiegen sich nur anmutig, denn sie erheben
sich nur wenig über dem Erdboden, in dem ihre Wurzeln stecken, und
sie sind mit ihren Stengeln an feste Pfähle gebunden. Er spielt
mit den Dingen, aber durch das Spiel schimmert immer die Ehr=
furcht durch, die er vor dem ungeheuren Ernst des Lebens und seinem
Schöpfer fühlt.

Am lautesten zeugt für dieses vom Humor umspielte fromme Weltgefühl die Allbeseelung in Hebels Dichtersprache. In ihr ist das Faustwort von den Brüdern im stillen Busch, in Luft und Wasser in einer neuen Art verwirklicht. Er steht dem bohrenden philosophischen Interesse seiner Zeit sehr ferne und hat das Studium Kants als unfruchtbar rasch aufgegeben. Aber sein naives Sicheingewachsenfühlen in das Ganze des Naturorganismus führte ihn an dasselbe Ziel, das Schelling damals auf dem Wege der philosophischen Spekulation erreichte, und stellte ihn Goethe nahe, der darum sein Lob 1805 in einer Anzeige in der Jenaischen Literaturzeitung mit weithinhallender Stimme verkündete. Und eben, weil sein Pantheismus wie der Goethes nicht eine philosophische Formel ist, sondern Gefühl und Erlebnis, so fehlt seinen Vermenschlichungen alles Forcierte, Verstandesmäßig-Kühle und Stelzbeinige. Sogar der Ausdruck Personifikation würde hier zu gelehrt und theoretisch klingen, wo wir uns soviel gemütlichem Leben gegenüber sehen.

Für Hebel ist alles beseelt und in den Kreis des ländlichen Lebens einbezogen — er habe das Universum auf die naivste, anmutigste Weise verbauert, sagt Goethe sehr glücklich —: die kosmischen Erscheinungen, Zeit und Raum, Landschaft, Pflanzen und Tiere.

Wie ist in dem „Winter" die alte Märchenvorstellung von der Frau Holle, die ihre Betten schüttelt, aufs glücklichste neu gewendet:

Isch echt do obe Bauwele fail?
Si schütten aim e redli Tail
In d'Gärten aben un ufs Huus;
Es schneit doch au, es isch e Gruus;
Un 's hangt no mengge Wage voll
Am Himmel obe, merk i woll.

Der Mann, der von weither kommt, hat von der Baumwolle gekauft, trägt sie auf Achsel und Hut, die Zaunstecken alle tragen Käpplein und meinen, sie seien große Herren.

Der „Sommerabend" beginnt:

O, lueg doch, wie isch d' Sunn so müed,
Lueg, wie si d' Haimet abezieht!
O lueg, wie Strahl um Strahl verglimmt,
Un wie si 's Fazenetli [Nastüchlein] nimmt,
E Wülkli, blau mit rot vermüscht,
Un wie si an der Stirne wüscht!

Und dann wird das Bild der von der Tagesarbeit müden Bäuerin im einzelnen weitergeführt: überall hat die Sonne auf ihrem weiten Wege Licht und Wärme gespendet und Segen ausgeteilt. Sie hat die Blümlein ausstaffiert und mit lieblichen Farben geschmückt, den Bienlein zu trinken gegeben und den Käferlein. Sie hat die Knospen gesprengt und die Samenkörner aus dem Boden geholt und die Vögel gefüttert und den Kirschen rote Bäcklein gegeben und auf der Bleiche gearbeitet und das Gras, das am Morgen geschnitten wurde, den Tag über zu Heu gedörrt.

Der Mann im Mond trägt eine kurze Bauernjacke („e Tschööbli"). Er war einst ein Bauer, hieß Dieterli und war ein Nichtsnutz. Aber einmal, wie er am Sonntag im Wald junge Buchen zu Bohnenstecken fällt, wird er aufgehoben und in den Mond versetzt; da muß er nun „Wellen" (Reisigbündel) machen.

Der Morgenstern ist der junge reiche Bauernsohn, der einem Dirnlein nachstreift:

> Woher so früeih, wo ane scho,
> Heer Morgestern, enandernoo
> In dyner glitzrige Himmelstracht,
> In dyner guldige Locke Pracht,
> Mit dynen Auge chloor [klar] un blau
> Un suufer gwäschen im Morgetau?

Vor allem aber geht Hebel das Herz auf, wenn er Bilder des Wachsens und Keimens malt. Es ist zugleich die Freude des Bauern, der seine Saat der Erde anvertraut hat, und das in der Phantasie genossene Vatergefühl des Ehelosen, was diese liebevollen Schilderungen geschaffen hat. Das Keimlein, das im Erdboden liegt, dünkt ihm so heilig und wichtig, wie das Kindlein im Schoß der Mutter, und dieselbe Liebe, mit der die Mutter ihr Kind betreut, strömt warm und zärtlich aus des Dichters Worten im „Habermus": das Keimlein im Samenkorn tut zuerst lange kein Schnäuflein. Es schläft und sagt kein Wort und ißt und trinkt nicht, bis es im lockern Boden liegt. Da wacht es auf und streckt seine Gliedlein und saugt am saftigen Körnchen

> Wie ne Muetterchind; 's isch alles, aß es nit briegget [weint].

Die Einkehr des Käfers in der Lilie ist der Besuch in einem Wirtshause. Ein schöner Engel sitzt in der Blüte und wirtet mit Blumensaft. Und nun wickelt sich das Gespräch ab, genau wie unter Menschen:

Der Engel sait: „Was wär der lieb?" —
„Ne Schöppli Alte hätt i gern!"
Der Engel sait: „Sell cha nit sii,
Si henn en alle trunke fern [im letzten Jahr]."

In der langen Idylle „Die Wiese", die die allemannischen Gedichte eröffnet, hat Hebel so die ganze Topographie des Wiesentals
samt der Schilderung seiner Bewohner gegeben. Sie erinnert an
„Mahomets Gesang", an den sie am Anfang fast wörtlich anklingt.
Aber das Symbolisch-Ideenhafte tritt ganz zurück hinter der klein-
malerischen Charakteristik von Land und Leuten. Die Wiese, das
Flüßchen des Heimattales, des Feldbergs liebliche Tochter, ist eine
anmutige und frische Bauerndirne mit samtrotem Brusttuch, weißen
Strümpfen und Schnallenschuhen, und ihr Lebenslauf von der Wiege
bis zur Hochzeit mit dem jungen Rhein ist mit derselben behaglichen
Schalkhaftigkeit und der nämlichen Lebensweisheit geschildert, wie
sie Mörike im „Alten Turmhahn" entfaltet, und in beiden Idyllen
verknüpft der Lebensgang des einzelnen, hier des Flüßchens, dort
des Turmhahns, die verschiedensten Bilder ländlichen Treibens.
Immer aufs neue muß man sich über die Selbstverständlichkeit wundern, mit der diese Bauernmythologie wirkt. So gründlich das
Gleichnis durchgeführt ist, das alte omne simile claudicat gilt von
Hebels Wiese nicht. Wir stoßen uns keinen Augenblick daran, daß
das Flüßchen, aus dem die Bachstelzchen trinken und das die Wiesen
wässert, seinen Glauben wechselt und lutherisch wird und Zöpfe trägt
und Schuhe mit silbernen Schnallen. In Hebels Welt waltet einfach
das natürliche Gemüt und ordnet sie zur klaren Schönheit, und wo
der kritische Verstand mäkelnd sich heranschleicht und Totes und
Lebendes nach Kategorien trennen will, da setzt es ihm den Stuhl vor
die Türe. Darum wirken aber auch seine Schilderungen ganz anders lebendig, als die besten von Voß oder Salis. Bei diesen ist
die Natur zu oft nur reinlich und genau mit Sinnen und Verstand
erfaßt. Hebel lebt in ihr. Er beschreibt niemals aus Freude an der
malerischen Außenseite der Wirklichkeit, sondern nur aus innigem
Anteil an dem Wachstum in ihren Tiefen. Er gibt der Natur
nicht nur seine Augen, sondern auch sein Herz.

Salis ist, auch wo er das Äußere ländlichen Lebens schildert, in
der lyrischen Situation stecken geblieben. Seine Bilder machen gelegentlich, was ihre äußerlich-stofflichen Elemente betrifft, den Eindruck, als habe der Dichter eine Anzahl von Motiven aus dem

Volks= oder Naturleben aufgegriffen und zusammengesetzt. Ihre
Einheit finden sie ja erst in der fühlenden Seele des Dichters. In
Hebels Gedichten aber ist auch die Außenwelt jeweils eine in sich
geschlossene Einheit, ein lebendiger Organismus. Daher sind seine
Naturbilder stets episch=bewegt, wie die Bilder aus dem Men=
schenleben. Ein innerer Blutlauf kreist durch sie. Sonne, Mond
und Sterne, Pflanzen, Tiere, Flüsse und Menschen handeln und
erleben Schicksale mit Verwicklung, Spannung und Lösung. Hebel
hat den Schritt von dem reinen Lyriker zum gemütvollen Erzähler
getan, der in dem „Statthalter von Schopfheim" sein Bestes in
Versen gibt und in dem „Schatzkästlein des rheinischen Hausfreun=
des" in Prosa.

In den Gedichten von Matthisson und Salis spricht nur der
Dichter; Hebel aber läßt, wie Theokrit und Voß, die er als seine
Meister ehrte, mit Vorliebe seine Gestalten sich selber aussprechen:
er redet sie an oder sie unterhalten sich miteinander. Und so liebt
er es auch, Erzählungen andern in den Mund zu legen und durch
die gemütliche Anteilnahme, mit der die Zuhörer den Verlauf des
Geschehens begleiten, dessen Gefühlsgehalt zu steigern. Besonders
gern versammelt er die Familie um den Großvater oder die Mutter
oder sonst eine ältere erfahrene Person und läßt diese erzählen, so in
dem „Karfunkel", dem „Habermus" und dem „Statthalter von
Schopfheim". Im „Karfunkel" macht der Dichter, mit feinster Ab=
wägung der Stimmungen, durch die mit besonderer Traulichkeit
ausgemalte Rahmenhandlung das grausige Geschehen erträglich.
Im „Statthalter" drängt sich ein Häuflein Menschen in der trau=
ten Stube bei geschlossenen Läden um den Erzähler und einen Krug
mit Wein zusammen, indes draußen ein Gewitter seinen maje=
stätischen Lauf nimmt, und es ist sehr kunstvoll, wie die wachsende
Spannung die Aufmerksamkeit der Leute mehr und mehr von dem
Gewitter ablenkt, wie gegen den Schluß mit abnehmender Span=
nung die hörbaren und sichtbaren Zeichen des Gewitters allmäh=
lich wieder in das Bewußtsein des Erzählers und der Zuhörer ein=
treten und wie dann der Blitzschlag und die daraus entstehende
Feuersbrunst das ganze Volk zu gemeinsamer Rettungstat aus den
Häusern treibt.

Die gemütvolle Naturhaftigkeit, die in Hebel lebte, konnte sich
nur in seinem heimischen allemannischen Dialekt aussprechen. Er
folgte darin wiederum Theokrit und Voß, von denen er auch den

Hexameter übernahm. Ihm selber war die angeborene und anerzogene Sprache nicht nur ein konventionelles Mittel zur Ver-
ständigung, sondern Ausdruck ureigensten Wesens. Einem deutschen
Freunde in Straßburg, der mit dem Gedanken umging, seine Kinder früh ins Französische einzuführen, riet er, sie im häuslichen
heimischen Dialekt sprechen zu lassen. „Mit dem Sprechen empfangen wir in der zarten Kindheit die erste Anregung und Richtung der
menschlichen Gefühle in uns, und das erste verständige Anschauen der
Dinge außer uns, was den Charakter des Menschen auf immer bestimmen hilft, und es ist nicht gleichgültig, in welcher Sprache es
geschieht. Der Charakter jedes Volkes, wie gediegen und körnig, oder
wie abgeschliffen er sein mag, und sein Geist, wie ruhig oder wie
windig er sei, drückt sich lebendig in seiner Sprache aus, die sich nach
ihm gebildet hat, und teilt sich unfehlbar in ihr mit.“ In der Tat,
das Breite und Bedächtige, das Derbe und dann wieder kindlich
Zarte, die ganze Gemütlichkeit des allemannischen Stammes konnte
sich nur in seiner naturgewachsenen Sprache darstellen. Nur sie
bot Hebel mit ihrem unendlichen Reichtum an nuancierenden Bezeichnungen die Möglichkeit, in alle feinsten Verästelungen im Fühlen und Denken des Volkes einzudringen; nur in ihr klingt der derbe
Fluch nicht grob und das Zarte wie die Diminutivendung nicht
kleinlich; denn wir empfinden beides als Natur. Keine Frage, Hebel
hat mit dem Dialekt seinen Gedichten die Wirkung eingeengt, und
man mag dies bedauern; aber er hat sie damit zugleich vertieft. Vielleicht vermag, wem das Alemannische oder ein verwandter ober-
deutscher Dialekt nicht Muttersprache ist, überhaupt nicht in die
Seele dieser Gedichte einzudringen; aber diese Schranke ist letzten
Endes nicht vom Dichter willkürlich errichtet worden, sondern von
der Natur selber, die, wo sie sich uns ganz offenbaren will, von uns
nicht Verstandeskraft und die Kenntnis eines Volapük der Konvention fordert, sondern die Kraft, fühlend zu erleben.

Zweites Buch

Goethe

Erstes Kapitel

Die Persönlichkeit

Als Greis hat Goethe, sich an die jungen Dichter seiner Zeit wendend, sich den Befreier der Deutschen genannt: an ihm seien sie gewahr geworden, daß, wie der Mensch von innen heraus leben, der Künstler von innen heraus wirken müsse, indem er immer nur sein Individuum zutage fördern werde.

In dem Märchen „Der neue Paris" mag man ein Sinnbild sehen für die befreiende Belebung von Denken und Kunstschaffen durch Goethe.

In der Nacht vor dem Pfingstsonntag, wie der Knabe im Traum seine neuen Sommerkleider vor dem Spiegel anziehen will, erscheint ihm Merkur und überreicht ihm drei prachtvolle Äpfel, einen roten, einen gelben und einen grünen, mit dem Auftrag, sie den drei schönsten jungen Leuten der Stadt zu geben; diese werden sodann Gattinnen finden, wie sie sie nur wünschen mögen. Wie er die Äpfel gegen das Licht hält, verwandeln sie sich in schöne Frauenzimmerchen und entgleiten ihm. Auf einmal sieht er auf seinen Fingern ein allerliebstes Mädchen tanzen. Wie er sie haschen will, schlägt sie ihn auf den Kopf und er erwacht.

Am Nachmittag des Pfingstsonntags führt ihn ein Spaziergang zur „schlimmen Mauer", einer verrufenen Stelle des Zwingers. Er sieht ein kunstvoll verziertes Türchen, es öffnet sich und ein Greis heißt ihn eintreten. Er kommt in einen dichtbeschatteten Rokokogarten mit kunstvoll angelegten Muschel- und Korallennischen, Wasserbecken und Vogelhäusern. Überall, wo er vorbeigeht, rufen ihm die Stare zu, die einen „Paris", die andern „Narziß". Der Garten bildet einen kreisförmigen Gang, und die Mitte ist durch ein goldenes Gitter abgeschlossen. Der Knabe möchte das Gitter näher besehen. Der Alte erlaubt es, doch muß jener Hut und Degen zurück-

lassen und darf nicht von der Seite des Führers weichen. Nun
nähern sie sich dem Gitter. Es besteht aus lauter Spießen und
Partisanen. Hinter ihm fließt ein Wasser in Marmoreinfassung,
und hinter dem Wasser ist ein zweites gleiches Gitter. Der Knabe
wünscht in den innern Kreis einzudringen. Dazu muß er seine Kleidung an ein orientalisches Gewand tauschen, und nachdem ihm der
Greis nochmals eingeschärft, das Vertrauen nicht zu mißbrauchen,
senken sich die Spieße und bilden die herrlichste Brücke über dem
Kanal. Sie schreiten hinüber und kommen in einen prächtigen Garten mit einem Labyrinth verschlungener Beete. In der Mitte steht,
von einem Kreis von Zypressen umschlossen, eine Säulenhalle. Musik ertönt. Ein Mädchen tritt aus der offenen Pforte, vollkommen
jenem gleichend, das dem Knaben im Traum auf der Hand tanzte.
Sie führt ihn in den Mittelsaal. Da sitzen drei weitere Frauenzimmer, die eine rot, die andere gelb, die dritte grün, und spielen auf
verschiedenen Instrumenten. Er setzt sich mit seiner Begleiterin —
sie heißt Alerte — zu ihnen und hört zu. Auch sie beginnt Musik
zu machen. Er tanzt mit ihr. Darauf spielen sie auf der goldenen
Brücke mit Soldaten und führen die Schlacht zwischen den Griechen
und Amazonen auf. Mit polierten Achatkügelchen bombardiert jedes
das feindliche Heer. Es darf aber nur so stark geworfen werden, daß
die Figuren gerade umfallen. Nun vergißt sich der Knabe in der
Hitze des Gefechtes, wirft stärker, und ein paar Amazonen springen
in Stücke. Augenblicklich setzen sie sich selber wieder zusammen, werden lebendig und sprengen davon. Das Mädchen fängt an zu weinen.
Ihn jedoch reizt ihr Schmerz; er wirft die Kugeln immer heftiger.
Auf einmal, wie er die Amazonenkönigin in Stücke wirft, gibt ihm
das Mädchen eine Ohrfeige. Zur Strafe küßt er sie. Sie schreit auf.
Jetzt setzt sich die Gitterbrücke in Bewegung. Die Partisanen erheben
sich und schleudern das Mädchen auf die eine, den Knaben auf die
andere Seite des Kanales. Wie er aus der Betäubung erwacht, regt
sich sein Zorn aufs neue. Er nimmt die Spielsoldaten, schleudert sie
an einen Baum und freut sich, wie sie zerbrechen, wieder zusammen-
wachsen und lebendig fortsprengen. Auf einmal aber sprühen zi-
schende Wasser von allen Seiten hervor, peitschen und durchnässen
ihn. Er reißt sein Gewand ab, das ihm die Spieße zersetzt haben,
und läßt mit angenehmer Empfindung das Strahlenbad auf sich
regnen. Jetzt schnappen die Wasser ab. Der Greis tritt hervor und
droht, ihn mit einem Lederriemen zu strafen. Aber trotzig ruft der

Knabe: Er solle sich hüten. Er sei ein Liebling der Götter, und von ihm hänge es ab, ob die drei Frauenzimmer in der Halle würdige Männer bekämen oder ob sie in ihrem Kloster ihr Leben vertrauern müßten. Zum Lohn verlangt er jenes kleine Mädchen, mit dem er gespielt. Nun beugt sich der Alte vor ihm. Dann führt er den Knaben in jenen Saal zurück, gibt ihm seine eigenen Kleider wieder, geleitet ihn zum Pförtchen und weist ihn an, sich den Ort wohl zu merken. Allein jedesmal, wenn der Knabe später in die Gegend kommt, ist der Ort verändert, und das Pförtchen findet er nicht mehr.

Wie durch gemalte Scheiben sieht man durch dieses Märchen in Goethes Persönlichkeit und geschichtliche Mission. Der Garten ist die Rokokokultur: vom Leben abgeschlossen, die Natur in geometrische Figuren verkünstelt, Spiel. Und Spiel wird darin getrieben: das orientalische Gewand versetzt den Knaben in die alte Heimat des Märchens, wie es die Schriftsteller des Rokoko von Perrault bis Wieland ihren Zeitgenossen auf zierlichen Schüsseln auftischen. Die drei Frauen spielen, und die Kinder spielen.

Aber dieser spielenden Lustbarkeit im umzirkelten Garten fehlt es an Tiefe, Kraft, Wahrheit. Von schlagender Sinnbildlichkeit ist die Situation der spielenden Kinder auf der Brücke: aus dem, was Waffe sein soll im Lebenskampfe, ist ein goldener Spielplatz geworden, der das lebendig Fließende, die Natur, bedeckt.

Goethe war es, der die Natur von der goldenen Decke befreite. Alerte, die jetzt an die Rokokowelt gebundene, ewigbewegliche Phantasie, schärft ihm ein, auf die Soldaten nicht zu kräftig zu werfen. Echte Leidenschaft hat keine Stätte in dem zierlichen Rokoko. Wie Goethe später als Stürmer und Dränger gegen die „abgeschmackten, gezierten, hagern, blassen Püppchens" in Wielands „Alceste" gewettert hat, so empört sich im „Neuen Paris" des Knaben Urgefühl gegen das zahme Spiel. Er wirft stärker, zerbricht die toten Scheinwesen der Rokokokunst und erlöst die Natur: die Figuren stehen auf und sprengen aus eigener Kraft davon. Der goldene Spielboden aber hebt sich und der fließende Strom des Lebens wird wieder sichtbar.

Den Knaben Goethe aber kräftigt die Erfahrung und rückt ihn der Natur noch näher. Die Speere zerreißen sein orientalisches Spielgewand und der Strahlenregen der Wirklichkeit umsprüht und erfrischt ihn. Das Bad ist ihm nur so lange unangenehm, als er das fremde Maskenkostüm trägt. Wie er es abwirft und sich nackt dem

Sprühregen aussetzt, findet er ihn „sehr angenehm". Wer denkt da
nicht an den Wanderer, der in wonnigem Kraftgefühl sich durch
Regen und Sturm durchkämpft:

> Wen du nicht verlässest, Genius,
> Nicht der Regen, nicht der Sturm
> Haucht ihm Schauer übers Herz.

Oder an das Gedicht in dem Brief an Merck vom 5. Dezember 1774:

> O daß die innre Schöpfungskraft
> Durch meinen Sinn erschölle!
> Daß eine Bildung voller Saft
> Aus meinen Fingern quölle!
> Ich zittre nur, ich stottre nur,
> Ich kann es doch nicht lassen;
> Ich fühl', ich kenne dich, Natur,
> Und so muß ich dich fassen.
>
> Wenn ich bedenk', wie manches Jahr
> Sich schon mein Sinn erschließet,
> Wie er, wo dürre Heide war,
> Nun Freudenquell genießet;
> Da ahnd' ich ganz, Natur, nach dir,
> Dich frei und lieb zu fühlen,
> Ein lustger Springbrunn, wirst du mir
> Aus tausend Röhren spielen,
> Wirst alle meine Kräfte mir
> In meinem Sinn erheitern,
> Und dieses enge Dasein hier
> Zur Ewigkeit erweitern.

In dem Märchen nennt sich der Knabe, den Geniegedanken
aufnehmend, einen Liebling der Götter, und der Greis glaubt ihm.
Denn jener gibt ihm den untrüglichen Beweis. Er besitzt die drei
Äpfel, durch die er den drei Frauenzimmern Männer verschaffen und
bewirken kann, daß ihnen das Leben nicht in tändelndem Spiel
und klösterlich-unfruchtbarer Abgeschiedenheit vergeht. Der Knabe
selber begehrt jenes Mädchen für sich, und er wird es aus dem
beschatteten Rokokogarten ins freie Leben hinausführen, wie Goethe
als Dichter die Phantasie erlöst hat. Wie dieses Leben außerhalb
des Gartens ist, zeigt der Schluß des Märchens. So oft der Knabe
an die „schlimme Mauer" kommt, findet er die Gegend verändert:
Goethe hat als Dichter und Naturforscher immer wieder die ewige
Umwandlung alles Lebendigen, das „Stirb und Werde" betont.
Die Rokokowelt aber bleibt ihm fortan verschlossen; der Knabe findet

das Pförtchen nicht mehr. Goethes Dichtung ist Wahrheit, nicht Spiel.

Welches sind die seelischen Bedingungen seiner Persönlichkeit, die Goethe dazu bestimmten, der „Befreier" des Lebens in der Dichtung zu werden?

Die Natur der schöpferischen Begabung und die Art ihres Schaffens sind in ihren letzten Tiefen in die Nebel des Geheimnisses gehüllt, und es ist unmöglich, unser Wissen darum zur Erkenntnis von Gesetzmäßigkeiten zu steigern; denn das Wesen des Geistes ist die Freiheit, und der Möglichkeiten seines Wirkens sind unendlich viele. Wie einfach sind dagegen die Bedingungen des physischen Geschehens! Der Physiker, der einen Stein fallen läßt, weiß, daß er unter den gleichen Bedingungen auch ein zweites, drittes, beliebig viele Male so fallen muß; der Betrachter des geistigen Lebens aber hat auf diese Gewißheit zu verzichten und sich damit zu begnügen, bis zu einer gewissen Tiefe und Wahrscheinlichkeit das Sein zu erforschen. Wir müssen uns also bescheiden mit der Kenntnis der gröbsten Merkmale des seelischen Baus einer Persönlichkeit, dem Sichtbarwerden ihres Erlebens und ihren Grundideen, und uns stets bewußt sein: es sind Annäherungswerte, was wir feststellen. Und vor allem: Goethes Seele ist nicht eine Zusammensetzung von sinnlichen und geistigen Kräften, sie wirkt als Ungeteiltes, Lebendiges, ganz in jedem Atemzuge und jedem Blick. Ihm vor allem, und intensiver, umfassender als jedem Zeitgenossen, war jene geniale Intuition eigen, die Herder als das Organ der Erkenntnis bezeichnet. Wo die Wissenschaft zerlegt und zerlegen muß, mag sie es tun unter der Voraussetzung, daß sie den lebendigen Fluß zerschneidet und staut (und ihn damit aufhebt), und daß sie Wege zur Wahrheitserkenntnis, nicht die Wahrheitserkenntnis selber in ihren Kategorien schafft. Vielleicht, daß es, wenn in dem Darsteller selber das Ganze und Lebendige des Geistes wirkt, nicht nur der kritische Verstand, ihm dann gelingt, die Werke des Künstlers nach Gehalt und Form in einen organischen, d. h. geistig lebendigen Zusammenhang mit seiner Persönlichkeit zu bringen. Dem sinnvollen Betrachter mag sich dann nachträglich vielleicht eine gewisse notwendige Beziehung zwischen Dichter und Werk ergeben.

In einem Spruche des west-östlichen Diwan hat Goethe das physiologisch-psychologische Gesetz seiner Persönlichkeit und ihres Verhältnisses zu Gott und Natur so bestimmt:

Im Atemholen sind zweierlei Gnaden:
Die Luft einziehn, sich ihrer entladen;
Jenes bedrängt, dieses erfrischt;
So wunderbar ist das Leben gemischt.
Du danke Gott, wenn er dich preßt,
Und dank' ihm, wenn er dich wieder entläßt!

In seinen naturwissenschaftlichen Schriften spricht er gern von dem Ein- und Ausatmen der Welt, der Diastole und Systole. Er selber bekundet damit einen polaren Wechsel zwischen attraktivem und repulsivem Verhalten seiner Seele; er läßt sich in seinem Empfindungsleben in der überreizbaren Feinheit seiner Sinne, der der gewöhnende Wille entgegenwirkt, in seinem geistigen Leben in dem Wechsel zwischen Gefühlsnähe und Verstandesferne wahrnehmen.

In „Dichtung und Wahrheit" erzählt Goethe, wie er als Kind immer mit Entsetzen vor den an den vollgepfropften und unreinlichen Marktplatz stoßenden engen und häßlichen Fleischbänken geflohen sei. Von dem Greise berichtet der weimarische Kanzler Müller: als einst Goethes Schwiegertochter Ottilie von Pogwisch vom Pferde stürzte, sich das ganze Gesicht zerschellte, das Knie verletzte und eine Muskel verrenkte, scheute sich Goethe, der sie zärtlich liebte, vierzehn Tage lang, sie zu besuchen. „Ich werde," erklärte er, „solche häßlichen Eindrücke nicht wieder los, sie verderben mir für immer die Erinnerung. Ich bin hinsichtlich meines sinnlichen Auffassungsvermögens so seltsam geartet, daß ich alle Umrisse und Formen aufs schärfste und bestimmteste in der Erinnerung behalte, dabei aber durch Mißgestaltungen und Mängel mich aufs lebhafteste affiziert finde. Der schönste kostbarste Kupferstich, wenn er einen Flecken oder Bruch bekommt, ist mir sofort unleidlich. Wie könnte ich mich aber über diese oft freilich peinliche Eigentümlichkeit ärgern, da sie mit andern erfreulichen Eigenschaften meiner Natur innigst zusammenhängt? Denn ohne jenes scharfe Auffassungs- und Eindrucksvermögen könnte ich ja auch nicht meine Gestalten so lebendig und scharf individualisiert hervorbringen."

Zahlreiche Zeugnisse von Goethes Bekannten bestätigen dieses Bekenntnis. Sie deuten alle auf eine außergewöhnlich empfindliche Struktur der Sinnesorgane und Nerven hin. Vor allem des Auges. „Das Auge," erklärt Goethe, „war vor allen anderen das Organ, womit ich die Welt faßte." Die Augenbegabung nährte in ihm jahrzehntelang den Wahn, zum bildenden Künstler geboren zu sein. „Ich hatte von Kindheit auf zwischen Malern gelebt und mich

gewöhnt, die Gegenstände wie sie in bezug auf die Kunst anzusehen."
Als ihn die schmerzvolle Erfahrung mit den Vettern und Freunden
des Frankfurter Gretchens in die Einsamkeit der Natur trieb, äußerte
sich der angeborene Kunsttrieb in zeichnerischer Nachbildung: „Wo
ich hinsah, erblickte ich ein Bild, und was mir auffiel, was mich
erfreute, wollte ich festhalten, und ich fing an, auf die ungeschickteste
Weise nach der Natur zu zeichnen."

Früh hat Goethe gelernt, die Sinne der Aufsicht des Willens
und des Verstandes zu unterstellen. In Straßburg geht er beim
abendlichen Zapfenstreich dicht neben den Trommlern, um sein Ohr
an den starken Schall zu gewöhnen. Er stellt sich auf die schmale
Platte zuoberst auf dem Münsterturm, um sich das Schwindelgefühl
abzugewöhnen. Er besucht die Kliniken, um sich von dem Ekel an
widerwärtigen Dingen zu befreien. So reinigt, klärt, beruhigt und
festigt er die Beobachtung. Nun wird das Wort der „Wanderjahre":
„Aufmerksamkeit ist das Leben", sein Leitspruch. Eine von früh auf
geübte, ruhige und klare Anschauung der Wirklichkeit füllte sein Be=
wußtsein mit reinen und scharfen Bildern der Gegenstände und be=
wahrte ihn vor Verschwommenheit, wissenschaftlicher Entstellung und
der Sucht, in die Dinge Inhalte und Gestalten hineinzusehen, die
nicht darin waren. Das war eine der ersten und verblüffendsten Ent=
deckungen, die Schiller an Goethe machte: „Ihr beobachtender Blick,
der so still und rein auf den Dingen ruht, setzt Sie nie in Gefahr,
auf den Abweg zu geraten, in den sowohl die Spekulation als die
willkürliche und bloß sich selbst gehorchende Einbildungskraft sich
so leicht verirrt." Man wird auch in den ausschweifendsten Schöpfun=
gen von Goethes Phantasie niemals jene „poetischen Lizenzen" fin=
den, durch die Dilettanten und mittelmäßige Dichter ihr Künstlertum
beweisen zu müssen glauben.

Seine Empfindlichkeit für Sinneseindrücke ist nur darum so fein
und oft schmerzhaft, weil ihr das beweglichste und stärkste Gefühl
parallel ging. Die Psychologie des 18. Jahrhunderts scheidet nicht
zwischen Empfindung und Gefühl. Wer kann in Goethes Seele die
Grenzlinie ziehen? So sehr lebt bei ihm das Innere im Außern und
das Außere im Innern. Ein häßlicher Anblick erregt ihn so, daß
er ihn meiden muß. Starke Erregungen des Gemüts rufen körper=
liche Krankheiten hervor oder laufen zu gleicher Zeit mit ihnen
ab. Das Erlebnis mit Gretchen endet mit einer solchen seelisch=
körperlichen Erschütterung. In das Unbehagen über das Leipziger

Leben und die Erkenntnis des Unwertes der rationalistischen Weltanschauung fließt die schwere Erkrankung des Studenten in Leipzig
und Frankfurt. „Physisch-moralische" Übel treiben ihn nach Italien.

Diese Gefühlskraft, mit der Goethe die Welt im Innersten erfaßt,
ist Liebe. „Mein Innerstes bleibt immer ewig allein der heiligen
Liebe gewidmet, die nach und nach das Fremde durch den Geist der
Reinheit, der sie selbst ist, ausstößt und so endlich lauter werden
wird wie gesponnen Gold." So schreibt er am 18. September 1775
an Auguste von Stolberg und am 17. Juli 1776 an Frau von Stein:
„Wenn ich nur leben könnte, ohne zu lieben!" Die Liebe, die ein
sympathetisches Band von Wesen zu Wesen spinnt, öffnet ihm die
Brust der Natur und offenbart sie ihm, selber der Inbegriff des
Lebens, als lebendige, in sich geschlossene Bewegung, wo der Verstand nur abstrakte Begriffe oder erstarrte und zerschnittene Stücke
zeigt. An Frau von Stein: „Liebste, ich habe viel gezeichnet, sehe nur
aber zu wohl, daß ich nie Künstler werde. Die Liebe gibt mir alles,
und wo die nicht ist, dresch' ich Stroh. Das malerischste Fleck gerät mir nicht, und ein ganz gemeines wird freundlich und lieblich."
Und zur gleichen Zeit in dem Aufsatz „Nach Falconet und über
Falconet": „Was der Künstler nicht geliebt hat, nicht liebt, soll er
nicht schildern, kann er nicht schildern." So wirkt die Liebe zu Gretchen in Fausts Verhältnis zur Natur in der Szene „Wald und
Höhle". Vorher tritt er an die Natur heran als bloßer Forscher,
von außen: „Und was sie deinem Geist nicht offenbaren mag, Das
zwingst du ihr nicht ab mit Hebeln und mit Schrauben." Das
Gretchenerlebnis, seine Liebeskraft erlösend, erschließt ihm die Brust
der Natur und er fühlt sich e i n e s Wesens mit ihr, lebendige Welle
ihres großen Zusammenströmens:

> Gabst mir die herrliche Natur zum Königreich,
> Kraft, sie zu fühlen, zu genießen. Nicht
> Kalt staunenden Besuch erlaubst du nur,
> Vergönnest mir, in ihre tiefe Brust,
> Wie in den Busen eines Freunds, zu schauen.
> Du führst die Reihe der Lebendigen
> Vor mir vorbei, und lehrst mich meine Brüder
> Im stillen Busch, in Luft und Wasser kennen.

Goethes Liebesfähigkeit ist unbegrenzt. Aus dem Knabenalter
begleitet ihn die Liebe durchs ganze Leben bis ins höchste Greisen-
tum, immer in neue Kämpfe ihn reißend, höchste Wonnen und
tiefste Schmerzen ihm bereitend, in peinvolle Verschuldung ihn

schleppend. Aber stets liebt er aus dem innersten Bedürfnis seiner Natur heraus, wie er aus dem innersten Wesen heraus dichtet. Er braucht die Erschütterung als Aufrüttelung seines Seelenstoffes, als Bedingung für die ewige Umwandlung des Lebens. Die Atome seines Wesens treten in neue Verbindungen mit fremden Atomen, und neue Erkenntnis erwächst ihm aus der Erregung, tiefere und unmittelbarere, als durch das verstandesmäßige Herantreten an die Dinge von außen. Lebendiges wächst in Lebendiges.

Darum bedeutet ihm die Liebe oft genug Verjüngung seiner ganzen seelisch-körperlichen Existenz. „Geniale Naturen,“ bekannte der Greis gegenüber Eckermann, „erleben eine wiederholte Pubertät.“ Friederike Brion, Christiane Vulpius, Marianne Willemer bezeichnen solche Verjüngungen. In der Hexenküche im Faust bewirken nicht der Zaubertrank und die tolle Phantastik der Alten die Verjüngung, sie bedeuten dem Verstandesgelehrten, der Faust bisher war, nur die Welt des Sinnlich-Unvernünftigen und machen seine eingerostete Natur für das Liebeserlebnis empfänglich. Den Zauber aber strahlt die Schönheit des Weibes im Spiegel in seine Seele, so daß er teilnahmslos fortan dem ganzen Hexengetriebe beiwohnt.

Und wie zu jeder Zeit, so liebt Goethe in jeder Form. Er erlebt die unbewußte Sinnlichkeit der heftigen Knabenleidenschaft in Gretchen. Die lüsterne Keckheit des jugendlichen Don Juans in Annette Schönkopf. Die im Augenblick des Jetzt die ganze Zukunft vergessende Gefühlsinbrunst des Jünglings in Friederike Brion. Den in pantheistisches Sich-Verströmen maskierten Egoismus des Kraftgenies in Lotte Buff. Die bürgerliche Liebe des Verlobten in Lili Schönemann. Die Entsagungsseligkeit des zur Erkenntnis der notwendigen Sitte vorgeschrittenen Mannes in Charlotte von Stein. Die starke Sinneskraft des reifen Mannes in Christiane Vulpius. Die schmerzvolle Resignation des Angejahrten in Minna Herzlieb. Die durch reizvollen Kulturgehalt vergeistigte Leidenschaft des Alters in Marianne Willemer. Die gänzliche Hoffnungslosigkeit des Greisentums in Ulrike von Levetzow.

Jedesmal rührt die Liebe nicht nur an die Oberfläche seines Wesens. Sie durchdrängt ihn bis zu den Wurzeln seines Wesens, reißt ihn ganz an sich und mehrmals führt sie zur gefährlichen Lockerung seiner ganzen körperlich-geistigen Existenz. Aber so leidenschaftlich er sich der geliebten Person hingibt, so völlig er in

dem augenblicklichen Zustand aufzugehen scheint, er wirft sich niemals weg und verliert sich nie auf die Dauer. Schon der Jüngling,
mitten in den gefühlverwirrenden „Launen des Verliebten", belehrt
seinen Freund Behrisch:

> Sei gefühllos!
> Ein leicht bewegtes Herz
> Ist ein elend Gut
> Auf der wankenden Erde. — —
>
> Lehne dich nie an des Mädchens
> Sorgenverwiegende Brust,
> Nie auf des Freundes
> Elendtragenden Arm!

Bei Friederikens und ihrer Schwester Besuch in Straßburg ist sein
kritischer Verstand wach genug, um das Peinliche in dem Abstand
zwischen der Kleidung und dem Gebaren der ländlichen Mädchen
und der städtischen Umgebung zu bemerken: es fällt ihm wie ein
Stein vom Herzen, wie er sie endlich abfahren sieht. Vor dem Schicksal Werthers rettet ihn die Abreise von Wetzlar und die dadurch
ermöglichte Selbstbesinnung, vor der Hemmung des allzufrühen Ehe-
standes (in der Liebe zu Lili) die Reise nach Weimar, vor der peini-
genden Askese seiner sinnlichen Natur (in dem Verhältnis zu Frau
von Stein) die Fahrt nach Italien; vor der künstlerisch unfruchtbaren
und menschlich nicht unbedenklichen Wiederholung des Frankfurter
Liebessommers von 1815 mit Marianne Willemer der „Aber-
glaube", daß der Radbruch von der Fahrt abmahne. In seinem
Verkehr mit den Menschen überhaupt lernt er schon nach den ersten
Jahren in Weimar die egmontische Offenheit und Vertrauensselig-
keit mit Zurückhaltung tauschen. „Sonst war meine Seele," schreibt
er 1778 an die Frau von Stein, „wie eine Stadt mit geringen
Mauern, die hinter sich eine Zitadelle auf dem Berge hat. Das
Schloß bewacht' ich und die Stadt ließ ich in Frieden und Krieg wehr-
los, nun fang' ich auch an, die zu befestigen." Nach der Rückkehr aus
Italien hat seine Umgebung sich über seine Kälte zu beklagen: „Er
hat auch gegen seine nächsten Freunde kein Moment der Ergießung,
er ist an nichts zu fassen; ich glaube in der Tat, er ist ein Egoist in
ungewöhnlichem Grade," schrieb Schiller an Körner. Demselben
Menschen, der als Jüngling stürmisch sein Herz den Freunden und
Freundinnen öffnet, an jede Brust sich andrängt und in seinen Ergüssen an die Frau von Stein das naturhaft hingestammelte Du in

die gemessene Hofsprache wirft, ist als Greis das verschnörkeltste
Zeremoniell ein notwendiger Harnisch seiner Brust. Der Dichter aber
wußte wohl, warum er in seinem größten Werk dem Faust den Me=
phistopheles zur Seite gab und jeden Gefühlsüberschwang durch die
ätzende Kritik neutralisierte. Beide, Faust wie Mephistopheles, sind
die Kinder seiner Seele, und beide trug er selber in seiner Brust.

Die Polarität von Reizbarkeit und Beherrschung der Sinne, von
Stärke der Gefühlshingabe und unbestechlichem Wachsein des Ver=
standes bewirkte in Goethes Verhältnis zur äußeren Welt eine stete
Labilität, eine dynamische Spannung und Lebendigkeit, begründete
so in ihm die eigentliche Seelenhaltung des Künstlers im Gegensatz
zur statischen Ruhe des Verstandesmenschen, die irrationale Stel=
lung in und außer den Dingen, das Mitleben in und mit den
Gegenständen im Gegensatz zu dem reinlichen und klaren Subjekt=
Objektverhältnis des wissenschaftlichen Forschers. So erklärt sich seine
Polemik gegen Newton, so sein Spruch für den „Physiker" Albrecht
von Haller:

> „Ins Innre der Natur —"
> O die Philister!—
> „Dringt kein erschaffner Geist."
> Mich und Geschwister
> Mögt ihr an solches Wort
> Nur nicht erinnern!
> Wir denken: Ort für Ort
> Sind wir im Innern.
> „Glückselig, wem sie nur
> Die äußre Schale weist!"
> Das hör' ich sechzig Jahre wiederholen
> Und fluche drauf, aber verstohlen;
> Sage mir tausend tausend Jahre:
> Alles gibt sie reichlich und gern;
> Natur hat weder Kern
> Noch Schale,
> Alles ist sie mit einem Male;
> Dich prüfe du nur allermeist,
> Ob du Kern oder Schale seist!

Wie daher später der Anthropologe Heinroth Goethes Art zu den=
ken als „gegenständlich" bezeichnete, in dem Sinne, daß sein Den=
ken sich von den Gegenständen nicht sondere, daß die Elemente der
Gegenstände, die Anschauungen in dasselbe eingingen und von ihm
auf das innigste durchdrungen würden, daß sein Anschauen selbst ein
Denken, sein Denken ein Anschauen sei, stimmte Goethe selber zu,

und ausdrücklich bezog er den Begriff auf sein gesamtes geistiges
Verhältnis zur Wirklichkeit, auf das naturwissenschaftlich-forschende
wie auf das dichtend-schöpferische. In ruhiger, aber rastloser Betrachtung läßt er die Phänomene auf sich wirken, bis er einen prä-
gnanten Punkt findet, „von dem sich vieles ableiten läßt, oder vielmehr, der vieles freiwillig aus sich hervorbringt und mir entgegen-
trägt, da ich denn im Bemühen und Empfangen vorsichtig und treu
zu Werke gehe."

Dieser „prägnante Punkt" ist, im Goetheschen Sinne, die Idee
eines Gegenstandes oder eines Wirklichkeitszusammenhanges. Idee
ist also nicht ein dem Gegenstand von dem Subjekt aus seiner Geistigkeit willkürlich aufgedrungener Begriff; es gibt für Goethe aber
auch keine Idee als reinen Inhalt der objektiven Welt, ohne be-
trachtendes Subjekt; sondern Idee ist der Punkt, wo sich ein objek-
tiver Zusammenhang dem geistigen Blicke des Subjekts bei vorsich-
tiger Betrachtung und treuer Hingabe erschließt. Goethe ist weder
Materialist: er bekennt sich nicht zu einer rein sinnlich-materiellen
Natur der Wirklichkeit, noch Idealist: das Wesen der Wirklichkeit
ist ihm nicht an sich Geist, sondern er ist Idealrealist oder Real-
idealist. Er besitzt die wahre intellektuelle Anschauung, eine Gabe
der Intuition, die den Gegenstand nicht losgelöst als einzelnes Individuum wahrnimmt, sondern zugleich seinen Sinn im Zusammenhang des Lebens, seine allgemeine Bedeutung in der Gesetzmäßigkeit der Welt erfaßt. Sein Blick bleibt nicht an den äußeren Um-
rissen haften, er dringt zugleich zum geistigen Inhalt durch, und in
der Gebrochenheit und verwirrenden Mannigfaltigkeit des Individuellen erkennt er immer die großen und einfachen Linien des All-
gemein-Typischen. Sein Schauen ist so ein symbolisches. „Das Allgemeine und Besondere fallen zusammen: das Besondere ist das Allgemeine, unter verschiedenen Bedingungen erscheinend." „Was ist
das Allgemeine? Der einzelne Fall. — Was ist das Besondere?
Millionen Fälle." „Das ist die wahre Symbolik, wo das Besondere
das Allgemeinere repräsentiert, nicht als Traum und Schatten, sondern als lebendig-augenblickliche Offenbarung des Unerforschlichen."
„Was man Idee nennt: das, was immer zur Erscheinung kommt
und daher als Gesetz aller Erscheinungen uns entgegentritt."

Der Pantheist Goethe bekennt sich zu der Ansicht von einem
in allem Sichtbar-Materiellen wirkenden geistigen Inhalt. Im Alter
spricht er gern von Monaden oder Entelechien als individuell ab-

gegrenzten, lebendigen Seelenkräften, die, auf Äußeres wirkend und Fremdes sich aneignend, die Welt erschaffen. „Das Höchste," heißt es in den Maximen, „was wir von Gott und Natur erhalten haben, ist das Leben, die rotierende Bewegung der Monas um sich selbst, welche weder Rast noch Ruhe kennt," und einige Jahre vor seinem Tode sagt Goethe echt leibnizisch zu Eckermann: „Jede Entelechie ist ein Stück Ewigkeit, und die paar Jahre, die sie mit dem Körper verbunden ist, machen sie nicht alt. Ist diese Entelechie geringer Art, so wird sie während ihrer körperlichen Verdüsterung wenig Herrschaft ausüben, vielmehr wird der Körper vorherrschen, und wie er altert, wird sie ihn nicht halten und hindern. Ist aber die Entelechie mächtiger Art, wie es bei allen genialen Naturen der Fall ist, so wird sie bei ihrer belebenden Durchdringung des Körpers nicht allein auf dessen Organisation kräftigend und veredelnd einwirken, sondern sie wird auch, bei ihrer geistigen Übermacht, ihr Vorrecht einer ewigen Jugend fortwährend geltend zu machen suchen."

Mit der Entelechie berührt sich der Begriff Urphänomen. Urphänomen ist für Goethe letzte Erkenntnis; der Punkt, bis zu dem die wissenschaftliche Betrachtung vorzudringen vermag. „Das, was wir in der Erfahrung gewahr werden," heißt es in der Farbenlehre, „sind meistens nur Fälle, welche sich mit einiger Aufmerksamkeit unter allgemeine Rubriken bringen lassen. Diese subordinieren sich abermals unter wissenschaftliche Rubriken, welche weiter hinaufdeuten, wobei uns gewisse unerläßliche Bedingungen des Erscheinenden näher bekannt werden. Von nun an fügt sich alles nach und nach unter höhere Regeln und Gesetze, die sich aber nicht durch Worte und Hypothesen dem Verstande, sondern gleichfalls durch Phänomene dem Anschauen offenbaren. Wir nennen sie Urphänomene, weil nichts in der Erscheinung über ihnen liegt, sie aber dagegen völlig geeignet sind, daß man stufenweise ... von ihnen herab bis zu dem gemeinsten Falle der täglichen Erfahrung niedersteigen kann."

Der Unterschied zwischen den Bezeichnungen Entelechie oder Monade und Urphänomen ist ein methodologischer, nicht ein wesenhafter. Urphänomen ist ein erkenntnistheoretischer Begriff, Entelechie (Monade) hat metaphysisch-vitale Bedeutung. Idee aber wird in beiderlei Sinne gebraucht: als Urphänomen, indem es die Grenze anschauender Betrachtung der Wirklichkeit bezeichnet, die gesetzmäßige Einheit in der Vielheit individueller Erscheinungen; als Entelechie

(Monade), indem die Idee nicht nur Ergebnis der menschlichen Be=
trachtung ist, sondern auch als Geisteskraft gesetzmäßig in der Be=
wegung des Lebens wirkt. Wenn Goethe im Alter den Ausdruck
Entelechie oder Monade mit Vorliebe anwendet, so hängt dieser
Sprachgebrauch vielleicht mit dem Bestreben zusammen, seine Welt=
anschauung klar von dem Rationalismus des späteren Hegel zu
scheiden. Er fand, die Hegelsche Philosophie treibe das unbefangene
natürliche Anschauen und Denken aus, und lobte bei einem Be=
such Hegels in Weimar gegenüber dessen dialektischem Denken das
Studium der Natur: „denn hier haben wir es mit dem unendlich und
ewig Wahren zu tun, das jeden, der nicht durchaus rein und ehrlich
bei Beobachtung und Behandlung seines Gegenstandes verfährt, so=
gleich als unzugänglich verwirft". Gegenüber Hegels Methode, die
Entwicklung des Lebens zu einem logischen Spiel von These und
Antithese zu verdünnen, mochte Goethe doch den Reichtum des Le=
bens als Zusammenwirken von schaffenden Kräften erklären. 1827
äußerte er gegen Eckermann, er habe in seinem „Faust" keine Idee
verkörpert; denn es sei nicht seine Art, als Poet nach Verkörperung
von etwas Abstraktem zu streben. „Ich empfing in meinem Innern
Eindrücke, und zwar Eindrücke sinnlicher, lebensvoller, lieblicher,
bunter, hundertfältiger Art, wie eine rege Einbildungskraft es mir
darbot; und ich hatte als Poet weiter nichts zu tun, als solche An=
schauungen und Eindrücke in mir künstlerisch zu runden und auszu=
bilden und durch eine lebendige Darstellung so zum Vorschein zu
bringen, daß andere dieselbigen Eindrücke erhielten, wenn sie mein
Dargestelltes hörten oder lasen. ... Vielmehr bin ich der Meinung:
je inkommensurabler und für den Verstand unfaßlicher eine po=
etische Produktion, desto besser."

Das Wort stammt aus dem gleichen Jahre, in dem Goethe sich
wiederholt gegen den Hegelschen Panlogismus aussprach, der dem
Begriff Idee eine gar zu mathematische Bedeutung gegeben
hatte. Dagegen fühlte Goethe es notwendig, recht kräftig den em=
pirisch=sinnlichen Ursprung seiner Dichtung, seiner gesamten Lebens=
anschauung zu betonen. Deswegen lehnte er die Idee im „Faust" ab.
Er hätte es aber gelten lassen müssen, wenn jemand in seiner Lebens=
dichtung eine Entelechie als Kern hätte finden wollen. Jene Stelle
am Schlusse des zweiten Teils, an der die Engel Fausts „Unsterb=
liches" emportragen, hat Goethe selber als „Schlüssel zu Fausts
Rettung" bezeichnet; in dem Gesange der Engel: „Gerettet ist das

edle Glied", ist tatsächlich die Idee der ganzen Dichtung ausge=
sprochen. Statt „Unsterbliches" nun hatte Goethe ursprünglich ge=
schrieben „Entelechie". Wenn in der Persönlichkeit des Faust eine
Entelechie als einheitlicher, lebendiger Wesenskern zur Entwicklung
strebt, so muß auch in der Dichtung, die diese Entwicklung dar=
stellt, eine solche Entelechie oder Idee enthalten sein. Nur nicht eine
Idee im logisch=abstrakten Sinne Hegels und der von ihm beein=
flußten Dichter, sondern als zeugender Lebensmittelpunkt, als ge=
setzmäßig e r s c h a u t e r Lebenszusammenhang.

In diesem vitalen Sinne lebt in jedem Goetheschen Werk eine
Idee. Sie erscheint in seinen wissenschaftlichen Aufsätzen als logisch
formuliertes Gesetz, wie in der „Metamorphose der Pflanzen", in
seinen epischen und dramatischen Dichtungen als gedanklich=gefühls=
mäßige Anschauungseinheit eines Lebenszusammenhanges oder
Charaktertypus, im lyrischen Gedicht als bloße Stimmungseinheit.
Man könne weder tun noch wirken ohne Idee und Liebe, sagt er
selber einmal, und am Schlusse des Prologs zum „Faust" spricht der
Herr zu den Erzengeln (den gesetzmäßig wirkenden Kräften der Welt!):

> Doch ihr, die echten Göttersöhne,
> Erfreut euch der lebendig reichen Schöne!
> Das Werdende, das ewig wirkt und lebt,
> Umfaß' euch mit der L i e b e holden Schranken,
> Und was in schwankender Erscheinung schwebt,
> Befestiget mit dauernden G e d a n k e n.

Am anschaulichsten und tiefsten offenbart Goethes Art, zu erleben
und zu gestalten, das Gedicht „Zueignung", das er denn auch an die
Spitze der ersten Gesamtausgabe seiner Werke (1787—90) stellte.
Wundersam durchdringen sich in ihm menschliche Liebe und wissen=
schaftlich klare Genauigkeit —, um in der symbolischen Sprache des
Dichters zu reden: Morgenduft und Sonnenklarheit —, um ein
Kunstwerk hervorzubringen. In der Stimmung jener weichen, sein
Ich zurückdrängenden Hingabe an alles Gewordene, wie sie die
Liebe zu Frau von Stein in ihm schuf, ist ihm, im liebenden Ge=
denken an die Freundin, die Idee des Gedichtes 1784 im Saaletal
bei Jena gekommen; „Du hast nun, ich hoffe, den Anfang des Ge=
dichtes," schrieb er ihr am 11. August, „den ich Dir durch Herders
schickte, Du wirst Dir daraus nehmen, was für Dich ist, es war
mir gar angenehm, Dir auf diese Weise zu sagen, wie lieb ich
Dich habe." Ihre Persönlichkeit, die den Menschen von dem dump=

fen Gefühlsüberschwang des Stürmers und Drängers erlösen und so des Dichters Streben klären half, bot ihm den Keim zu der Gestalt der Wahrheit, die in dem Gedichte aus den Morgenwolken sich löst. Aber die Schilderung des Naturereignisses, das dem Vorgang des Gedichtes zugrunde liegt, beruht auf genauester Beobachtung. Indem Goethe ihn auf sein seelisches Erleben deutet, bekommt das Erlebnis symbolischen Sinn.

Folgendes ist der Vorgang in der Natur:

Der Dichter verläßt am Morgen seine Hütte und wandert mit frischer Seele den Berg hinan. Aus den feuchten Wiesen, die der Fluß — die Saale — durchströmt, steigt ein Nebel und deckt die Landschaft zu. Nun dringt die Sonne durch, und der Nebel, hin- und herziehend, zerteilt sich. Ein starker Glanz, durch den Gegensatz zu der früheren Dämmerung und die Spiegelung der Sonne in den tausend Wassertröpfchen verursacht, blendet seine Augen: „alles schien zu brennen und zu glühn (V. 28)".

Wie nahe lag es, in diesem Naturvorgang ein Sinnbild für die Entwicklung bis Weimar zu sehen! Das frische Hinauswandern den Berg hinan: die Jugend. Die Nebeltrübung: die Gefühlsdumpfheit des Sturms und Dranges. Das Durchstrahlen der Sonne: die Klärung in Weimar. Der starke Glanz, durch Nebel und Sonne hervorgebracht: die aus Gefühlsdrang und Verstandesklarheit gewobene Liebe zu Frau von Stein.

Nun verdichtet die Phantasie das dreifache Erlebnis von Auge, Gefühl und Verstand zur Gestalt eines göttlichen Weibes, das mit den Wolken hergetragen kommt. Die Persönlichkeit der Frau von Stein, die in des Dichters Seele schwebt, tritt vor sein Auge, zur Göttin der Wahrheit erhöht. Mit ihrem reinen Blick strahlt sie Klarheit in sein Inneres, und sein dumpfes Streben liegt entwirrt vor ihm:

> „Kennst du mich nicht?" sprach sie mit einem Munde,
> Dem aller Lieb' und Treue Ton entfloß:
> „Erkennst du mich, die ich in manche Wunde
> Des Lebens dir den reinsten Balsam goß?
> Du kennst mich wohl, an die, zu ewgem Bunde,
> Dein strebend Herz sich fest und fester schloß.
> Sah ich dich nicht mit heißen Herzenstränen
> Als Knabe schon nach mir dich eifrig sehnen?"
>
> „Ja!" rief ich aus, indem ich selig nieder
> Zur Erde sank, „lang hab' ich dich gefühlt;

Du gabst mir Ruh', wenn durch die jungen Glieder
Die Leidenschaft sich rastlos durchgewühlt;
Du hast mir wie mit himmlischem Gefieder
Am heißen Tag die Stirne sanft gekühlt;
Du schenktest mir der Erde beste Gaben,
Und jedes Glück will ich durch dich nur haben!"

Aber nun greift mit der Erkenntnis der Wahrheit auch der Stolz über ihren Besitz in seine Seele. Goethe ist in der Überwindung des Sturms und Drangs seinen Zeitgenossen vorausgeeilt, die noch im Nebel der leidenschaftlichen Dumpfheit befangen sind — 1781 ist das wildeste Werk des Sturms und Drangs, Schillers „Räuber", erschienen —, er ist einsam und verzichtet in grollender Selbstgenügsamkeit auf Mitteilung seiner Erkenntnis und seines Glückes an die Irrenden. Da weist ihn die Göttin zurecht, und er nimmt ihre Mahnung dankbar an — sein Schaffen würde ohne die Liebe zur Welt erfrieren.

Erst das Bekenntnis des Dichters, den neuen Weg den Brüdern zeigen zu wollen (V. 71 f.), schafft völlige Klarheit. Nach dem Mittelstücke, das einen geistigen Vorgang im Innern in ein Phantasiebild umgestaltet, kehrt die Darstellung wieder zum äußeren Geschehen in der Natur zurück. Immer noch wallten Nebelstreifen durch die besonnte Landschaft, wie durch die erhellte Seele des Dichters immer noch Streifen des egoistischen Gefühls (des Unmuts) strichen. Wie aber in ihm nun völlige Klarheit sich verbreitet hat durch das Wort der Göttin, so greift diese nun auch in die Nebelstreifen der Natur, zieht sie zusammen und gestaltet sie zum Schleier, den sie ihm überreicht:

Da reckte sie die Hand aus in die Streifen
Der leichten Wolken und des Dufts umher;
Wie sie ihn faßte, ließ er sich ergreifen,
Er ließ sich ziehn, es war kein Nebel mehr.
Mein Auge konnt' im Tale wieder schweifen,
Gen Himmel blickt' ich, er war hell und hehr.
Nur sah ich sie den reinsten Schleier halten,
Er floß um sie und schwoll in tausend Falten.

„Ich kenne dich, ich kenne deine Schwächen,
Ich weiß, was Gutes in dir lebt und glimmt!"
— So sagte sie, ich hör' sie ewig sprechen, —
„Empfange hier, was ich dir lang' bestimmt!
Dem Glücklichen kann es an nichts gebrechen,
Der dies Geschenk mit stiller Seele nimmt:
Aus Morgenduft gewebt und Sonnenklarheit,
Der Dichtung Schleier aus der Hand der Wahrheit!"

Aus Morgenduft und Sonnenklarheit webt die Wahrheit der Dichtung Schleier. Wieder ist das Symbol nur tiefsinnige Deutung eines genau beobachteten und dargestellten Naturvorganges, ohne daß der teleologische Rationalismus des Denkers einen Sinn in die Natur legte, der in ihrer wirklichen E r s c h e i n u n g nicht enthalten ist, ohne daß die Phantasie des Künstlers mit „poetischer Lizenz" die wirkliche Erscheinung weiterbildete und so ihren S i n n vergewaltigte: der Schleier kann sich nur bilden aus dem Zusammenwirken von Nebel (Morgenduft) und Sonne; weder bei Nebel noch bei Sonne allein ist er möglich; die Sonne muß die Nebel zerteilen und schleierartige Streifen bilden. So wächst auch Goethes Dichtung im Zusammenwirken von Gefühlsdumpfheit und Verstandesklarheit, und aus der Hand der Wahrheit empfängt er den schimmernden Schleier. Nicht nur eine Kunst des schönen Scheins soll seine Dichtung sein, sondern zugleich auch sinnenfällige Offenbarung des Weltgeschehens. Sie hebt den Dichter und die Seinigen, ähnlich dem Zaubermantel Fausts, über die Nöte und Härten der Wirklichkeit hinweg:

> Und wenn es dir und deinen Freunden schwüle
> Am Mittag wird, so wirf ihn in die Luft!
> Sogleich umsäuselt Abendwindes Kühle,
> Umhaucht euch Blumen-Würzgeruch und Duft.
> Es schweigt das Wehen banger Erdgefühle,
> Zum Wolkenbette wandelt sich die Gruft,
> Besänftiget wird jede Lebenswelle,
> Der Tag wird lieblich und die Nacht wird helle.

Zweites Kapitel

Jugendgedichte

In dem Märchen „Der neue Paris" spielt der Knabe Goethe eine Zeitlang mit dem Mädchen des Rokokogartens auf der goldenen Speerbrücke, unter der die Wasser der lebendigen Natur dahinrauschen, bevor er durch die Heftigkeit seines erwachenden Temperaments die ganze zierliche Welt zerstört. Auch der Lyriker bewegt sich jahrelang in den Formen der Zeitmode, ehe sein eigenes Gefühl durchbricht und seine Sprache findet. In der Bibliothek seines Vaters standen neben den Berühmtheiten Canitz, Hagedorn, Gellert und Haller auch die weniger Bekannten, Drollinger und Creuz, der eine ein Vorläufer, der andere ein Nachtreter Hal-

lers. Der Knabe hatte diese sämtlichen Bände von Kindheit auf
fleißig durchgelesen, teilweise memoriert und zur Unterhaltung öf=
ters vorgetragen. Stärker aber als die steifbeinige Zierlichkeit oder
der moralische Faltenwurf dieser unjugendlichen Herren wirkte auf
ihn die freie Großartigkeit von Klopstocks „Messias", deren Glanz=
partien er mit der Schwester um die Wette lernte und rezitierte.

Unter das zehnte Jahr reichen die eigenen Versversuche zurück.
Zum Neujahr 1757 widmet er den Großeltern Glückwunschgedichte,
in denen der kurze Schritt des kindlichen Denkens sich der feier=
lichen Gangart der verschnörkelten Gesellschaftsbräuche der Zeit an=
zubequemen sucht. Dem Stadtschultheißen wird gewünscht:

> Ihr Wohlsein müsse lang so fest wie Zedern stehen,
> Ihr Tun begleite stets ein günstiges Geschick;
> Ihr Haus sei wie bisher des Segens Sammelplatz,
> Und lasse Sie noch spät Möntnens Ruder führen.

Der Wunsch für die Großmutter ist weniger feierlich und dafür
gemütswärmer:

> Indessen hören Sie die schlechte Zeilen an,
> Indem sie wie mein Wunsch aus wahrer Liebe fließen.

In Übersetzungen von Fabeln des Äsop und des Phaedrus übt
der Knabe seine Sprachgewandtheit und metrische Gelenkigkeit, und
bald bemächtigte sich seiner eine förmliche Reim= und Versewut.
In den sonntäglichen Zusammenkünften mit den Freunden, wo jeder
selbstverfertigte Gedichte vorzutragen hat, fällt ihm stets der Sieg
zu. Eine Zeitlang verlegt er sich auf die Verfertigung von reim=
losen anakreontischen Gedichten, die ihm „wegen der Bequem=
lichkeit des Silbenmaßes und der Leichtigkeit des Inhalts sehr wohl
von der Hand gingen". An der schweren Verwicklung, in die ihn
der Umgang mit den Freunden Gretchens hineinführt, ist nicht am
wenigsten seine Reimvirtuosität schuld, die jene leichten Gesellen
zur Anfertigung bezahlter Gelegenheitskarmina ausbeuten. Aber
die Liebe zu Gretchen lehrt ihn auch ein bestelltes Liebesgedicht
mit den Seelentönen aufbrechenden Gefühls erwärmen. So sehr
wächst der Umfang des poetischen Schaffens, daß schon von 1762
oder 1763 an Jahr für Jahr auf den Geburtstag der jährliche Er=
trag zu einem Quartband von 500 Seiten zusammengestellt werden
kann — meist geistliche Oden und Texte für sonntägliche Kirchen=
musiken, da der Vater die reimlosen anakreontischen Verse verpönt.

Von diesem Segen ist außer ein paar Stammbuchversen nur ein längeres geistliches Gedicht erhalten, die 1765 entstandenen „Poetischen Gedanken über die Höllenfahrt Jesu Christi", die ohne Goethes Wissen, während seines Aufenthalts in Leipzig, in der Frankfurter Zeitschrift „Die Sichtbaren" veröffentlicht wurden. In stark rhetorischem Pathos, durch das man die orgelumrauschten Klänge des protestantischen Kirchengesanges dröhnen hört, paraphrasiert der Jüngling Christi Abstieg in die Hölle und das Gericht, das er über die Scharen der Verdammten abhält, die empört und zerknirscht sich zu seinen Füßen krümmen:

> Des Menschen Sohn steigt zum Triumphe
> Hinab zum schwarzen Höllensumpfe
> 　　Und zeigt dort seine Herrlichkeit.
> Die Hölle kann den Glanz nicht tragen,
> Seit ihren ersten Schöpfungstagen
> 　　Beherrschte sie die Dunkelheit.
> Sie lag entfernt von allem Lichte,
> 　　Erfüllt von Qual im Chaos hier.
> Den Strahl von seinem Angesichte
> 　　Verwandte Gott auf stets von ihr.
>
> Jetzt siehet sie in ihren Grenzen
> Die Herrlichkeit des Sohnes glänzen,
> 　　Die fürchterliche Majestät.
> Sie sieht mit Donnern Ihn umgeben,
> Sie sieht, daß alle Felsen beben,
> 　　Wie Gott im Grimme vor ihr steht.
> Sie sieht's, er kommet, sie zu richten,
> 　　Sie fühlt den Schmerzen, der sie plagt;
> Sie wünscht umsonst, sich zu vernichten,
> 　　Auch dieser Trost bleibt ihr versagt.

Vorstellungen, Stil und Rhythmus weisen das Gedicht in die Nähe ähnlicher Ergüsse der Bremer Beiträger, eines Johann Adolf Schlegel, dessen „Gottesleugner", eines Johann Andreas Cramer, dessen Ode auf die „Zeitumstände" mit Goethes Versen Ähnlichkeit hat. Eine Stelle deutet auch merklich auf die schöne Abbadona-Episode im zweiten Gesang von Klopstocks „Messias".

In die Atmosphäre der anakreontischen Gedichte erhalten wir einen flüchtigen Einblick durch ein Stammbuchblatt Goethes für seinen Jugendfreund Fr. M. Moors. Es stellt dem Leibnizischen Optimismus, daß die bestehende Welt die beste aller möglichen Welten sei, eine kecke Reihe gegenteiliger Bilder entgegen — das Erd-

beben von Lissabon (1755) hatte den naiven Gottesglauben des Kna=
ben ins Wanken gebracht:

> Dieses ist das Bild der Welt,
> Die man für die beste hält:
> Fast wie eine Mördergrube,
> Fast wie eines Burschen Stube,
> Fast so wie ein Opernhaus,
> Fast wie ein Magisterschmaus,
> Fast wie Köpfe von Poeten,
> Fast wie schöne Raritäten,
> Fast wie abgesetztes Geld
> Sieht sie aus, die beste Welt.

So dürftig und zufällig diese Überbleibsel eines ausgedehnten
und fingerfertigen Jugenddichtens sind, sie zeigen des Jünglings
Gemüt doch in jene beiden Welten zerspalten, die in den Studenten=
jahren abwechselnd von ihm Besitz ergreifen werden: die Welt einer
urteilsraschen Verstandesaufklärung und eines kecken Sinnenge=
nusses einerseits, die Welt geistlicher Erhebung anderseits. Die Über=
siedlung nach Leipzig im Herbst 1765 brachte für einige Jahre Auf=
klärung und Genuß zum Übergewicht.

In dem „galanten" Leipzig sah sich Goethe mit einem Schlag
in modernes Großstadtleben verpflanzt. Das äußere Bild der
Straßen mit den neuen himmelhohen Gebäuden zeugte nicht, wie
das von Frankfurt, von einer langen, ruhmreichen Geschichte, deren
Schöpfungen mit buntem Formenreichtum in die Gegenwart herein=
ragten, sondern von Handelstätigkeit, Wohlhabenheit, Reichtum. Die
mit treffenden Bildern und sprichwörtlichen Redensarten gespickte
oberdeutsche Sprache des Ankömmlings klang dem glatten Sachsen
allzu derb in die Ohren. Über die Tracht der Leipziger Studenten
hatte schon in Zachariäs „Renommisten" die Göttin Mode einem
Jenaer Studenten den Ratschlag gegeben:

> Dein Zopf verwandle sich in einen schwarzen Beutel;
> Kein Hut bedecke mehr die aufgeputzte Scheitel;
> In Jena ließ dir nur ein kurzer Armel schön,
> Weit besser wird dir hier ein langer Aufschlag stehn ...
> Die Reiter laß allein die schweren Stiefeln drücken,
> Wie kann die Mädchen nicht ein seidner Strumpf entzücken;
> Dein Degen werde klein, und knüpf' um ihn ein Band
> Zum Zeichen, daß du dich zu meinem Reich bekannt.

Auch Goethe merkte bald, daß in Leipzig „ein Student kaum anders
als galanter sein konnte, sobald er mit reichen, wohl und genau ge=

sitteten Einwohnern in einigem Bezug stehen wollte". Er ver=
tauschte die wunderlichen Kleider, die der Vater durch den Haus=
schneider aus währschaftem Stoffe und nach einer verschollenen Mode
hatte anfertigen lassen, mit einer neumodischen Garderobe, als die
anfänglichen Neckereien seiner Leipziger Freundinnen sich allmäh=
lich in ernsthafte Vorstellungen umwandelten und er gar auf der
Bühne den „Herrn von Masuren", den sprichwörtlichen Junker vom
Lande, in einer ähnlichen Kleidung auftreten sah. In dem genial=
renommistischen Briefe an Riese vom 21. Oktober 1765 erklärt er,
er sei zur Zeit noch kein Stutzer, er werde es auch nicht; aber nach
dreiviertel Jahren war die Umwandlung so gründlich, daß sein
Freund Horn ihn für einen Stutzer erklärte: „alle seine Kleider, so
schön sie auch sind, sind von einem so närrischen Gout, der ihn auf
der ganzen Akademie auszeichnet. ... Er hat sich solche porte-mains
und Gebärden angewöhnt, bei welchen man unmöglich das Lachen
enthalten kann. Einen Gang hat er angenommen, der ganz un=
erträglich ist:

> il marche à pas comptés
> comme un recteur suivi des quatre facultés."

Mit dem Äußeren erfuhr das Innere eine tiefgreifende Wandlung.
Der junge Dichter, dessen Reimgewandtheit man in Frankfurt be=
staunt, dessen Vater die stattlichen Bände einer werdenden Reihe ge=
sammelter Werke hätschelte, muß in Leipzig erfahren, daß seine Dich=
terei nichts weniger als zeitgemäß war. Die Frau des Professors
Böhme mähte ihm „die schönen bunten Wiesen in den Gründen des
deutschen Parnasses", wo er so gern gelustwandelt, unbarmherzig
nieder. Hofrat Morus öffnete ihm in gründlicherer Belehrung die
Augen. Gellert in seinem Praktikum mahnte von der Poesie ab und
ließ auch von Goethes Prosa nur wenig gelten. Professor Clodius,
Gellerts Nachfolger im Praktikum, zerzauste ihm ein Gedicht auf die
Hochzeit eines Oheims. So drangen Kritik, Zweifel, Mißtrauen und
Kleinmut von allen Seiten in ihn ein. Kaum ein halbes Jahr war
er in Leipzig, als er Riese seine Enttäuschung zu klagen hatte.
Wenn er einst geglaubt, daß:

> Aus Meisterhänden nichts Vollkommners käme,
> Als es aus meiner Hand gekommen war,

so weiß er jetzt, daß sein erhabner Flug

nichts war als das Bemühn
Des Wurms im Staube, der den Adler sieht
Zur Sonn' sich schwingen, und wie der hinauf
Sich sehnt. Er sträubt empor, und windet sich,
Und ängstlich spannt er alle Nerven an
Und bleibt am Staub. Doch schnell entsteht ein Wind,
Der hebt den Staub in Wirbeln auf, den Wurm
Erhebt er in den Wirbeln auch. Der glaubt
Sich groß, dem Adler gleich, und jauchzet schon
Im Taumel. Doch auf einmal zieht der Wind
Den Odem ein. Es sinkt der Staub hinab,
Mit ihm der Wurm. Jetzt kriecht er wie zuvor.

„Ich habe," gesteht er der Schwester im Mai 1767, „von meinem zehnten Jahre angefangen, Verse zu schreiben, und ich habe geglaubt, sie seien gut, jetzo in meinem siebzehnten sehe ich, daß sie schlecht sind." Er hatte, was er von seinen Jugendarbeiten für das Beste hielt, nach Leipzig mitgenommen; nun verbrannte er eines Tages auf dem Küchenherde alles, Poesie und Prosa, Pläne, Skizzen und Entwürfe.

An dem harten Urteil, das die Leipziger Bekannten über Goethes Jugendwerke fällten, mochte neben der großstädtischen Blasiertheit der Kritiker vor allem der Mangel an glattem Fluß der Sprache, zierlichem Witz, pointierter Abrundung und Pikanterie des Stoffes schuld sein. Über eine so biedere religiöse Begeisterung, wie sie die „Poetischen Gedanken über die Höllenfahrt Jesu Christi" enthielten, mochten die Leipziger wohl die Nase rümpfen, wie Goethe auch selber sie nun rasch preisgab. Aber in ihm war das tiefe Gefühl seiner Kraft und der Wille, sich durchzusetzen: „Man lasse doch mich gehen," erklärte er 1767 angesichts der Versuche, ihn zu belehren, „habe ich Genie, so werde ich Poet werden, und wenn mich kein Mensch verbessert; habe ich keins, so helfen alle Kritiken nichts." Ein Bekenntnis zum Genieglauben, lange vor der Zeit der Kraftgenies.

Er war bereits auf dem Wege, sich selber zu finden. Im Frühjahr 1766 hatte er sein Herz an Annette Schönkopf verloren. Erst eine Quelle des Glückes, schuf ihm seine Leidenschaft bald Verdruß und Qual. Der bestimmte Kreis häuslicher Pflichten, in den das Mädchen gebannt war, die Einförmigkeit ihrer Unterhaltung verstimmten ihn, die Freundlichkeit der Wirtstochter gegen andere weckte seine Eifersucht. Ihr aber verdarben seine Quälereien die

Laune. In den Briefen an seinen Freund Behrisch machte er sich stürmisch Luft: „Noch so eine Nacht, wie diese, Behrisch, und ich komme für alle meine Sünden nicht in die Hölle."

Aber das leidenschaftliche Erleben gab ihm tiefe Blicke in sein eigenes Herz und das des Mädchens. Oder besser: der Mädchen. Denn die Enttäuschung durch die eine trieb ihn zu andern. Aber für den Künstler gab es nur einen Weg der Erlösung: das Hinaustragen aus der Brust in ein fremdes Gebilde, die Vergeistigung der wirklichen Erfahrung im Kunstwerk. Er entdeckte das Grundgesetz seines Schaffens. In Leipzig „begann diejenige Richtung, von der ich mein ganzes Leben über nicht abweichen konnte, nämlich dasjenige, was mich erfreute oder quälte oder sonst beschäftigte, in ein Bild, ein Gedicht zu verwandeln und darüber mit mir selbst abzuschließen, um sowohl meine Begriffe von den äußern Dingen zu berichtigen, als mich im Innern deshalb zu beruhigen".

Aber erst muß der Künstler seine Sprache finden. Das Herausbrechen ihres lebendigen Naturlautes hemmte die galant-witzige Konvention der Leipziger Modedichter. Der Greis spricht in „Dichtung und Wahrheit" mit tadelnder Schroffheit von den Launen, mit denen seine Eifersucht Annette Schönkopf quälte. Aus der Betrachtung der Spiegelung seines Verhältnisses zu Annette in der „Laune des Verliebten" kommt man doch zu einem andern Urteil. Die Liebe von Egle und Lamon ist ein Idealbund; beide bekennen sich zu der freien Rokokomoral des „Einmal ist keinmal" und „Ein Küßchen in Ehren". Der eifersüchtige Eridon aber quält seine treuherzige Amine so lange, bis Egle ihn aufs Eis führt und ausgleiten läßt. Und nun hat Amine ihm den Kuß zu verzeihen, den er der andern gegeben. Aber die vernünftige Egle weiß Rat. Das kleine Vergnügen des Kusses hat doch Amine Eridons Herz nicht entfremdet; nur darf auch Eridon sich künftig nicht aufregen, wenn ein Jüngling beim Tanz Amine die Hände drückt. Den Eridon scheint diese Unterscheidung zwischen Scherz und Liebe zu beruhigen. Hat sich aber auch Goethe diesen Trost gefallen lassen? Wohl kaum! Wenigstens spricht jene Stelle aus dem „Werther" nicht dafür, wo Werther nach dem Tanz mit Lotte den Schwur tut, daß ein Mädchen, auf das er Ansprüche habe, ihm nie mit einem andern walzen solle als mit ihm, und wenn er darüber zugrunde gehen müßte.

In Wahrheit lag der quälerische Zwist zwischen Goethe und Annette in einer tieferen Schicht geistigen Erlebens. Der Gegensatz

zwischen zwei Lebensstimmungen und Grundauffassungen seelischen
Verhaltens kündigt sich an: zwischen dem spielerischen Lebensgenusse
des Spätrokoko und der wahrhaften Gefühlsinbrunst des Sturms
und Dranges. In Leipzig mochte man, wie Egle lehrte, künstlich
und klug zwischen Sinnenvergnügen und Herzensüberzeugung schei=
den; der tieferen Lebenserfassung des Sturms und Dranges war
außen und innen eins, und der Kuß die Sprache der Seele. Rufen
es nicht die glühend hingewühlten Geständnisse in den Briefen an
Behrisch in jeder Silbe, welcher Gefühlsmacht dieser „galante" Leip=
ziger Student fähig war? Was also bloße Laune schien und quä=
lende Eifersucht, war in Wahrheit Gefühlsinbrunst, die das Leip=
ziger Gesellschaftskostüm einengte und quälte.

Um so seltsamer, daß dieser tiefleidenschaftliche Jüngling, der in
den Prosaergüssen seiner Briefe die Sprache des Gefühls dahinstür=
men läßt, wie kein einziger Dichter seiner Zeit, sich zu den steifen
Figuren des Menuettschrittes bequemte, sobald er in regelrechten Ge=
dichten ausspricht, was ihn bewegt. Am Schlusse seines Briefes an
Riese vom 20./21. Oktober 1765 schreibt er: „Ich sehe, daß mein
Blatt bald voll ist, und es stehen noch keine Verse darauf." Und doch
enthält der Brief die hübsche Charakteristik seines Leipziger Lebens in
Versen: er lebe ohngefähr

> So wie ein Vogel, der auf einem Ast
> Im schönsten Wald sich freiheitatmend wiegt,
> Der ungestört die sanfte Luft genießt,
> Mit seinen Fittichen von Baum zu Baum
> Von Busch zu Busch sich singend hinzuschwingen.

Aber das sind keine Verse, d. h. kein kunstmäßiges Gedicht, so wenig
wie die andern Briefgedichte aus jener Zeit, obgleich sie eigen=
tümlicher, belebter, gefühlsmächtiger sind als alle die regelrechten
Gedichte. So groß ist die Ehrfurcht, die der Jüngling vor den Leip=
ziger Modedichtern empfindet, so stark sein Streben nach Form
und Stil.

Im Mai 1767 berichtet Goethe seiner Schwester, er habe seit
dem November höchstens fünfzehn Gedichte gemacht, die alle nicht
sonderlich groß und wichtig seien. Im August erinnert er sie daran,
wie er bisher regelmäßig auf seinen Geburtstag die Jahresernte in
einem Quartband von 500 Seiten gesammelt habe. Um nicht ganz
dieser schönen Einrichtung untreu zu werden, habe sich auch diesmal
der große kritische Rat versammelt und alle Gedichte seien gelesen

worden, die er während seines Aufenthaltes an der lieblichen Pleiße
verfertigt. „Es wurde beschlossen, das Ganze der ewigen Nacht meines Koffers zu überantworten, ausgenommen zwölf Stücke, die in
voller, bis dahin noch ganz unerhörter Pracht auf 50 Blätter in
Kleinoktav geschrieben werden und den Titel Annette bekommen
sollen.“

Der Freund, der mit Goethe den „grand conseil poetique“ bildet, ist Ernst Wolfgang Behrisch, damals Hofmeister des Grafen
Lindenau. Er war den Leipziger Studenten etwa das, was Herder
später dem Stürmer und Dränger. Elf Jahre älter, berät er ihn
mit einem klaren Geschmack und einem gebietenden Urteil. Unter
der Bedingung, daß nichts gedruckt wird, schreibt er selbst die schönsten Stücke mit umständlicher und wunderlicher Sorgfalt ab. Zu den
zwölf Nummern, von denen Goethe in dem Briefe an seine Schwester
spricht, gesellen sich bis zum 13. Oktober, wo Behrisch als Prinzen-
erzieher nach Dessau reist, noch weitere acht Stücke. So entsteht
Goethes erste Gedichtsammlung, deren Titelblatt Annettes Namen
trägt:

> Es nannten ihre Bücher
> Die Alten sonst nach Göttern,
> Nach Musen und nach Freunden,
> Doch keiner nach der Liebsten;
> Warum sollt' ich, Annette,
> Die du mir Gottheit, Muse
> Und Freund mir bist, und alles,
> Dies Buch nicht auch nach Deinem
> Geliebten Namen nennen?

Das Buch „Annette“, das 1894 wieder aus dem Nachlaß der
weimarischen Hofdame Luise von Göchhausen auftauchte, weist in
seiner Gesamtheit nicht lyrisches Gepräge. Es enthält, neben einigen
Oden und epigrammatisch zugespitzten Zierlichkeiten, meist Vers-
erzählungen, zum Teil in der sogenannten „gemischten Art“ —
Verse in Prosa eingestreut —, die die deutschen Anakreontiker mit
der ganzen Dichtungsform aus Frankreich eingeführt hatten. Der
junge Dichter bewegt sich leicht und graziös in der Manier der galanten Modedichtung. In den Vorarbeiten zu „Dichtung und Wahrheit“ nennt Goethe selber Zachariä denjenigen, von dem er sich
angeeignet, was sich einigermaßen mit seinem Wesen vertragen
habe. Im Schönkopfschen Hause, wo der Bruder Zachariäs aß, hatte
der Jüngling den Dichter selber während eines Besuches in Leipzig

kennen gelernt. Eine komisch übertreibende Ode des Buches „An= nette" klagt, wie nach seinem Scheiden die Geister des Verdrusses und der Langeweile in die Tischgesellschaft eingezogen seien:

> O gäb er mir die Stärke, seine mächtge Leier
> Zu schlagen, die Apoll ihm gab;
> Ich rührte sie, dann flöhn die Ungeheuer
> Erschreckt zur Höll' hinab.

Stärker noch, weil der bedeutendere Dichter, hat Wieland ge= wirkt. Sein Lob verkünden die damaligen Briefe in warmen Wor= ten. In dem Liederbuch „Annette" begegnet man Spuren vor allem der „Komischen Erzählungen", die zur Ostermesse 1765 erschienen waren. Liebesgeschichten in anmutigen Versen vorzutragen, Nudi= täten bis zum letzten Knopfe aufzulösen und dann den Rest mit einem Endchen durchsichtiger Gaze zu verhüllen, dem grinsenden Faungesicht die moralische Schulmeisterbrille aufzusetzen — all das hatte Wieland in seinen „Komischen Erzählungen" den Deutschen vorgemacht, und nicht zum wenigsten dem jungen Goethe. Und zu Zachariä und Wieland kommt nun die ganze Schar der Anakreon= tiker, Deutsche und Franzosen. Wer will sich vermessen, den Finger auf eine Stelle zu legen und zu sagen: dies stammt von dem, wo Motive und Formen in der Luft schweben, der Boden sie immer aufs neue hervorbringt und das eigene Temperament des Jüng= lings ihnen entgegenkommt? Auch von dem Leipziger Studenten schon gilt: er eignet sich fremden Besitz an und gibt ihn reicher zurück. Er bewegt sich in der Bahn der galanten Lyrik, aber er bewegt sich anmutiger und geistreicher darin, als irgendeiner seiner Anreger. Darum gehört das Liederbuch „Annette" doch ihm allein. Es zeigt seine Silhouette — nicht die des Stürmers und Drängers und nicht die des Freundes der Frau von Stein —, sondern eben die des Leipziger Goethe.

Man braucht diese Gedichte deswegen nicht zu verachten, daß sie nicht abgründig und von Gefühlssturm durchrauscht sind. Die Lebensanschauung eines weltmännischen Sinnengenusses, die sie verkünden, ist eine Schöpfung großstädtischer Geselligkeit, und die Geselligkeit bedingt ihren Inhalt und ihre Kunstform. In mehreren gibt sich der junge Dichter als Erzähler im Mädchen= oder Jüng= lingskreise:

> Mädchen, setzt euch zu mir nieder,
> Niemand stört hier unsre Ruh',

> Seht, es kommt der Frühling wieder,
> Weckt die Blumen und die Lieder,
> Ihn zu ehren, hört mir zu.

Der Leser einer bürgerlichen Zeit wundert sich, was für Geschicht=
chen ein Jüngling damals in einem Kreise anständiger Mädchen
vortragen mochte. „Ziblis“ z. B. erzählt: ein Mädchen flieht alle
Liebe und pflegt nur die Jagd. Einst überfällt sie ein Satyr. Sie
flieht und findet einen Retter in dem jungen Emiren. Dieser schlägt
den Waldgott nieder und wirft ihn in den nächsten Teich. Dann
naht er der ermattet am Boden liegenden Ziblis und erquickt sie
mit einem Kusse. Sie erwidert ihn. Der Küsse werden immer mehr:

> Endlich trunken von Vergnügen,
> Ward dem Emiren das Siegen,
> Wie ihr denken könnt, nicht schwer.

Die beiden als „Triumph der Tugend“ überschriebenen Gedichte
erzählen, wie das Mädchen sich, durch die feurigen Küsse und Um=
armungen des Liebhabers berauscht, noch im letzten Augenblick sei=
ner drängenden Leidenschaft zu erwehren vermag.

Aber die Liebe ist ja in den Kreisen von Goethes Leipziger
Freunden und Freundinnen weniger Gefühl als Sinnenspiel, und
zu der weiblichen Mode der Zeit passen diese dekolletierten Gedichte
nicht übel. Vor allem aber: Goethe weiß durch Kunst und Geist den
verfänglichen Stoff so zierlich zuzubereiten, wie die Meißner Fa=
brik ihre anmutigen Porzellanpüppchen. Er rühmte später, wie sich
damals die Richtung seines Dichtens gänzlich zum Natürlichen und
Wahren geneigt habe, und „wenn die Gegenstände auch nicht immer
bedeutend sein konnten, so suchte ich sie doch immer rein und scharf
auszudrücken.“ Uns scheint die Wahrheit und Natürlichkeit schon
durch die Überklugheit des Jünglings beeinträchtigt und durch die
starke Neigung zum Klischee, das freilich schon im Stoffe gegeben
war. Nicht als Natur, sondern als Kunstgebilde werden diese zier=
lichen Gedichte empfunden. Schweben sie ja doch schon stofflich in
einer völlig idealen Welt — in einer arkadischen Landschaft, wo
Götter und Göttinnen der antiken Mythologie schwärmen, und auch
die Menschen in der Regel nicht bürgerliche, sondern Schäfernamen
tragen. Und Kunst ist auch die Form: der geistreiche Fluß der Er=
zählung, die Leichtigkeit der reizvoll wechselnden Vers= und Stro=
phenformen, in denen der Jüngling mit Glück die pedantische Um=
klammerung der steifen Alexandriner meidet, und die witzige Aus=

spitzung der Ausgänge, in denen der Belehrungsdrang der Aufklä=
rung sich oft mit schalkhaftem Humor zur Grazie mischt, wie etwa
am Schluß von „Pygmalion":

> Wer wild ist, alle Mädchen flieht,
> Sich unempfindlich glaubt,
> Dem ist, wenn er ein Mädchen sieht,
> Das Herze gleich geraubt.

> Drum seht oft Mädchen, küsset sie,
> Und liebt sie auch wohl gar,
> Gewöhnt euch dran, und werdet nie
> Ein Tor, wie jener war.

> Nun, lieben Freunde, merkt euch dies,
> Und folget mir genau,
> Sonst straft euch Amor ganz gewiß,
> Und gibt euch eine Frau.

Das Buch „Annette" enthält lauter Gedichte, nicht nur „Verse".
Freilich, die Verse in den Briefen sind uns doch lieber. Es ist weni=
ger Witz und Kunstverstand in ihnen, und mehr Gefühl.

Dem Dichter, der später Tasso sagen ließ:

> Und wenn der Mensch in seiner Qual verstummt,
> Gab mir ein Gott zu sagen, wie ich leide,

schenkte die Gabe des gefühlsmäßigen Liedes der Schmerz. Nicht
die schillernde Qual der Eifersucht, sondern ein wirklicher und reiner
Schmerz: die Trennung von Annette im Frühling 1768. Die Briefe
an Behrisch zünden in sein Innerstes hinein. Im März schreibt er:
„Wir lieben einander mehr als jemand, ob wir einander gleich
seltner sehen. Ich habe den Sieg über mich erhalten, sie nicht zu
sehen, und nun dacht' ich gewonnen zu haben, aber ich bin elender
als vorher, ich fühle, daß die Liebe sich selbst in der Abwesenheit
erhalten wird. Ich kann leben, ohne sie zu sehen, nie, ohne sie zu
lieben." Am 26. April: „Es war ein schröcklicher Zeitpunkt bis
zur Erklärung, aber sie kam, die Erklärung, und nun — nun kenn'
ich erst das Leben.... Behrisch, wir leben in dem angenehmsten
freundschaftlichsten Umgange, wie Du und sie; keine Vertraulich=
keit mehr, nicht ein Wort von Liebe mehr, und so vergnügt, so glück=
lich. Behrisch, sie ist ein Engel.... Wir haben mit der Liebe ange=
fangen und hören mit der Freundschaft auf. Doch nicht ich. Ich liebe
sie noch, so sehr, Gott, so sehr. O, daß Du hier wärest, daß Du mich
trösten, daß Du mich lieben könntest!"

Den Trost, den ihm der abwesende Behrisch nicht schenken konnte, suchte er bei Friederike Öser, der Tochter seines Lehrers. Die Familie Öser besaß in Dölitz bei Leipzig ein Landgut. Dorthin zog es ihn:

> Wenn mich mein böses Mädchen plagte,
> Wenn der Verdruß mich aus den Mauern jagte,
> War ich verwegen g'nug, und wagte
> Dich aufzusuchen, eh' es tagte,
> Auf deinen Feldern, die du liebst,
> Die du mir oft so schön beschriebst.
>
> Da ging ich nun in deinem Paradiese,
> In jedem Holz, auf jeder Wiese,
> Am Fluß, am Bach, das hoffende Gesicht
> Vom Morgenstrahl geschminkt, und sucht' und fand dich nicht.
> Dann schlug ich, angereizt von launischem Verdrusse,
> Den armen Frosch am sonnbestrahlten Flusse,
> Dann jagt' ich ringsumher, und fing
> Bald einen Reim, bald einen Schmetterling.

Das neckische und muntere Mädchen kümmerte sich zuerst nicht viel um Goethes Liebesgram. Erst seine Erkrankung stimmte sie weicher. Goethe lohnte ihr das Mitgefühl, indem er ihr bei seiner Abreise am 28. August zehn der damals entstandenen und wohl zum Geburtstag zusammengestellten Lieder als Abschiedsgeschenk gab. Diese handschriftlichen „Lieder mit Melodien, Mlle. Friederike Öser gewidmet von Goethen", hat der Dichter mit einer Ausnahme („An Venus"), zum Teil überarbeitet, in seine erste gedruckte Gedichtsammlung aufgenommen, die er zu Hause in Frankfurt anfertigte und unter dem Titel: „Neue Lieder in Melodien gesetzt von B. T. Breitkopf" 1769 in Leipzig herausgab.

In den „Neuen Liedern" regt der Lyriker zum erstenmal die Schwingen. Noch etwas zag und hilflos wie ein Falter, dessen Flügel, eben der Puppenhülle entschlüpft, erst in der Sonnenwärme erstarken müssen. Die zarten Mollstimmungen herrschen vor, und Klage und Sehnsucht gelingen besser als kecke Jugendlust und mutig packende Leidenschaft. Aber es ist doch das eigene Herzblut, das diese feingliedrigen Gebilde nährt, und wenn das Blut rekonvaleszentenhaft behutsam fließt und die Augen gern ein feuchter Schimmer beschlägt, so wird unsere Anteilnahme rege.

Schon inhaltlich spricht das Erleben aus jeder Zeile. Lieder wie „Die Nacht", „Der Schmetterling", „An den Mond" erinnern an

Goethes Streifzüge bei Tag und Nacht in der Gegend von Dölitz. Die drei hintereinandergestellten Stücke: „Das Glück" („Du hast uns oft im Traum gesehen, Zusammen zum Altare gehen"), „Wunsch eines jungen Mädchens" („O fände für mich Ein Bräutigam sich!") und „Hochzeitlied" („Im Schlafgemach, entfernt vom Feste") leuchten hinein in das Hoffen, Wünschen und Verzichtenmüssen von Annettes Liebhaber. „Der Misanthrop" und „Die Liebe wider Willen" (mit den Versen: „Doch bin ich elend wie zuvor Mit misanthropischem Gesicht") spiegeln den Gram des zum Verzicht gezwungenen, indes die dazwischengestellte „Reliquie" von unverminderter Liebe erzählt: Sein Geschick gleicht dem der Locke, die sie ihm einst gegeben;

> Sonst buhlten wir mit einem Glücke
> Um sie, jetzt sind wir fern von ihr.
> Fest waren wir an sie gehangen,
> Wir streichelten die runden Wangen,
> Und gleiteten oft mit Verlangen
> Von da herab zur rundern Brust.
> O Nebenbuhler, frei vom Neide,
> Reliquie, du schöne Beute,
> Erinnre mich der alten Lust.

Aber jede weinerliche Geste blasen Jugendmut und Ironie des auch jetzt das Leben Meisternden weg:

> Es küßt sich so süße der Busen der Zweiten,
> Als kaum sich der Busen der Ersten geküßt.

Wünscht er zuerst in dem Gedicht „An den Mond" an der Seite des Mondes am Himmel dahinzuziehen, um die Schönheit des Mädchens zu sehen, so spottet er am Schlusse:

> Doch was das für Wünsche sind!
> Voll Begierde zu genießen,
> So da droben hängen müssen;
> Ei, da schieltest du dich blind!

Sowohl in dem einleitenden „Neujahrslied" wie in der epilogisterenden „Zueignung", die beide nach der Rückkehr in Frankfurt entstanden sind, ist der geistreiche Ton überlegener Heiterkeit wieder gefunden:

> [Diese Lieder] singe, wer sie singen mag!
> An einem hübschen Frühlingstag
> Kann sie der Jüngling brauchen.

9*

Der Dichter blinzt von ferne zu,
Jetzt drückt ihm diätetsche Ruh'
Den Daumen auf die Augen.

Halb scheel, halb weise sieht sein Blick,
Ein bißchen naß, auf euer Glück,
Und jammert in Sentenzen.

Das tiefere Erleben hat nun auch die Form verinnerlicht. Der Dichter selber meint, seine Lieder seien „ohne Kunst und Müh Am Rand des Bachs entsprungen". Den mit emsiger Sorgfalt den galanten Mustern nachgedrechselten Zierlichkeiten im Liederbuch „Annette" tritt hier die Sprache des Herzens gegenüber, die ihre Gefühle bereits in erstaunlicher Unmittelbarkeit und mit freier Meisterschaft über die Elemente lyrischen Ausdruckes zu bilden versteht. Weist nicht in „Reliquie" schon die lebendige Locke, die sich der Dichter von der Geliebten schenken läßt — statt Schleier und Band, mit denen die andern sich begnügen —, symbolisch auf die stärkere Gefühlslebendigkeit Goethes hin? Kündigt nicht die letzte Strophe in dem „Glück der Liebe" bereits des Dichters naturwissenschaftliche Symbolik an:

Aufgezogen durch die Sonne,
Schwimmt im Hauch äther'scher Wonne
So das leichtste Wölkchen nie,
Wie mein Herz in Ruh' und Freude?

Ausdrücke von starker Stimmungskraft stellen sich ein. Wie dehnen die Verse:

Forschend übersieht dein Blick
Eine großgemeßne Weite

die Landschaft! Wie jungfräulich schlank stellt er Birken vor uns hin:

Und die Birken streun mit Neigen
Ihr den süßten Weihrauch auf.

Vor allem lebendig aber wirkt der Rhythmus. Kaum hie und da noch hört man das skandierende Klappern der Menuettstöckelschuhe der Rokokolyrik. In der Regel dient das rhythmische Gesetz nur dazu, die natürliche Anmut freier Gefühlsbewegung wie ein Schleiergewand leise zu umwallen und so ihren Reiz zu steigern. Der junge Künstler kennt bereits das Geheimnis aller Rhythmik: Belebung des Taktes durch Kreuzung des metrischen Tons mit Gehalt und Klang der Silbenschwere. Er versteht sich auf den belebenden Reiz der schwebenden Betonung. So bildet er vortreffliche Strophen etwa in dem „Glück der Liebe", wo eine sinngemäße Rezitation durch die — metrisch betrachtet — vierfüßigen Trochäen Daktylen und Anapäste gaukeln hört.

So kleinlaut Goethe von seinem ersten Fluge in die Welt unters Dach des Vaterhauses zurückkehrte, so schmerzlich die Gefühle waren, mit denen er auf seine Leipziger Erfahrungen zurückblickte, ein Gro=ßes hatten sie ihm geschenkt: die Gabe, sein Innerstes im künst= lerischen Wort auszusprechen. Der Lyriker war geboren.

Drittes Kapitel
Die Lösung des Gefühls

Von dem Katzenjammer, den Goethe im Spätsommer 1768 nach Frankfurt heimbrachte, gibt uns sein Lustspiel „Die Mitschuldigen" ein verblüffendes Bild: der lose Schwiegersohn des Wirts plündert die Kasse eines Gastes, um seine Spielschulden zu zahlen. Zur Strafe muß er mit anhören, wie der Gast mit seiner Frau schar= mutziert. Da tröstet er sich: das gestohlene Geld mag der Preis für die Hörner sein, die der Gast ihm aufgesetzt:

> In summa nehmen Sie 's nur nicht so gar genau:
> Ich stahl dem Herrn sein Geld und Er mir meine Frau.

Den Grund zu den Erfahrungen, die zu diesem peinlichen Ur= teil über den sittlichen Zustand der Gesellschaft führten, will Goethe schon in Frankfurt gelegt haben. Aber erst die Leipziger Erfahrun= gen machten die Komödie flott. Daß er sich so rasch von dieser Fri= volität erholte, ist vielleicht das größte Wunder seines an Wundern nicht armen Lebens. Die Erfahrung des in der Welt wirkenden Bösen blieb in ihm lebendig und half später die Gestalt des Me= phistopheles zeugen. Aber wie Faust diesem entgeht, so gab es auch für Goethe eine Erlösung: die Reinigung und Vertiefung des Ge= mütslebens.

Schon in Leipzig, in den körperlich=seelischen Leiden, hatte die Wandlung angehoben. Sie hatten ihn empfänglich gemacht für die Worte eines theologischen Freundes, Ernst Theodor Langer, des Nachfolgers von Behrisch als Hofmeister des Grafen Lindenau. „Vous avez été le premier homme au monde qui m'a prêché le vrai évangile, et si Dieu me fait la grace de me faire chrétien c'est à vous que j'en dois la semence", ſchreibt er ihm am 9. Nov. 1768. Nun war es in Frankfurt Suſanne von Klettenberg, die die Saat hegte. Sie hieß: Innerlichkeit. Abwendung von der „Welt" mit ihrer Überklugheit, ihrem Prunk und ihren Verirrungen. Aufſtieg ins Überſinnliche. Unmittelbares Leben in Gott. Glauben. Hingabe, ſchon im körper= lichen Diesſeits, ans geiſtige Jenſeits. In vielen ſchlafloſen Nächten hatte die „Schöne Seele", wie die „Lehrjahre" erzählen, beſonders etwas empfunden: „Es war, als wenn meine Seele ohne Geſell= ſchaft des Körpers dächte, ſie ſah den Körper ſelbſt als ein ihr fremdes Weſen an, wie man etwa ein Kleid anſieht. Sie ſtellte ſich mit einer außerordentlichen Lebhaftigkeit die vergangenen Zeiten und Be= gebenheiten vor und fühlte daraus, was folgen werde. Alle dieſe Zeiten ſind dahin; was folgt, wird auch dahin gehen; der Körper wird wie ein Kleid zerreißen, aber Ich, das wohlbekannte Ich, Ich bin." Körperlichkeit heißt Geſtalt, Geiſtigkeit Geſtaltloſigkeit, unbedingte Freiheit. Die „Schöne Seele" übte die Freiheit des Glaubens in ſolchem Maße, daß ſie als Pietiſtin die formelle Zugehörigkeit zu einer pietiſtiſchen Kirche verſchmähte. Sie fühlte ſich von dem Grafen Zinzendorf angezogen, aber ſie wollte ihre Seele nicht durch ein Be= kenntnis binden.

All das iſt aber eigentlich erſt Verneinung. Den Keim einer po= ſitiven Religion fand Suſanne von Klettenberg mit Hilfe von Dr. Metz, der auch Goethes Arzt wurde, in einem myſtiſchen Pantheis= mus. „Wie gerne ſah ich," bekennt die Schöne Seele, „nunmehr Gott in der Natur, da ich ihn mit ſolcher Gewißheit im Herzen trug; wie intereſſant war mir das Werk ſeiner Hände, und wie dankbar war ich, daß er mich mit dem Atem ſeines Mundes hatte beleben wol= len." Um das Walten Gottes in der Natur zu erforſchen, zugleich zum Zwecke körperlicher Heilung wie ſeeliſcher Erbauung, griff ſie zu Werken jener Theoſophen und Alchimiſten, die, an der Schwelle der Neuzeit ſtehend, in einer Epoche der Geſchichte lebten, wo der religiöſe Stoff wieder einmal in Fluß gekommen und zum Erlebnis geworden war. Der wunderliche Bund von mittelalterlicher Myſtik mit neuzeitlichem Forſchungsdrange bot ihr tiefere Offenbarung der Schöpfungsgeheimniſſe und Aufſchluß über das Wirken der Gottes= kraft in der Natur.

Durch Suſanne von Klettenberg und Dr. Metz fand auch Goethe Eingang in dieſe Welt der Glaubensſeligkeit und Naturvergottung. Auch ihm war, wie der kränklichen Schönen Seele, die Lockung eine

doppelte: Heilung des Körpers und Trost der Seele. Und wenn er
an der mütterlichen Freundin die „Heiterkeit und Gemütsruhe" sah,
die sie niemals verließen, und die an das Wunder grenzende Wirkung von Dr. Metzens „Salz" an sich verspürte, so konnte er, der
in dem überklugen Leipzig so kläglich Schiffbruch gelitten, darin wohl
eine Stärkung finden für den Glauben an die trostvolle Wahrheit
jenes gottseligen Pantheismus. Mit Fräulein von Klettenberg las
er Georg von Wellings 1735 erschienenes „Opus mago-cabbalisticum
et theosophicum", das sich anheischig macht, zu zeigen, „wie die
Natur aus Gott und wie Gott in derselben möge gesehen und erkannt werden", und auch von der Existenz eines Lebenselexiers fabelt.
Von diesem Nachläufer der alchimistischen Bewegung stiegen die
beiden dann zu den Renaissancetheosophen hinauf, lasen Theo-
phrastus Paracelsus, Johann Baptist van Helmont, sowie die aus
dem Anfang des 18. Jahrhunderts stammende Aurea catena Homeri,
die Goethe „besonders gefallen wollte". Sie ließen sich durch diese
Werke bestärken in dem Glauben an das Walten göttlicher Kräfte
in der Natur, zu denen nicht wissenschaftlicher Verstand, sondern
fühlendes Erleben den Weg erschließe, und drangen durch eigene
chemische Versuche mit Windöfchen und Retorten in die Geheimnisse der Schöpfung vor. Damals erschuf sich Goethe aus Studium, Spekulation und Versuch eine Kosmologie, deren Elemente,
so phantastisch ihre Einkleidung ist, doch die Grundlinien seiner
spätern Weltanschauung wurden. In drei Stufen sah er die Schöpfung sich entwickeln: zuerst ist die schaffende Gottheit in sich harmonisch und geschlossen. Dann spaltet sie sich in Schaffendes und
Geschaffenes. Das Geschaffene verkörpert sich in Lucifer, dem Prin-
zip der Materie; die Schwere, die ihr innewohnt, entfernt sie immer
mehr von der Gottheit. Endlich wird durch einen weitern Gnadenakt
der Gottheit der Mensch geschaffen, in dem Göttliches und Ma-
terielles sich eint, der zugleich unbedingt und beschränkt ist. Schon
jetzt also, bevor Goethen Herders Weltanschauung vertraut wurde,
hat er sich jene Überzeugung von einer nach dem Gesetz des Gegensatzes wirkenden, umbildenden Tätigkeit schaffender Kräfte gegründet, wie sie dann später in den morphologischen Studien klarer
und konsequenter zutage tritt. Und schon jetzt bewegt sich Goethe in
deutlichem Widerspruch gegen die rationalistische Weltauffassung der
Aufklärung: In den Ephemerides, seinen Tagebuchblättern von
Frankfurt und Straßburg, nimmt er den Renaissancepantheisten

Giordano Bruno verschiedentlich gegen Bayle in Schutz. Giordanos Lehre von der Monade, die in sich ein individuelles Spiegelbild der Welt trägt, so einerseits ein Einziges und anderseits das Ganze ist — diese Lehre, erklärt er, verdiente eine philosophischere Erörterung, als sie Bayle gebe. Will er auch den paradoxen Denker nicht entschuldigen, so seien seine Ideen doch tief und vielleicht für den Einsichtigen fruchtbar. Aus eigener Kraft war er so Herder und dem Sturm und Drang entgegengewachsen. Für alle Zeiten war er von der Starrheit, Äußerlichkeit und kritischen Zerstörungssucht einer rein verstandesmäßigen Erfassung der Welt erlöst. Er war sich des inneren Bandes zwischen sich und der Natur bewußt geworden — der Nabelschnur, um ein Bild des Stürmers und Drängers vorauszunehmen.

Für den Lyriker bedeutete dieser Umschwung die Erlösung des Gefühls und damit eine gewaltige Steigerung des Ausdrucks an Wucht und Fülle. Die Gedichte, die er in Leipzig verfaßt hatte, kamen ihm nun „kalt und trocken und allzu oberflächlich" vor, und abermals verhängte er ein großes Hauptautodafé über seine Arbeiten, bevor er zum zweitenmal das Vaterhaus verließ.

Auf das Sommersemester 1770 traf er in Straßburg ein. Was der Dichter, im besondern der Lyriker, hier erlebte, wird durch drei Begriffe bezeichnet: Herder. Das Münster. Friederike Brion.

Es war glücklichste Fügung, daß Goethe in Straßburg mit Herder zusammentraf. Denn dieser war der einzige Mensch, der ihn damals zu fördern vermochte. Pietismus und Alchimie hatten den Sinn für ursprüngliches Naturweben in ihm geweckt. Herder loderte seine Begeisterung für Volksdichtung in ihn hinein und schüttete einen Reichtum einfachster Lieder vor ihm aus. Lieder, so ursprünglich und kräftig, ja so „wild" und stammelnd, daß sie unmittelbar aus dem Schoß der schöpferischen Gottnatur hervorgegangen schienen. Geboren ohne die Künste des glättenden, abschwächenden, verwässernden menschlichen Verstandes. Je rätselhafter ihr Sinn oft durch die abgebrochene Sprunghaftigkeit der Darstellung war, um so weiter schienen sie dem nüchternen Tageslichte der Vernunft entrückt, um so tiefer eingesenkt in die Dämmergründe des reinen Gefühlslebens. Was Ergebnis eines Abbröckelungs- und Verschleifungsprozesses war infolge des Wanderns der Lieder von Mund zu Mund und durch oft sehr unzulängliche Köpfe, schien den Verzückten höchste Absicht der schöpferischen Gottnatur — als ob die rätsel-

vollen Falten und Risse verwitterten Gesteines so aus der Hand
der Schöpfung hervorgegangen wären!

„Ich ward", berichtet Goethe, „mit der Poesie von einer ganz
andern Seite, in einem andern Sinne bekannt als bisher, und zwar
in einem solchen, der mir sehr zusagte. Die hebräische Dichtkunst,...
die Volkspoesie, deren Überlieferungen im Elsaß aufzusuchen er
uns antrieb, die ältesten Urkunden als Poesie gaben das Zeugnis,
daß die Dichtkunst überhaupt eine Welt- und Völkergabe sei, nicht
ein Privaterbteil einiger feinen, gebildeten Männer." So geriet
er durch Herder „in die glückliche Lage, alles, was ich bisher gedacht,
gelernt, mir zugeeignet hatte, zu komplettieren, an ein Höheres an-
zuknüpfen, zu erweitern."

Die unmittelbarste Anschauung der damaligen Bewegung seines
Innern geben die Niederschriften aus jener Zeit und der darauf
folgenden. Der Aufsatz „Von deutscher Baukunst", die Rede „Zum
Shakespeares-Tag" und später die Rezensionen für die „Frankfurter Gelehrten Anzeigen" und der kleine „Anhang zu Mercier-Wagners Neuem Versuch über die Schauspielkunst". Es tönt in ihnen
allen wie das krachende Sprengen erstarrter Schalen, unter denen
mit gewaltigem Druck neues Leben zum Licht drängt.

Wenn ihm noch in Frankfurt Giordano Brunos Lehre von dem
Einen, das sich in den individuellen Gestalten spiegelt, mehr tiefsinnig als klar erschienen war, so gab nun dem Augenmenschen der
Anblick des Straßburger Münsters die Deutung der mystischen Lehre
des Renaissancephilosophen. Was er 1770 und 1771 erlebte, spricht
der 1773 niedergeschriebene Aufsatz „Von deutscher Baukunst" aus:
Das „gotische" Münster ist nicht, wie die antikisierenden Verächter
jenes „barbarischen" Stils schmähten, „verworrene Willkürlichkeit",
„ganz von Zierat erdrückt", sondern harmonisch gegliederte Masse,
jede Einzelheit dem Ganzen dienend, für sich selber dastehend und
zugleich von der Zweckidee des Ganzen belebt, d. h. geformt. Der
Genius des großen Werkmeisters offenbart ihm: „Alle diese Massen
waren notwendig... Nur ihre willkürlichen Größen hab' ich zum
stimmenden Verhältnis erhoben. Wie über dem Haupteingange, der
zwei kleinere zur Seite beherrscht, sich der weite Kreis des Fensters
öffnet, der dem Schiffe der Kirche antwortet und sonst nur Tagloch
war, wie hoch darüber der Glockenplatz die kleineren Fenster for-
derte! Das all war notwendig, und ich bildete es schön."

So erwacht in dem Jüngling das Bewußtsein, das ihm Lebens-

besitz wird: das Kunstwerk ist nicht ein nach Verstandesregeln äußerlich zusammengesetztes Gebilde, sondern ein Kosmos, von innen
heraus wachsend aus lebendigem Keim, dessen Wesen und Sinn sich
in seiner Gestalt im ganzen und einzelnen ausprägt. Ein Organismus, gleich den lebendigen Schöpfungen der Natur. Der Künstler im
Bereiche seiner Kunst gestaltend wie Gott im Kreise der Natur, im
Kunstwerk lebend wie Gott im sichtbaren All. Die Monade Giordano
Brunos, das All in sich spiegelnd. Die Kunstauffassung des Pantheismus: „Wie frisch leuchtet' er im Morgenduftglanz mir entgegen, wie froh konnt' ich ihm meine Arme entgegenstrecken, schauen
die großen harmonischen Massen, zu unzählig kleinen Teilen belebt:
wie in Werken der ewigen Natur, bis aufs geringste Fäserchen, alles
Gestalt und alles zweckend zum Ganzen; wie das festgegründete un-
geheure Gebäude sich leicht in die Luft hebt; wie durchbrochen alles
und doch für die Ewigkeit. Deinem Unterricht dank' ich's, Genius,
daß mir's nicht mehr schwindelt an deinen Tiefen, daß in meine
Seele ein Tropfen sich senkt der Wonneruh des Geistes, der auf solch
eine Schöpfung herabschauen und Gott gleich sprechen kann: es ist
gut!" Was Goethe 1775 die „innere Form" nannte, ist schon in
diesen Sätzen des Aufsatzes über deutsche Baukunst vorweg-
genommen.

Erst wer die Bedeutung dieser Zentraloffenbarung erfaßt, versteht, daß Herders Lehre von dem Volksliede so stark auf Goethe
wirkte. Der Rationalismus hatte den Volksliedern ebenso verständ-
nisbar gegenübergestanden, wie der gotischen Baukunst. Roheit und
Sinnlosigkeit warf man den einen wie der andern vor. Nun wurde
dem Pantheisten auch das Volkslied, gleich dem Straßburger Münster, zur künstlerischen Uroffenbarung des Weltgeistes, und seine
Auswüchse erhielten den gleichen Sinn wie die Zierate des Domes.

Zwölf Volkslieder haben sich erhalten, die Goethe damals im
Elsaß sammelte — „aus den Kehlen der ältesten Mütterchens auf-
haschte", wie er Herder bei der Übersendung des Schatzes im Herbst
1771 schrieb —. Sie vermitteln uns das Bild, das sich Goethe vom
Volkslied machte. Liebeserlebnisse mit meist tragischem Ausgang
bilden den Stoff. Die Phantasie läßt sich nicht auf Ausmalung
der Gefühle ein, sondern bleibt in der Sphäre des sinnlich-anschau-
lichen Geschehens. Es sind Balladen. „Das Lied vom Herrn und
der Magd" erzählt, wie die Magd vom Herrn verführt wird. Auf
die Abfindungssumme und den Stallknecht als Mann verzichtet sie.

Sie kehrt zu ihrer Mutter heim. Da gebiert sie das Kind. Vor ihrem
Tode berichtet sie dem Herrn. Er kommt eiligst, begegnet ihrem
Leichenzug und ersticht sich an ihrem Sarge. Das Grausige ist über-
all ohne jegliche Gefühlsweichheit, ja mit derbem Humor dargestellt.
Wie der gefangene Lindenschmidt, in dem Lied vom Lindenschmidt,
den Junker Caspar um das Leben seines Sohnes bittet, sagt jener:

> Das Kalb muß leiden mit der Kuh,
> Soll dir nicht weiter gelingen,
> Als bis gen Baden in der werten Stadt,
> Soll dir dein Haupt abspringen.

Nur die Höhepunkte der Handlung werden festgehalten. Die Erzählung springt von Gipfel zu Gipfel. Motivierungen, Nebenum-
stände werden verschmäht. Daher der abgebrochen-rätselhafte Vortrag. Wo inneres Leben direkt zur Darstellung kommt, wird es als
Rede und Gegenrede ausgesprochen. So bekommt das Volkslied
dramatischen Charakter — dramatisch auch in dem Sinne, daß die
Person des Sprechenden und die Tatsache des Sprechens in der
Regel nicht ausdrücklich mitgeteilt werden.

Der sprachliche Ausdruck strebt nach sinnlicher Farbigkeit. Des
Markgrafen Weib fordert den Zimmergesellen, der ihr das Haus
gebaut hat, auf, „zu schlafen an meinem schneeweißen Leib“. Das
„rote Blut“ spritzt gegen den Burschen, der sein ungetreues Lieb
erstochen hat. Mundartliche und sonstige alte Formen beweisen die
Naturhaftigkeit: „Es reit (= ritt) der Herr von Falckenstein.“
„Wenn wir das Kindlein geboren han.“ Das Versmaß weist auf
den alten Knittelvers zurück. Flickwörter („Sie ging den Turm
wohl um und wieder um“; „Und schläft es nun der Zimmergesell
An ihrem schneeweißen Leib“) und Flicksilben („So bitt’ ich um
mein Sohne mein“) müssen den Takt stützen, längere und kürzere
Verse stehen an gleichen Stellen innerhalb der Strophen. Asso-
nanzen dienen als Reime.

Aber wer meint, Goethe habe nun sofort das Evangelium des
Volksliedes in seinen eigenen Liedern zu erfüllen getrachtet, erlebt
eine Enttäuschung. Seine eigenen Lieder in der Straßburger Zeit
haben, mit wenigen Ausnahmen, einen seltsam matten Klang im
Gegensatz zu der sprühenden Lebendigkeit der Volkslieder; sie sind
alle noch „Kunstlyrik“. Auch jetzt geht der Künstler seinen eigenen
Weg. Nicht Kritik und Wissenschaft treiben ihn, — diese stehen nur

etwa winkend am Rande —, sondern das menschliche Erlebnis. Es hieß Friederike Brion.

In „Dichtung und Wahrheit" erzählt Goethe, wie ihm der Verkehr im Brionschen Hause unversehens wieder die Lust zu dichten, die er lange nicht gefühlt, geweckt habe. „Ich legte für Friederiken manche Lieder bekannten Melodien unter. Sie hätten ein artiges Bändchen gegeben; wenige davon sind übrig geblieben." So deutet er selber an, was den Charakter dieser Lieder bestimmt. Die Verhältnisse im Brionschen Haus schienen ihm eine Wiederholung der Familie des Landpredigers von Wakefield: Patriarchalische Kultur auf dem Hintergrund ländlicher Behaglichkeit. Friederike stand „auf der Grenze zwischen Bäuerin und Städterin". Sie war ein Stück Natur; aber die Natur selber macht keine Sprünge, und Goethe, der aus dem frivolen Raffinement des Rokoko herkam, vertrug zur Natur einen ansehnlichen Zusatz von Kultur, sollte sie ihn nicht abstoßen. Seine „Natur" hieß Idylle. Erst später lernte er, daß die reine Natur „schön und häßlich, gut und böse" zugleich ist, also jenseits aller ästhetischen und sittlichen Werturteile steht. Wäre Friederike eine Bauerndirne gewesen, er hätte sie nicht geliebt. War es ihm doch schon unbehaglich, als bei ihrem Besuch in Straßburg das Bäuerliche in ihr zum Vorschein kam.

Den Eindruck gereinigter Natur machen auch die erhaltenen Sesenheimer Lieder. Eine Anzahl, so das bekannte „Stirbt der Fuchs, so gilt der Balg", entstammt der ländlichen Kurzweil mit den Töchtern des Pfarrhauses und die Anrede „ihr goldnen Kinder", „liebe Kinder" erinnert an den Leipziger Studenten, der den „Mädchen" zur Unterhaltung seine Späße erzählt. Nur fehlt der Hautgout geistreicher Lüsternheit jetzt gänzlich. Die Reinigung des Gefühls zeigt „Erwache, Friederike". Das Motiv — die schlafende Geliebte — ist echt anakreontisch. Auch die geistreiche Pointierung in Ausdruck und Entwicklung erinnert an die Leipziger Lieder. Einer der Blicke der Geliebten macht die Nacht zum Tage. Schwer liegt des Reimes Joch auf seinem Busen, denn:

> Die schönste meiner Musen,
> Du — schliefst ja noch.

Sogar Philomele taucht noch auf. Aber wie rein ist die Situation nun erfaßt und ausgedrückt! Wie scheucht nur schon das Motiv, daß Friederike am Busen der Schwester schlummert, jeden trüben

Wunsch weg, den der Leipziger Student nicht gemieden hätte. Und doch regt sich auch hier das Blut, aber es glüht in reiner Flamme:

> Ich sah dich schlummern, Schöne!
> Vom Auge rinnt
> Mir eine süße Träne
> Und macht mich blind.
>
> Wer kann es fühllos sehen,
> Wer wird nicht heiß —
> Und wär' er von den Zehen
> Zum Kopf von Eis!

Statt als jugendlichen Greis, wie etwa in Leipzig, gibt Goethe sich jetzt, nicht ohne Ziererei, als Kind:

> Wir wollen uns zum Feuer setzen
> Und tausendfältig uns ergötzen,
> Uns lieben wie die Engelein.
> Wir wollen kleine Kränzchen winden,
> Wir wollen kleine Sträußchen binden,
> Und wie die kleinen Kinder sein.

Manche dieser Liederchen sind lyrische Stoßseufzer, unmittelbar aus dem Innern hervorbrechend, gehauchte Höhepunkte des Ge= fühlserlebens:

> Jetzt fühlt der Engel, was ich fühle,
> Ihr Herz gewann ich mir beim Spiele,
> Und sie ist nun von Herzen mein.
> Du gabst mir, Schicksal, diese Freude,
> Nun laß auch morgen sein wie heute,
> Und lehr' mich ihrer würdig sein.

Aber es liegt noch etwas Gedämpftes auf diesen Äußerungen. Das Gefühl bewegt sich noch nicht frei in selbstgeschaffener Form. Der Dichter selber spürt es. Er ist noch nicht der Tassodichter, der sagen kann, wie er leidet:

> mich ängsten tiefe Schmerzen,
> Wenn mein Mädchen mir entflieht;
> Und der wahre Gram im Herzen
> Geht nicht über in ein Lied.

Aber vier der Sesenheimer Lieder gehören doch schon zu dem Kronschatz von Goethes Lyrik: Kleine Blumen, kleine Blätter; Es schlug mein Herz; Es sah ein Knab' ein Röslein stehn, und das Mailied.

„Kleine Blumen, kleine Blätter" ist kunstvollste Anakreontik. „Gemalte Bänder", erzählt Goethe in „Dichtung und Wahrheit",
„waren damals eben erst Mode geworden; ich malte ihr gleich ein
paar Stücke und sendete sie mit einem kleinen Gedicht voraus." Wenn
Gottfried Keller am Schluß des „Sinngedichtes" den pechdrahtfer-
tigenden Schuster das Lied singen läßt, so tut er das mit Fug und
Recht; denn es hat als Volkslied weiteste Verbreitung gefunden.
Aber weder in Goethes Urform noch in der nur leicht ändernden
Gestalt, die Keller ihm lieh. Vorstellungen wie die von den Früh-
lingsgöttern, die die kleinen Blumen, kleinen Blätter auf ein luftig
Band streuen, oder die des Zephyrs, der es auf seine Flügel nehmen
soll, sind dem Empfinden des Volkes fremd. Aus den Frühlings-
göttern macht es etwa einen Frühlingsgärtner; im Wiggertal im
Kanton Luzern z. B. werden die beiden ersten Strophen in folgender
Form gesungen:

> Kleine Blumen, kleine Blätter
> Pflücken wir mit leiser Hand,
> Holder Jüngling, Frühlingsgärtner,
> Wandle auf dem Rosenband.
>
> Hüpfend über Feld und Hügel
> Geh' ich nur mit Lust und Freud!
> Alsdann tritt sie vor den Spiegel,
> Freut sich ihrer Munterkeit.

Aber auch Goethe hat die Kunstform des Liedes nicht schon in
Straßburg gefunden. Die Urgestalt lautete, nach der Abschrift in
Friederike Brions Nachlaß:

> Kleine Blumen, kleine Blätter
> Streuen mir mit leichter Hand
> Gute junge Frühlingsgötter
> Tändelnd auf ein luftig Band.
>
> Zephir, nimm's auf deine Flügel,
> Schling's um meiner Liebsten Kleid!
> Und dann tritt sie für den Spiegel
> Mit zufriedner Munterkeit.
>
> Sieht mit Rosen sich umgeben,
> Sie wie eine Rose jung.
> — Einen Kuß, geliebtes Leben!
> Und ich bin belohnt genung.

Schicksal, segne diese Triebe,
Laß mich ihr und laß sie mein,
Laß das Leben unsrer Liebe
Doch kein Rosenleben sein!

Mädchen, das wie ich empfindet,
Reich' mir deine liebe Hand!
Und das Band, das uns verbindet,
Sei kein schwaches Rosenband!

Erst bei der Umarbeitung für den Druck in J. G. Jacobis „Iris", wo das Lied im Januar 1775 erschien, gab Goethe die Tautologie der beiden letzten Strophen preis, ließ die zweitletzte weg und wandelte die letzte, mit leiser Andeutung des spätern Schicksals seiner Liebe, leicht um:

Fühle, was dies Herz empfindet,
Reiche frei mir deine Hand,
Und das Band, das uns verbindet,
Sei kein schwaches Rosenband!

Dafür scheint in dem „Fabelliedchen" „Es sah ein Knab' ein Röslein stehn" der Ton des Volksliedes so rein getroffen, daß allen Ernstes die Frage erörtert werden konnte, ob Goethe überhaupt der Verfasser sei, da Herder es in dem „Briefwechsel über Ossian" als ein „Lied für Kinder", und in den Volksliedern mit dem Zusatz „Aus der mündlichen Sage" veröffentlichte.

Man weiß heute, daß sich Goethe durch ein wirkliches Volkslied hat anregen lassen. Aber doch nur anregen lassen. Denn die Gestalt, in der das Lied durch das 19. Jahrhundert wanderte, ist seine Schöpfung. Der Stil der Volksballade, den ihn Herder und seine eigenen Beobachtungen gelehrt, ist zur Kunstform gesteigert. Der dramatische Dialog zwischen Knabe und Röslein bildet den Höhepunkt der zweiten Strophe, die erste und dritte enthalten epische Schilderung des Vorgangs. Die kurzen, häufig nur aus Subjekt und Prädikat bestehenden Hauptsätze geben sinnliche, lebendig bewegte Anschauung. Aus dem Refrain, vor allem aus der wundersamen Steigerung in „Röslein, Röslein, Röslein rot", klingt lyrische Innigkeit. Das munter wechselnde Versmaß scheint ganz aus der freien Beweglichkeit des Volksliedtaktes genommen. Aber so knapp und alles sagend, so kunstvoll gebaut und sinnlich ist keines der Volkslieder, die Goethe oder Herder gesammelt.

Und doch fand Goethe erst bei der Umarbeitung für die Gedichtausgabe von 1789 die endgültige Kunstform. Die erste Fassung wies noch Vorschlagssilben auf („Es sah ein Knab"; „Ein Röslein auf der Heiden"), die nach Herders Ansicht nur als Halbton zu sprechen waren. Jetzt ließ Goethe sie völlig fallen. Seinem geklärten Stilgefühl mochten die unartikulierten Laute nicht mehr zusagen; zugleich war die Knappheit gesteigert. An die Stelle des blassen:

> Er sah, es war so frisch und schön
> Und blieb stehn, es anzusehn.

trat nun das bewegte und innige:

> War so jung und morgenschön,
> Lief er schnell, es nah zu sehn.

Dafür konnte die folgende Zeile:

> Stand in süßen Freuden

gemildert werden in:

> Sah's mit vielen Freuden.

In der Mittelstrophe ersetzte Goethe das syntaktisch ungeschickte und schmollend sich sträubende

> Daß ich's nicht will leiden

durch das klare und energische

> Und ich will's nicht leiden.

Vor allem die letzte Strophe hat unendlich gewonnen. Die Urfassung hatte geschrieben:

> Jedoch der wilde Knabe brach
> Das Röslein auf der Heiden.
> Das Röslein wehrte sich und stach,
> Aber es vergaß darnach
> Beim Genuß das Leiden!

Statt dieser volkstümlichen Derbheit fand die zweite Bearbeitung die glückliche, leise ins Tragische übergreifende Form:

> Röslein wehrte sich und stach,
> Half ihm doch kein Weh und Ach,
> Mußt' es eben leiden.

Zugleich ist die Änderung ein Gewinn für die Komposition geworden. Weilt unser Blick in der Anfangsstrophe vor allem auf dem Knaben, in der Mittelstrophe auf dem Knaben und dem Röslein, so zieht ihn nun in der Schlußstrophe das Los des Rösleins auf sich.

„Es schlug mein Herz" (später „Willkommen und Abschied")
ist durch und durch und von Anfang an Kunstlyrik. An Aufbau und
Ausgestaltung den Leipziger Gedichten gleichend, übertrifft es sie
an Glut des Gefühls. Wenn früher die gleichmäßigen, elegisch=
gedämpften Töne überwogen, so hat in Goethe nun die Liebe die
unmittelbare Sprache der auf= und abflutenden Leidenschaft geweckt.
So stürmisch drängt sie, daß er ihr nur allzu kräftigen Ausdruck leiht:

> Es schlug mein Herz; geschwind zu Pferde,
> Und fort! wild wie ein Held zur Schlacht.

— ein Bild, kaum angemessen für die Stimmung des Jünglings, der
zur Geliebten geht.

Bezeichnend ist ein Unterschied des seelischen Verhaltens zwischen
der ersten und zweiten Hälfte, der sich zu einem Stilunterschied aus=
wächst. In der zweiten Hälfte, auf die eigentlich nur das „Willkom=
men und Abschied" sich bezieht, schildert der Dichter meist unmittel=
bar sein Erleben im Zusammensein mit der Geliebten:

> Ich sah dich, und die milde Freude
> Floß aus dem süßen Blick auf mich.
> Ganz war mein Herz an deiner Seite
> Und jeder Atemzug für dich.

In der ersten Hälfte dagegen herrscht Stellvertretung des Gefühls
durch das Bild. Vor allem in den Naturschilderungen:

> Der Abend wiegte schon die Erde,
> Und an den Bergen hing die Nacht;
> Schon stund im Nebelkleid die Eiche
> Wie ein getürmter Riese da,
> Wo Finsternis aus dem Gesträuche
> Mit hundert schwarzen Augen sah.

Wenn Goethe hier in Vergleichen und Personifikationen schwelgt,
so tut er es doch wohl nicht der stärkeren „Anschaulichkeit" wegen,
sondern weil der leidenschaftlich dahintreibende Strom seines Füh=
lens durch den langen Ritt in der einschlafenden Natur gestaut
wird. Nun setzt die gehemmte Liebesglut den Webstuhl der Phan=
tasie in Bewegung und schafft darauf die wundersamen mythologi=
schen Bilder des Naturlebens. Sobald der Dichter bei der Gelieb=
ten ist, ist der Strom wieder frei und umspielt und umspühlt nun
unmittelbar mit seinen singenden Wellen das köstliche Beisam=
mensein.

Auch bei „Willkommen und Abschied" hat Goethe die eigentliche Kunstvollendung erst später erreicht. Die Bearbeitung für den ersten Druck in der „Iris" 1775 brachte statt: „Wie ein getürmter Riese" das glücklichere: „Ein aufgetürmter Riese". Das „auf" trägt einen kräftigern Akzent als das „ein", und das Versmaß zwingt uns nun gleichsam, auf einer Stufenreihe (ein aufgetürmter Riese) zu der Spitze des Turmes emporzusteigen. Diese zweite Fassung läßt den Mond auch nicht mehr „schläfrig", sondern „kläglich" aus dem Duft hervorscheinen.

Aber erst die Gedichtausgabe von 1789 brachte die endgültige Form. Jetzt wird das derbe Bild von dem in die Schlacht stürmenden Helden gemildert zu:

> Es war getan fast eh' gedacht.

Vor allem aber ist nun der Ausgang umgewandelt. In der ersten Fassung lautete er:

> Der Abschied, wie bedrängt, wie trübe!
> Aus deinen Blicken sprach dein Herz.
> In deinen Küssen welche Liebe,
> O welche Wonne, welcher Schmerz!
> Du gingst, ich stund, und sah zur Erden,
> Und sah dir nach mit nassem Blick;
> Und doch, welch Glück! geliebt zu werden,
> Und lieben, Götter, welch ein Glück!

Glück und Schmerz verteilen sich in dieser Abschiedsstunde gleichmäßig auf beide Liebende, und sogar der Jüngling (der in die Schlacht ziehende Held!) schämt sich jetzt der Tränen nicht — so nah berühren sich diesem leidenschaftlichen Geschlecht Kraft und Rührseligkeit! Die spätere Fassung scheidet hier klarer. Nicht das Mädchen geht, sondern der Jüngling — denn er nimmt Abschied. Und sie weint; denn sie bleibt zurück, indes er wieder ins Leben hinausstürmt, das stärkende Gefühl der Liebeswonne im Herzen, das nur kurze Zeit durch den Abschied „verengt" worden ist. So hat zugleich ein typisches Verhältnis zwischen Jüngling und Mädchen wie das persönliche Erleben Goethes mit Friederike in dieser Fassung seinen Ausdruck gefunden:

> Doch ach, schon mit der Morgensonne
> Verengt der Abschied mir das Herz:
> In deinen Küssen welche Wonne!
> In deinem Auge welcher Schmerz!

Ich ging, du standst und sahst zur Erden
Und sahst mir nach mit nassem Blick:
Und doch, welch Glück, geliebt zu werden!
Und lieben, Götter, welch ein Glück!

In dem „Maifest" (später zu „Mailied" gedämpft) quillt von
allen Sesenheimer Gedichten das reinste lyrische Blut. Bedarf Goethe
bei den andern zur Darstellung seines Gefühls noch der epischen
Maskierung oder der mythologischen Umschreibung, so jubelt sich
hier der Drang des Innern unmittelbar mit hinreißender Inbrunst
aus. Als Pantheist ist er nach Straßburg gekommen. Renaissancetheosophen und spätere Alchimisten offenbarten ihm das Leben als
Wirkung göttlicher Kraft. Nun spürt er sie selber in sich als Liebe.
Aber Wort ist Schall und Rauch. Was der Mensch als Liebe fühlt,
ist es nicht das gleiche, was in allem Naturwerden des Frühlings
aus dunkelm Schoße zum Lichte drängt? Zum erstenmal wird Goethe
die Einheit des Innen und des Außen, des geistigen und des körperlichen Daseins bewußt. Das ganze Leuchten der Natur, das
Glänzen der Sonne, das Lachen der Flur; die Blüten, die aus jedem
Zweig dringen, die tausend Stimmen im Gesträuch — all das ist
nur, jedes in seiner Sprache, die Verkündigung des einen Evangeliums, das er auch in der Freude und Wonne seiner Brust jauchzen
hört — des Evangeliums des in Kraftentfaltung herrlich sprießen-
den Lebens. Nicht mehr in künstlich gedrechselten Metaphern und
geistreichen Personifikationen, unmittelbar bricht sich die Liebe
Bahn. Denn ob sie „so golden schön" ist, „wie Morgenwolken auf
jenen Höhn"; ob sie „im Blütendampfe die volle Welt" segnet, all
das sind keine Metaphern mehr. Goethe meint es eigentlich;
denn die ganze Fülle und Mannigfaltigkeit der Geschöpfe jauchzt
ihm nun das Ein-und-Alles seiner Naturvergottung zu: Liebe und
goldene Morgenwolken und die Blütenpracht, die wie eine warme
Dampfwolke aus der Erde zum Himmel dringt, und die Geliebte
und die Lerche und die Morgenblumen — alles ist eins, jedes
ein Ton in der brausenden Urmelodie des Lebens. Und jetzt kann
der Dichter, um die Gesichte seines Innern kunstvoll darzustellen,
auch keine künstlichen Strophengebilde und Kompositionsgesetze mehr
brauchen. In stürmisch vorwärtsdrängendem Takte braust das Hohe-
lied seiner Liebe dahin, mit seinen schäumenden Wellen die leichten
Dämme der vierzeiligen Strophen überspülend. In einer Sprache,
die den ruhig darstellenden Aussagesatz kaum kennt, meist Aus-

10*

ruf und Beteuerung ist. Zwei große Wogen, die eine in stürmi=
schem Schwung sich aufbäumend zum Höhepunkt:

> O Erd', o Sonne!
> O Glück, o Lust!

die andere in langsamerem und breiterem Anschwellen, aber mit
umso größerer Innigkeit das Geständnis der Liebeswonne wieder=
holend und mit dem Wunsch des Glückes der Geliebten sich krö=
nend. Keine logische Entwicklung, kein epischer Fortgang, keine geist=
reiche Pointe. Der gliedernde, klärende, formende Verstand ganz
beseitigt, nur Blütendampf des Gefühls.

Das Mailied stellt nicht nur innerhalb der Goetheschen Lyrik,
sondern in dem Werdegang der deutschen Lyrik überhaupt etwas
völlig Neues dar, zu dem nur Klopstocks Oden Ansätze zeigen: die
All=Einheit des lyrischen Gefühls. Die Lyrik hat hier ihren symboli=
schen Stil gefunden. In dem Einen spiegelt sich das Ganze, also
auch unser eigenes Gefühl und Leben. Daher die Innigkeit. Das
All=Einheitsgefühl, dem nichts Gewordenes fremd ist, das „überall
im Innern" ist, erfaßt auch uns selber und reißt uns unaufhalt=
sam als Gleiches zu Gleichem, als Welle zu Wellen hin in den
einen Strom des Lebens. Das Mailied leitet so, nach Inhalt und
Ausdruck, zu den Hymnen des Stürmers und Drängers über.

Viertes Kapitel

Im Sturm und Drang

Mit dem jähen Abschied von Sesenheim hatte Goethe für alle
Zeiten der Idylle entsagt. Er hatte, wie der Barbier Rotmantel in
der „Neuen Melusine", den engen Ring entzweigesprengt, der ihn
zum Zwerge gemacht hätte, und hatte das winzige Königsglück an
der Seite der Zwergprinzessin der Freiheit und Naturgröße des
Menschen geopfert. Wenn er je wieder zur Idylle zurückkehrte, so
tat er es, wie in dem aufschlußreichen Gedicht „Adler und Taube",
nur in Gedanken. Sie blieb Sehnsucht, Traum; sie wurde nicht
Wirklichkeit.

Der Naturpantheismus, das Erlebnis der gotischen Baukunst,
Herder und Friederike hatten das Gefühl des Reisenden erlösen
helfen — nun zerriß das freigewordene aller Hüllen und Hecken.
Revolutionsstimmung brodelte in ihm. Um so heißer und trieb=

kräftiger, je höher er über die andern ragte. „Ich möchte beten, wie
Moses im Koran: ‚Herr, mache mir Raum in meiner engen Brust.‘“

Das Genie fühlte sich unmittelbar in der Hand des Allmächtigen. Als er im Spätsommer 1772, auf der Rückreise von Wetzlar,
der Lahn entlang wanderte und der Wunsch, bildender Künstler
zu werden, wieder gebieterisch vor seine Seele trat, schleuderte er
sein Messer in den Fluß: sähe er es hineinfallen, so würde sein
Wunsch erfüllt werden; würde aber das Eintauchen des Messers
durch die überhängenden Weidengebüsche verdeckt, so sollte er Wunsch
und Bemühung fahren lassen. Ein paar Wochen früher hatte er Herder geschrieben: „Noch immer auf der Woge mit meinem kleinen
Kahn, und wenn die Sterne sich verstecken, schweb’ ich so in der
Hand des Schicksals hin, und Mut und Hoffnung und Furcht und
Ruh wechseln in meiner Brust. Seit ich die Kraft der Worte στῆθος
[Brust] und πραπίδες [Zwerchfell] fühle, ist mir in mir selbst eine
neue Welt aufgegangen. Armer Mensch, an dem der Kopf alles
ist!“ Brust und Zwerchfell sind für die Griechen der Sitz der Geisteskraft; für Goethe liegt in dieser Vorstellung gleichsam eine Ver-
sinnlichung: Geisteskraft als Gefühl oder Empfindung aufgefaßt, im Gegensatz zu dem äußerlichen Verstand, der im Kopf
wohnt. Deswegen seine Begeisterung für die bildende Kunst. An
ihren Werken kann er sinnlich mit Händen greifen, was es heißt,
schöpferisch tätig zu sein. „Ich lerne täglich mehr,“ schreibt er dem
Straßburger Pfarrer Röderer im Herbst 1773, „wieviel mehr wert
es in allem ist, am Kleinsten die Hand anlegen und sich bearbeiten,
als von der vollkommensten Meisterschaft eines andern kritische
Rechenschaft zu geben. Ich habe das in meiner Baukunst und an-
derswo von Herzen gesagt, und ich weiß, daß das Wort, an jungen
warmen Seelen, die im Schlamme der Theorien und Literaturen
noch nicht verloren sind, fassen wird.“

Aber dieses Gefühl des Genies für das in Natur und Kunst
Notwendige und Schicksalsmäßige hieß doch nicht willenloses Sich-
gehenlassen. Wenn Goethe später Egmonts tragischen Untergang
als die Wirkung dessen hinstellte, was er das Dämonische nannte,
so spürte er wohl dieses Dämonische in sich selber; aber er selber
war nicht Egmont. Er ging nicht an seinem Dämonischen zugrunde.
Herder hatte den Freund in seiner sarkastischen Art einem Specht verglichen. Nun schreibt ihm Goethe, ein guter Geist habe ihm den
Grund seines spechtischen Wesens entdeckt: „Über den Worten

Pindars *ἐπικρατεῖν δύνασθαι* ist mir's aufgegangen. Wenn Du kühn im Wagen stehst, und vier neue Pferde wild unordentlich sich an Deinen Zügeln bäumen, Du ihre Kraft lenkst, den aus= tretenden herbei=, den aufbäumenden hinabpeitschest, und jagst und lenkst, und wendest, peitschest, hältst, und wieder ausjagst, bis alle sechzehn Füße in einem Takt ans Ziel tragen — das ist Meister= schaft, *ἐπικρατεῖν*, Virtuosität." Also Leidenschaft, nicht sinnlos ihre Kraft verzettelnd, sondern von herrischem Willen zum Ziel ge= lenkt — das ist Goethes Ideal. Das heißt ihm Genie. Bildende Naturkraft. Man braucht nur seine Briefe aus den siebziger Jahren zu lesen, um ein unmittelbares Bild dieser gelenkten Naturkraft zu bekommen. Wühlend greift er mit vollen Händen in den Reich= tum seines Innern und schüttet ihn aus, wahllos scheinbar, Großes und Kleines, Derbes und Zartes, Äußerlichstes und Tiefstes, Ganzes und Stückwerk durcheinander. Ein Gestammel von Naturlauten. Aber doch nur scheinbar. Denn der schärfere Blick erkennt immer in dem Chaos die ordnende und bildende Hand, die nur etwas kräf= tiger zuzugreifen brauchte, um Gestalten erstehen zu lassen. Eine klare Intelligenz leuchtet durch das Gewühl.

Dieses Urgefühl mußte, wenn es nach künstlerischem Ausdruck rang, sozusagen mit Naturnotwendigkeit zu jenen mythischen Ge= stalten greifen, in denen Priester und Seher aus dem Kindesalter der Menschheit ihr Erleben der Welt im künstlerischen Bilde verdichtet. Schon in Straßburg war er in die Herrlichkeit Homers eingedrungen. Jetzt sog er sich voll von Vorstellungen der Bibel, Ossians, Pindars. Es war ihm Volkspoesie — „Muttersprache des menschlichen Ge= schlechts". Aus Ossian übersetzt er im September 1771 die Gesänge von Selma, aus Pindar die — unechte — fünfte olympische Ode, aus dem Alten Testament Stücke des Hohenliedes. Seinem Briefstil geben biblische Reminiszenzen Kraft und Weihe. „Ich lasse Sie nicht! — Jakob rang mit dem Engel des Herrn! — An ihren Früch= ten sollt ihr sie erkennen."

Etwas Heroisches, Mythisches und Pathetisches kommt in sein Denken, und seine Sprache nimmt die Gebärde des Titanischen an. Ihn, der nach Heinses Ausdruck selber Genie war vom Scheitel bis zur Fußsohle, und nach Fritz Jacobis Meinung ein Besessener, dem fast in keinem Falle gestattet war, willkürlich zu handeln — ihm wird das Wesen und Werden des Genies das Hauptproblem seines Schaffens. Cäsar, der Begründer der römischen Weltherr=

schaft; Sokrates, der größte Philosoph des Altertums; Prometheus, der Schöpfer der menschlichen Kultur; Mahomet, der Stifter einer der erfolgreichsten Religionen; Faust, der Träger der neuzeitlichen Kulturbewegung Europas — sie alle werden zu Verkündern seines Geniegefühls. Er hatte nicht Raum für sie alle in seiner engen Brust. Quellender Reichtum drängte in ihm. „Goethe steckt voll Lieder," schrieb Caroline Flachsland ihrem Bräutigam im Frühling 1772, und Ende 1774 schrieb Knebel an Bertuch: „Er zieht Manuskripte aus allen Winkeln seines Zimmers hervor."

Nichts zeigt augenfälliger die Wandlung, die mit Goethe seit Leipzig vorgegangen, als sein Verhältnis zur griechischen Mythologie. In der ditten Sammlung der „Fragmente" hatte Herder, durch Hamanns „hieroglyphische" Auffassung der Dichtung belehrt, sich gegen den Aufklärer Klotz in seiner übersprudelnden Art über den „neuern Gebrauch der Mythologie" ausgesprochen. Die Mythologie hat für die Neueren nicht mehr die religiöse Bedeutung wie für die Griechen und Römer. Wie soll man sie denn brauchen? „Nicht wie sie gehirnlose Köpfe brauchen, (als einen leeren Schall), nicht, wie sie elende Schwätzer brauchen, (um neunundneunzigmal gebrauchte Gleichnisse, statt eines neuen, das Kopfbrechens macht, hinzustellen), sondern mit einer neuen schöpferischen, fruchtbaren, und kunstvollen Hand." Man belausche die Griechen, „wie ihre dichterische Einbildung zu schaffen, wie ihre sinnliche Denkart abstrakte Wahrheit in Bilder zu hüllen wußte, wie ihr starrendes Auge Bäume als Menschen erblickte, Begebenheiten zu Wundern hob, und Philosophie auf die Erde führte, um sie in Handlung zu zeigen.... Kurz! als poetische Heuristik wollen wir die Mythologie der Alten studieren, um selbst Erfinder zu werden. Eine Götter- und Heldengeschichte in diesem Gesichtspunkt durcharbeitet, — einige der vornehmsten alten Schriftsteller auf diese Weise zergliedert, — das muß poetische Genies bilden, oder nichts in der Welt."

Goethe hat die geniale Forderung genial erfüllt, weil sein eigenes inneres Bedürfnis ihr entgegenkam. Der Leipziger Student hatte in seinen Gedichten jene mythologischen Nippfigürchen aufgestellt, die das ungläubige Rokoko den ungläubigen Dichtern des ausgehenden Altertums abgeborgt hatte: Zierlichkeiten ohne religiösen Sinn wie Amoretten und Grazien und die Tauben der Venus. Jetzt stieg der Schüler Herders hinab in die Urzeit des Griechentums zu jenen Göttern, an die das fromme Gemüt glaubte. Wo

der Dichter noch Seher war und Kunst, Religion und Wissenschaft
eine tiefsinnige und leuchtende Dreieinheit bildeten. Homer und
Pindar waren die Quellen, aus denen er mit schauernder Seele
Offenbarung trank, gläubig wie sie, ja in seiner Inbrunst tiefsten
Gehalt sogar in jene Gestalten hineindeutend, die, wie bei Horaz,
nur Schöpfung einer großgebärdigen Konvention waren.

Nun schreiten über die am Boden spielenden Amoretten mit
weitausholenden Schritten die Riesengestalten der Urzeit hinweg:
Deukalion und Pyrrha, Prometheus und die Titanen, Zeus und
Kronos, Phöbus Apollon der Töter des pythischen Drachen, Gany=
medes, Bromios=Bacchus, und wenn, in „Wanderers Sturmlied“,
mitten in diesem Gewimmel gigantischer Urgestalten der schönheits=
selige Künstler einmal den Göttinnen der Anmut ruft, so nennt er
sie nicht mit dem durch die Anakreontik abgespielten Namen Gra=
zien, sondern dem griechischen Charitinnen. Denn alle diese Götter=
gestalten sind ihm nicht Geste, Name, bloße Anhäufung kolossaler
Leiber und Glieder. Sein pantheistischer Glaube hat neue Lebens=
kraft in die erstarrten Körper geströmt, den Namen einen Sinn und
den Gebärden eine Bedeutung gegeben. Jene mythologischen
Rokokofigürchen waren im besten Falle Allegorien. Sie plauderten
dem Verstande in begrifflich klarer Sprache Dinge und Beziehun=
gen vor, die er leicht durchschaute, weil sie ihm schon tausendmal
vorgeplaudert worden waren, und ergötzten daneben mit ihrer Zier=
lichkeit das Auge. Das Gefühl aber ging leer aus. Die Götter=
gestalten Homers und Pindars aber wurden dem Pantheisten zu
Symbolen, die nur mit dem ahnenden Gemüt, dem denkenden Ge=
fühl und dem fühlenden Denken, erfaßt werden konnten. Denn das
begrifflich=rationale Denken haßte er. „‚Emilia Galotti‘ ist auch
nur gedacht,“ schrieb er Herder, und an des Freundes „Fragmenten“
rühmte er, es sei in ihnen nichts [so sehr] wie eine Göttererscheinung
über ihn herabgestiegen, habe sein Herz und Sinn mit warmer
heiliger Gegenwart durch und durch belebt, als das, wie Gedank'
und Empfindung den Ausdruck bildet.

So stieg er in tiefere Gründe, als Herder geahnt, und ließ im
feurigen Hauch seiner pantheistischen Inbrunst die griechische My=
thologie wieder zur Religion erglühen. Zu einer andern Religion,
als sie Lessing im „Nathan“ oder in der „Erziehung des Men=
schengeschlechtes“ lehrte. Nicht zu einem verständig=kritischen Mo=
ralismus, der das Wundervolle, Übermenschliche und Übersinnliche

im Walten der Welt durch das geometrisch klare Raster der menschlichen Vernunft photographierte und zum menschlichen Gebrauche
oder Genusse vervielfältigte, sondern zum Gottweltgefühl, dessen
Gehalt nur der Künstler in Phantasiegestalten, nicht der Denker
in Begriffen ausdrücken konnte. Setzte Lessing, in seinem Kampfe
gegen das offizielle Christentum, nur neue Begriffe an die Stelle
alter, so verdampfte Goethe den Begriff wieder zum Gefühl. Es war
religiöses Gefühl, nicht aufklärender Verstand, wenn er, in dem
„Briefe des Pastors zu *** an den neuen Pastor zu ***“ Toleranz
und Liebe lehrte, in den „Zwo Fragen“ gegen die „kalte Reduktion“
und die „gelehrten Prediger“ eiferte, oder wenn er die Bekehrungs-
versuche von Lavater und Pfenninger zurückwies: „Daß Du mich
immer mit Zeugnissen packen willst! Wozu die? Brauch' ich Zeugnis, daß ich bin? Zeugnis, daß ich fühle? — Nur so schätz', lieb', bet'
ich die Zeugnisse an, die mir darlegen, wie Tausende oder einer vor
mir eben das gefühlt haben, das mich kräftiget und stärket. —
Und so ist das Wort der Menschen mir Gottes Wort, es mögen's
Pfaffen oder Huren gesammelt und zum Kanon gerollt oder als
Fragmente hingestreut haben. Und mit inniger Seele fall' ich dem
Bruder um den Hals, Moses! Prophet! Evangelist! Apostel, Spinoza oder Machiavell!“ — Homer und Pindar, können wir hinzu-
setzen. In jedem lebt ihm das All, das er in sich fühlte. Jeder sprach
ihm in den Gestalten, die er geschaffen, sein Allgefühl aus. Und er
wandelte in ihren Spuren. „Die Fülle der heiligsten, tiefsten Empfindung drängte für einen Augenblick den Menschen zum über-
irdischen Wesen, er redete die Sprache der Geister, und aus den
Tiefen der Gottheit flammte seine Zunge Leben und Licht.“ So
deutet er in der zweiten der „Zwo Fragen“ das Pfingstwunder des
Zungenredens. Er selber redete „aus den Tiefen der Gottheit“ „die
Sprache der Geister“ in seinen H y m n e n.

An der Spitze, auch zeitlich, steht, im Herbst 1771 entstanden,
„W a n d e r e r s S t u r m l i e d“. In „Dichtung und Wahrheit“ liest
man, die Freunde hätten Goethe wegen seines rastlosen Umher-
schweifens den Wanderer genannt. „Mehr als jemals war ich gegen
offene Welt und freie Natur gerichtet. Unterwegs sang ich mir seltsame Hymnen und Dithyramben, wovon noch eine, unter dem Titel
„Wanderers Sturmlied“, übrig ist. Ich sang diesen Halbunsinn leidenschaftlich vor mich hin, da mich ein schreckliches Wetter unterwegs traf, dem ich entgehen mußte.“ Ein hartes Urteil des Grei-

ses über den Genieausbruch des Jünglings. Unbillig schon deswegen, weil das aufgezeichnete Gedicht ja nicht mit dem im Unwetter improvisierten bis ins einzelne identisch sein kann. Ist das
„Sturmlied" der Werke wirklich „Halbunsinn"?

In der dritten Ode des vierten Buches hat Horaz den Liebling
der Musen im Gegensatz zum Sieger in Wettkampf und Krieg gepriesen.

Sein Lob friedlichen Dichterruhms klingt in Klopstocks erster Ode
„Der Lehrling der Griechen" nach, gesteigert zum Preis der Idylle
und des anakreontischen Taubenglückes:

> Wen des Genius Blick, als er geboren ward,
>   Mit einweihendem Lächeln sah,
> Wen, als Knaben, ihr einst, Smintheus Anakreons
>   Fabelhafte Gespielinnen,
> Dichtrische Tauben, umflogt und sein mäonisch Ohr
>   Vor dem Lärme der Scholien
> Sanft zugirrtet und ihm, daß er das Altertum
>   Ihrer faltigen Stirn' nicht säh',
> Eure Fittiche lieht und ihn umschattetet,
>   Den ruft, stolz auf den Lorbeerkranz,
> Welcher vom Fluche des Volks welkt, der Eroberer
>   In das eiserne Feld umsonst.

An Klopstocks Ode erinnert wiederum Goethes Anfang:

> Wen du nicht verlässest, Genius,
> Nicht der Regen, nicht der Sturm
> Haucht ihm Schauer übers Herz.

Aber sein Genius ist nicht der rosenumkränzte, taubenumgirrte Pfle-
ger des geistigen Lebens, wie der Klopstocks, Anakreons und Theokrits, sondern der Urzeuger sinnlich-geistigen Lebens. Nicht in der
lächelnden Idylle sieht er ihn walten, im Regenschauer und Schloßen-
sturm fühlt er ihn sich urkräftig offenbaren und zitternde Wonne
wecken in des Wanderers empfänglicher Brust. Dem Alleinheits-
gefühl des Pantheisten wird der Gewittersturm der Natur zur Urgewalt im Geist des Schaffenden. Aber der Genius führt ihn sicher
empor und klärt seinen Blick. Deukalion wird er, der nach der großen
Sündflut Menschen aus Steinen schuf, und Pythius Apollo, der
mit den Sonnenpfeilen den giftigen Sumpfdrachen erlegte. Und
im Toben der Leidenschaftsstürme entzündet der Genius in seinem
Innern jene Wärme, die das Kunstwerk zu seinem Entstehen bedarf:

> Nach der Wärme ziehn sich Musen,
> Nach der Wärme Charitinnen.

So schafft, vom Genius im Sturme geleitet, der Künstler aus den im Chaos (dem Schlamm Deukalions) gemischten Elementen sein Werk, ein Sieger, ein Gott:

> Umschwebt mich, ihr Musen!
> Ihr Charitinnen!
> Das ist Wasser, das ist Erde
> Und der Sohn des Wassers und der Erde,
> Über den ich wandle göttergleich.

In „Adler und Taube" stellt Goethe dem einsamen Heldenmut des Adlers das idyllische Glück des Taubenpaars gegenüber. Auch in „Wanderers Sturmlied" stellt sich als Gegensatz zu dem einsam durch Sturmwetter sich kämpfenden Genie die Idylle ein. Die Vorstellung eines Bauern, der vorm Unwetter sich birgt in seiner warmen Hütte und sich da an den Gaben des Bacchus (Vater Bromios) stärkt — nur an den Gaben des Bacchus („Deine" V. 42 ist zu betonen als Gegensatz zu dem „alles" V. 47), aber diesen im weitesten Sinn als Erzeugnissen der nährenden Natur, bei denen der Einfache glücklich ist. Und der Dichter, der den Schutz der Hütte bedarf, nicht zum lieblichen Genuß, sondern um dort in der Ruhe sein stürmisches Erleben zum anmutvollen Kunstwerk zu gestalten — er soll, vom Sturm umtobt, diese Hoffnung nicht hegen dürfen? Wohl zur Hütte kehren, aber ohne die Aussicht auf die Gnade der Musen und Charitinnen?

Aber glüht nicht Bromios, dessen leibliche Gaben der Bauer genießt, in des Künstlers Brust? Als das Seelenfeuer („Bist, was innre Glut Pindarn war"), die begeisternde Urkraft des Genies? Ist der berauschende Gott nicht der Genius des Jahrhunderts, d. h. des Sturms und Drangs? Ist diese innere Glut nicht, was der Welt — pantheistisch — die Sonne, Phöbus Apollon? Das Zentralfeuer, aus dem alles Leben quillt? Die Vorstellung von Prometheus' „heilig glühendem Herzen" kündet sich an.

Doch Genie heißt Einsamkeit. Denn alles in sich Ganze, künstlerisch Geschlossene, als Individuelles von den andern sich Absondernde ist eine um einen eigenen Mittelpunkt kreisende Welt, durch einen luftleeren Raum von andern geschieden. Werther leidet an diesem Einsamkeitsgefühl des Genies: „Ich möchte mir oft die Brust zerreißen und das Gehirn einstoßen, daß man einander so wenig sein kann!" ruft er einmal aus. Ergreifend singt der Satyros, der „Melodie vom Himmel geführt" hat:

> Dein Leben, Herz, für wen erglüht?
> Dein Adlerauge was ersieht?
> Dir huldigt ringsum die Natur,
> 's ist alles dein;
> Und bist allein,
> Bist elend nur!

Auch in „Wanderers Sturmlied" folgt dem Erlebnis der „innern Wärme" des Genie=„Mittelpunktes" das Wehe des als Genie Ein=samgewordenen. In der „Zueignung" mahnt die Wahrheit den selbstherrlich sich in sich selbst zurückziehenden Dichter, mit der Welt in Frieden zu leben. Stürmischer, mystischer als der geklärte Dichter der „Zueignung", mahnt der Jüngling den Einsamen zum Ge=meingefühl:

> Glüh' ihm entgegen,
> Phöb' Apollen.

Strahle das Feuer deines Innern in die Glut der Welt, verschließe es nicht neidisch=mißgönnend in deinem Herzen. Denn wenn Apollo, das glühende Allgefühl, deinen neidischen Einsamkeitstrotz spürt, wird sein Strahl dich meiden und auf der Zeder verweilen, einem rein vegetativen Naturwesen, dessen ewiges Grün nicht von dem Wechsel des Sonnenlichtes abhängt („Die zu grünen Sein nicht harrt"), an das also Apollos Glut verschwendet wäre.

Singt so der erste Teil des Gedichtes (V. 1—38) von dem stolz=beglückenden Erlebnis des Genies, der zweite (V. 39—70) von der tragischen Einsamkeit des Genies, so verkündet der Schlußteil (V. 71 bis 116) die Aussöhnung zwischen Ich und Welt. Nicht jene Aus=söhnung, die das Ich idyllisch genießend in einem Seitentälchen der Welt aufgehen läßt (V. 84 ff.), sondern jene, die auf den Riesen=schwingen des Allgefühls das Ich zur Welt erhebt.

In dem spätern, aus dem Frühling 1774 stammenden „Gany=med" verbildlicht Goethe das Allgefühl des Pantheisten durch die Sage von dem schönen Sohne des Tros, der sich von Zeus' Adler in den Frühlingswolken hinauftragen läßt:

> Umfangend umfangen!
> Aufwärts
> An deinen Busen,
> Allfreundlicher Vater.

Auch in „Wanderers Sturmlied" ist Jupiter das Symbol des
Alls. Aber die Verschiedenheit des Naturgeschehens wandelt auch
die Art der Beziehung des Ich zum All. Im „Ganymed" hebt die
tausendfache Liebeswonne des Frühlings das Ich an die Brust des
All-Zeus. In „Wanderers Sturmlied" überströmt das All als Jupiter Pluvius, als unendlich niederrauschender Herbstregen, das Ich.
Von diesem Regen geht das Gedicht aus (vgl. V. 72). Von diesem
Allregen singt es. Von der Flut dieses Allregens ist der kastalische
Quell Anakreons und Theokrits nur ein winziger Nebenbach („Abseits von dir, Jupiter Pluvius", V. 81). Goethes Dichtung aber
strömt die ganze Lebensflut aus, wie sein leibliches Ich trieft von
dem Segen des Jupiter Pluvius:

> Der du mich fassend deckst,
> Jupiter Pluvius.

In den Preis von Jupiter Pluvius also, der ihn mit Weltgefühl
überschüttet und so sein Ich aus seiner Einsamkeit erlöst, aus dem
sein Lied quillt, rauscht das Gedicht aus. Wer aber so die „sturm-
atmende Gottheit" besingt, der tritt an die Seite Pindars, der stür-
mische Wettkämpfe stürmisch besang. Und wieder taucht das Bild
des Wagenrenners auf:

> Wenn die Räder rasselten Rad an Rad
> Rasch ums Ziel weg,
> Hoch flog siegdurchglühter Jünglings Peitschenknall,
> Und sich Staub wälzt
> Wie vom Gebürg herab sich
> Kieselwetter ins Tal wälzt,
> Glühte deine Seel' Gefahren, Pindar!

Wenn zum Schluß, mitten in der Gefahr des stürmischen Un-
wetters, des Dichters armes Herz von der himmlischen Macht nur
soviel Glut erfleht, um bis zu seiner Hütte auf dem Hügel zu waten, so darf man gewiß in diesem stammelnden Stoßgebet nicht
Selbstironie, Absage an Pindar und den Geniekult, demütiges Un-
terkriechen in der anakreontischen Idylle sehen. Warum soll das
Genie im Sturmwetter verharren? Der Sturm ist das Erlebnis
des Genies. Dieses aber, gerade weil es Genie ist, bleibt nicht
unfruchtbar beim Erlebnis stehen. Es gestaltet es zum Kunstwerk.
Und dazu muß es dem Sturm entfliehen, sich vom Erlebnis ent-
fernen. Ruhe und Selbstbefreiung suchen. Dazu geht es in die Hütte.
In der Hütte wird es sein Erlebnis gestalten. Aber das Lied, in

dem es Gestalt gewinnt, wandelt mit den mächtig ausgreifenden Sturmschritten Pindars, nicht den trippelnden Taubenfüßchen Anakreons.

So enthält „Wanderers Sturmlied" in brodelndem Chaos, und doch durchsichtig, als Keime alle Elemente der Welt- und Persönlichkeitsstimmung des Stürmers und Drängers. Den Keim der Naturvergottung bringen die Mahomethymnen zur Entfaltung; den Keim des Genieerlebnisses „Prometheus".

Etwa ins Jahr 1773 fällt Goethes Plan eines Mahometdramas. Die Entwicklung des religiösen Genies sollte darin dargestellt werden, zum Teil aus der reineren Auffassung heraus, die die Aufklärung, entgegen der früheren christlichen Verketzerung, von Mahomet gewonnen, zum Teil auch über die Aufklärung hinaus aus der tiefern Lebensstimmung der Geniezeit. Ein tiefsinniger und hinreißender H y m n u s Mahomets sollte das Stück eröffnen.

In der sechsten Koransure, die Goethe damals verdeutschte, heißt es: „Abraham sprach zu seinem Vater Azar: ‚Ehrst du Götzen für Götter? Wahrhaftig, ich erkenne deinen und deines Volks offenbaren Irrtum.' Da zeigten wir Abraham des Himmels und der Erde Reich, daß er im wahren Glauben bestätigt würde. Und als die Nacht über ihm finster ward, sah er das Gestirn und sprach: ‚Das ist mein Herrscher!' Da es aber niederging, rief er: ‚Untergehende lieb' ich nicht'. Dann sah er den Mond aufgehen, sprach: ‚Das ist mein Herrscher!' Da er aber niederging, sagt' er: ‚Wenn mich mein Herr nicht leitet, geh' ich in die Irre mit diesem Volk.' Wie aber die Sonne heraufkam, sprach er: ‚Das ist mein Herrscher. Er ist größer.' Aber da sie auch unterging, sprach er: ‚O mein Volk, nun bin ich frei von deinen Irrtümern! Ich habe mein Angesicht gewendet zu dem, der Himmel und Erde erschaffen hat.'" So erhebt sich Abraham über die heidnische Anbetung des einen Naturgegenstandes zur Verehrung Gottes, der sie alle geschaffen hat.

Goethe machte das Erlebnis Abrahams zum Erlebnis seines Nachkommen Mahomet, gießt die Koransure in die Klopstocksche Odensprache (vor allem die Ode über die Allgegenwart Gottes wirkt nach!) und singt:

> Teilen kann ich euch nicht dieser Seele Gefühl.
> Fühlen kann ich euch nicht allen ganzes Gefühl.
> Wer, wer wendet dem Flehen sein Ohr?
> Dem bittenden Auge den Blick?

Sieh, er blinket herauf, Gad, der freundliche Stern,
Sei mein Herr du! Mein Gott. Gnädig winkt er mir zu!
Bleib! Bleib! Wendst du dein Auge weg?
Wie? Liebt' ich ihn, der sich verbirgt?

Sei gesegnet, o Mond! Führer du des Gestirns,
Sei mein Herr du, mein Gott! Du beleuchtest den Weg.
Laß! Laß! nicht in der Finsternis
Mich! Irren mit irrendem Volk.

Sonne, dir glühenden weiht sich das glühende Herz.
Sei mein Herr du, mein Gott! Leit' allsehende mich.
Steigst auch du hinab, herrliche?
Tief hüllet mich Finsternis ein.

Hebe, liebendes Herz, dem Erschaffenden dich!
Sei mein Herr du, mein Gott! Du alliebender, du,
Der die Sonne, den Mond und die Stern'
Schuf, Erde und Himmel und mich.

Aber es ist ein bedeutsamer Unterschied zwischen der Koranstelle
(und Klopstocks Ode) und Goethes Hymnus. Ein Unterschied der
Weltanschauung. Die Koranstelle läßt Abraham aus dem Natur-
und Gestirnkultus des Heidentums herauswachsen in die Anbetung
des einen Gottes, der Himmel und Erde geschaffen hat. Abraham
spricht zu Azar: „Ehrst du Götzen für Götter?" Und er darf darauf
des Himmels und der Erde Reich schauen zur Bestätigung seines
wahren Glaubens an den Geist. Goethe aber macht seinen Mahomet
zum Träger jenes pantheistischen Alleinheitsgefühls: „Wer darf ihn
nennen — Gefühl ist alles — Name ist Schall und Rauch." Dasselbe spricht der Anfang des Hymnus aus. Das Gottesgefühl läßt
sich nicht in begrifflich sondernden Worten andern mitteilen; der
geschaffene Gegenstand vermag aber auch Gott nicht ganz zu fassen.
(Brunos Monade ist nur Spiegel der Gottheit.) Gad (= Jupiter),
Mond und Sonne sind nur zeitlich begrenzte Teilerscheinungen des
All. Das liebende Herz muß sich zu der schaffenden Gottheit selber
erheben, die alliebend sich in Sonne, Mond und Stern, Erde und
Himmel und Mensch offenbart. So fühlt der pantheistische Stürmer und Dränger Gott in der Natur, wo ihn der Rationalist begrifflich in seinen Werken erkannt hatte. „Siehst du ihn nicht?"
fragt in der kurzen, sich an das Gebet anschließenden Prosaszene
Mahomet seine Pflegemutter Halima: „An jeder stillen Quelle, unter jedem blühenden Baum begegnet er mir in der Wärme seiner
Liebe. Wie dank' ich ihm! Er hat meine Brust geöffnet, die harte

Hülle meines Herzens weggenommen, daß ich sein Nahen empfinden kann."

Aus dem Erdreich dieses Pantheismus wächst auch jenes zweite
hymnische Stück des Mahometdramas, das im Göttinger Musen-
Almanach auf 1774 als Zwiegesang zwischen Ali und Fatema, Mahomets Schwiegersohn und Tochter, veröffentlicht wurde, in den
Werken unter dem irreführenden Titel „M a h o m e t s G e s a n g" erscheint, während es heißen sollte „Gesang von (= über) Mahomet
oder aus [dem Drama] Mahomet". Das All-Ein-Gefühl hat hier
die reinste Symbolik geschaffen. Das Eine, Erscheinende, Indivi-
duell-Begrenzte, spiegelt in sich das Geistig-Allgemeine, prägt dessen
Gesetzmäßigkeit in sich aus und mag daher als Bild oder Symbol
eines andern Einen, Individuell-Begrenzten gesetzt werden. So hier
der Lauf eines Flusses für den Werdegang des Genies, seines körperlich-geistigen Daseins und Wirkens.

Auf den ersten Blick nichts als ein Flußlauf in fünf Stufen:
Der mythische Ursprung (V. 4—8). Der Quell des Gebirges (V. 1
bis 3). Der Bach des Gebirges (V. 9—18). Der Tallauf (V. 19
bis 30). Der Strom der Ebene bis zur Einmündung (V. 31 bis
Schluß). Auf jeder Stufe wird der Fluß kräftiger. Jede ist mit einer
größeren Zahl Versen bedacht; die Schilderung des Stromes der
Ebene umfaßt mehr als die Hälfte des ganzen Gedichtes.

In fünf Stufen auch geschieht der Werdegang des Genies. Sein
Ursprung ist übernatürlich (die guten Geister, die seine Jugend näh-
ten). Dem Felsenquell entspricht die erste Kindheit. Dem Bergbach
der spielende Knabe. Dem Talfluß der Jüngling. Dem Strom der
Ebene der Mann mit seinem breiten Wirken. Und bis in jedes
Einzelne, in jeden Winkel des Bildes dringt die Parallele Fluß
gleich Mensch. Den Blumen, die im Tal unter dem Fußtritt des
Flüßchens werden, mag man die ersten Schöpfungen des Genies
vergleichen. Dem Schattental die Idylle, die den Jüngling nicht
hält. Den Blumen, die ihm mit Liebesaugen schmeicheln, die Frauen
(wieder taucht das anakreontische Motiv lockend auf!). Den Bächen
und Flüssen, die, um zu existieren, in ihm aufgehen müssen, die Mit-
läufer des Genies, die schwächern Geister, denen das Genie Wir-
kungsmöglichkeit und Ruhm verleiht — wie viele hat Goethe selber
mit sich fortgerissen. Bild und Sinn spielen zwanglos durcheinander.

Noch gewaltiger spricht das Genieerlebnis der „P r o m e t h e u s"
vom Herbst 1774 aus. Nicht den dritten Akt des geplanten Pro-

metheusdramas hätte das Gedicht eröffnen sollen, wie aus trügen=
dem Gedächtnis der alte Goethe 1820 meinte, sondern was die voll=
endeten Bruchstücke des Dramas enthalten, brachte er in dem Hym=
nus zu gedrängtem Ausdruck. Denn inhaltlich deckt er sich, und
zum Teil auch wörtlich, mit dem Anfang des Dramas.

Der Name Prometheus ist für das 18. Jahrhundert ein Pro=
gramm. Der griechische Titane, der sich gegen Zeus empört, ihm
für die Menschen, seine Geschöpfe, das Feuer raubt, um ihnen die
Erde zur Heimat zu machen, er wird jenem Geschlecht zum Symbol
der gewaltigen Humanitätskultur, die sein Stolz war. Man fühlte
sich revolutionär, wie Prometheus. Alten Göttern bot man Trotz
wie jener. Von der Anbetung überirdischer Mächte hatte man sich
abgelöst wie jener. Erdenglück zu schaffen strebte man, wie jener.
Schon der englische Moralist und Ästhetiker Shaftesbury nennt ihn
— und er nicht als erster — als kulturschöpferischen Menschheits=
genius. Goethe selber vergleicht 1771 in seiner Rede zum Shake=
speares=Tag den geliebten Briten mit Prometheus: „Er wetteiferte
mit Prometheus, bildete ihm Zug vor Zug seine Menschen nach."
Und den Aufsatz über deutsche Baukunst, worin er den Genius
Erwins von Steinbach verherrlicht, läßt er ausklingen in den Na=
men des Prometheus, der die Seligkeit der Götter auf die Erde
geleitet hat.

Soviel glühender Goethes Lebens= und Schöpfergefühl als das
Lebensgefühl und die Schaffenskraft der Aufklärung ist, so hoch
erhebt sich seine Auffassung des Prometheus über die der frühern;
so viel mächtiger ist die Intensität, mit der sie sich ausspricht. Pro=
metheus wird ihm zum Symbol seines eigenen kraftgenialischen
Künstlertums. Der antike Titane ist lebendig wieder erstanden in
dem Titanen des Sturms und Drangs, der nicht mehr im „Schlamm
der Theorien" waten und seine Werke nach den Regeln zu Götzen
erstarrter Götter schaffen will, sondern aus dem eigenen „heilig
glühenden Herzen", dem Naturdrang des Genies. Der größte der
alten Götter, Zeus, in seiner höchsten Machtentfaltung, als Beherr=
scher von Blitz und Donner Eichen fällend, ist ihm ein Knabe, der
in übermütigem Spiele Disteln köpft. Denn die Erde, Prometheus'
Wirkungsfeld, und seine Hütte und seinen Herd kann er ihm nicht
erschüttern, nur — wie Phöbus Apollo in „Wanderers Sturmlied"
— seine Glut, die kulturschaffende, mißgönnen. Die Götter sind
ohnmächtige Herrscher, von Opferdampf (eine bekannte Fabel aus

den „Vögeln" des Aristophanes taucht auf, die auch Lukian in seinen „Göttergesprächen" spottend verwendet) und Gebetshauch sich
nährend, die ihnen jene spenden, die noch nicht verstandesreif sind
oder nichts mehr zu verlieren haben — Kinder und Bettler. Der
starke Mensch aber sagt sich von den ohnmächtigen los, um selber
den Kampf gegen die feindlichen Lebensmächte zu führen (der Titane
gegen die Titanen, denn das Genie steht auch unter seinesgleichen
allein). So haben den Prometheus Zeit und Schicksal zum Manne
geschmiedet, den nicht empfindsame Trauer über das Welken so
manchen Blütentraums zum Menschenhasser vergrämte (Werther
ist überwunden), sondern dem seine schöpferische Kraft das Leben lebenswert macht; der nach seinem Bilde Menschen formt, wie Goethe
selber sein tiefstes Erleben in seinen Werken ausströmt. Menschen,
die sich nicht mehr um Zeus kümmern, wie Goethe seine Werke ohne
Rücksicht auf die Kunstgebote entthronter Götter schafft. — Der
Schluß des Hymnus enthält so, in nuce, ein Bekenntnis von Goethes
des Stürmers und Drängers Kunstanschauung.

Wirklich ist das Gedicht von der Zeit, deren Symbol es ist, als
die revolutionäre Absage an eine abgelebte Kunst- und Lebensansicht
aufgefaßt worden. Fritz Jacobi veröffentlichte es 1785 in seiner
Schrift „Über die Lehre Spinozas" mit einem zustimmenden Urteil
Lessings, um im Streite gegen Mendelssohn darzutun, daß auch
Lessing Spinozist gewesen. Die deistischen Zeitgenossen, Spinozas
ungewohnt, mochten darin wohl spinozistische Ideen finden — man
wird richtiger pantheistische sagen; denn der mathematischen Denkart Spinozas stand Goethe allezeit fern. Und das Gedicht übte auch
eine tragische Wirkung. Einen der alten Götter — nicht gerade
Zeus — half es stürzen. Der milde und weise Moses Mendelssohn
soll durch die revolutionäre Gesinnung des „Prometheus" so sehr erregt worden sein, daß er darüber starb.

Daß auch der Titane der Ehrfurcht gegen die alten Götter fähig
ist, wenn es wirkliche Götter sind, zeigt das spätestens im Frühjahr 1772 entstandene Zwiegespräch „Der Wanderer". Eine
Szene, wie sie Goethe etwa auf seinen Streifzügen erlebt haben mag.
Der „Wanderer" tritt in eine Hütte, zu rasten und sich zu laben.
Ein junges Weib, den Säugling an der Brust, nimmt ihn auf. Der
Dichter legt das Erlebnis in eine südliche Landschaft, in die Gegend
von Cumä, aus vorbildender Italiensehnsucht, vor allem aber zur
bedeutsameren Ausgestaltung des symbolischen Gehaltes. Denn er

begnügt sich nicht, wie etwa Salomon Geßner in seinem ähnlichen „Mycon", mit der Ausmalung anekdotisch-idyllenhaften Daseins. Ihm ließ sich das Bild zur Darstellung seines Verhältnisses zum Leben überhaupt. Zu den beiden Mächten, die damals ihn beherrschten: dem Altertum (im weitesten und größten Sinne) und der Natur. Und zwischen beiden steht er als Wanderer.

Sind nicht Altertum und Natur unüberbrückbare Gegensätze? Das Altertum die Gesamtheit abgestorbenen Seins, das mit der Wucht der Vergangenheit das zukunftschaffende Wirken zu ersticken scheint? Die Natur der schwellende Reichtum rastlos neuschaffender Gegenwart? Aber der Wanderer weist jedem seinen Platz und verbindet beide zu sinnvoller geschichtlicher Einheit. Die Hütte, vor der er hält, ist hineingebaut in die Kunsttrümmer der Vergangenheit — in die Reste eines Tempels und aus dessen Steinen errichtet, die die Natur als Efeu umkleidet, als Moos und Brombeergebüsch und Disteln und Gras überwuchert. So baut das rastlose Leben auf und aus den Überresten der Vergangenheit und wandelt sie zu neuen Zwecken um. Wie der Knabe an dem Busen des in der Trümmerwelt hausenden Weibes, so gedeiht der Mensch an der Brust der Natur, über den zerfallenden Werken der Menschenhand.

Die Hymnen sind der unmittelbarste Ausdruck des zum Bewußtsein und Genuß seines Selbst erstarkten Genies. Nicht nur im gedanklichen Gehalt, auch in ihrer Formgebung. Der Glut des Gefühls entspricht die Wucht der dichterischen Darstellung. „Was wir von Natur sehen, ist Kraft, die Kraft verschlingt; nichts gegenwärtig, alles vorübergehend, tausend Keime zertreten, jeden Augenblick tausend geboren, groß und bedeutend, mannigfaltig ins Unendliche; schön und häßlich, gut und bös, alles mit gleichem Rechte nebeneinander existierend." So sprach Goethe damals, im Gegensatz gegen Sulzers Ästhetik, die das Kunstwerk zum Abklatsch der verschönerten Natur machen will, sein Naturgefühl aus. Es ist das Bekenntnis des Individuums — Kraft strebt neben Kraft, und ein Wesen bekämpft das andere. Aus dieser Natur schöpft der Künstler durch unmittelbare Anschauung: „Gott erhalte unsre Sinnen und bewahre uns vor der Theorie der Sinnlichkeit."

Sinnlich also, d. h. mit äußerer Empfindung und innerem Gefühl, soll das Individuelle erfaßt und ausgedrückt werden. Den sich durch ihren Titel als persönliches Werk ankündigenden „Gedichten eines polnischen Juden" warf Goethe in den „Frankfurter Gelehrten

Anzeigen" vor, daß sie verhaßte Mittelmäßigkeit, statt das beson=
dere Erleben eines polnischen Juden enthielten. „Wieviel Dinge
werden ihm auffallen, die durch Gewohnheit auf euch ihre Wirkung
verloren haben? ... Wenn er nichts Neues sagt, wird alles eine
neue Seite haben. Das hofften wir, und griffen — in den Wind."
Denn in den Gedichten produziert sich „wieder ein hübscher junger
Mensch, gepudert und mit glattem Kinn und grünem, goldbesetzten
Rock. ... Seine Mädchen sind die allgemeinsten Gestalten, wie man
sie in Sozietät und auf der Promenade kennen lernt". Der Liebhaber
Lotte Buffs weiß, daß nur das allerpersönlichste Gefühlserleben das
persönliche, d. h. echte und neue Gedicht hervorbringt.

Dieser leidenschaftlich individualistische Standpunkt beherrscht den
darstellenden Stil der Hymnen. Vor allem Sprachtakt und Gliede=
rung. Dem Gedichte leiht ein strophisch durchgebildetes Versmaß
eine Stimmungseinheit, der sich jede Einzelvorstellung und =stim=
mung unterzuordnen hat. Wo aber der Dichter sich dem einzelnen
Gegenstand so ausschließlich hingibt, führt die Anschauung, die er
davon erzeugt, ein Sonderdasein, strebt von der höheren Einheit des
Ganzen weg und fordert auch ihren eigenen Stimmungsausdruck.
So entzieht sich der naturalistische Individualist den Fesseln von
Reim und festem Strophenbau, und an die Stelle des eigentlichen
Kunstgedichtes mit regelmäßiger strophischer Gliederung, bestimm=
tem Reimgesetz und einheitlich durchgebildetem Metrum treten die
leidenschaftlichen Ergüsse ohne Reimzwang, mit beliebiger Gliede=
rung nach Abschnitten, die sich nach dem Umfang der einzelnen
Vorstellungsreihen richten, und mit freien Takten, in denen das Auf=
und Abfluten der Stimmungen sich mit so wuchtiger Plastik aus=
prägt, wie etwa das Muskelspiel in den Gliedern der Giganten am
Altarfries zu Pergamon.

In seinen Hymnen drückt Goethe mit meisterhafter Kunst Stim=
mungen und Vorstellungen durch den Sprachtakt aus. Wie stellen
das Allumfassende des Himmelsgottes Jupiter in „Wanderers
Sturmlied" die Verse dar:

> Der du mich fassend deckst,
> Jupiter Pluvius!

Die Silben „Der du mich" gleichen einer schmalen Leiter, über deren
Sprossen der Geist emporeilt, um in der mächtig betonten Stamm=
silbe des „fassend" den Gipfelpunkt zu erreichen, von wo dem Blick

die Silben „-end deckst" gleichsam eine unendliche Aussicht enthüllen. Oder wie expressionistisch stark stellt uns der Takt den Gegensatz zwischen der tändelnden Anakreontik und der sturmdurchrauschten Hymnendichtung vor die Phantasie in den Versen:

> Nicht am Ulmenbaum
> Hast du ihn besucht
> Mit dem Taubenpaar
> In dem zärtlichen Arm,
> Mit der freundlichen Ros' umkränzt,
> Tändelnden ihn, blumenglücklichen
> Anakreon,
> Stürmatmende Gottheit.

Aus den abgebrochenen Versen (die Stakkato-Fügung der Sprache tritt hier verstärkend zum Takte) am Schlusse von „Wanderers Sturmlied" tönt uns der keuchende Atem des mit letzter Anstrengung zur Hütte Emporsteigenden entgegen:

> Mut, Pindar — Glühte —
> Armes Herz —
> Dort auf dem Hügel —
> Himmlische Macht —
> Nur so viel Glut —
> Dort ist meine Hütte —
> Zu waten bis dorthin.

Dagegen besitzt in „Ganymed" der Takt hebende Kraft. Man fühlt sich von ihm wie auf Wolken emporgetragen, gehoben vom Adler des Zeus.

Und doch, so individuell jede Vorstellung und Stimmung sich im Sondertakt der Sprache ausprägt, der innere Rhythmus jedes Hymnus, durch die Grundstimmung getragen, — auch hier wirkt das Gesetz der Polarität — ist einheitlich und macht jeden zum Gedichte, da er sonst nur stammelnde Prosa wäre. In jedem Vers des „Ganymed" oder des „Prometheus" hört das feine Ohr den gleichen Grundrhythmus und es würde als eine Zerstörung einer organisch von innen herausgebildeten Form empfunden, stellte man einen Takt aus dem einen Gedichte in das andere.

Der seelische Klang der Sprache ist erhaben, weitschallend. Das Geniegefühl spricht sich in heroischem Pathos, stürmischem Schwung oder weihevoller Getragenheit aus: „Den du nicht verlässest, Genius!" Auf Satzfügung, Wortwahl, Wortbildung, Wortstellung hat

der kongeniale Pindar, dazu die Bibel stark gewirkt. Wuchtige Vorstellungen herrschen vor: Genius, Sturm, Wandeln, Göttergleich,
Himmel, Titanen, Sklaverei, Wüste. Glücklichste Neubildungen und
Zusammensetzungen drängen ganze Anschauungsgruppen in ein
Wort zusammen: Fürstenblick, Feuerflügel, Seelenwärme, Gipfel-
gänge, sturmatmend, Siegdurchglüht. Das Bedürfnis größtmög-
licher Wucht zieht — vor allem in den ersten Fassungen — zusammen, läßt Endsilben und bloße Fügewörter weg und ersetzt zu-
sammengesetzte Zeitwörter durch die einfachen: [Mit] Wärm[e] umhüllen; [dem] Knaben gleich, der Disteln köpft; [ent]flohene Freuden. In Wortstellung und Satzfügung zwängt das Streben heroischen Erzklanges die deutsche Sprache oft in griechische Rüstung.
Partizipien ersetzen ganze Sätze durch knappsten Ausdruck: Tändelnden ihn, blumenglücklichen Anakreon. Den Bienen-singenden,
Honig-lallenden, Freundlich winkenden Theokrit. — Und glühtest,
jung und gut, [obwohl] Betrogen, [warum also] Rettungsdank dem
Schlafenden da droben? — Siegdurchglühter Jünglings Peitschen-
knall [Siegdurchglühter gehört zu Peitschenknall]. — Und [als]
Castalischer Quell Quillt ein Nebenbach, Rinnet müßigen, Sterblich
Glücklichen Abseits von dir, Jupiter Pluvius.

Alles wirkt so, Stoff, Gehalt und Form, zusammen, um diese
Hymnen zu den bedeutsamsten Zeugnissen von Goethes Sturm- und
Drangzeit zu machen. Gotischer Stil, dessen Wesen Goethe in seiner
„Deutschen Baukunst" so fein deutet, lebt in ihnen, aus der Architektur in die Dichtung umgesetzt. Erdenschwere wird zum Himmel
getragen. Aufstrebender Geist betet zu Gott oder rechtet mit ihm.
Schaffenskraft treibt verschwenderische Fülle von krausen Zieraten
aus sich hervor, jede Form individualistisch, selbstherrlich und in
sich abgeschlossen, und doch alle zusammenklingend, symmetrisch und
proportional ineinander eingestimmt, alle zusammen ein Erlebnis
mit unerhörter Wucht gen Himmel lodernd: das pantheistische Gottweltgefühl des Genies.

Es ist ein Ausdruck der polaren Ganzheit von Goethes Natur,
daß er sich selbst in dem Titanentum des Stürmers und Drängers
nicht dauernd und einseitig im Wolkenheim eines himmelstürmenden Überschwangs ansiedelte, sondern immer wieder den Boden derber Wirklichkeit mit starken Schuhen stampfte. Neben pindarisie-
renden Hymnen dichtete er zur gleichen Zeit schlichte Lieder im
Volkston und sprach die Erfahrung des Tages in Knittelversen aus.

Die Volkslieder sind fast alle Einlagen in größere Werke. Jenes Vergnügen, sich zu maskieren und die Rolle eines andern durchzuspielen, das sich der angehende Liebhaber Friederikens in Sessenheim oder der Jurist von Wetzlar gegenüber dem Professor Höpfner in Gießen leistete, auch der Dichter übte es. In „Dichtung und Wahrheit" erzählt er, wie er auf seiner Stube in Frankfurt Zwiegespräche mit erfundenen Gegenspielern dramatisch aufführte und so die Dichtung in sein Leben spielen und sie aus diesem hervorwachsen ließ. Er wandelte sich in andere Gestalten, wie Werther oder Götz von Berlichingen, um, ergoß sein Erleben in sie und bildete ihr Inneres nach sich. Und ließ sie dann aus ihrer Stimmungsatmosphäre, ihrem Vorstellungskreise und in ihrem Tone singen. So singt in der „Geschichte Gottfriedens von Berlichingen" Liebetraut zu Anfang des zweiten Aufzuges das Lied:

> Berg auf und Berg ab und Tal aus und Tal ein,
> Es reiten die Ritter, Ta! Ta!

Oder Görg am Schluß des dritten Aufzuges das Lied von dem gefangenen und dann entschlüpften Meislein; die Zigeuner zu Anfang des letzten Aktes ihr Lied („Im Nebelgeriesel, im tiefen Schnee"). Besonders reich an eingelegten Liedern ist das Singspiel „Erwin und Elmire". „Ein Veilchen auf der Wiese stand" singen Rosa, Valerio und Elmire abwechselnd. „Ihr verblühet, süße Rosen" ist Erwin in den Mund gelegt. Endlich bringt auch der „Urfaust" einige Lieder. Die derben des Mephistopheles: „Es war eine Ratt' im Kellernest" und „Es war einmal ein König". Die sinnig-sehnsüchtigen Gretchens: „Es war ein König in Thule" und „Meine Ruh ist hin", während das herzzerreißende „Ach, neige, Du schmerzenreiche", eher lyrischer Monolog als Lied ist.

So heben sich diese Lieder von der Mehrzahl der andern ab. Bei den Friederiken- und Lililiedern kennen wir das allgemeine Erleben Goethes, aus dem sie hervorgewachsen sind; das Einzelerlebnis aber, das das Lied aus sich heraustreibt, ist uns meist verborgen und kann höchstens aus unserer Kenntnis von Goethes Leben und aus dem Inhalt des Liedes rekonstruiert werden. Bei den in die Dramen eingelegten Volksweisen aber sehen wir den Boden, der die Pflanze trägt. Wir können den Wachstumprozeß verfolgen, das Verhältnis zwischen Lied und Stoffgrundlage, Lied und Stimmungsatmosphäre des Milieu, Lied und Handlung feststellen.

Das Lied wird so zum organischen Stimmungssymbol einer Situation.

Diese Auffassung mag an den Liedeinlagen des „Faust" dargetan werden.

Für den „König in Thule" muß man sich die ganze gedankliche Situation vergegenwärtigen, an der die Handlung in jener Szene angelangt ist. Faust hat der rationalen Wissenschaft den Abschied gegeben. Er weiß: auf die letzten Fragen des Seins läßt sich begrifflich keine Antwort finden. Auch die Magie versagt. Aber von der Schwelle des Todes, die er zu überschreiten willens, ruft ihn der Klang der Osterfeier zurück. Nicht der äußere Ton, sondern etwas Seelisches: die Erinnerung an das Kind, seinen Glauben, seine Freuden, seine Spiele. Also der geistige Gehalt des von ihm persönlich gelebten Lebens, das Köstlichste, was der Mensch besitzt. Was er aber auch als Individuum ganz allein besitzt. Was er niemandem in vollem Umfange und mit dem Gefühlswerte, der es ihm umwebt, mitteilen kann. Der Inbegriff des Lebens für das einzelne Ich, nur für das Ich, wird ihm bewußt als das, was über die, tote Begriffe sammelnde Wissenschaft hinaus das Leben lebenswert macht. Und später, am Ende seines irdischen Daseins, wird er erkennen, daß die Summe dieser persönlichen, köstlich-schmerzlichen Lebenswerte die Antwort bedeutet auf die Frage nach den letzten Gründen des Seins. Sein eigenes, sinnlich-geistiges, fühlend-begriffliches, handelnd-denkendes Erleben hebt ihn dereinst in den Himmel vor das Angesicht Gottes empor, in dessen Strahlenblick alle trüben Rätsel des irdischen Lebens zerfließen.

Das köstlichste Erlebnis dieser Erdenfahrt Fausts ist seine Liebe zu Gretchen. Ihm wie seinem Dichter ist die Liebe der Schlüssel aller Wirklichkeit. In ihrem herzöffnenden Glück dankt er dem Erdgeist, d. h. dem Gotte der Menschenwelt: „Du gabst mir alles, worum ich bat.... Gabst mir die herrliche Natur zum Königreich." Nicht den „kaltstaunenden Besuch" wissenschaftlich begrifflicher Erkenntnis schenkte ihm der erhabene Geist, sondern die Kraft, die Natur zu fühlen, zu genießen. Das Gefühl ist für Goethe wie für Herder die Quelle tiefsten Wissens um die Dinge. Fortan begleitet die Liebe Gretchens Faust durchs Leben. Aus den wilden Vergnügungen der Walpurgisnacht rettet sie sein edleres Selbst. Nachdem Gretchen gestorben, bleibt das Erlebnis in Fausts Seele eingesenkt: „Ich besaß es doch einmal, Was so köstlich ist." Er mag es im

Augenblick vergessen über anderm Erleben und reicherem Wirken. Es ist doch da, und am Schlusse des ganzen Werkes zieht sie sein Unsterbliches „zu höheren Sphären" empor.

Dieses Liebeserleben Fausts spiegelt sich in dem Verhältnis des Königs in Thule zu seiner Buhle. Wie Gretchen für Faust stirbt (und ihm damit diese Liebe zum tiefsten Erlebnis macht), so gibt dem König die Buhle sterbend einen goldenen Becher. Das köstliche Gefäß ist das sichtbare Symbol seines Erlebens mit ihr, des erinnerungsreichen Lebensgehaltes, mit dem sie ihn erfüllte. Auch den König begleitet der Becher, wie den Faust die Erinnerung an Gretchen, durch sein ganzes Leben. Wie er zu sterben kommt, gibt er all seine Habe dem Erben. Nur den Becher nicht. Wie sollte er den Inbegriff seines allereinzigsten Erlebens einem andern mitteilen können? Das sind ja keine materiellen Güter und keine begrifflich sagbaren Dinge; es sind Gefühlswerte, Erlebnisse, die mit der Persönlichkeit dahin gehen, wie sie in und mit der Persönlichkeit gewachsen sind. Wie Faust am Schlusse seines Lebens seine Gedanken in das Wollen seiner Jugend zurückwandern läßt und aus der Erinnerung eine letzte höchste Entfaltung seiner Energie schöpft:

> Nur der verdient sich Freiheit wie das Leben,
> Der täglich sie erobern muß;

wie er sich in kraftvoller Phantasie das Glück ausmalt, das er durch seine Kulturtätigkeit schafft — so trinkt auch der „alte Zecher" letzte Lebensglut und wirft dann den heiligen Becher hinunter in die Flut. Und wie der Becher sinkt, sinken ihm die Augen: „Trank nie einen Tropfen mehr." Nicht nur aus dem Becher der Buhle nicht mehr, sondern überhaupt keinen mehr. Denn aus dem Becher trinken, heißt leben.

So faßt in symbolischem Bilde das Lied vom König in Thule den innersten Sinn der ganzen Faustdichtung, dieses hohen Liedes vom Leben, zusammen, und an bedeutsamer Stelle ist es eingelegt, da, wo in der aufbrechenden Liebe Gretchens der Schoß des Lebens sich Faust auftut. Aber auch für Gretchen selber ist das Lied voll tiefer Symbolik. Was für ein Abgrund von Unverständnis öffnet sich (der auch in manchem Faustkommentar gähnt), wenn Berlioz sagt: „Il est évident que rien au monde n'occupe moins Marguerite dans ce moment que les malheurs du roi de Thule." Erstens handelt das Lied gar nicht von den „malheurs" des Königs, sondern

von dem, was der köstlichste Inhalt seines Lebens war, und zweitens
drängt sich Gretchen in dem Schicksal des Königs und seiner Buhle
das eigene Liebeserleben, das in ihrem Herzen quillt, unbewußt,
aber in der Überhelle gesteigerten Gefühls, in den Mund. Deswegen
singt sie dieses Lied von dem treuen König und der Buhle, die sterbend ihm den Becher gab (in die Schicksale von Königen kleidet ja
das Volk auch im Märchen sein eigenes Erleben ein!). Noch weiß
Gretchen nicht, wer Faust ist und was aus seiner Annäherung entstehen wird, aber ihr Herz drängt ihm bereits entgegen, und sie kennt
keine köstlichere Liebe als die von dem König und seiner Buhle. In
verschwimmenden Zügen tritt ihr Schicksal vor ihre ahnungs-
schauernde Seele. Aber es bleibt verschwommen, traumhaft. Mehr
sanft verschwebendes Nebelbild des Gefühls, als fest umrissene Anschauung. Darum sind auch die Vorstellungen, die Goethe in ihr entstehen läßt, allgemein gehalten, in die Schattenwelt des rein Typi-
schen entrückt: König, Grab, Schmaus, Städte, Königsmahl usw.
Darum ist sein Reich die in der grauen Nebelwelt des hohen Nordens verdämmernde „ultima Thule", kein südliches Land mit starken
Farben und kräftigen Konturen. Und darum endlich entströmt schon
dem schlichten Takte, dessen gleichmäßiges Spiel nur hie und da
durch eine keckere Welle belebt wird, und den einfachen Vierzeilern
eine gedämpfte, träumerisch-weiche Stimmung: die Erwartung eines
großen Glückes bebt darin, aber auch die Furcht vor einem großen
Leide, und im Ganzen das bange Erschauern einer keuschen Mäd-
chenseele vor dem Geheimnis des Lebens, dessen Tor nun die
Liebe öffnen wird.

Durchsichtiger ist der organische Zusammenhang mit der Handlung bei Gretchens Spinnerliede „Meine Ruh ist hin". Im Urfaust ist es zwischen die Szene im Gartenhäuschen und das Religionsgespräch eingeschoben, in der endgültigen Fassung zwischen
die Szene „Wald und Höhle" und das Religionsgespräch. Sein
Inhalt ist Gretchens Sehnsucht nach Faust. Die Stellung in der
endgültigen Fassung motiviert den Inhalt der Szene feiner, zart-
fühlender, behutsamer, entspricht der mehr geistigen Haltung von
Goethes späterer Kunst: die lange Trennung von dem Geliebten, der
sich in Wald und Höhle vergraben hat, läßt uns Gretchens Sehnsucht begreiflicher erscheinen. Die Stellung im Urfaust motiviert
sinnlicher, derber, zugreifender, entspricht dem kräftigen Naturgefühl
des jungen Goethe. Kaum hat Gretchen das Geständnis der Liebe

aus Fausts Mund vernommen, so weiß sie sich vor Sehnsucht nach
ihm kaum zu fassen. Hemmungslos läßt sie die Natur des Weibes
in sich wirken. Ihr Naturzweck ist Hingabe an den Mann. Mit
großartiger Naivität spricht sie es in der Urfassung aus:

> Mein Schoß! Gott! drängt
> Sich nach ihm hin.

Die zweite Fassung vergeistigt wieder:

> Mein Busen drängt
> Sich nach ihm hin.

Gretchen ist hier weniger Naturgeschöpf als sittsames Bürgerkind,
das die Natur in sich zuerst entdecken muß.

Motiv, Gliederung, Metrum und Sprache bringen das Grund-
gefühl — Liebessehnsucht eines Weibes aus dem Volke — mit wundersam suggestiver Kraft zum Ausdruck. Gibt es überhaupt eine
andere weibliche Beschäftigung, die so sehr dem seelischen Zustande
der Sehnsucht entspricht, als das Spinnen? Sehnsucht ist ein Verlangen, das nicht einen raschen Entschluß und unmittelbar nach-
folgende Tat auslöst, sondern passives Hindrängen nach dem Ziele
ist. Sozusagen ein bloßes sich dem Schwergewicht Überlassen. Ein
seelisches Spinnen: mechanisches Zupfen der Gedanken aus dem
gefüllten Rocken der Erinnerung oder der Phantasie, und mechanisches Drehen derselben zum endlosen Faden.

Dieses Endlose, Immerwieder-Anhebende kommt in der Gliederung des Liedes zum Ausdruck durch die zweimalige Wiederholung des Themas:

> Meine Ruh ist hin,
> Mein Herz ist schwer,
> Ich finde sie nimmer
> Und nimmermehr.

Das ist gleichsam die schnurrende Begleitung des Spinnrades zum
Drehen des Gedankenfadens. Das Gedicht selber wird dadurch in
drei Teile geteilt, drei sich steigernde Vorstellungsgruppen. Die erste
schildert den Zustand der Spinnenden als leer und zerrissen:

> Wo ich ihn nicht hab',
> Ist mir das Grab . . . .

In dem Verzweiflungsschrei:

> Mein armer Sinn
> Ist mir zerstückt

bricht die erste Vorstellungsreihe ab, und das Spinnmotiv greift beruhigend ein. Im zweiten Teil sucht Gretchen die Leere und Zerrissenheit wenigstens seelisch dadurch aufzuheben, daß sie sich den Geliebten in ihre Phantasie zurückzaubert:

> Nach ihm nur schau' ich
> Zum Fenster hinaus,
> Nach ihm nur geh' ich
> Aus dem Haus.

Aber sie kann es nicht hindern, daß das Bild des Geliebten in die Vorstellung der sinnlichen Berührung seines Körpers ausmündet:

> Sein Händedruck
> Und ach sein Kuß!

Das Thema des Spinnens schiebt sich wieder beschwichtigend und ablenkend ein.

Doch aufs neue entzündet sich die Phantasie an der Glut der Sehnsucht. Jetzt begnügt sie sich nicht mehr mit bloßen Vorstellungen des Geliebten. Sie drängt zur völligen körperlichen Vereinigung:

> Ach dürft ich fassen
> Und halten ihn
>
> Und küssen ihn
> So, wie ich wollt',
> An seinen Küssen
> Vergehen sollt'.

Die Strophenform ist wieder der schlichte Vierzeiler des Volksliedes. Aber die scheinbare Nachlässigkeit, mit der etwa der Reim nach Stellung und Silbenzahl behandelt wird, ist in Wahrheit jene Kunst der Individualisierung, wie sie dem jungen Goethe eigen ist. Wie drücken die weiblichen Ausgänge:

> Ich finde sie n i m m e r

und:

> Und seiner R e d e
> Zauberfluß

oder gar das schleppende

> Nach ihm nur s c h a u ' ich
> Zum Fenster hinaus,
> Nach ihm nur g e h ' ich
> Aus dem Haus —

das ins Leere Hinausgreifende der Sehnsucht aus! Wie schneiden
dagegen die kurzen Ausgänge der dritten Strophe:

> Mein armer Kopf
> Ist mir verrückt,
> Mein armer Sinn
> Ist mir zerstückt.

hart vom Ziel der Sehnsucht ab, wie die ausschließlich kurzen Silben und die vorwiegend einsilbigen Wörter die Illusion des Zer-
stücktseins auch klanglich erzeugen! Wie eindringlich malt der aus-
nahmsweise gepaarte Reim der zweiten Strophe die Verzweiflung
des Mädchens, indem er die sich entsprechenden Vorstellungen auch
in harte Nachbarschaft stellt und durch die Gleichheit des Klanges
uns suggeriert, sie seien auch inhaltlich gleich: nicht hab' = Grab;
Welt = vergällt!

In einfachster Assoziation reihen sich die Vorstellungen aneinander, wie am Faden Hand um Hand Stück um Stück ansetzt.
Der Ausdruck ist der denkbar schlichteste. Lauter kurze Hauptsätze
sprechen unmittelbar das Leben des Innern aus. Erst sind sie so
kindlich gebaut, wie bei einem Schulmädchen, das seinen ersten Aufsatz schreibt; das „ist" als Kopula findet sich überhäufig. Dann, im
zweiten Teil, wird der Ausdruck beweglicher, kühner; das Prädikat
geht ganz verloren über der drängenden Gewalt des Gefühls. Im
dritten wallt das Blut in das Gehirn und überspült die Logik des
Satzbaues. Heißt der Schluß:

> Und [dürft' ich] küssen ihn
> So, wie ich wollt',
> An seinen Küssen
> Vergehen sollt' —

„wenn ich auch an seinen Küssen vergehen sollte"? Oder: „daß ich
(abhängig von ,ich wollt') an seinen Küssen vergehen sollte?"
Schwingt in ihrem Gefühl das Bangen mit vor der Folge des
Küssens als einer Gefahr, die sie vernichten wird? Oder begehrt sie
ohne Verstandesbedenken den Becher bis zum Grund zu leeren?
Beide Auffassungen sind vertreten worden, keine dürfte in ihrer
Einseitigkeit richtig sein, weil sie einen Seelenzustand logisch zu
präzisieren sucht, der nicht begrifflich gefaßt werden kann, da er
verschwimmendes Gefühl ist: Gretchen, und das deutet die Unklarheit der Sprache an, gibt sich im Überschwang ihrer nach Faust hin-
drängenden Sinne über die Folgen gar keine Rechenschaft: Glück

und Untergang zerfließen ihr in ein höchstes Lebensgefühl, die for-
dernde und hingebende Liebe.

Neben den Hymnen und den volksliedartigen Einlagen der Dramen zählen die Gedichte in Hans Sachsischen Knittelversen nur
bedingt zur Lyrik. Mit ihnen steigt Goethe zur leichten Versifikation
der flüchtigen Einfälle und Erlebnisse des Tages hinunter. Es sind
Improvisationen des Genies, rasch hingeworfene Skizzen, witzig und
behaglich, poetisch und prosaisch, satirisch und lyrisch, auf der Grenze
zwischen Form und Stoff schwebend, zu vergleichen etwa den metrischen Brief ergüssen des Studenten aus Leipzig und Frankfurt. Besonders reich sproßt diese Stegreifdichtung aus den Erlebnissen von
Goethes Geniereise mit Lavater und Basedow von Ems lahn- und
rheinabwärts nach Neuwied im Juli 1774. Im Bad Ems entstand
das von Goethe aus abgeblaßter Erinnerung als „Diner in
Koblenz" bezeichnete Gedicht. Lavater in seinem Tagebuch schildert die Situation impressionistisch-lebendig: „15. Juli: Ob dem
Nachtessen von dem Verfasser des Lebens Jesu — Goethe neben mir;
von — ich weiß nicht mehr. . . . Ich ging heim zu Basedow und blieb
wider des nachkommenden Goethes Rat wieder bis Nacht um 1 Uhr
bei ihm. . . . Was wir da zusammen sprachen und schwatzten. Von
. . . Glaubenslehre. Geist. Testament. Gal. III lasen wir in Goethes
Gegenwart. Basedow schwache Reflexionen drüber. Von dem Alten
Testament. Weissagungen. 53. Kap. Jes." 17. Juli: „Nachtessen,
mit Pastor Bengel, vom tausendjährigen Reich, ersten Auferstehung,
Inspiration der Schrift."

Was der geistliche Stürmer und Dränger ungeordnet-genial in
sein Tagebuch einträgt, wandelt sich in Goethes gliederndem Künst-
lergeist zur dichterischen Augenblicksaufnahme. Das Apperçu ist ihm:
der naiv genießende Naturmensch und bildende Künstler zwischen
zwei leidenschaftlichen Verkündigern ihrer Lehren, das Weltkind
zwischen zwei Propheten. Dieses Apperçu bestimmt die kunstvolle
Gliederung des Erlebnisses: Nach der kurzen Einführung in die
Situation

           Zwischen Lavater und Basedow
         Saß ich bei Tisch des Lebens froh —

folgt erst die Charakteristik Lavaters, der mit dem Pastor Bengel sein
geistlich Steckenpferd reitet („Setzt sich auf einen schwarzen Gaul,
Nahm einen Pfarrer hinter sich,") und eine Deutung der Offenbarung Johannis gibt:

Wie man Theriaksbüchsen öffnen tut.

Dann wendet sich der Dichter zu Basedow, der einen Tanzmeister an seiner Seit' gepackt hat und ihm nachzuweisen sucht:

> was die Taufe klar
> Bei Christ und seinen Jüngern war.

Wie Goethe als der stumm Genießende zwischen den beiden Schwatzenden sitzt, so duckt sich, bescheiden-wortkarg zugleich und überlegenfröhlich, in je zwei Versen Goethes eigene Charakteristik zwischen die breiten Schilderungen der beiden andern:

> Ich war indes nicht weit gereist,
> Hatte ein Stück Salmen aufgespeist. —
>
> Und ich behaglich unterdessen
> Hatt' einen Hahnen aufgefressen.

Worauf dann der kurze Schluß die Fortsetzung der Wanderung verkündigt.

Andere Knittelreimgedichte sind aus dem besondern Erleben des Künstlers gewachsen. „Der Kenner" (im August 1774 entstanden) mag ein Nachhall des Gedankenaustausches über Künstler, Theoretiker und Kritikaster sein, den er mündlich und schriftlich mit Fritz Jacobi seit Ende Juli gepflogen. Am 21. August erhält er von Jacobi eine Epistel gegen die Akademisten, die ihm wie aus eigener Seele geflossen scheint. Sofort antwortet er: „Akademie ist Akademie, Bohlheim Berlin oder Paris, wo die satten Herren sitzen, die Zähne stochern und nicht begreifen, warum kein Koch was bereiten kann, das ihnen behage. Du bist grob mit ihnen umgangen, hat dir's wohl getan, und ist eines braven Jungens, etwas wohl über die Schnur zu hauen zu Schirm des Mädchens, das ihm alles gab, was es hatt, und dem rüstigen Knaben Freud genung, frisch junges warmes Leben. Ich hab' mich mit dem Märchen die ganze Woch getragen, als hätt's mir geahndet, und ist schön, daß es so eintraf."

Das „Märchen" ist „Der Kenner", aus dem einige Verse, so die Vorstellung von dem Mädchen, das ihm gab „Was alles es hätt', gar Freud genung, Frisch junges warmes Leben", und das Bild von den Zähne stochernden Herren, in den Brief übergeflossen sind. Aber auch ein älteres Erlebnis wirkt mit. Als Goethe im Sommer 1772 Merck bei Lotte Buff einführte, kritisierte ihm jener die Schlankheit des Mädchens und pries die junonische Gestalt einer

ihrer Freundinnen. Auch in dem „Kenner“ verleidet der mephisto=
phelische Kritiker dem Liebenden die Geliebte wegen ihrer Schlankheit.

Vor solchen zähnestochernden Kritikastern floh er gern in das
siegende Gefühl des aus Naturinbrunst schaffenden Künstlers, wie
es mit dem pindarischen Bilde des kämpfenden Kriegers triumphie=
rend „Künstlers Morgenlied“ ausspricht, oder der Spruch „An Ken=
ner und Liebhaber“:

> Was frommt die glühende Natur
> An deinem Busen dir?
> Was hilft dich das Gebildete
> Der Kunst rings um dich her?
>
> Wenn liebevolle Schöpfungskraft
> Nicht deine Seele füllt,
> Und in den Fingerspitzen dir
> Nicht wieder bildend wird?

Die Hans Sachsischen Knittelverse, in denen die meisten dieser
Improvisationen geformt sind, entsprechen dem Gemütszustand des
Stürmers und Drängers ebensosehr, wie die freien Versreihen Pin=
dars. Aber Goethes Knittelverse sind metrisch verschieden von denen
des Hans Sachs. Wenn dieser nach den Vorschriften der Meister=
singerschulen die Zahl der Silben eines Verses streng festhält und
Freiheit sich dadurch schafft, daß er den Wortton nicht ängstlich an
den Versakzent bindet, so bedeuten die Knittelverse für Goethe Erlö=
sung von dem strengen Versbau der antikisierenden Aufklärungs=
metrik zugunsten der ursprünglichen deutschen Versbildung, die nur
die Zahl der Hebungen festhält und zwischen sie eine beliebige Zahl
von Senkungen legt. Verse wie:

> Und sie Karlinchen für Liebe verkauft,
> Die Lotte herüber hinüber lauft.
>
> (Aus dem Brief an Kestner vom Januar 1773.)

oder gar:

> War Anne der Nachbarin schwärze liebe Kätz
>
> (Aus dem Zigeunerlied des „Götz“)

hätte Hans Sachs niemals geschrieben. In dessen Hand ist der Knit=
telvers der derbe Schusterhammer einer künstlerisch rohen Zeit; für
Goethe wird er die feine Radiernadel, mit der er die leisesten Schat=
tierungen seines Innern kraftvoll und zart nachzeichnet.

„Ich war“, gesteht Goethe in „Dichtung und Wahrheit“, „dazu
gelangt, daß mir innewohnende dichterische Talent ganz als Natur

zu betrachten, um so mehr, als ich darauf angewiesen war, die äußere
Natur als den Gegenstand desselben anzusehen."

Nun aber brohte, nachdem der Stürmer und Dränger mehr als
drei Jahre am Busen der Natur geschwelgt hatte, eine ihm im
Innersten fremde Kulturwelt ihn aufzusaugen. Zu Beginn des
Jahres 1775 trat er Lili Schönemann näher. Der Wanderer schien
seßhaft werden zu wollen. Eine gemeinsame Freundin legte mit
geschäftskundiger Sachlichkeit ihre Hände ineinander, und Goethe
konnte, nach dem „seltsamen Beschluß des hohen über uns Walten-
den", erfahren, „wie es einem Bräutigam zumute war". So sehr
ihn Lili durch Schönheit und Geist fesselt, so unbehaglich fühlt er
sich in der glänzenden Geselligkeit der Frankfurter Geldaristokratie.
Der Ring der Zwergenprinzessin drückt nicht minder, ob ihn diesmal
auch die köstlichsten Brillanten schmücken. Er wird hin= und her=
gerissen zwischen leidenschaftlicher Liebe und Abneigung, ja Angst
vor der Ehe. Er ist „verzaubert".

Die beiden Gedichte „Neue Liebe, neues Leben" und „An
Belinden", beide aus dem März 1775 stammend, halten den Zwie=
spalt fest. Beide scheiden sich in Stimmungsfarbe und Kunstgestalt we=
sentlich von den himmelstürmenden Hymnen, wie von den lyrischen
Einlagen der Dramen. Goethe scheint wieder in die Atmosphäre der
Leipziger Lieder untergetaucht, an die das zweite Gedicht schon stoff=
lich (Lichter — Spieltisch — unerträgliche Gesichter) erinnert: hier
wie dort ein unbehagliches Sicherecken in allzu engen Kleidern, deren
Schnitt und Zier ein dem Dichter fremdes Gesellschaftsleben be=
stimmt. Hier wie dort nicht mächtige Urgewalt des Gefühls in Na=
turmelodien dahinbrausend, sondern mehr ein anmutiges Sichwiegen
auf der gaukelnden Oberfläche der Seele, von geistreichen Lichtern
umspielt und hie und da mit einem Blick in die Tiefe. Hier wie
dort eine fast schulmäßige Regelmäßigkeit des Versmaßes im Ge=
gensatz zu der freiflutenden Innerlichkeit der gefühlsgeborenen
Versreihen der Sturm= und Dranggedichte. Keine Frage, diese Ge=
dichte sind unter dem Zwang einer Konvention entstanden. Auch
der Künstler ist von einem Zauberfädchen festgehalten und muß:

in ihrem Zauberkreise
Leben nun auf ihre Weise.

Ja, im zweiten Gedicht scheint er der Verzauberung hoffnungs=
los erlegen, wenn der „Wanderer" und Rousseauschwärmer von
dem glänzenden Kulturmilieu, in dem Lili lebt, bekennt:

Bin ich's noch, den du bei so viel Lichtern
An dem Spieltisch hältst?
Oft so unerträglichen Gesichtern
Gegenüber stellst?

Reizender ist mir des Frühlings Blüte
Nun nicht auf der Flur;
Wo du, Engel, bist, ist Lieb' und Güte,
Wo du bist, Natur.

Aber man darf den Unterschied zwischen diesen Liedern und
denen aus Leipzig nicht übersehen. Auch den Liligedichten spürt
man die Erweichung und Reinigung an, die Goethes Gefühlsleben
durch die Berührung mit dem Pietismus und dem Volkslied durch=
machte, und es quillt in ihnen eine ganz andere Innigkeit auf als in
den Leipziger Liedern. Wie führt uns etwa der Anfang von „Neue
Liebe, neues Leben" unmittelbar ein in eine drängende Gefühls=
bewegung:

Herz, mein Herz, was soll das geben,
Was bedränget dich so sehr?
Welch ein fremdes neues Leben!
Ich erkenne dich nicht mehr.

Fallender Takt dämpft in beiden Gedichten das jugendliche Ge=
fühl. Aber wie frei sich doch in der Fessel des Metrums noch das
Gefühl bewegen kann, zeigt etwa ein vergleichender Blick auf die
Verse:

Will ich rasch mich ihr entziehen,
Mich ermannen, ihr entfliehen —

(wo die nach Befreiung strebende Ungeduld eilig über das „Will
ich" und „mich ihr" hinweggleitet nach dem „rasch" und „entziehen",
so daß der Takt dadurch fast anapästisch=stürmischen Charakter be=
kommt), neben den andern:

Führet mich im Augenblick
Ach! Mein Weg zu ihr zurück —

wo der fallende Takt gleichsam den wegeilenden Freiheitsdrang an=
hält und zu regelmäßigem Schritt und Tritt zwingt.

In dem Gedicht „An Belinden" spiegelt der Wechsel zwischen
den fünfhebigen und den dreihebigen Versen den Widerstreit im
Innern des Liebenden: das kräftige Ausschreiten in den langen Ver=
sen wird durch den Damm der nachfolgenden kurzen gebieterisch ge=
hemmt:

Bin ich's noch, den du bei so viel Lichtern
An dem Spieltisch hältst?
Oft so unerträglichen Gesichtern
Gegenüber stellst?

Das schwankende Metrum der ersten Zeile drückt die drangvoll durch=
einander wogende Unklarheit im Innern des Dichters aus:

Warum ziehst du mich unwiderstehlich —

wo in „Warum" und „unwiderstehlich" die natürliche Betonung
„Wárum" und „únwiderstéhlich" in Konflikt gerät mit der notwen=
digen Versbetonung: „Wárum" und unwiderstéhlich!

Eine Erlösung aus dem drangvollen Widerstreit der Gefühle
schuf Goethe die erste Schweizerreise im Sommer 1775 mit den
Stolbergs und Haugwitz. „Ich wäre ein Tor, mich fesseln zu lassen,"
hatte sein Fernando (in „Stella") ausgerufen. „Dieser Zustand
erstickt alle meine Kräfte, dieser Zustand raubt mir allen Mut der
Seele, er engt mich ein. Ich muß fort in die freie Welt." Nun tat
ihm die große Natur der Schweiz den Dienst der Befreiung. Am
8. Juni war er in Zürich, und am 15. fuhr er mit seinem Lands=
mann Passavant, dem Freunde und Schüler Lavaters, seeaufwärts
nach Richterswil. Das Gedicht „Auf dem See" spricht seine Stim=
mung aus.

Nichts drückt den Fortschritt lyrischer Gestaltung anschaulicher
aus als — es wurde schon oben darauf hingewiesen — der Vergleich
zwischen Klopstocks Ode „Der Zürchersee" und Goethes Gedicht. Ge=
genüber Klopstock, der in seinem Gedicht aus der überschwänglichen
Seele Wolken dampfenden Gefühls aufsteigen läßt, die den äußern
Gegenstand bald umhüllen und uns in ein Reich der Gedanken em=
portragen, nimmt Goethe Landschaft und Vorgang so klar und scharf
in seiner Seele auf, daß man die Natur des Zürichsees in so
wenigen Strichen gar nicht genauer schildern könnte. Aber —
er sieht nicht nur das Äußere. Er steht der Welt nicht
realistisch, objektiv kühl, verstandesmäßig feststellend gegen=
über, wie der Gelehrte Albrecht von Haller. Er „saugt", wie
es in dem ersten Entwurf heißt, „an seiner Nabelschnur" Nah=
rung aus ihr. Er ist eins mit ihr, in sie eingewachsen, ein Ele=
mentarwesen wie See und Berge und Nebel und Fruchtbaum. Das
pantheistische Naturbekenntnis vertieft Landschaft und Vorgang zum
Symbol und offenbart im Physischen Psychisches. Nun wird die
Fahrt durch die freie Morgenlandschaft im Rudertakt über den sanft=

bewegten See zum Spiegelbild der befreiten Seele. Das eintönige
Geräusch von Ruder und Wasser und das ruhige Gleiten durch die
zunächst an Abwechslung nicht reiche Landschaft schläfern die äußern
Sinne ein und wecken den innern. Erinnerung, Phantasie beginn=
nen zu schaffen. Das Bild der Geliebten, der er entflohen, taucht
auf. Aber ein energischer Ruck scheucht die Träume fort, und wach=
samer weilt der Blick auf dem äußern Bild, das seeaufwärts groß=
artiger, verheißungsvoller wird, ein Symbol des persönlichen Er=
lebens. Wie die Sterne auf der Welle blinken, so glänzt es im
Innern des Dichters auf: Ideen, Pläne, Motive. Wie die Nebel die
türmende Ferne trinken, so umhüllen Rätsel dem klaren Auge noch
eine hochansteigende Zukunft. Aber — bereits ist das Band zwischen
Goethe und Weimar geknüpft — eine Bucht ruhigen Behagens
winkt auch dem schaffenden Dichter, wie dem Reisenden, und reifende
Früchte birgt auch seine Seele.

Aufs feinste malt das Auf= und Abwogen des innern Erlebens
der Wechsel des Taktes. Die hoffnungsvolle Ausfahrt in den Mor=
gen unter gleichmäßigem Rudertakt schildern die frisch ausschreiten=
den Jamben des ersten Teils; die Hemmung durch die Erinnerung
an Lili die stockenden Trochäen des Mittelstücks; die aus Hoffnung
und Erinnerung gewobene Lebenszuversicht des schaffenden Dichters
drückt der aus ruhigen Trochäen und bewegten Daktylen (oder
Anapästen) gemischte Takt des dritten Teiles aus.

Die Flucht in die große Natur der Schweiz hat Goethe, ob auch
das „goldene Herz, das er am Halse trug“, am Gotthard seine Ita=
liensehnsucht nach Hause zurücklenkte, doch von dem Zauber Lilis
befreit. „Von meiner Reise in die Schweiz“, schrieb er am Ge=
burtstag an die Karschin, „hat die ganze Circulation meiner kleinen
Individualität viel gewonnen.“ Zwei Monate nach der Rückkehr, am
20. September 1775, erfolgte die Trennung. Es ging in Erfüllung,
was der Schluß von „Lilis Park“ aussprach:

> Götter, ist's in euren Händen,
> Dieses dumpfe Zauberwerk zu enden,
> Wie dank' ich, wenn ihr mir die Freiheit schafft!
> Doch sendet ihr mir keine Hülfe nieder —
> Nicht ganz umsonst reck' ich so meine Glieder;
> Ich fühl's! Ich schwör's! Noch hab' ich Kraft.

Wiederum anderthalb Monate später zwang er sich in ein Joch,
das schwerer und dauernder ihn drückte als Lilis holder Zauber.

Fünftes Kapitel.

Die Klärung des Weltgefühls.

Einige Wochen nach seiner Ankunft in Weimar schrieb Goethe an Johanna Fahlmer: „Wie eine Schlittenfahrt geht mein Leben, rasch weg und klingelnd und promenierend auf und ab. Gott weiß, wozu ich noch bestimmt bin, daß ich solche Schulen durchgeführt werde. Diese gibt meinem Leben neuen Schwung, und es wird alles gut werden." In jener Zeit mag das „Eislebens=Lied" (später „Mut") entstanden sein:

> Sorglos über die Fläche weg,
> Wo vom kühnsten Wager die Bahn
> Dir nicht vorgegraben du stehst,
> Mache dir selber Bahn!
>
> Stille, Liebchen, mein Herz!
> Kracht's gleich, bricht's doch nicht!
> Bricht's gleich, bricht's nicht mit dir!

Das alte pindarische Gefühl des dahinstürmenden Genies, in das Bild des von Klopstock literaturfähig gemachten Eissports ge= kleidet. Aber mit einer neuen Wendung: dem Pindarischen Wagen= lenker ist Bahn und Ziel vorgezeichnet. Der Schlittschuhläufer ist kühner: „Mache dir selber Bahn." Es war Goethes Stimmung, als er, der den Herzog von Weimar erobert hatte, nun den Hof und die Regierung und das ganze Herzogtum zu erobern auszog. Ob am 7. November, als er im Morgengrauen in Weimar einfuhr, in Um= rissen sein politisches Wollen und seine staatsmännische Tätigkeit vor seiner Seele stand? Seine Besonnenheit und sein Vertrauen auf die schicksalsmäßige Leitung seines Lebens schließen den be= wußten Plan aus. Aber er war doch nicht nur Saul, der ausging, eine Eselin zu suchen, und ein Königreich fand. In der Tiefe seines Herzens mußte die Zuversicht wohnen, daß das kleine Land des jungen Freundes, den er zu besuchen ging, ihm eine Wirkungs= stätte des Lebens werden konnte. Denn allzu tief steckten den Zeit= genossen der Aufklärung der Trieb und die Pflicht, Menschenglück auf Erden zu schaffen, im Herzen, und je mehr der Stürmer und Dränger die Theorie haßte, um so entschiedener war seine Rich= tung auf praktisches Wirken, um so brennender sein Wunsch, die Ideen von Volksbeglückung in Wirklichkeit umzusetzen. Die Tätigkeit

des Anwalts, vor allem dem Vater zu Gefallen ergriffen, konnte
seinem inneren Bedürfnis nicht genügen, obschon sie im Laufe der
Jahre an Ausdehnung gewonnen hatte, und die Stufenleiter der
bürgerlichen Ämter, zu denen sie das Trittbrett war, lockte bei dem
abgezirkelten Verwaltungsmechanismus der alten Reichsstadt den
schöpferischen Drang zu wenig. Da konnte diesen, so klein es war,
das Herzogtum Sachsen-Weimar schon eher reizen. Der aufgeklärte
Despotismus der Monarchie bot weniger Widerstand als das viel-
köpfige Regiment der Reichsstadt, vor allem, wo der Despot ein noch
so junger und bildungsfähiger, so begabter und allen großen Ideen
der Zeit offener Mensch war wie Karl August. Ihn für seinen Beruf zu erziehen, das faustische „Erwirb es, um es zu besitzen", zu
lehren, war wohl eine Aufgabe, seines Genies nicht unwürdig.

Auch den Dichter drängte es nach einem neuen Wirkungskreise.
Die künstlerische Bildungskraft der eigentlichen Sturm- und Drang-
ideen war mit dem „Götz von Berlichingen" und den „Leiden des jungen Werthers" erschöpft, in deren Gefolgschaft „Clavigo" und
„Stella" liefen. „Faust" und „Egmont", die am Ende der Frankfurter Zeit im Entstehen waren, strebten beide aus der leidenschaftlichen Darstellung der Liebesprobleme der Einzelexistenz empor in die
Beleuchtung größerer Kulturzusammenhänge: Egmont war ein Re-
gent und Faust ein Kulturgenie großen Stiles (schon Prometheus
hätte eines werden sollen!). Aus Bücherweisheit oder Zuschauer-
wissen konnte Goethe diese Gestalten nicht schaffen. Er mußte sie
handelnd erleben. Kulturwirken und Politik aber ließ sich in Frankfurt nicht erleben. Aus der Notwendigkeit seiner Natur heraus war
Goethe auf einen neuen Schauplatz des Wirkens gedrängt. Die
Gunst des Schicksals öffnete diesen in Sachsen-Weimar.

Rasch war er heimisch. Ende Januar 1776 schon schreibt er
Merck: „Ich bin nun ganz in alle Hof- und politische Händel ver-
wickelt und werde fast nicht wieder weg können. Meine Lage ist
vorteilhaft genug, und die Herzogtümer Weimar und Eisenach immer
ein Schauplatz, um zu versuchen, wie einem die Weltrolle zu Gesichte stünde." Und Mitte Februar an Johanna Fahlmer: „Wär's
auch nur auf ein paar Jahre, ist doch immer besser als das untätige
Leben zu Hause, wo ich mit der größten Lust nichts tun kann." Mochten alte Freunde den Kopf schütteln über die Umwandlung des
„Wanderers" zum Höfling, des Dichters zum Beamten; mochte Klopstock, sich zum Wortführer der Ängstlichen aufwerfend, Goethe und

dem Herzog für ihr genialisch-wildes Leben Rüge und Mahnung
erteilen: „Der Herzog wird, wenn er sich ferner bis zum Krankwerden
betrinkt, anstatt, wie er sagt, seinen Körper dadurch zu stärken, erlie-
gen und nicht lange leben.... Luisens Gram, Goethe! Nein, rüh-
men Sie sich nur nicht, daß Sie sie lieben, wie ich!" — Goethe
kannte das Gesetz seines Lebens besser als sie alle, und unbefugtem
Klatsch schnitt er das Wort ab: „Verschonen Sie uns ins Künftige
mit solchen Briefen, lieber Klopstock! Sie helfen nichts und machen
uns immer ein paar böse Stunden." Er wußte, daß Männer nicht
in der abgemessenen Erledigung dürrer Pflichten, sondern im gemeinsamen Ertragen von Freuden und Strapazen sich das Herz
erschließen und menschlich aneinanderwachsen. Er mußte nur, mitten
im wildesten Strudel, des alten pindarischen ἐπικρατεῖν δύνασθαι
des „seiner Herr sein können", eingedenk sein, so führte er den Wagen, der seinen Herrn trug, zum Ziele.

Dieses Erleben findet am 11. September 1776 seinen lyrischen
Ausdruck in dem Gedicht „Seefahrt". Es setzt die Reihe „Wanderers Sturmlied" (hinter dem es in den Gedichten steht) und „Eis-
lebens-Lied" fort: in allen dreien ist die gleiche Grundanschauung —
das Leben ein vertrauensvolles Dahinfahren. Aber wie bedeutsam
die Abstufung: der Stürmer und Dränger saust auf dem Rennwagen
dahin, die Seele Gefahren glühend. Am Eingang in den Weimarer
Kreis ist der Fahrende ein Schlittschuhläufer, der sich selber die
Bahn gräbt. Nun, mitten in den Erfahrungen des Hofes, wird ihm
sein Leben zur Schiffahrt. Es ist ein Unterschied im Tempo der
Bewegung und im Zweck und Inhalt des Fahrens. Wagenrennen
und Schlittschuhlaufen ist Sport, stählendes Vergnügen. Der See-
fahrer in Goethes Gedicht geht als Kaufmann seinem praktischen
Berufe nach — darin unterscheidet er sich auch von dem im Boote
Geschaukelten in dem Schweizer Gedicht: „Auf dem See."

Es ist genau Goethes Lage bei der Übersiedlung und in der
ersten Zeit in Weimar, was das Gedicht „Seefahrt" darstellt, in den
Vorstellungskreis des Schiffers umgesetzt, in jener reinen Symbolik erglänzend, die nun des Pantheisten gesicherter Kunststil ist,
ohne aufdringliche Beimischung von Tatsachen aus Goethes Leben,
nur dem Kundigen in jedem Wort das Wirkliche verratend, das
geisterhaft hinter dem Bilde steht.

> Lange Tag' und Nächte stand mein Schiff befrachtet;
> Günstger Winde harrend, saß mit treuen Freunden,

Mir Geduld und guten Mut erzeigend,
Ich im Hafen.

Und sie waren doppelt ungeduldig:
„Gerne gönnen wir die schnellste Reise,
Gern die hohe Fahrt dir; Güterfülle
Wartet drüben in den Welten deiner,
Wird Rückkehrendem in unsern Armen
Lieb' und Preis dir."

Das ist Goethes Lage vor der Fahrt nach Weimar, das lange
Harren auf den Boten des Herzogs in Frankfurt (und Heidelberg)
mit bepacktem Koffer und gerüsteter Seele, umgeben von den Ver=
wandten und Freunden, die, nicht ohne Besorgnis, Segenswünsche
spenden und bereits der Rückkehr denken.

Der Bote aus Weimar bringt dem in Heidelberg Harrenden
die Entscheidung; den wartenden Schiffer erlöst der günstige Wind
zur Fahrt:

Und die Segel blühen in dem Hauche,
Und die Sonne lockt mit Feuerliebe.

In dem Gedichte „Ilmenau", das Goethe dem Herzog zum sechs=
undzwanzigsten Geburtstage am 3. September 1783 schenkt, läßt er,
in Erinnerung an die Erfahrungen der ersten Weimarer Jahre, sein
Ebenbild bekennen:

Ich brachte reines Feuer vom Altar;
Was ich entzündet, ist nicht reine Flamme.
Der Sturm vermehrt die Glut und die Gefahr;
Ich schwanke nicht, indem ich mich verdamme. —
Und wenn ich unklug Mut und Freiheit sang
Und Redlichkeit und Freiheit sonder Zwang,
Stolz auf sich selbst und herzliches Behagen,
Erwarb ich mir der Menschen schöne Gunst;
Doch ach! ein Gott versagte mir die Kunst,
Die arme Kunst, mich künstlich zu betragen.
Nun sitz' ich hier zugleich erhoben und gedrückt,
Unschuldig und gestraft, unschuldig und beglückt.

In „Seefahrt" treiben den Schiffer „gottgesandte Wechselwinde"
seitwärts von der vorgesteckten Fahrt ab. Sie steigern sich zum
Sturm. Da, rafft der Schiffer klug die Segel ein, und „mit dem
angsterfüllten Balle spielen Wind und Wellen".

Wie Goethes Freunde über das wilde Treiben in Weimar kla=
gen und die Gefahren, in die er sich und den Herzog hetzt, so stehen,
bebend auf dem Festen, am Heimatufer des Schiffers Freunde:

Ach, warum ist er nicht hier geblieben!
Ach, der Sturm! Verschlagen weg vom Glücke!
Soll der Gute so zugrunde gehen?
Ach, er sollte, ach, er könnte! Götter!

Aber der Schiffer hält das Steuer fest in der Hand:

Doch er stehet männlich an dem Steuer;
Mit dem Schiffe spielen Wind und Wellen,
Wind und Wellen nicht mit seinem Herzen.
Herrschend blickt er auf die grimme Tiefe
Und vertrauet, scheiternd oder landend,
Seinen Göttern.

So mischt sich auch in Goethe die Zuversicht auf die eigene Kraft mit dem Vertrauen auf die Götter, seine Götter. Ist es nicht bedeutsam, wie die Kunstform des Gedichtes dieses Wechselspiel von eigener Kraft und Ergebenheit in den Weltwillen ausdrückt? Der Reimzwang und die Einheit der Verslängen ist verschmäht wie in den Hymnen des Stürmers und Drängers, aber streng ist, verhaltene Stimmung ausströmend, trochäisches Maß durchgeführt.

Staatsdienst bedeutet auch für Goethe Opferung des sinnlichen Ich — Entsagung. Seit geraumer Zeit stand als großes Vorbild Spinoza vor seiner Seele.

Schon um 1770 hatte er in den „Ephemeriden" sich zum Pantheismus bekannt, aber den Spinozismus hatte er als einen „höchst gefährlichen Bruder der Emanationslehre" abgelehnt. 1773 schrieb er dem Professor Höpfner in Darmstadt von seiner Absicht, sich näher mit Spinoza zu befassen: „Ich will nur sehen, wie weit ich dem Menschen in seinen Schachten und Erzgängen nachkomme." Ein Jahr später muß er tiefer in den Philosophen eingedrungen sein. Denn auf der Emserfahrt erzählte er Lavater „viel von Spinoza und seinen Schriften.... Er sei ein äußerst gerechter, aufrichtiger, armer Mann gewesen. Homo temperatissimus.... Auf eine große Erbschaft, die ihm gehörte und die man ihm streitig machen wollte, hab' er um des Friedens willen Verzicht getan und sich nur seines Vaters Schlafbett ausgebeten."

Nach „Dichtung und Wahrheit" hat Goethe damals das Dasein und die Denkweise Spinozas „wie auf den Raub" in sich aufgenommen. Seine Ethik beruhigte seine Leidenschaften: „Es schien sich mir eine große und freie Aussicht über die sinnliche und sittliche Welt aufzutun." Die grenzenlose Uneigennützigkeit fesselte ihn, die aus jedem Wort hervorleuchtete. Der Satz: „Wer Gott recht

liebt, muß nicht verlangen, daß Gott ihn wieder liebe," erfüllte sein
ganzes Nachdenken. „Uneigennützig zu sein in allem, am uneigen-
nützigsten in Liebe und Freundschaft, war meine höchste Lust, meine
Maxime, meine Ausübung, so daß jenes freche spätere Wort:
‚Wenn ich dich liebe, was geht's dich an?' mir recht aus dem
Herzen gesprochen ist." Die alles ausgleichende Ruhe Spinozas kon-
trastierte mit seinem eigenen, alles aufregenden Streben, Spinozas
„mathematische Methode" war ihm das Widerspiel seiner poetischen
Sinnes- und Darstellungsweise. „Geist und Herz, Verstand und
Sinn suchten sich mit notwendiger Wahlverwandtschaft, und durch
diese kam die Vereinigung der verschiedensten Wesen zustande."

All das bekennt: um ein konsequentes Studium von Spinozas
System war es Goethe damals nicht zu tun; aber die Grundideen
des Philosophen werden ihm doch vertraut, und er fühlt die wesentliche Kluft zwischen seiner Natur und Spinozas Denken. In ihm,
den Giordano Bruno zum Pantheismus geführt und Herder be-
stärkt, lebt die Weltkraft als verworrenes Streben, dumpfe Leidenschaft und genialer Drang. Spinoza aber ist der Weise, für den die
Gottheit nicht als strebende Kraft, sondern als reine Vernunft, als
klare Gesetzmäßigkeit logischer Beziehungen in der natürlichen Erscheinung wohnt. Diese Vernunft gilt es in sich zu schaffen, die
Affekte durch lichte Erkenntnis ihres Wesens zu beherrschen und
durch Einsicht in die notwendige Ordnung aller Dinge sich von dem
dumpfen Einzelstreben zu befreien. Wem dies gelingt, der besitzt die
wahre, die intellektuelle Liebe zu Gott und hat die Seligkeit in der
Erkenntnis und Hingabe ans geistige Ganze gefunden. Der besitzt die Tugend.

Schon im Aufsatz zum Shakespeares-Tag spricht Goethe von dem
Zusammenstoßen „des Eigentümlichen unseres Ichs, der prätendier-
ten Freiheit unseres Willens mit dem notwendigen Gang des Ganzen". Schon damals kennt er eine große Ordnung des Lebens. So
tief sich jetzt das Bewußtsein des Gegensatzes zwischen Spinozas
ruhig-kühler Ergebung in den göttlichen Gang der Welt und dem
leidenschaftlichen Streben des eigenen Ich in seine Seele senkt, jene
Ehrfurcht vor der Ordnung der Welt muß erdenfernes Ideal bleiben,
solange es ihn nur kühl aus den Büchern eines abgeschiedenen Weisen anweht. Es kann erst wirkende Kraft in ihm werden, wenn
es in einem Menschen lebendig verkörpert ihm entgegentrat. Dieser
Mensch erstand ihm in Charlotte von Stein.

Sie schauten nacheinander aus, bevor sie sich kannten. J. G. Zim=
mermann scheint die Brücke geschlagen zu haben. 1773 war er mit
Charlotte zusammengetroffen. Was er von ihr Goethe erzählte, soll
diesem den Schlaf dreier Nächte geraubt haben. Im Mai 1775
schrieb er unter ihre Silhouette: „Es wäre ein herrliches Schau=
spiel, zu sehen, wie die Welt sich in dieser Seele spiegelt. Sie
sieht die Welt, wie sie ist, und doch durchs Medium der Liebe." Im
August charakterisiert er ihre Physiognomie gegenüber Lavater:
„Festigkeit. Gefälliges, unverändertes Wohnen des Gegenstands.
Behagen in sich selbst. Liebevolle Gefälligkeit. Naivetät und Güte,
selbstfließende Rede. Nachgiebige Festigkeit, Wohlwollen. Treublei=
bend. Siegt mit ‚Netzen'." Und auch sie brannte, den Dichter des
„Werther" und „Clavigo" kennen zu lernen. Als sie sich von An=
gesicht zu Angesicht gegenüberstanden, war sie dreiunddreißig, er
sechsundzwanzig. Elf an Enttäuschung nicht arme Jahre der Ehe
und Mutterschaft lagen hinter ihr. Goethe erschien sie als eine
Heilige, aber nicht als eine Heilige wie Fräulein von Klettenberg:
sie war nicht in den Asbestmantel der Unnahbarkeit gehüllt, und
die Sehnsucht war in ihr noch nicht erloschen; sie war nur ge=
klärt durch angeborenen Adel und anerzogene Sitte. Es war die
Frau, die Goethe brauchte. Hatte er sich kurz vor der Übersiedlung
nach Weimar in einem Brief an die Dichterin Anna Luise Karsch
dem Orestes verglichen, den die unsichtbare Geißel der Eumeniden
vielleicht bald aus seinem Vaterland peitsche, so konnte Charlotte
von Stein ihm das erlösende Bild der Göttin werden, das dem
Gehetzten der delphische Gott verheißen. „Besänftigerin" nennt er
sie schon in einem seiner ersten Billetts an sie. Er spürte die Kraft
in ihr, mit der sie selber ihr Blut gekühlt, und es war in ihm
ein starkes Verlangen, sie auch in sich zu erwecken. Doppelt stark,
weil ihm auch in Weimar die Herzen entgegenflogen und den Günst=
ling des allmächtigen Herzogs keine äußern Schranken hemmten.
Um so notwendiger mußte er innere gegen sich errichten. Auch in
diesem Verhältnisse wirkte das Gesetz der Polarität. Seine Lei=
denschaft für Charlotte war doppelter Art: sinnlich zugleich und
geistig. Sie drängte ihn, körperlich heischend, an sie heran; sie malte
ihm als höchste Seligkeit aus, sein begehrendes Ich in der reinen
Glut ihrer schönen Seele dahin schmelzen zu lassen. Durch all seine
Briefe an sie geht dieses Doppelgefühl. Bald wallt seine Leiden=
schaft stürmisch auf und langt nach den Sternen, bald — und immer

öfter — legt sie sich ihr beruhigt zu Füßen. „Wie ich Ihnen," schreibt
er ihr bald nach der Ankunft in Weimar, „meine Liebe nie sagen
kann, kann ich Ihnen auch meine Freude nicht sagen." „Es ist mir
lieb, daß ich wegkomme, mich von Ihnen zu entwöhnen." „Ich hab'
Dich lieber, als Du magst." Dann aber, am 23. Februar 1776: „Wie
ruhig und leicht ich geschlafen habe, wie glücklich ich aufgestanden
bin und die schöne Sonne gegrüßt habe das erstemal seit vierzehn
Tagen mit freiem Herzen, und wie voll Danks gegen Dich Engel
des Himmels, dem ich das schuldig bin. Ich muß Dir's sagen, Du
einzige unter den Weibern, die mir eine Liebe ins Herz gab; die
mich glücklich macht.... O hätte meine Schwester einen Bruder
irgend, wie ich an Dir eine Schwester habe." Ein halbes Jahr später ist sie ihm wie die Madonna, die gen Himmel fährt; vergebens,
daß ein Rückbleibender seine Arme nach ihr ausstreckt; sie ist nur
in den Glanz versunken, der sie umgibt.

Mit noch offener Wunde (nach dem Bruch mit Lili) ist er nach
Weimar gekommen. Noch umschwebt ihn das Bild der Zurück-
gelassenen; dann mischen sich in ihre Züge die der Frau von Stein.
Wie er im Sommer 1776 an dem „Falken" dichtet, schreibt er ihr:
„Meine Giovanna wird viel von Lili haben, Du erlaubst mir aber
doch, daß ich einige Tropfen Deines Wesens drein gieße." Bald
sieht er nur noch sie. Warum soll sie ihm nicht Lili sein? Ist sie
ihm doch versagt, wie jene! Hat sie doch verzichten müssen wie Lili
und er! So wird sie ihm zum Symbol des sinnlichen Verzichts,
des seelischen Besitzes.

In den Liedern, mit denen er sein Verhältnis zu Charlotte um-
rankt, findet diese seelische Entwicklung lyrische Gestalt. Ihre Stimmung ist Leidenschaft, die Frieden sucht und ihn in der Vergeistigung
des Sinnlichen findet. Im Gedenken an Lili scheint „Jägers
Abendlied" (zuerst „Nachtlied") Ende 1775 entstanden. Der Wanderer, der voll Unmut und Verdruß die Welt durchstreift, weil er sie
lassen muß, ist der Jäger, der (äußerlich) still und wild mit ge-
spanntem Feuerrohr dem Wild nachschleicht. Statt des Tieres aber
erscheint ihm der Geliebten Bild. Und nun kehrt sich die Situation
um: er sieht sie wandern (innerlich) still und mild „durch Feld und
liebes Tal".

Schon der Leipziger Student hatte Luna, die „Schwester von
dem ersten Licht" besungen. Ihm hatte das Mondlicht die Sinne
gereizt. Er hatte sich an Lunas Seite gewünscht, um „durch das

gläserne Gegitter" die runden Glieder seines Mädchens zu schauen. Dem Stürmer und Dränger hatte der Mond die Phantasie ange= regt. In dem Liede an Belinden dämmert er, vom Schauerlicht des Mondes umflossen, ein, um von goldnen Stunden ungemischter Lust zu träumen. Jetzt, in „Jägers Abendlied", hat das Mondlicht alles Aufreizende und Anregende verloren. Nun wirkt sein milder Schein beruhigend:

> Mir ist es, denk'ich nur an dich,
> Als in den Mond zu sehn;
> Ein stiller Friede kommt auf mich,
> Weiß nicht, wie mir geschehn.

Dieser Schluß weist doch wohl deutlich auf die Frau von Stein. Denn nicht von Lili, „dem lieben, losen Mädchen", sondern nur von ihr, der im Verzicht erstarkten Frau, kann diese beruhigende Wirkung ausgehen.

Am 12. Februar sendet er ihr das eben am Hange des Etters= berges entstandene Friedensgebet „Wandrers Nachtlied":

> Der du von dem Himmel bist,
> Alle Freud' und Schmerzen stillest,
> Den, der doppelt elend ist,
> Doppelt mit Erquickung füllest,
> Ach, ich bin des Treibens müde!
> Was soll all die Qual und Lust?
> Süßer Friede,
> Komm, ach komm in meine Brust!

Diese ursprüngliche Fassung gibt Goethes Seelenzustand unmittel= barer wieder und ist auch in sich logischer und geschlossener als die später in die Gedichte übergegangene, die (neben der Änderung „die Qual" in „der Schmerz" im sechsten Verse) in der zweiten Zeile statt „alle Freud" einsetzt: „alles Leid". Zwar mag das Stillen des Leids der Forderung äußerer Logik sinnvoller scheinen als das Stillen der Freude. Aber erstens nimmt „Leid" das „Schmerzen" vorweg. Sodann hängt am Ende das „Lust" in der Luft, wenn ihr nicht das vorbereitende „Freude" voraufgeht. Endlich bekommt das „doppelt elend" seinen Sinn nur durch den Zwitterzustand von „Freud' und Schmerzen". Einfach elend ist, wer vom Schmerz und Leid gequält ist; doppelt, wen Freuden und Schmerzen ausein= anderreißen. „Rastlose Liebe" (etwas später, am 6. Mai 1776 ent= standen) sagt es anschaulich genug:

Lieber durch Leiden
Möcht' ich mich schlagen,
Als so viel Freuden
Des Lebens ertragen.

Alle das Neigen
Von Herzen zu Herzen,
Ach, wie so eigen
Schaffet das Schmerzen!

Wollte Goethe die wundersame, aus Sehnsucht und Frieden, Leidenschaft und Geistigkeit gemischte Atmosphäre, die Frau von Stein in seiner Seele geschaffen, deuten, so fand er keine andere Antwort als die Idee der Seelenwanderung. Aus einem früheren Dasein, in dem sie vereint waren, langt das zur Erinnerung verseelte Erleben in die sinnliche Gegenwart und durchstrahlt sie mit Geister= glanz. „Ja," schrieb er im April 1776 an Wieland, „wir waren einst Mann und Weib! — Nun wissen wir von uns — verhüllt, in Geisterduft. — Ich habe keine Namen für uns — die Ver= gangenheit — die Zukunft — das All." In der Allheit des g e i s t i = g e n Seins löst sich die in die sinnliche Gestalt des Individuums eingeschlossene Seele los, taucht, von Ort und Zeit entbunden, in den Sinn des Weltlaufes unter, und vor dem geklärten Blick der Begnadeten liegt enthüllt das Schicksal. Der Augenblick birgt nun die Ewigkeit in sich. Darum darf, wer das Wirken des Geistes in sich spürt, sich dem Augenblick nicht hingeben. Wenn sonst Liebende in den schimmernden Wahn eines Traumglücks sich einspinnen, sich über ihr Wesen, ihr Schicksal gegenseitig in blindem Vertrauen täuschen, den Augenblick des sinnlichen Seins ausschöpfen, unstet zwischen Verzweiflung und Glück hin= und hergeworfen, so ist der tieferen seelischen Liebe dieses Scheinglück seligen Wähnens ver= sagt, und der durch den Schein nicht mehr beirrte Blick durch= dringt die Wahrheit der Dinge. Die Geliebte wird dem Manne, was die Poesie — in der „Zueignung" — dem Dichter: Trost, Klä= rung, Vertiefung, Vergeistigung. Sie schenkt ihm die Stetigkeit, die allem Geistigen innewohnt.

Das sprechen die tiefsinnigen Verse aus, die Goethe der Freundin am 14. April 1776 sandte:

Ach, so viele tausend Menschen kennen,
Dumpf sich treibend, kaum ihr eigen Herz,
Schweben zwecklos hin und her und rennen
Hoffnungslos in unversehnen Schmerz;

Jauchzen wieder, wenn der schnellen Freuden
Unerwart'te Morgenröte tagt.
Nur uns armen liebevollen beiden
Ist das wechselseitge Glück versagt,
Uns zu lieben, ohn' uns zu verstehen,
In dem andern sehn, was er nie war,
Immer frisch auf Traumglück auszugehen
Und zu schwanken auch in Traumgefahr.

Glücklich, den ein leerer Traum beschäftigt!
Glücklich, dem die Ahndung eitel wär'!
Jede Gegenwart und jeder Blick bekräftigt
Traum und Ahndung leider uns noch mehr.
Sag', was will das Schicksal uns bereiten?
Sag', wie band es uns so rein genau?
Ach, du warst in abgelebten Zeiten
Meine Schwester oder meine Frau.

Nun schwebt von jenen Zeiten noch ein Erinnern um das un=
gewisse Herz. Im Traum genießt er, was einst Wahrheit war:

Kanntest jeden Zug in meinem Wesen,
Spähtest, wie die reinste Nerve klingt,
Konntest mich mit einem Blicke lesen,
Den so schwer ein sterblich Aug' durchdringt.
Tropftest Mäßigung dem heißen Blute,
Richtetest den wilden irren Lauf,
Und in deinen Engelsarmen ruhte
Die zerstörte Brust sich wieder auf.

Die tiefen Verse sind, mit dem „König in Thule" zusammen, die
unmittelbare Voraussetzung des Liedes „An den Mond". Die
an die Persönlichkeit unübertragbar gebundene Köstlichkeit des Lie=
beserinnerungsbesitzes stellt der „König in Thule" dar. Liebe, zur
Erinnerung an ein früheres, innigstes Zusammenleben vergeistigt,
preist das Gedicht an Charlotte als die tiefste Beziehung zwischen
zwei Menschen, als truglose Offenbarung des Menschenschicksals und
Erweiterung des Augenblickes zur Ewigkeit. In „Jägers Abend=
lied" ist Goethe die seelische Bedeutung des Mondlichtes als be=
ruhigende Linderung aufgegangen, und schon dort floß in die Vor=
stellung des Mondscheins das Bild der Frau von Stein. Aber
ihre Wirkung war noch eingeengt in den Bezirk des rein Gefühls=
mäßigen. Jetzt, nachdem das Seelenwanderungserlebnis voraus=
gegangen, erscheint in dem Gedichte „An den Mond" die Bedeu=
tung des Mondlichtes vertieft und erweitert zur Offenbarung geisti=
gen Erlebens schlechthin. Der Mondschein wird zum Symbol der

wundersamen, aus Glück und Schmerz gemischten Stimmung bewußten Erinnerungsgenusses.

Der Ursprung des Liedes wird in Verbindung gebracht mit dem Tod der jungen Christel von Laßberg, die in Verzweiflung über vermeintliche Untreue ihres Verlobten sich in der Nähe von Goethes Gartenhaus am 17. Januar 1777 in die Ilm gestürzt hatte. Am 19. meldet Goethe Charlotte, daß er mit Arbeitern bis in die Nacht am Flusse geschafft habe, um der Toten ein Erinnerungsmal zu bereiten. „Ich habe an Erinnerungen und Gedanken just genug und kann nicht wieder aus meinem Hause. Gute Nacht, Engel, schonen Sie sich und gehn nicht herunter. Diese einladende Trauer hat was gefährlich Anziehendes wie das Wasser selbst.“ Nach dem Brief hatte Frau von Stein das Lied „An den Mond“ auf einem undatierten Bogen in die Briefsammlung eingelegt, samt der Komposition von Seckendorff oder Kayser. So mag das Lied 1778 entstanden sein, ohne daß der Ort der Einlage das genaue Datum bedeutet. Die erste Fassung (in den Briefen an Charlotte) lautet:

> Füllest wieder 's liebe Tal
> Still mit Nebelglanz,
> Lösest endlich auch einmal
> Meine Seele ganz.
>
> Breitest über mein Gefild
> Lindernd deinen Blick,
> Wie der Liebsten Auge, mild
> Über mein Geschick.
>
> Das du so beweglich kennst,
> Dieses Herz in Brand,
> Haltet ihr wie ein Gespenst,
> An den Fluß gebannt,
>
> Wenn in öder Winternacht
> Er vom Tode schwillt
> Und bei Frühlingslebens Pracht
> An den Knospen quillt.
>
> Selig, wer sich vor der Welt
> Ohne Haß verschließt,
> Einen Mann am Busen hält
> Und mit dem genießt,
>
> Was dem Menschen unbewußt
> Oder wohl veracht,
> Durch das Labyrinth der Brust
> Wandelt in der Nacht.

Das ist ein erst halb ausgetragenes Werk. Schon der verwirrende Wechsel der sprechenden Person deutet auf die Unsicherheit des Werdenden: am Anfang spricht der Dichter, der den Mondschein dem Auge der Liebsten vergleicht (ähnlich wie in „Jägers Abend= lied"), daher auch das „ihr" in Strophe drei auf die Liebste und den Mond zusammen zu beziehen ist. Am Schlusse aber spricht die geliebte Frau, die „einen Mann am Busen hält". Die Bedeu= tung des Flusses, an den das sonst so bewegliche Herz des Dichters von dem Mond und der Geliebten wie ein Gespenst gebannt ge= halten wird („ich kann nicht wieder aus meinem Hause.... Diese einladende Trauer hat was gefährlich Anziehendes wie das Wasser selbst"), ist nicht leicht einzusehen, und man wäre geneigt, in den zwei Versen:

> Wenn in öder Winternacht
> Er vom Tode schwillt

eine Erinnerung an den Tod der Christel von Laßberg zu sehen, wenn nicht der todbringenden Winternacht des „Frühlingslebens Pracht", in der der Fluß „an den Knospen quillt", die Wage hielte, durch beide gegensätzlichen Motive also nur das Flußleben geschil= dert werden sollte.

Erst in der zweiten Fassung, die vor 1786 entstand, sind die Keime des Werdenden zur vollendeten Frucht gereift. Jede Erinne= rung an den Tod der Christel von Laßberg, die nur für die Frau von Stein und allenfalls für Goethe an das Lied gebunden war, ist ausgelöscht. Sogar die direkte Beziehung auf Frau von Stein ist aufgegeben. Nur die Natur des Mondscheins, eigentlich und symbolisch, ist rein erfaßt. Jene schon im „Mailied" und dann in dem Schweizerlied „Auf dem See" geübte Kunst, Natur= und See= lenleben als zwei Spiegelungen des einen Weltangesichtes zu neh= men, ist hier zu ergreifender Schönheit und Tiefe gediehen.

Mondschein ist Zwielicht, Clairobscur, Mischung von Hell und Dunkel, „zweifelhaftes Dunkel" wird es in einem Diwangedicht ge= nannt. Man fragt sich: ist es Tag, ist es Nacht? Aber ein wunder= samer Reiz entströmt dieser Beleuchtung. Die Umrisse der Dinge, die im Tageslicht klar und scharf gezogen sind und unserer Phan= tasie ein schroffes Halt zurufen, im vollen Dunkel aber uns ent= schwinden, sind im Mondschein weich, ins Weite verschwimmend, und laden die Phantasie zum Träumen ein. Gedämpft, versilbert er= scheinen die bei Sonnenlicht grellen und bunten Farben:

1. Füllest wieder Busch und Tal
Still mit Nebelglanz.

Auch im Leben der Seele gibt es eine Mondlandschaft. Dem Gegenstand in Sonnenbestrahlung vergleichbar ist alles, was unmittelbar vor den Sinnen steht. In dunkle Nacht versunken ist, was dem Bewußtsein völlig entglitten ist. Was aber als Überbleibsel früheren Erlebens, als Vorstellung, Erinnerung in der Seele schwebt, ist wie die Landschaft im Mondschein. Nicht klar und deutlich in allen Einzelheiten: wer vermöchte aus der Erinnerung einen Gegenstand so nachzuzeichnen, daß er sich in allem mit dem Gesehenen deckt? Dafür aber ist alles, was als Erinnerung einstigen Erlebens in uns schwebt, wie die Dinge der natürlichen Mondlandschaft von Nebelglanz, von dem sanften Lichte unserer Seele umflossen, in eine Stimmung getaucht, in der sich Hell und Dunkel, Freude und Schmerz mischen; in der die Luft gedämpft, das Leid gemildert ist. Dieses Clairobscur der Seele ist Wehmut. Und wie denn bei Goethe Äußeres und Inneres, Natur und Geist immer eins sind, so regt das Mondlicht die Seele zur Wehmut an:

Lösest endlich auch einmal
Meine Seele ganz.

Dem Gegenstand fehlt in der natürlichen Mondbeleuchtung der kräftige Schwung des Konturs; in dem Seelenzustand der Wehmut ist der Wille gelöst. Man begriffe also das Wesen der von Goethe dargestellten Stimmung (des Lebenspunktes oder der „Idee" des Liedes) nicht, wollte man von ihm einen straffen, logisch gliedernden und kräftig fortschreitenden Aufbau erwarten. In sanften, nur leise bewegten Wellen umfließt die Wehmut die Landschaft der Seele, die Dinge und Vorgänge, die sich als zarte Nebelbilder aus der äußern Welt in sie eingesenkt haben. Die Einheit ist da, aber sie ist nicht eine Einheit des Gedankens, sondern des Gefühls, nicht der äußeren Vorgänge, sondern der inneren Stimmung. Erst weilt der Blick auf der Mondlandschaft, dann gleitet er in das Weben der Seele, und die Vorstellung „Geschick" ruft (in der Erinnerung) die Vergangenheit empor.

2. Breitest über mein Gefild
Lindernd deinen Blick,
Wie des Freundes Auge mild
Über mein Geschick.

> 3. Jeden Nachklang fühlt mein Herz
> Froh= und trüber Zeit,
> Wandle zwischen Freud' und Schmerz
> In der Einsamkeit.

Für diese Vergangenheit ergibt sich ungezwungen als Symbol der Fluß, die Ilm, deren wirkliche Wellen der Dichter sanft an sein Ohr tönen hört. Bilder des Flußlebens (Winterüberschwemmung, Früh= lingsschönheit) werden Symbole des ablaufenden Seelenlebens, des= sen Inhalt Schmerz und Glück ist, aus dem aber Goethes Dichtung ihre Nahrung zieht:

> 6. Rausche, Fluß, das Tal entlang,
> Ohne Rast und Ruh',
> Rausche, flüstre meinem Sang
> Melodien zu!

> 7. Wenn du in der Mitternacht
> Wütend überschwillst,
> Oder um die Frühlingspracht
> Junger Knospen quillst.

Zwei Schlußstrophen fassen den ganzen Gehalt dieses äußer= lich=innerlichen Schauens als köstlichen Besitz zusammen:

> 8. Selig, wer sich vor der Welt
> Ohne Haß verschließt,
> Einen Freund am Busen hält
> Und mit dem genießt,

> 9. Was, von Menschen nicht gewußt
> Oder nicht bedacht,
> Durch das Labyrinth der Brust
> Wandelt in der Nacht.

In der Mondbeleuchtung wie in der Seelenstimmung fließen zwei Elemente, Hell und Dunkel, Freude und Schmerz, zur Ein= heit zusammen. Goethes Polaritätsbegriff wirkt hier besonders deut= lich. Die Zweipoligkeit geht durch alle Strophen und leitet die Wahl und Gruppierung der Einzelvorstellungen. Dem Blick des Mondes (2. Strophe) entspricht des Freundes Auge, dem Gefild des Dich= ters (dem Tal der Ilm, wo sein Gartenhaus steht) sein Geschick. Der Gegenwart der Mondnacht tritt die Vergangenheit gegenüber als Erinnerungsinhalt der Seele, Nachklang „froh= und trüber Zeit" — wie genial drückt das kühne Weglassen der Endung in „froh=" die polare Einheit der Wehmut aus; jede Flexionsendung

ist abschließend, und „froher" würde als trennend, die Einheit stö=
rend empfunden; das Gefühl ist frohtrüb, als Wandeln „zwischen
Freud' und Schmerz". Dem Lauschen auf den Ablauf des Seelen=
lebens stellt sich in Strophe 4 das Lauschen auf die Ilm gegenüber,
deren Rauschen das Gefühl der Vergänglichkeit alles Erlebens
weckt. Aber ist wirklich alles vergänglich? Das eigentlich=sinnliche
Erleben wohl! Bleibend aber ist als Besitz der Seele („König in
Thule!") der geistige Gehalt, die Erinnerung (die „Treue" in der
vierten Zeile der vierten Strophe leitet zu dieser neuen Vorstellung
über). Aber auch die Erinnerung ist zweipolig: köstlich und quä=
lend (Strophe 5).

Doch schon ist auch (die Mondbeleuchtung löst alles Harte auf!)
die mildernde Aussöhnung da: der Fluß, der durchs Tal rauscht,
erinnert daran, daß doch alles vorbeigeht; der Ablauf alles Lebens
mag also auch Schmerz und Freude der Erinnerung mit sich fort=
führen. Aber nur fortführen aus dem individuellen Leben und dem
menschlichen Gedächtnis, dafür jedoch zur Ewigkeit des künstlerischen
Seins erheben. Goethes Dichtung ist Erlebnisdichtung; der Fluß
des Erlebens „flüstert ihm Melodien zu", befruchtet sein Schaffen,
gewaltig=düstere Erfahrungen finden wie lieblich=heitere in seinen
Werken ihren Ausdruck (vgl. 7. Strophe).

Der bleibende Gewinn aber und der eigentliche Sinn des Mond=
scheins (in seelischer Beziehung!) ist das liebende Betrachten der
Rätsel des Lebens durch das ruhevoll in eigener Angel schwebende,
liebende Gemüt. (Der „Freund" der zweitletzten Strophe darf nicht
verleiten, das Lied etwa der Frau von Stein in den Mund zu legen;
das ist ja schon durch den deutlichen Hinweis auf Goethes Dichten
in Strophe 6 und 7 ausgeschlossen; das Gedicht in der zweiten
Fassung ist über alles Persönliche erhoben, und „Freund" kann
hier wie in Strophe 2 Mann und Weib bedeuten!) So löst das
Bewußtsein dieses liebenden Geistesgenusses der Lebensrätsel in
der Seele doch ein Glück, das höchste, das Menschen bestimmt ist.
Es ist das Licht, das in das Dunkel des Daseins fällt. Daß Goethe
selber diesen seligsten Genuß und die Kraft, ihn in dem wunder=
samen Mondliede dichterisch darzustellen, seiner Liebe zu Frau von
Stein verdankt, ist wichtig zur Erkenntnis der Entstehung des Ge=
dichtes, zum Erfühlen seiner Stimmung aber belanglos.

Auch das Gedicht „Über allen Gipfeln" ist in der Stim=
mungsatmosphäre der Liebe zu Frau von Stein gewachsen; aber in

seiner vollendeten Gestalt schwebt es ebenfalls in dem Äther der von allen zufällig-irdischen Beziehung gereinigten Kunst.

Am 6. September 1780 hat Goethe, während eines Aufenthalts in Ilmenau, den Gickelhahn, den „höchsten Berg des Reviers", bestiegen, „um dem Wuste des Städtchens, den Klagen, den Verlangen, der unverbesserlichen Verworrenheit der Menschen auszuweichen". In dem herzoglichen Jagdhäuschen auf dem Gipfel bringt er die Nacht zu. „Es ist ein ganz reiner Himmel und ich gehe des Sonnenuntergangs mich zu freuen. Die Aussicht ist groß, aber einfach. — Die Sonne ist unter. Es ist eben die Gegend, von der ich Ihnen die aufsteigenden Nebels zeichnete; jetzt ist sie so rein und ruhig, und so uninteressant, als eine große schöne Seele, wenn sie sich am wohlsten befindet. — Wenn nicht noch hie und da einige Vapeurs von den Meulern aufstiegen, wäre die ganze Szene unbeweglich."

Aus der reinen und großen Stimmung, die aus dem Frieden der Bergnatur in sein Herz fließt, löst sich „Wandrers Nachtlied" ab:

> Über allen Gipfeln
> Ist Ruh,
> In allen Wipfeln
> Spürest du
> Kaum einen Hauch;
> Die Vögelein schweigen im Walde.
> Warte nur, balde
> Ruhest du auch.

Ein Nachtgebet, schwebt das Lied dahin. Reines Gefühl scheint kunstloses Wort geworden. Aber Ruhe setzt Ordnung, Gefühl der Entwirrung voraus. Wenn eine Ahnung der seligen Ruhe, die das Gedicht verheißt, in der Brust des Dichters lebt, so muß sie sich in der lichten Gliederung der Vorstellungen des Gedichtes ausdrücken, überhaupt in seiner Kunstform. Und in Wirklichkeit hat Goethes Seele den hingehauchten, so unendlich einfachen Ausdruck in ein Lied von wunderbarster Kunst geformt.

Auf dem Gipfel des Berges stehend, lauscht der Dichter in die Runde über die Abendlandschaft hin. Erst in die Weite, auf die Berge Thüringens, dann in die Nähe, auf die Bäume der Kuppe, auf der er steht, und der benachbarten, dann auf das Treiben der Vögel im Walde rings um ihn, um endlich beim eigenen Herzen zu verweilen. So schwebt sein horchender Sinn stufenweise, aus der

Weite in die Enge, in konzentrischen Kreisen um den Mittelpunkt, das ruhesuchende Herz. Und überall in den Reichen ringsum ist Ruhe.

Aber diese Stufenreihe: Gipfel, Wipfel, Vögel, Herz hat noch eine zweite Bedeutung. Neben der örtlichen noch eine natürlich= seelische. Sie bedeutet ein Hinaufsteigen aus dem anorganischen Reiche (Berggipfel) über das Pflanzen= und Tierreich zum Men= schen. Die Ruhe im anorganischen Reich ist selbstverständlich. We= niger die im Pflanzenreich. Aber auch da ist sie eingekehrt: „In allen Wipfeln Spürest du Kaum einen Hauch." Sogar die Vögelein schweigen im Walde. Eine tröstliche Zuversicht ist die letzte Sprosse der Leiter: Auch das Menschenherz, das ewig bewegliche, am schwer= sten zu befriedigende, wird bald ruhen.

Wie hat nun diese Doppelstufenreihe von geographischen und natürlich=seelischen Vorstellungen klangliche Gestaltung gewonnen? Einmal im Takte. Mit trochäischer Gemessenheit hebt das Lied an:

Über állen Gipfeln

Diese Ruhe steigert sich in der schwebenden Schwere des einzigen Spondeus der zweiten Zeile:

Íst Rúh.

Im Reiche der Berge ist starre Ruhe. Aber sobald nun die Vorstel= lung ins Reich der bewegten Bäume einkehrt, drängen sich lebhaftere Jamben ein:

In állen Wípfeln

Trochäen wirken entgegen:

Spúrest dú

und in einem Choriambus, der Vereinigung von Trochäus und Jambus, löst sich der Widerstreit:

Kaúm einen Haúch.

Am bewegtesten, jambisch=anapästisch, ist die Zeile:

Die Vögelein schweígen im Wálde.

Sie ist auch weitaus die längste: im Tierreich ist die Unruhe größer als im Pflanzenreich, und schwerer zu bannen.

Wie soll sich nun in den beiden Versen, die vom Menschen= herzen sprechen, das Versmaß gestalten? Noch lebendiger als in

den Zeilen über die Vögel? Ist doch das Menschenherz am schwersten
zu beruhigen! Keineswegs. Es hält sich wieder ruhiger, mit schwe-
rem Anklang — Warte, Ruhest —, aber es deutet durch Ein-
mischung von Daktylen in die Trochäen die innere Bewegung an:

> Warte nur, balde
> Ruhest du auch.

So suggeriert Goethe durch einen gewissen Gegensatz zwischen dem
unruhvollen Herzen und dem im ganzen ruhig-beschwichtigenden
Takt die Einkehr der Ruhe auch ins Herz des Menschen.

Mit dieser Wirkung des Taktes verbindet sich die der Reime.
Weiblicher Reim heißt Unruhe, Sehnsucht; männlicher Abschluß,
Ruhe. So klingt jede Versgruppe, die einen Vorstellungskreis umfaßt, im ersten Vers mit weiblichem Reim aus: Gipfeln, Wipfeln,
balde — sehnsüchtig ausgreifend, friedesuchend, worauf dann ein
oder zwei männliche Abschlüsse die Beruhigung bringen: Ruh, du,
Hauch, auch. Aber nicht schroff abschließend, kurzsilbig, sondern
mild beruhigend: Rūh — dū, Hauch — auch wirken anders als etwa:
sätt — stätt, Wäld — bäld. Einzig in dem Verse, der das Treiben
der Vögelein schildert, ist weiblicher Reim: die Unruhe in der Natur
ist hier am größten.

Und endlich, wie suggestiv wirken die Klangwerte! Ähnlich wie
in dem ersten Nachtlied des Wanderers sind zunächst die zwei
Gruppen von I- und U-Lauten vorherrschend. I die Sehnsucht aus-
drückend, U den Schlummer. In den Kreuzungen: Gipfeln — Ruh;
Wipfeln — du tritt der Wechsel bedeutsam hervor. Aber zu ihnen
gesellt sich nun noch der A-Laut: über allen Gipfeln; in allen Wipfeln;
im Walde; Warte nur balde — in der dritt- und zweitletzten Zeile
aufdringlich im Reime. Etwas Offenes, Freies, Klares mischt sich
darin mit dem sehnsüchtigen I und dem dumpf-einschläfernden U,
und diese Mischung wirkt suggestiv in dem das: Walde — balde
einklammernden Reim: Hauch — auch, wo A und U zu einem
Doppellaut verschmolzen sind. Ruhe ist für Goethe nicht dumpfes
Einschlummern, sondern jene friedenvolle Klarheit über Welt und
Ich, die der Abend auf der freien Höhe ihm ins Herz gießt, nach
dem verworrenen Tagestreiben im Städtchen, im Tale — jene
Klarheit, die als innere Form die künstlerische Gestalt des Liedes
geschaffen hat.

Die Dämpfung des Lebensgefühls des sinnlichen Ich, die Goethe

in der Liebe zu Frau von Stein erfährt, überhaucht nicht nur die
lyrischen Bekenntnisse mit dem Silberton der Vergeistigung; sie
wandelt seine ganze Gedankenwelt, sein allgemeines Verhältnis zu
Gott und Welt um. Den Niederschlag dieser Umänderung zeigen
die hymnenartigen Gedichte dieser Zeit.

Die freigeformten Gesänge der Sturm= und Drangzeit, wie
„Wandrers Sturmlied“, „Prometheus“, „Mahomets Gesang“ sind
grandiose Ausbrüche des genialen Ich, das sich im „Prometheus“
titanisch gegen die alten Götter empört. Die neuen Hymnen beugen
das Ich unter die göttliche Weltregierung. In ihren freien Vers=
reihen, die Goethe auch jetzt beibehält, spricht sich nicht ungebän=
digte Naturkraft, sondern Reichtum und Tiefe des gedanklichen Ge=
haltes aus.

Die „Harzreise im Winter“, im Dezember 1777 gedichtet,
steht „Wanderers Sturmlied“ nahe in der losen Aneinanderreihung
der Vorstellungen und in der engen stofflichen Bindung an Goethes
persönliches Erleben, ohne dessen Kenntnis das Gedicht unverständ=
lich bliebe. Auch die Idee, die die „Harzreise“ durchwaltet, steht
der Idee von „Wanderers Sturmlied“ nahe. Auch sie verkündet die
Gottessicherheit des Auserwählten. Aber — und das ist das Neue
— nur desjenigen, der die selbstisch grübelnde Wertherstimmung
des Stürmers und Drängers durch Hingabe an die Außenwelt und
selbstlose Liebe zu überwinden vermag.

Den Schleier des Rätsels, der über dem Gedicht schwebte, so=
lange man seinen Wirklichkeitsboden nicht kannte, hat Goethe selber
1821 gehoben durch einen Aufsatz in „Kunst und Altertum“, den
ein Erklärungsversuch des Prenzlauer Gymnasialrektors Kanne=
gießer veranlaßt hatte, und 1822 durch einen Abschnitt in der
„Campagne in Frankreich“.

Ende November und Anfang Dezember 1777 veranstaltet der
Herzog in der Gegend von Eisenach eine Jagd auf Wildschweine, die
auf den Feldern schweren Schaden angerichtet. Goethe gedenkt sich
später der Jagdgesellschaft anzuschließen. Zuerst aber durchstreift er
das Land auf eigene Faust und, nach seiner Art, unter fremder
Maske. („Ich heiße Weber, bin ein Maler, habe iura studiert, oder
ein Reisender überhaupt,“ 6. Dezember 1777.) Neben den prakti=
schen Absichten des Beamten — der Besichtigung des Ilmenauer
Bergwerks zum Zwecke seines Wiederanbaus —, halten ihn seelische
Gründe zunächst dem Hofe fern. In Wernigerode lebt ein junger

Theologe namens Plessing, der Sohn des Superintendenten. An hypochondrischer Selbstquälerei leidend, hat er den Verfasser des „Werther" in zwei leidenschaftlichen Briefen um Rat und Beistand angegangen. Goethe hat sie beide unbeantwortet gelassen; nun sucht er den Jüngling in Wernigerode auf und weist ihn, der selbstisch „alle seine Kraft und Neigung nach innen gewendet" und, ohne produktives Talent, sich damit „so gut als zugrunde gerichtet" hat, auf die Außenwelt hin: nur durch Naturbeschauung und herzliche Teilnahme an der äußeren Welt könne er sich aus dem schmerzlichen, selbstquälerischen Seelenzustande befreien.

Er selber hat an sich die Heilkraft des Rates erprobt. Er hat sich als Beamter einem Stück fremder Wirklichkeit in selbstloser Arbeit hingegeben; er lebt der tätigen Betrachtung der Natur, und ihn beglückt die Liebe der Frau von Stein, weil er entsagt. Die Briefe an sie von dieser Harzreise zünden in sein Inneres. Am 9. Dezember schreibt er: „Was die Unruhe ist, die in mir stickt, mag ich nicht untersuchen, auch nicht untersucht haben. Wenn ich so allein bin, erkenn' ich mich recht wieder, wie ich in meiner ersten Jugend war, da ich so ganz allein unter der Welt umhertrieb. Die Menschen kommen mir noch ebenso vor, nur mach' ich heut eine Betrachtung. Solang' ich im Druck lebte; solang' niemand für das, was in mir auf= und abstieg, einig Gefühl hatte, vielmehr, wie's geschieht, die Menschen erst mich nicht achteten, dann wegen einiger widerrennender Sonderbarkeiten scheel ansahen, hatte ich mit aller Lauterkeit meines Herzens eine Menge falscher, schiefer Prätensionen.... Da war ich elend, genagt, gedrückt, verstümmelt, wie Sie wollen. Jetzt ist's kurios besonders die Tage her in der freiwilligen Entäußerung, was da für Lieblichkeit, für Glück drinne steckt. — Die Menschen streichen sich recht auf mir auf, wie auf einem Probierstein; ihre Gefälligkeit, Gleichgültigkeit, Hartleibigkeit und Grobheit, eins mit dem andern macht mir Spaß — Summa Summarum, es ist die Prätension aller Prätensionen, keine zu haben."

Das Bekenntnis zeigt, wie fern die eigentliche Wertherstimmung schon hinter ihm liegt. Er brauchte nur Plessings Wesen mit seinem eigenen zu vergleichen, um die Distanz zu erkennen. Wie er dem Jüngling mit malerischer Poesie und doch unmittelbar und natürlich seine Winterreise schildert, die ihm, statt Beschwerden, dauernden Genuß gewährt, und mit der Beschreibung der Baumannshöhle anhebt, unterbricht ihn jener lebhaft: Der kurze Weg, den er daran gewendet, gereue ihn ganz eigentlich; sie habe keineswegs dem Bilde sich gleichgestellt, das er in seiner Phantasie entworfen.

Goethe aber, der ohne Vorurteil in selbstloser Hingabe, mit offe= nen Augen und nicht ohne körperliche Beschwerden, die Harzland= schaft durchstreift, erfährt reinste Erquickung, wie einige Jahre früher auf der Reise in die Schweiz. Am 10. Dezember stand er auf dem tiefverschneiten Brocken: „Nun, Liebste, bin ich heut oben gewesen, ganz natürlich, ob mir's schon seit acht Tagen alle Menschen als unmöglich versichern." Auf der ganzen Reise begleitet ihn das Ge= fühl des besonderen Schutzes Gottes. Die Hingabe an die Außenwelt lohnt sich. Sein Ich verschwindet, er weiß sich eins mit der Welt, ein Glied der Natur. Pantheistisches Allgefühl durchströmt ihn. Ein mächtiger Wille waltet überpersönlich in seinem Leben. Niemals sonst, wie jetzt, häufen sich die Erfahrungen und Bekenntnisse dieser frommen Ergebung in den Weltwillen in seinen Briefen. Am 4. De= zember: „Ich weiß nun noch nicht, wie sich diese Irrfahrt endigen wird; so gewohnt bin ich, mich vom Schicksale leiten zu lassen, daß ich gar keine Hast mehr in mir spüre." Am 7.: „Mir ist ganz wunderlich, als wenn mich's von hier wegpeitschte." Am 8. macht ihm „das Schicksal wieder ein groß Kompliment": wie er in Klaus= tal in eine Grube einfährt, wird sein Begleiter einen Schritt vor ihm von einem Felsen, der sich ablöst, zu Boden geschlagen. Der robuste Mann kann sich dagegen stemmen. „Einen Augenblick später, so stund ich an dem Fleck ... und meine schwanke Person hätt' es gleich niedergedrückt und mit der völligen Last gequetscht." Am 9. Dezember erinnert er sich daran, wie er vor neun Jahren um diese Zeit todkrank lag und wie seine Mutter damals in ihrer Her= zensnot die Bibel aufschlug und den Trostspruch fand: „Man wird wiederum Weinberge pflanzen an den Bergen Samariä, pflanzen wird man, und dazu pfeifen." Am 10. Dezember bekennt er: „Mit mir verfährt Gott wie mit seinen alten Heiligen, und ich weiß nicht, woher mir's kommt. Wenn ich zum Befestigungszeichen bitte, daß möge das Fell trocken sein und die Tenne naß, so ist's so, und umgekehrt auch, und mehr als alles die übermütterliche Leitung zu meinen Wünschen." Am 6. Dezember hat er „einen Wunsch auf den Vollmond", und wie er am 10., nach der Brockenbesteigung, nachts vor die Türe tritt, liegt der Berg im hohen herrlichen Mond= schein über den Fichten vor ihm. Und der Grund für all diese Wunder? Es ist die Hingabe ans All, dessen Gesetzmäßigkeit er in sich spürt. „Sie wissen, wie symbolisch mein Dasein ist — — Und die Demut, die sich die Götter zu verherrlichen einen Spaß machen, und die Hingegebenheit von Augenblick zu Augenblick, die ich habe, und die vollste Erfüllung meiner Hoffnungen."

All dies innere und äußere Erleben prägt sich in der „Harzreise im Winter" symbolisch aus.

Wie er am 1. Dezember die Reise antritt und dem Ettersberg zureitet, schwebt im düstern, von Norden sich heranwälzenden Schnee= gewölk hoch ein Geier über ihm. Ist nicht schon dies erste Erlebnis des Wanderers symbolisch? Schwebt nicht, wie der helläugige und beutesichere Geier in dem Schneegewölk, auch seine Seele ruhig und klar in dem Drange und dumpfen Wirrsal des Lebens, darin die andern noch sich mühen? Sicher und lichtvoll löst sich das Lied aus seiner Seele:

> Dem Geier gleich,
> Der, auf schweren Morgenwolken
> Mit sanftem Fittich ruhend,
> Nach Beute schaut,
> Schwebe mein Lied!

Aber wie fein ist die dunkle Symbolik des wirklichen Erleb= nisses im Liede gehellt und die Anschaulichkeit gesteigert: sein Geier schwebt nicht in den Wolken, sondern er ruht auf den Wol= ken. Der dumpfe Drang der Gefühlswirrsale („Morgenwolken") ist dem Dichter und seinem Liede der Grund, auf dem sie ruhen, um helläugig die Weite des Lebens zu überblicken!

In dieser Vorstellung des Schwebens über der Gefühlsdumpf= heit birgt sich ein Warum? Die Antwort ist jene, die Goethe in seinen Briefen an Charlotte sich gibt: Schicksalswille, Götter= walten:

> Denn ein Gott hat
> Jedem seine Bahn
> Vorgezeichnet,
> Die der Glückliche
> Rasch zum freudigen
> Ziele rennt;
> Wem aber Unglück
> Das Herz zusammenzog,
> Er sträubt vergebens
> Sich gegen die Schranken
> Des ehernen Fadens,
> Den die doch bittre Schere
> Nur einmal löst.

Der Glückliche, der Unglückliche. Goethe weiß schon vor Weimar: glücklich ist, wer zufrieden ist, und zufrieden, wer mit natürlichem Sinne die Güter des Tages genießt — der große Haufe der Gedankenlosen. Statt wie der Dichter nun einsam bei Wintersanbruch über das frierende Feld zu ziehen, suchen jene, die im gedankenlosen Dahinleben Glücklichen und darum Reichen, den bergenden Schutz und die Niederung des gemächlichen Sinnengenusses auf:

> In Dickichtsschauer
> Drängt sich das rauhe Wild,
> Und mit den Sperlingen
> Haben längst die Reichen
> In ihre Sümpfe sich gesenkt.
>
> Leicht ist's folgen dem Wagen,
> Den Fortuna führt,
> Wie der gemächliche Troß
> Auf gebesserten Wegen
> Hinter des Fürsten Einzug.

Nun ist es klar. Auf den gebahnten Wegen des großen Haufens wandeln, ist Sperlingsglück; der alte Gegensatz: Adler und Taube wiederholt sich in der geschärften Variation: Geier und Sperling (der Sperling als gefräßiger, nicht wählerischer, in Scharen lebender Vogel, als rechtes Pöbeltier). Der Führer, das Genie, lebt einzig und einsam. Erst wenn er ein Fürst ist, folgt der Troß seinem Wagen. Der Weg zur Höhe führt durch Gestrüpp und Öde. Der Große muß einmal abseits gegangen sein, um groß zu werden.

So deutet Goethe den früheren Gegensatz glücklich — unglücklich vertiefend aus: Pöbel („der gemächliche Troß") und Eigenmensch. Sein Blick fällt auf Plessing. Er ist ein solcher Eigenmensch, krankt an dem Unglück des Eigenen: der Selbstsucht und ihren Folgen. Die Gefühlskraft, die Balsam ist, wird ihm wie Werther zum Gift:

> Aber abseits, wer ist's?
> Ins Gebüsch verliert sich sein Pfad,
> Hinter ihm schlagen
> Die Sträuche zusammen,
> Das Gras steht wieder auf,
> Die Öde verschlingt ihn.
>
> Ach, wer heilet die Schmerzen
> Des, dem Balsam zu Gift ward?
> Der sich Menschenhaß
> Aus der Fülle der Liebe trank?

Erst verachtet, nun ein Verächter,
Zehrt er heimlich auf
Seinen eigenen Wert
In ungnügender Selbstsucht.

Nur eine Heilung gibt es für diese grüblerische Selbstsucht des grollend Einsamen: Hingabe an die Welt:

Ist auf deinem Psalter,
Vater der Liebe, ein Ton
Seinem Ohre vernehmlich,
So erquicke sein Herz!
Öffne den umwölkten Blick
Über die tausend Quellen
Neben dem Durstenden
In der Wüste!

Der gesellig-glückliche Haufe, der Einsame. Der Gegensatz wieder-holt sich noch einmal. In Goethes Verhältnis zum Hofe. Der Hof vergnügt sich auf der Jagd. Er selber streift abseits durchs Land. Aber der Lebensgehalt jedes Gliedes ist gesteigert: die Jagd ist ein notwendiges, nützliches Sichvergnügen; sie wehrt endlich dem Scha-den des Wildes, dem der Bauer nicht Herr werden kann: Gott soll die Brüder der Jagd auf der Fährte des Wildes segnen, sind sie doch späte Rächer des Unbills! Und der Dichter, der einsam durchs Land rettet, ist nicht unglücklich. Den selbstlos Liebenden begleitet und beglückt das Bild der Geliebten, und mit unbefangenem Sinn gibt er sich der Welt wirkend hin:

Aber den Einsamen hüll'
In deine Goldwolken!
Umgib mit Wintergrün,
Bis die Rose heranreift,
Die feuchten Haare,
O Liebe, deines Dichters! — —

Mit dem beizenden Sturm
Trägst du ihn hoch empor;
Winterströme stürzen vom Felsen
In seine Psalmen,
Und Altar des lieblichsten Danks
Wird ihm des gefürchteten Gipfels
Schneebehangener Scheitel,
Den mit Geisterreihen
Kränzten ahnende Völker.

In dem Briefe vom 10. Dezember erzählt Goethe, wie der Förster im Torfhause ihm die Besteigung des Brockens auszureden sucht. „Die Berge waren im Nebel, man sah nichts, und so, sagt er, ist's auch jetzt oben, nicht drei Schritte vorwärts können Sie sehn. ... Ich war still und bat die Götter, das Herz dieses Menschen zu wenden und das Wetter, und war still. So sagt' er zu mir: nun können Sie den Brocken sehn, ich trat ans Fenster, und er lag vor mir klar wie mein Gesicht im Spiegel. ... Alle Nebel lagen unten, und oben war herrliche Klarheit."

Die Brockenbesteigung war der Höhepunkt von Goethes Fahrt; auch das Gedicht schwingt sich am Schlusse zum Brocken empor, und die Schilderung des Berges, der klar zugleich und rätselhaft in die Tiefe sieht, wird zum großartigen und zugleich tief symbolischen Schlußbild. Der Berg steht einsam in Lüften über der Welt mit ihren Schätzen und dient ihr doch mit dem Reichtum (an Erz und Wasser!) der um ihn gelagerten Höhen. So faßt der Dichter in dem Bild und der Deutung des höchsten Harzgipfels die polaren Vorstellungen des Liedes zur höheren Einheit zusammen. Der Brocken wird zum Symbol des Dichters selber, des Genies, das einsam abseits steht, aber zugleich selbstlos sich der Welt hingibt. Auch in dem Paradoxon „mit unerforschtem Busen geheimnisvoll offenbar" schwebt diese Polarität. Zugleich weist das Schlußbild auf die Anfangsvorstellung von dem auf Wolken ruhenden Geier zurück, die nun durch das Brockenmotiv tiefere Auslegung erhält.

Gilt die Symbolik des Schlusses nicht auch von dem Liede selber? Ist nicht auch dieses geheimnisvoll offenbar? Erst in Wolken gehüllt, von der Erdatmosphäre des individuellen Erlebens umhüllt und den Nebeln wogenden Gefühls, erscheint es als Chaos; aber dem forschenden Blicke enthüllt sich in Bau und Gedankenentwicklung die lichte Klarheit des über den Dingen schwebenden Dichtergeists. Der Gegensatz Geselligkeit und Einsamkeit offenbart sich in zweistufiger Steigerung und Klärung als Schicksalswille. Einleitung (V. 1—18): Anfangssymbol, der Geier auf den Wolken, Grund dafür: Schicksalswalten. Erste Stufe (V. 19—50): der Alltagsgenuß des gemächlichen Trosses — die Selbstverwundung des einsamen, selbstsüchtigen Grüblers. Zweite Stufe (V. 51—81): der höhere Gegensatz: das nützliche Vergnügen des Haufens — die selbstlos liebende Naturhingabe des Einsamen. Schlußsymbol: der einsame, und doch dienende Brocken.

Mit dieser Idee aber schlägt das Lied die Brücke zwischen den die Rechte des Individuums verherrlichenden Geniegesängen des Stürmers und Drängers zu den Bekenntnissen der vergeistigten Selbstentäußerung des Freundes der Frau von Stein.

Nur aus der innigsten Einfühlung Goethes in das Weltganze, wie sie die Symbolik der „Harzreise" darstellt, konnte auch der „Ge= sang der Geister über den Wassern" entstehen.

Am 12. September 1779 hatte Goethe mit dem Herzog und we= nigen Begleitern seine zweite Reise in die Schweiz angetreten. Nach der ersten Schweizerfahrt hatte er bekannt: „Mir ist's wohl, daß ich ein Land kenne, wie die Schweiz ist. Nun geh' mir's, wie's wolle, hab' ich doch immer da einen Zufluchtsort." Nun sollte auch der Herzog die Wohltat des Zufluchtsortes erfahren: Erfrischung und Vertiefung seines Selbst durch den Anblick hoher und reiner Natur und die nicht gefahrlosen Mühen einer Alpenwanderung. Mit ge= sammelter und beruhigter Seele wollte Goethe selber den Boden der Schweiz betreten, erlöst von dem Orestesfluche früherer Schuld. In Sesenheim besuchte er die Familie des Pfarrers Brion: „Da ich jetzt so rein und still bin, wie die Luft, so ist mir der Atem guter und stiller Menschen sehr willkommen." Auch Friederike sah er wieder. Was wachte alles in ihm auf! Er hatte sie „in einem Augen= blick verlassen, wo es ihr fast das Leben kostete. Sie ging leise drüber weg, mir zu sagen, was ihr von einer Krankheit jener Zeit noch überbliebe. . . . Nachsagen muß ich ihr, daß sie auch nicht durch die leiseste Berührung irgendein altes Gefühl in meiner Seele zu wecken unternahm". Als er am folgenden Morgen (25. September) schied, wußte er, daß er nun „auch wieder mit Zufriedenheit an das Eckchen der Welt hindenken, und in Friede mit den Geistern dieser Aus= gesöhnten" leben konnte. Am folgenden Tag wurde Lili Schöne= mann, jetzt Frau von Türckheim, in Straßburg besucht. Er fand „den schönen Grasaffen mit einer Puppe von sieben Wochen spie= len" und „recht glücklich verheuratet". Bei „schönem Mondschein" ging er von ihr weg. „Die schöne Empfindung, die mich begleitet, kann ich nicht sagen." Er steht zu all diesen Menschen in dem Ge= fühl „von durchgehendem, reinem Wohlwollen". „Ungetrübt von einer beschränkten Leidenschaft, treten nun in meine Seele die Ver= hältnisse zu den Menschen, die bleibend sind; meine entfernten Freunde und ihr Schicksal liegen nun vor mir wie ein Land, in dessen Gegenden man von einem hohen Berge oder im Vogelflug

sieht." Aber ein Ton der Wehmut erklingt auch in dieser Melodie
beruhigten Seelenfriedens: in Emmendingen steht er am Grabe
seiner Schwester, die vor zwei Jahren gestorben war.

Über Basel und Biel ging es nach Bern, und von hier nach In=
terlaken. Am 9. Oktober standen die Reisenden „bei gutem Wetter"
vor dem Staubbach im Lauterbrunnental. „Die Wolken der obern
Luft waren gebrochen, und der blaue Himmel schien durch. An den
Felswänden hielten Wolken, selbst das Haupt, wo der Staubbach
herunterkommt, war leicht bedeckt. Es ist ein sehr erhabener Gegen=
stand." Auch am 10. Oktober sah Goethe den Staubbach. Am 14.
schickte er von Thun aus den „Gesang der lieblichen Geister in der
Wüste", wie die ältere Überschrift lautet, an Frau von Stein: „Von
dem Gesange der Geister habe ich noch wundersame Strophen ge=
hört, kann mich aber kaum beiliegender erinnern." Zwischen dem
9. und 14. Oktober 1779 also muß das Gedicht entstanden sein.

Es weckt die Erinnerung an „Mahomets Gesang", wie es auch
in den Gedichten hinter ihn gestellt ist. Wie dort im Laufe des
Flusses der Werdegang des Genies und die Ausbreitung seiner
Macht versinnbildlicht ist, so im „Gesang der Geister über den
Wassern" das Leben und Weben der Seele im Wanderlauf des
Wassers. Aber wie bedeutsam wieder ist die alte Vorstellung nach
einer andern Himmelsrichtung gewendet! „Mahomets Gesang" glei=
tet über das Wirken „der guten Geister" rasch hinweg und schildert
das Walten des Genies auf Erden in einem geographisch=kultur=
historischen Bilde; der „Gesang der Geister" strömt aus dem Kreis
kosmisch=metaphysischer Vorstellungen und bindet die Menschen=
seele in den allgemeinen Zusammenhang ein, in dem ihr Erdenlauf
nur eine kurze Strecke ist. Nicht von einem mächtigen Einzelwillen,
wie in „Mahomets Gesang", ist die Rede, der eigenes Schicksal und
das der Schwächern bestimmt; physikalische Bedingungen beherrschen
die Bewegung des Wassers, metaphysische Gewalten formen das Los
der Seele und bestimmen ihren lieblich ruhigen oder zornig er=
regten Lauf.

„Mahomets Gesang" zeigt — entsprechend dem Grundmotiv, dem
Lauf eines Flusses — in der klarbewußten Aneinanderreihung der
rasch wechselnden Vorstellungen wie in dem Takt etwas kräftig Aus=
schreitendes. In dem „Gesang der Geister" aber ist etwas Leises,
Zögerndes, auf fremden Anstoß Wartendes in der Wahl der Motive
wie in dem Versmaß. Wie bezeichnend: „Mahomets Gesang" kennt

im Laufe des Flusses die Stufe des Sees nicht; „ihn hält kein
Schattental". Jetzt aber, wo Goethes Leben selber in Weimar nach
dem kühnen Ausschreiten des Wanderers äußerlich zur Ruhe ge=
kommen zu sein scheint, taucht der glatte See auf, in dem ihr Antlitz
alle Gestirne weiden.

Die demütige Ergebenheit in einen höheren Willen ist noch gestei=
gert in den „Grenzen der Menschheit". Aus inneren Gründen
muß das Gedicht um 1780 entstanden sein. Zum erstenmal taucht
es in einer handschriftlichen Sammlung auf, die Herder sich im
Herbst 1781 anlegte. Schon das Eingangsbild kündigt das Gegen=
stück zu „Prometheus" an. Hier wie dort die Vorstellung des im
Gewitter sich offenbarenden Gottes. Aber während es im „Pro=
metheus" der Primus inter pares Zeus ist, der wie ein disteln=
köpfender Knaben Eichen zu Fall bringt und die Erde stehen lassen
muß, ist es hier der uralte, heilige Vater, der mit gelassener
Hand aus rollenden Wolken segnende Blitze über die Erde sät.
Der Dichter aber steht ihm nicht als trotzig empörter Prometheus
gegenüber, sondern er küßt

> den letzten
> Saum seines Kleides,
> Kindliche Schauer
> Treu in der Brust. —
> Denn mit Göttern
> Soll sich nicht messen
> Irgendein Mensch.

Es ist, als ob das zerknirschte Gefühl der schlechthinigen Abhän=
gigkeit des Menschen von den Göttern auch die Geisteskraft des
Dichters nun gelähmt hätte. Am Schlusse vergleicht er des Men=
schen Leben einem kleinen Ring. Wie strömen in vorwärts wim=
melndem Flusse aus dem Geniebewußtsein die Gedanken in „Pro=
metheus" oder „Wanderers Sturmlied" oder noch der „Harzreise
im Winter"! Hier ist es nur der eine tiefgefühlte Gedanke von den
Grenzen des Menschseins, der den Dichter erfüllt, und statt aus ihr
weitere Gedanken sich entwickeln zu lassen, kann er nur den einen
durch anaphorische Ordnung von parallelen Verbildlichungen immer
tiefer in unser Gefühl eindrücken. Auch der Vorstellungsinhalt des
Gedichtes ist von einem „kleinen Ringe begrenzt". Oder vielmehr,
er bewegt sich in drei konzentrischen Kreisen um das durchbohrende
Gefühl des menschlichen Nichts: Hebt sich der Mensch zu den Ster=

nen, so ist er ein Spiel der Wolken und Winde. Das gilt auch geistig:
Goethe, als Realist, weiß, wie der forschende Geist im Luftreich
unbestimmter Phantasien irrt, wenn er den festen Boden der Erfahrung verläßt. Bleibt er aber auf der Erde, so erreicht er nicht
einmal die Höhe der (aus eigener Kraft sich emporreckenden) Eiche
oder der (an fremde Stützen sich anklammernden) Rebe. Symbolisch: der reine Empiriker entbehrt der weltenüberspannenden
Größe.

Un dieses erste Bild reiht sich lose das zweite. Drückt das erste
die Ohnmacht des forschenden und wirkenden Menschen aus, so das
zweite seine zeitliche Begrenzung. Das Leben ist ein ewiger Strom,
an dessen Ufer die Götter ruhig stehen, während die Menschen von
ihm fortgetragen werden:

> Uns hebt die Welle,
> Verschlingt die Welle,
> Und wir versinken.

Der Schluß wiederholt die Vorstellung unter dem Bilde der
Kette: das Leben der Menschen ist ein einzelner Ring:

> Und viele Geschlechter
> Reihen sich dauernd
> An ihres Daseins
> Unendliche Kette —

„sich" — und nicht „sie", wie neuerdings gelesen wird. Denn die
Götter verhalten sich passiv, während die Menschen vor ihren Augen
sich abmühen. Indem die Ringe sich aneinanderreihen, bilden sie
die dauernde Kette des unendlichen Götterdaseins, wie die Wellen,
die vor den Göttern wandeln, in ihrer Gesamtheit, nicht einzeln,
„ein ewiger Strom" sind.

Zu „Prometheus" und den „Grenzen der Menschheit" bildet
„Das Göttliche" die höhere Synthese. Dort der Trotz des Genius
gegen altgewordene Götter; da das zerknirschte Gefühl des menschlichen Nichts gegenüber göttlicher Allmacht und Ewigkeit; hier die
ausgleichende Feststellung dessen, was die Menschen den Göttern
eint.

Nach dem Jahre 1780 meldet sich in Goethes Briefen eine Klärung
seines Verhältnisses zu Gesellschaft und Menschen. Er hat das Gleichgewicht zwischen seinem Ich und den andern gefunden. Schon 1781
hat ihm das Beispiel der Gräfin von Werthern-Neunheiligen ge-

offenbart, was es heißt, Welt haben und die Welt behandeln. Nun ist er selber Weltmann geworden. Im Frühling 1783 nimmt er „in ruhigen Stunden" das leidenschaftlichste Werk seiner Jugend, den „Werther" wieder vor, um ihn mit sicherer Künstlerhand „noch einige Stufen höher zu schrauben". Anfangs Oktober 1783 besucht er den Hof zu Kassel und wird „überall sehr gut aufgenommen; den gleichgültigen Menschen begegne ich nach der Welt Sitte, den guten begegne ich offen und freundlich, und sie behandeln mich dagegen, als wenn mich der Verstand mit der Redlichkeit gezeugt hätte, und diese Abkunft etwas Weltbekanntes wäre". Das Verdienst an dieser Klärung schreibt er Charlotte zu: „Durch dich habe ich einen Maß= stab für alle Frauens, ja für alle Menschen, durch deine Liebe ein Maßstab für alles Schicksal." Einst, als er das „Selig, wer sich vor der Welt Ohne Haß verschließt" aussprach, hat ihm diese Liebe die übrige Welt verdunkelt. Jetzt macht sie „mir vielmehr die übrige Welt recht klar, ich sehe recht deutlich, wie die Menschen sind, was sie sinnen, wünschen, treiben und genießen; ich gönne jedem das Seinige und freue mich heimlich in der Vergleichung, einen so un= zerstörlichen Schatz zu besitzen". Nun ist die Dumpfheit jugend= lich drängender Leidenschaft überwunden und zwischen titanischer Überhebung und sklavischer Unterwerfung unter das Schicksal die männliche Besonnenheit gefunden. Im August 1784 hält er die Zügel so sicher in den Händen, daß er der Geliebten seine Gefühle und Erlebnisse in der konventionellen Hofsprache, dem Französi= schen, beschreibt.

Besonders hell rückt ihm den Gegensatz zwischen einst und jetzt eine neue Besteigung des Brockens im September 1783 vor die Seele. Im Dezember 1777 hat er den Berg zuerst bestiegen, allein, als erkorener Günstling des Schicksals, nur die starke Liebe im Her= zen, eben sich losringend aus dumpfer Gefühlswirrnis. Jetzt führt er an seiner gefestigten Hand der Geliebten geliebten Sohn, Fritz von Stein, dem er Leiter, Erzieher, Vater sein will. Was für eine Entwicklung liegt zwischen einst und jetzt! Wie mächtig muß die Erinnerung in ihm aufbrechen! Aber wie kühl und knapp klingt das Wort, mit dem er Charlotte am 21. September jenes Einst ins Ge= dächtnis zurückruft: „Schon vor mehreren Jahren tat ich dasselbe, wieviel anders ist's jetzo. Lebe wohl, meine Beste."

Immer hat die Natur Goethe Klärung und Beruhigung ge= bracht. Sie tat es auch jetzt. Am 20. September hatte er Char=

lotte geschrieben: „Du wirst Dich freuen über eine Menge Ideen,
die ich mitbringe, auch über menschlich Natur und Wesen, und was
Dich eigentlich angeht." Und wenn nun Goethe am 19. November
die Geliebte bittet, ihm doch die Ode „Edel sei der Mensch" zu
senden, er wolle sie ins Tiefurter Journal geben (wo sie Ende
November an der Spitze des 40. Stückes erschien) — was liegt
näher, als daß diese Ideen „über menschlich Natur und Wesen" eben
der Keim oder die Urgestalt des Hymnus „Das Göttliche" sind, das
Lavater „das unübertreffliche Gedicht voll Klarheit und Wahrheit
über den Menschen" nennt? So wäre der Hymnus die Frucht des
geklärten Welt= und Menschengefühles, das Goethe auf der zweiten
Brockenfahrt besaß, wie die „Harzreise im Winter" aus seinem dä=
monischen Schicksalsglauben zur Zeit der ersten Besteigung des Ber=
ges hervorging.

„Das Göttliche" ist das lehrhafteste von Goethes lyrischen Ge=
dichten. Alles darin ist Klarheit, Licht, Verstand; der Inhalt, die
Entwicklung, die Gruppierung, die Sprache. Es sänke in die Dürre
der reinen Didaktik hinunter, durchglühte es nicht die milde Wärme
erfahrener Menschenliebe, durchgeistigte es nicht die Hoheit kos=
mischen Gefühls. Als Erzieher, wie er es damals dem jungen Fritz
von Stein war, steht der Dichter vor uns, Ideen über menschliches
Wesen der Menschheit verkündend. Erzieherisch mahnend hebt das
Gedicht an:

Edel sei der Mensch,

Und erläuternd deutet es sofort den Inhalt des „Edel":

(Nämlich) Hilfreich und gut!

Sogar ein schulmeisterlich=logisches „denn" wird nicht verschmäht,
um die mit kluger Pädagogik gleich mitgeteilte Begründung einzu=
leiten:

Denn das allein
Unterscheidet ihn
Von allen Wesen,
Die wir kennen.

Reine Logik entwickelt aus den „bekannten Wesen" den Gegensatz:

Heil den unbekannten
Höhern Wesen,
Die wir ahnen!
Sein Beispiel lehr' uns
Jene glauben.

Damit ist das Thema angeschlagen: der Gegensatz zwischen der sinn=
lich=natürlichen und der sittlich=geistigen Welt.

Die Natur ist „unfühlend". In konzentrischen Kreisen aus dem
Weitern ins Engere vorschreitend, weist es der Dichter lehrend nach.
Erst kommt das kosmische Gebiet: die Sonne strahlt über Böse und
Gute; der Mond und die Sterne leuchten dem Verbrecher wie dem
Besten. Dann das Reich der physikalischen Erscheinungen auf der
Erde: Wind und Ströme, Donner und Hagel rauschen ihren Weg,
unbekümmert um menschliches Behagen oder Mißbehagen. Endlich
der Kreis des Menschenlebens allein. Das mystische „Schicksal" der
früheren Zeit wird zum „Glücke", zur Göttin Fortuna rationalisiert
und muß sich gefallen lassen, als bloßer Zufall im Kreise der physisch=
natürlichen Erscheinungen mitzuschwingen: ohne sittliches Urteil
„tappt" es unter die Menge und faßt bald des Knaben lockige Un=
schuld, bald den kahlen schuldigen Scheitel.

Nach diesen aufhellenden Beispielen folgt die zusammenfassende
Lehre:

> Nach ewigen, ehrnen,
> Großen Gesetzen
> Müssen wir alle
> Unseres Daseins
> Kreise vollenden.

Wir alle! Auch der Mensch ist der Natur unterworfen. Bezeich=
nend taucht das Bild vom Kreis oder Ring aus den „Grenzen der
Menschheit" wieder auf! Bräche das Gedicht hier ab, es führte nicht
weiter, als bis zu den Grenzen der Menschheit. Aber der Mensch
ist der Natur nur unterworfen nach der physischen Seite seines We=
sens. Gott hat ihm jedoch auch den „Schein des Himmelslichts" ge=
geben, die Vernunft. Und damit vermag er das „Unmögliche" —
das, was über den Bereich des Physisch=Natürlichen geht. Er be=
sitzt Urteilskraft:

> Er unterscheidet,
> Wählet und richtet.

Unsterblichkeit im Geistesschaffen:

> Er kann dem Augenblick
> Dauer verleihen.

Sittlichkeit:

> Er allein darf
> Den Guten lohnen,
> Den Bösen strafen,
> Heilen und retten.

Herrschaft über die ungebundenen Naturkräfte zu seinen Zwecken:

> Alles Irrende, Schweifende
> Nützlich verbinden.

Und Religion:

> Und wir verehren
> Die Unsterblichen,
> Als wären sie Menschen,
> Täten im Großen,
> Was der Beste im Kleinen
> Tut oder möchte.

Dies geistig=sittliche Wirken ist das Adelsdiplom des Menschseins, und dieses überbindet dem Menschen die Pflicht, hilfreich und gut zu sein. Dann wird er ein Vorbild jener bloß geahnten Wesen, ein Beispiel des Göttlichen auf Erden, ein Beweis der Existenz höherer Wesen. So führt sein sittliches Erleben in Weimar Goethe in die Nähe Kants, dem der Glaube an übersinnliche Mächte als Postulat der praktischen Vernunft im sittlichen Handeln begrün= det ist.

Aber Goethes Lyrik in der voritalienischen Zeit versiegt nicht in durchsichtiger Moralität. Wenn er sich später einmal geäußert, daß alle Poesie im ganzen vernünftig, im einzelnen ein bißchen unvernünftig sein müsse, so bewahrt er auch jetzt einen blinden Fleck in seiner Seele, der gegen die Lichtstrahlen des reinen Verstandes unempfindlich ist. Es ist die höhere Lebensbestimmung des Künst= lers, der nicht in Beamtenordnung und bürgerlicher Moralität ein= trocknen will. Um das Jahr 1782, als in seinem menschlichen Cha= rakter sich die Beruhigung einstellte, verdichtete sich jene höhere Lebensstimmung zu zwei der wundersamsten Gestalten, die er ge= schaffen: Mignon und der alte Harfner. Diese Gestalten sind es, die Goethe sofort scharf und klar von dem Rationalismus scheiden, in den ihn ein Gedicht wie „Das Göttliche" hineinzuleiten droht. Was er als Mensch und Freund der Frau von Stein nicht mehr aus= spricht, drückt er als Künstler aus, als Schöpfer des Wilhelm Mei= ster, seines „geliebten dramatischen Ebenbildes".

Von Anfang 1777 bis zur Flucht nach Italien begleitet „Wil= helm Meisters Theatralische Sendung" den Dichter. Ende 1782 sind die drei ersten Bücher geschrieben, von da an bringt jedes Jahr ein Buch. Der raschere Rhythmus der Arbeit nach 1782 mag der Klä= rung von Goethes Stellung zur Welt zu danken sein und der geistigen Distanzierung gegenüber seinem Erleben, dessen Darstellung der Roman ist. 1782 tritt, im dritten Buche, Mignon in die Welt des Romanes, 1783, im vierten Buche, der alte Harfenspieler. Sie umschweben Wilhelm fortan als eine geheimnisvolle, in lichte Himmelsstreifen und dunkle Wolken sich teilende Ferne und knüpfen ihn, als die Symbolgestalten der Polarität von Sehnsucht und Angst im religiösen Gefühl, über die geschäftige und doch unfruchtbare Banalität des Theatertreibens hinaus an ein höheres, überpersönliches Walten an. Sie sind in der „Theatralischen Sendung" auch die einzigen, die in Liedern uns über die Alltagsstimmung emporheben.

Am 14. und 15. September 1780 hat Goethe die Ode „Meine Göttin" gedichtet und darin die „ewig bewegliche, immer neue, seltsame Tochter Jovis", die Phantasie, gepriesen als die „schöne, unverwelkliche Gattin" des sterblichen Menschen, die in Freud' und Elend ihm nicht entweichen soll, und wir verstehen, wenn wir an die drohende Rationalisierung seines Wesens denken, die Warnung vor der alten Schwiegermutter Weisheit, die das zarte Seelchen nicht beleidigen darf.

Dem Reiche der Phantasie entstammt auch Mignon. Auch sie „ewig beweglich, immer neu, seltsam", auch sie ein „zartes Seelchen", auch sie ihren Herrn über das „augenblickliche, beschränkte Leben" erhebend. Aus der romantischen Welt einer Seiltänzerbande tritt sie in Wilhelms Leben, in phantastische Tracht gekleidet, anscheinend geschlechtslos (also über die Ordnung sinnlich-natürlicher Wirklichkeit entrückt). Ihre Sprache ist ein mit Französisch und Italienisch durchsetztes Deutsch. „In all seinem Tun und Lassen hat das Kind etwas Sonderbares. Es ging die Treppe weder auf noch ab, sondern es sprang, es stieg auf den Geländern der Gänge weg, und ehe man sich's versah, saß es oben auf dem Schranke." Ihre Bildung ist nicht regelmäßig, aber auffallend, ihre Stirne kündigt ein Geheimnis an. Ihr Wesen ist so durchaus ungewöhnlich, auffallend, ohne Gleichmaß und Ruhe.

In ihren Gedichten spricht sie ihr tiefstes Wesen aus. Drei, „Heiß mich nicht reden", „Kennst du das Land" und „Nur wer die Sehnsucht kennt", gehören bereits der „Theatralischen Sendung" an, sind also vor 1786 entstanden. Das vierte, „So laßt mich scheinen", wird zum erstenmal in Goethes Briefen vom 22. und 26. Juni 1796 an Schiller genannt. Es sollte nach Goethes erster Absicht im Ro-

mane nur erwähnt werden; dann entschloß er sich zur vollständigen
Mitteilung.

„Heiß mich nicht reden" steht im zwölften Kapitel des dritten
Buches der „Theatralischen Sendung". Angeblich ist es ein Stück
aus Wilhelms Jugenddrama „Die königliche Einsiedlerin" und wird
von Mignon in einer der Lektionen, die ihr Wilhelm gibt, als Rezi-
tationsprobe vorgetragen. Aus Gründen des Gehalts und Stils
kann das Gedicht aber nicht vor Weimar entstanden sein; es dürfte
aus dem gleichen Jahre 1782 stammen, wie der sonstige Inhalt des
dritten Buches. Die angebliche Herkunft aus der „Königlichen Einsiedlerin" ist ein Motiv der künstlerischen Technik. Lyrik ist Aussprechen
des Ureigensten. Dagegen aber sträubt sich die scheue Natur des
Kindes. So leidenschaftlich sie an Wilhelm hängt, nur schon die
Tatsache der lyrischen Mitteilung ist ihr eine Unmöglichkeit. Und
doch muß der Dichter uns in ihr Inneres zünden. So hilft er sich
dadurch, daß er sie sich maskieren läßt (wie er es selber oft getan!),
daß er sie durch den Mund der königlichen Einsiedlerin ihre Seele
öffnen läßt. Sie fängt sehr pathetisch an. Wilhelm merkt nicht auf;
es ist ja fremdes Schicksal, das vor ihm aufgerollt wird. Erst wie
sie an die letzten Verse kommt, spricht sie sie mit einer Emphase von
Innigkeit und Wahrheit, daß er aus seinem Traume geweckt wird.
So erschließt sich wenigstens das Gefühl des spröden Kindes, durch
die eigene Vorstellung seines Schicksals erwärmt; der Inhalt des
Gefühls freilich bleibt uns nach wie vor verschlossen. Mignon spricht
nur, um zu sagen, daß sie schweigen müsse. — Die Seiltänzer haben
ihr verboten, ihre Herkunft zu verraten und das Geheimnis zu lüften, das sie umgibt.

Dunkle Schicksalsstimmung umschattet das Gedicht. Mignon steht
jenseits des natürlichen Geschehens (Wechsel von Nacht und Tag;
Fels und Quelle) wie des gegenseitigen menschlichen Vertrauens.
Was ihr Schicksal ist, erfahren wir noch nicht; daß es furchtbar ist,
deutet das Lied ergreifend an.

Zu dem Hintergrundsgefühl des lastenden Schicksals gesellt sich
als Vordergrundstimmung der Mignonlieder die Sehnsucht. „Kennst
du das Land" und „Nur wer die Sehnsucht kennt" sprechen
sie aus. „Kennst du das Land" eröffnet in der „Theatralischen Sendung" das vierte Buch, dürfte also 1783 entstanden sein. In ihrer italienischen Heimat, aus der sie die Seiltänzer entführt, machte Mignon oft weite Streifereien in der Umgegend des Familienhauses.

Meistenteils, wenn sie zurückkehrt, setzt sie sich unter die Säulen des
Portals vor einem Landhause in der Nachbarschaft. Dort scheint sie
auf den Stufen auszuruhen, dann läuft sie in den großen Saal, be=
sieht die Statuen, und wenn man sie nicht besonders aufhält, eilt sie
nach Hause. Diese Erinnerung spiegelt sich in der zweiten Strophe.
Das ganze Lied ist aus dem Heimweh geboren. Mignon singt es
italienisch: „Sie fing", erzählt die „Theatralische Sendung", „jeden
Vers mit Feier, mit einer Pracht an, als wenn sie auf etwas Merk=
würdiges aufmerksam machen, etwas Wichtiges erzählen wollte. Bei
der dritten und vierten Zeile wurde der Gesang dumpfer und düsterer.
Das ‚Kennst du es wohl!' drückte sie geheimnisvoll und bedenklich
aus, in dem „Dahin! dahin!" lag eine unwiderstehliche Sehnsucht,
und das „Gebieter, laß uns ziehn!" wußte sie, so oft sie es sang, zu
modifizieren, daß es bald bittend, dringend, treibend, hastig und
vielversprechend war."

Das Lied schildert die Sehnsucht nicht unmittelbar als Stim=
mung, sondern in ihrer Wirkung als phantasiereizende Kraft, in den
fortschreitenden Bildern, die sie hervorzaubert. (Goethe hat es wohl
darum in den Gedichten in die Balladen gestellt.) Erste Strophe.
Eindruck des südlichen Landes im allgemeinen, mit glücklichster Her=
vorhebung der Merkmale italienischer Natur, die dem Nordländer
(wie der im Norden frierenden Phantasie Mignons) die wesentlichen
zu sein scheinen: blühende Zitronen; Goldorangen im grünen Laub
(die spätere Fassung der „Lehrjahre" hat koloristisch wirksamer „im
dunkeln Laub"), sanfter Wind und blauer Himmel; Myrte und
Lorbeer (der erst in den „Lehrjahren" „hoch" steht; die „Theatralische
Sendung" hatte dafür noch das wenig glückliche „froh", in dem man
fast ein Versehen der Abschreiberin vermuten möchte). Zweite
Strophe. Der besondere Ort in dem Lande der Sehnsucht: das säulen=
getragene Haus, der Saal mit den Marmorbildern. Dritte Strophe.
Der Weg, auf dem die Sehnsucht bereits nach Süden drängt: die
Alpen und ihre sich in Wolken und Nebeln verlierenden Saumpfade.
Höhlen, in denen die Sage Drachen hausen läßt. Felsabsturz und
Wasserfall. So bildet der dreigestufte Bau eine kunstvolle Stei=
gerung.

Die Reihe farbenbunter Bilder nährt ihrerseits wieder die drän=
gende Sehnsucht. Jedes Bild hebt sich ab als leuchtender Farben=
fleck von demselben eintönigen Grunde. Jedes ist von der Sprache
der Sehnsucht umflutet. Es wird eingeleitet von dem drängenden:

„Kennst du" und abgeschlossen durch das „Kennst du es wohl?" Aus
der Herrlichkeit des Bildes schöpft in den beiden ersten Strophen
die Sehnsucht neuen Atem:

> Dahin! Dahin
> Möcht' ich mit dir, o mein Gebieter, ziehn!

In der dritten Strophe heischt sie bestimmt:

> Dahin! Dahin
> Geht unser Weg; Gebieter, laß uns ziehn!

So ist der Refrain hier nicht äußere Nachahmung des Volksliedes, sondern innerlicher Ausdruck der die Bilder umflutenden
eintönigen Sehnsucht. Aber erst die Fassung der „Lehrjahre" führt
auch hier, als Ausdruck anschwellender Sehnsucht, die Steigerung
ein. Das dreimalige „Gebieter" wird abgestuft in: Geliebter, Be-
schützer, Vater — wobei wohl wiederum die Steigerung und die
Rücksicht auf Mignons spröde Verschlossenheit in der ersten Strophe
statt des in den Ausgaben stehenden offenbaren Druckfehlers „Geliebter" das passendere „Gebieter" verlangen, das neben der „Theatralischen Sendung" auch eine Abschrift des Liedes in Herders Nachlaß enthält.

Der Refrain selber überströmt von Sehnsucht. Dem „Kennst du
es wohl?" wird keine Antwort zuteil. Um so stärker schwillt die Sehnsucht auf in dem doppelten „Dahin!", das gleichsam ins Leere greift,
bis es dann aufgenommen und fortgeleitet wird in dem mächtig ausladenden „Möcht' ich mit dir, o mein Gebieter ziehn". Und wieder
überwiegt der Laut der Sehnsucht, das I: im Refrain der beiden
ersten Strophen finden sich unter vierzehn Vokalen neun I oder
verwandte Ü-, Ö-, Ei- oder E-Laute. Erst in der dritten Strophe tritt
das I zurück vor U, O, A: die Sehnsucht wähnt sich dem Ziel nahe,
da sie sich gleichsam schon auf dem Wege findet.

Ist, nach dem Roman, das Original des Liedes angeblich italienisch, so ist auch die deutsche Form voll südlichen Wohllautes
durch den glücklichen Wechsel tönender Vokale (in der Zeile: „Im
dunkeln Laub die Goldorangen glühn" wiederholen sich kaum zwei
Vokale), die Vermeidung häßlicher, nordischer Konsonantenhäufun-
gen und die Bevorzugung von weichen Lauten und Verbindungen,
wie l, r, d, b, g; bl, gr, nd, gl.

Das zweite Sehnsuchtslied Mignons („Nur wer die Sehnsucht

kennt") schildert im Gegensatz zu der durch die Sehnsucht hervor=
gezauberten Bilderreihe der Ballade die Stimmung selber. Es be=
schließt in der „Theatralischen Sendung" das siebente Kapitel des
sechsten Buches (in den „Lehrjahren" das elfte des vierten) und
scheint also 1785 entstanden als Ausdruck der gesteigerten Sehnsucht
Goethes nach Sammlung und Selbstbesinnung in Italien.

Das Eintönige, ewig gleichförmig Drängende der Sehnsucht
drückt der durch das ganze Gedicht fortgeführte Doppelreim aus.
Wie charakteristisch ist dazu noch die Wahl der Reime nach Silben=
zahl und Klang! Sehnsucht ist Hoffnung, die das Ziel nicht in
greifbarer Nähe sieht. Also Wunsch und (notgedrungener) Ver=
zicht. Diesen Gegensatz sprechen die Reime aus: der harte, un=
erbittlich abschneidende männliche auf =ent die Aussichtslosigkeit;
der weiche (auch das t in Seite und Wette empfand Goethe als
weich!), auslangende, weibliche die Hoffnung. Und unaufhörlich,
wie in der Sehnsucht Verzicht und Wunsch wechseln, lösen die beiden
Reime sich ab: die Stimmung der Sehnsucht ist eintönig, unfrucht=
bar, wenn nicht die Phantasie sich mit ihr verbindet und Bilder
zeugt; wenn das Lied sie bis zur höchsten Stufe, dem körperlichen
Schmerze („es brennt mein Eingeweide") entwickelt hat, so rollt
sie sich wieder, wie eine Spiralfeder, in sich selber zusammen und
beginnt das alte Lied von neuem. Die zweite Fassung schließt denn
auch mit Recht mit den beiden Anfangszeilen, ohne, wie es in der
„Theatralischen Sendung" geschieht, die erste: „Nur wer die Sehn=
sucht kennt", zu wiederholen; der Gefühlsablauf beginnt aufs neue.

Mignons letztes Lied „So laßt mich scheinen" dürfte im
Juni 1796 entstanden sein. Es unterscheidet sich wesentlich von ihren
früheren Liedern. Brütet hinter diesen die rätselvolle Tiefe von Mi=
gnons ganzem Schicksal, so ist jenes durch eine einzelne Situation
bestimmt. Mignon hat als Mädchen mit Vorliebe Knabenkleider
getragen. Nun verkleidet sie Natalie einmal als Engel mit weißem
langem Gewand, goldenem Gürtel und Diadem, goldenen Flügeln,
Lilie und Körbchen in den Händen. So tritt sie vor Nataliens schutz=
befohlene Kinder hin. Wie man sie wieder auskleiden will, verwehrt
sie es und singt zur Zither das Lied:

> So laßt mich scheinen, bis ich werde;
> Zieht mir das weiße Kleid nicht aus!
> Ich eile von der schönen Erde
> Hinab in jenes feste Haus.

Natalie läßt ihr das Kleid, und fortan geht Mignon in Frauen=
gewändern. Ihr Wesen ist verwandelt. Sie ist dem geliebten Jenseits
um einen Schritt näher gerückt, in das sie bald eingehen wird. Erst
nach Italien kann darum auch dieses Lied entstanden sein. Die vor=
italische Mignon trägt noch die Sehnsucht nach dem irdischen Wun=
derlande im Herzen, wo auch Goethe in den Bedrängnissen seiner
ersten Weimarer Jahre die Heimat seiner Seele sah.

Lauert in Mignons schuldlosem Leben das Schicksal im Hinter=
grunde, so lastet es als furchtbare Schuld auf den Schultern des
alten Harfners. Nach dem Ausgang des späteren Romans ist er
Mignons Vater, der, zum Mönche bestimmt, heimlich die schöne
Tochter eines Nachbarn des väterlichen Gutes heiratet und dann
erfährt, daß es seine Schwester ist. So hat er an doppelter Schuld
zu tragen: dem Bruch des Ordensgelübdes und der Blutschande.
In die Doppelschuld hat den Ahnungslosen ein furchtbares Ver=
hängnis hineingetrieben; nun geht er, vom Fluche belastet, umher —
ein Bruder des Orestes, beides Symbole von des Dichters eigenem
Schicksalsgefühl. „Die Menschen", schreibt er am 8. September 1780
der Freundin, „sind vom Fluch gedrückt, der auf die Schlange fallen
sollte; sie kriechen auf dem Bauche und fressen Staub."

Der ergreifende Ausdruck dieses Gefühls ist des Harfners Schick=
salslied (es steht im vierten Buch der „Theatralischen Sendung"
und ist mit diesem wohl 1783 entstanden):

> Wer nie sein Brot mit Tränen aß,
> Wer nie die kummervollen Nächte
> Auf seinem Bette weinend saß,
> Der kennt euch nicht, ihr himmlischen Mächte.
>
> Ihr führt ins Leben uns hinein,
> Ihr laßt den Armen schuldig werden,
> Dann überlaßt ihr ihn der Pein;
> Denn alle Schuld rächt sich auf Erden.

Tiefstes Erleben hat in den zwei Strophen eine Sprache von mo=
numentaler Wucht eingeprägt. Essen und Schlafen sind die schlechthin
notwendigen Erquickungen der Natur. Wie groß muß das Leid
sein, wenn auch diese Erholung die Träne stört!

> Denn ein Gott hat
> Jedem seine Bahn
> Vorgezeichnet.

heißt es in der „Harzreise". Und Iphigenie singt:

> Es fürchte die Götter
> Das Menschengeschlecht!
> Sie halten die Herrschaft
> In ewigen Händen
> Und können sie brauchen,
> Wie 's ihnen gefällt.

Der unerbittlichen Gesetzmäßigkeit der Natur, deren Verkörperung die himmlischen Mächte sind, ist auch der Mensch untertan. Sie führt ihn ins Leben; sie gibt ihm seinen Charakter; sie bestimmt sein Handeln und läßt ihn schuldig werden. Und dann bestraft sie ihn; „Denn alle Schuld rächt sich auf Erden". So ist diese Gesetzmäßig= keit zugleich auch Gerechtigkeit. Nicht Gleichheit in der Austeilung der Lose — das ist unmöglich, denn sonst müßte jeder das beste beanspruchen, und das Leben stünde still —, wohl aber in der Füh= rung der einzelnen Menschenschicksale, die aus den zugeteilten Le= benslosen erwachsen. Diese Gewißheit der sinnvollen Gesetzmäßig= keit und Gerechtigkeit mag auch den einzelnen Leidenden schließlich erquicken. Nicht äußerlich sein Unglück bessern; aber geistig=sittlich ihn heben. Denn wie die Schuld, die er begeht, gebüßt werden muß, so auch die, die an ihm von andern begangen wird. Es klingt nicht nur furchtbar, sondern auch tröstlich: „Denn alle Schuld rächt sich auf Erden."

Freilich, um diese Allgerechtigkeit im Einzelunglück als Trost zu fühlen, bedarf es der Seelenruhe eines Spinoza. Es war ein glücklicher Zufall, daß Goethe im gleichen Jahre 1783, in dem des Harfners Schicksalslied (und „Das Göttliche") entstanden, von Fritz Jacobi einen Teil seiner Schrift „Über die Lehre des Spinoza in Briefen an H. Moses Mendelssohn" erhielt. Aber es war kein Zufall, sondern notwendige Folge innerer Entwicklung, wenn Goethe noch im gleichen Jahre 1783 selber zum zweitenmal zu Spinoza griff und Charlotte von Stein aus ihm ein „metaphysisches Leib= gericht" vorsetzte. Mochte er auch Spinozas geometrisches Gedan= kensystem in s e i n e r Weise verstehen und in die starre Ruhe des weltabgeschiedenen Weisen die rastlose Bewegung seines alten pan= theistischen Kraftevangeliums hineintragen, Spinozas Grundidee einer sinnvollen und absolut gesetzmäßigen Ordnung der Welt, in die der Einzelwille sich einzufügen hat, blieb doch bestehen. Und das war es, was Goethe bedurfte, und was nun die metaphysische Formel für sein seelisches Erleben mit Charlotte von Stein war. So mochte er denn der Freundin am 9. November 1784 wohl von Spinozas Lehre sprechen als von den „Geheimnissen, die mit deinem Gemüt so viele Verwandtschaft haben", und, nachdem er ihn mit ihr gelesen, ihn „unsern Heiligen" nennen.

Ein großes religiös-ethisches Gedicht, in der streng bindenden Form der Stanze, sollte dieses Erleben darstellen: „Die Geheimnisse." Goethe arbeitete 1784 und 1785 daran. Der sittliche Einfluß der Frau von Stein sollte darin verschmolzen werden mit den Humanitätsideen Herders und der Ethik Spinozas. Die Gründung und das Wirken eines geistlichen Ritterordens sollten dargestellt werden, in dem Bekenner der einzelnen Religionen zu einem vorurteilslosen, freien Menschheitsbunde sich vereinigen unter christlicher Führung.

Eindringlich wird die Notwendigkeit und das Glück der Selbstbezwingung gelehrt:

> Wenn einen Menschen die Natur erhoben,
> Ist es kein Wunder, wenn ihm viel gelingt;
> Man muß in ihm die Macht des Schöpfers loben,
> Der schwachen Ton zu solcher Ehre bringt;
> Doch wenn ein Mann von allen Lebensproben
> Die sauerste besteht, sich selbst bezwingt,
> Dann kann man ihn mit Freuden andern zeigen
> Und sagen: „Das ist er, das ist sein eigen!"

> Denn alle Kraft bringt vorwärts in die Weite,
> Zu leben und zu wirken hier und dort;
> Dagegen engt und hemmt von jeder Seite
> Der Strom der Welt und reißt uns mit sich fort.
> In diesem innern Sturm und äußern Streite
> Vernimmt der Geist ein schwer verstanden Wort:
> Von der Gewalt, die alle Wesen bindet,
> Befreit der Mensch sich, der sich überwindet.

So mündet Goethes sittliches Erleben in Weimar in die Bahn der Entsagung ein. Steht über der Eingangspforte zu seinem Aufenthalt in Weimar das Bild des Steuermanns, der, selbstgewiß, seiner Kraft vertrauend, das Schiff durch Sturm und Wogen lenkt, so hat sich auf der Ausgangspforte, die die ersten elf Jahre abschließt, der kühne Abenteurer in einen besonnenen Ordensgeistlichen verwandelt, der alle Leidenschaft überwunden hat und in weltentrücktem Kloster der Weisheit dient. Fürwahr, eine umwälzende Verwandlung! Und eine Verwandlung, die, erfaßte Goethe sie ernst

und in all ihren Folgen, gerade das in ihm auslöschte, was er als
das Köstlichste ansah: den Künstler.

Gewiß war Bezwingung des persönlichen Gefühls Grundbedin-
gung des gesellschaftlichen Zusammenlebens und der Tätigkeit des
Beamten. Aber wollte Goethe sich denn darauf endgültig beschrän-
ken? War er nicht vor allem Künstler? Und gab es für ihn künstlerisches Schaffen ohne Sinnlichkeit und Leidenschaft? Dadurch, daß
Goethe das kräftige Rot der Sinnlichkeit mehr und mehr zu dem
blassen Lila der Entsagung dämpfte, stand er in Gefahr, sein Künstlertum einzubüßen. Sein Fühlen und Denken und seine poetische
Sprache waren mehr und mehr in eine Vergeistigung entschwebt,
die die Erde mit ihren Farben und Gestalten tief unter sich liegen
sah. Gerade der Weltsinn des Menschen drohte für den Künstler
in eine Weltflucht zu entarten, die den Jenseitsneigungen eines einseitigen Urchristentums sehr nahe stand. Glich nicht, was der Dichter
in Weimar in den letzten paar Jahren erfahren, dem Erleben der
„Schönen Seele"? Der Geist der Susanne von Klettenberg winkte
aus seiner Höhle.

Schon aus dem Lied: „Der du von dem Himmel bist" hörten
die Frommen einen so rein christlichen Ton heraus, daß es 1780 in
dem „Christlichen Magazin" veröffentlicht werden konnte, das Lavaters Freund und Amtsgenosse J. K. Pfenninger herausgab, und
es brauchte nur weniger äußerlicher Veränderungen, um es völlig
zum Kirchenliede zu machen. In einem Bremer Gesangbuch von 1812
steht es mit folgendem Schlusse:

> Ach, ich bin des Wogens müde,
> Banger Schmerzen, wilder Lust,
> Gottes Friede, Gottes Friede,
> Komm und wohn' in meiner Brust!

Humanitätsideen sollten die „Geheimnisse" künden. Es war aber
nicht die Humanität der Renaissance, oder die Wielands, die allen
menschlichen Kräften, auch der Leidenschaft, ihren Spielraum ließ,
sondern es war tatsächlich eine christliche Ethik, die sich von dem gewöhnlichen Christentum nur durch die Verneinung des Dogmas unterschied. Goethe wußte das. Von Rom aus hat er es Charlotte
von Stein einmal bekannt: „An Dir häng' ich mit allen Fasern
meines Wesens. Es ist entsetzlich, was mich oft Erinnerungen zerreißen. Ach, liebe Lotte, Du weißt nicht, welche Gewalt ich mir an-
getan habe und antue, und daß der Gedanke, Dich nicht zu besitzen,

mich doch im Grunde, ich mag's nehmen und stellen und legen, wie ich will, aufreibt und aufzehrt. Ich mag meiner Liebe zu Dir Formen geben, welche ich will, immer, immer —..."

Die Wirkung dieser Verchristlichung zeigt der Stil der Dichtungen der letzten Weimarer Jahre. In seiner Vergeistigung ertönt jene Sphärenharmonie einer übersinnlichen Welt, die kein irdisches Ohr je gehört hat. Wie weit stehen „Iphigenie" und „Tasso" von dem „Götz" ab! Der Pulsschlag des dramatischen Geschehens scheint in jenen gelähmt. Das Leben hat sich ganz aus der Außenwelt in die Seele zurückgezogen.

Auch jetzt galt: „Sei ein Mann und folge mir nicht nach!" Wenn Goethe sein Leben nicht als Beamter, Popularphilosoph und schmachtender Liebhaber einer Schönen Seele beschließen, wenn er den Künstler in sich retten wollte, so mußte er das sinnliche Leben in sich dem Druck entziehen, unter dem es in Gesellschaft eines protestantischen Pfarrers, einer Hofdame und eines weltflüchtigen Philosophen zu ersticken drohte. Die fluchtartige Reise nach Italien war die Explosion des so lange unterdrückten Ich, und, im Widerspruch zu jenem Wort der „Geheimnisse", das unwillkürliche Bekenntnis, daß das Einzel= wie das Gesamtleben von Zeit zu Zeit nur dadurch gefördert werden können, daß der Mensch sich nicht überwindet.

Sechstes Kapitel

Antike Sinnlichkeit und plastische Rundung

Nach anderthalbjährigem Aufenthalt in Italien, als er den Prozeß seiner Umwandlung durchschauen konnte, schrieb Goethe, die Hauptabsicht seiner Reise sei gewesen, sich von den physisch=moralischen Übeln zu heilen, die ihn in Deutschland quälten und zuletzt unbrauchbar machten; sodann den heißen Durst nach wahrer Kunst zu stillen. „Das erste ist mir ziemlich, das letzte ganz geglückt.... Ich darf wohl sagen: ich habe mich in dieser anderthalbjährigen Einsamkeit selbst wiedergefunden; aber als was? — Als Künstler!"

Hatte in Weimar das strenge Wort Entsagung seine Sinne wie mit Schleiern umhüllt, so brachen sie jetzt in der Lichtfülle des südlichen Landes wieder auf. Er fängt nun erst an zu leben. „Hier trägt einen der Strom fort, sobald man nur das Schifflein bestiegen hat." Als ihresgleichen bewegt er sich in einer Bevölkerung, die,

sinnlich und leichtmütig, ihre Freuden und Leiden nicht mit nordi=
scher Schwere im Herzen verschließt, sondern auf beweglicher Zunge
ans Licht trägt und im Freien, wo sie auch arbeitet, in lebhaftem
Gebärdenspiel beschwatzt. Hat er in Weimar den Ruf von Tag und
Stunde den abstrakten Gedanken einer sinnenfeindlichen Ethik ge=
opfert, so stürmen nun die Eindrücke von allen Seiten auf ihn ein,
und allen öffnet er die durstenden Sinne. Die Humanitätsidee wen=
det sich von Spinozas Ethik zu dem terenzischen: Nichts Menschliches
ist mir fremd. Während er sich im Anfang seiner italienischen Reise
von dem hohen Schatten Iphigeniens noch kühl umwehen läßt, ist
er gegen Ende seines zweiten römischen Aufenthaltes in jeder Be=
ziehung und auch in der engsten Bedeutung Sinnenmensch geworden.
In der Villeggiatur in Castell Gandolfo im Oktober 1787 schwärmte er
für die schöne Mailänderin Maddalena Riggi, und im folgenden
Januar genoß er in den Armen einer jung verwitweten Römerin,
Faustina Antonini, die Freuden südlicher Liebe.

Auf dem Wege sinnlichen Schauens klärte der Dichter seine Be=
griffe der Kunst zu klassischer Reinheit und Tiefe. Er bedurfte der
Werke der Natur und der bildenden Kunst, weil er hier mit Augen
sehen, mit Händen greifen konnte, was sich in der Dichtung kaum
ausdrückbar nur dem innern Sinn offenbarte. „Als ich zuerst nach
Rom kam,“ schreibt er rückblickend im Januar 1788, „bemerkt’ ich
bald, daß ich von Kunst eigentlich gar nichts verstand, und daß ich
bis dahin nur den allgemeinen Abglanz der Natur in den Kunst=
werken bewundert und genossen hatte. Hier tat sich eine andere Na=
tur, ein weiteres Feld der Kunst vor mir auf, ja ein Abgrund der
Kunst, in den ich mit desto mehr Freude hineinschaute, als ich mei=
nen Blick an die Abgründe der Natur gewöhnt hatte. Ich über=
ließ mich gelassen den sinnlichen Eindrücken.“

Beobachtend findet er das Gesetz der Metamorphose der Pflan=
zen: Die Gestalt ist nicht etwas ein für allemal Feststehendes und Ab=
geschlossenes, sondern ein unaufhörlich sich Wandelndes und durch
die Funktion Bestimmtes. Was hier als Blatt erscheint, ist da Staub=
gefäß und dort Stempel. „Es mag nun die Pflanze sprossen,
blühen oder Früchte bringen, so sind es doch nur immer d i e s e l b i =
g e n Organe, welche in vielfältigen Bestimmungen und unter oft
veränderten Gestalten die Vorschrift der Natur erfüllen. Dasselbe Or=
gan, welches am Stengel als Blatt sich ausgedehnt und eine höchst
mannigfaltige Gestalt angenommen hat, zieht sich nun im Kelche

zusammen, dehnt sich im Blumenblatte wieder aus, zieht sich in den Geschlechtswerkzeugen zusammen, um sich als Frucht zum letzten=mal auszudehnen." Das alte Apperçu von der inneren Form hat durch dieses Gesetz eine wissenschaftliche Befestigung und Klärung erfahren. Auf dem Wege der Augen=Erfahrung hat er die Erkennt=nis gewonnen. Immer wieder weist er in der Abhandlung darauf hin. Beobachten, bemerken, erfahren, sehen, die Aufmerksamkeit rich=ten, gewahr werden, genau betrachten: das sind die Ausdrücke, mit denen er seine Feststellungen stets einleitet. So durfte er später gegenüber Schiller wohl von Erfahrung sprechen: das Gesetz, das er verkündete, hatte er, vermöge der wunderbaren Kraft, Geistiges im Körperlichen, Allgemeines im Besonderen zu sehen, in den Pflan=zen, die er beobachtet, tatsächlich mit Augen geschaut.

Damit war auch dem Künstler das große Vorbild alles Kunst=schaffens, die Natur, aus einem mystischen Sammelnamen zu einem wissenschaftlich geklärten Begriffe geworden, und er durfte das Grundgesetz ihres Bildens auch auf sein Schaffen übertragen. Es hieß: das Besondere so formen, daß aus seiner Gestalt das Allge=meine zu uns spricht und das Sinnlich=Zufällige so zum Träger des Geistig=Notwendigen, des Gesetzmäßigen wird.

Die gleiche Belehrung boten, neben den Schöpfungen der ma=teriell lebendigen Natur, die Werke der geistig lebendigen Kunst. „Wie ich die Natur betrachtet, betrachte ich nun die Kunst. Nun ist mir Baukunst und Bildhauerkunst und Malerei wie Mineralogie, Botanik und Zoologie." Der rückblickende Brief an den Herzog vom Januar 1788 schildert, mit welchem schülerhaften Fleiß er seine Sinne an Werken der bildenden Kunst übte. Im Sommer 1787 fängt er an, Perspektive zu treiben und ein wenig mit Farben zu spielen. Im September zeichnet er nach der Natur. Im Oktober geht „eine neue Epoche an". Die Menschengestalt zieht seine Blicke auf sich. Er begibt sich bei dem Schweizer Heinrich Meyer in die Schule und lernt den Kopf mit seinen Teilen zeichnen und fängt erst jetzt an, die Antiken zu verstehen. Mit dem Beginn des Jahres 1788 steigt er vom Angesicht aufs Schlüsselbein, verbreitet sich auf die Brust und so weiter, „alles von innen heraus, den Knochenbau, die Mus=keln wohl studiert und überlegt, dann die antiken Formen betrachtet, mit der Natur verglichen und das Charakteristische sich wohl ein=geprägt". Nun kommen ihm seine anatomischen und osteologischen Studien zustatten. Zuletzt prägt er sich zeichnend die Formen der

Hand ein. Dann will er die vorzüglichsten Statuen und Gemälde Roms „mit frischgewaschenen Augen besehen".

Die Klärung der ästhetischen Einsicht durch Erlebnis von Natur und Kunst trägt der Aufsatz „Einfache Nachahmung der Natur, Manier, Stil" in wenigen Sätzen vor. Nach Goethes polarer Art werden zwei Gegensätze gegeneinander ausgespielt, über die siegend sich die wahre Erkenntnis als dritter Wert erhebt. Dem Naturalismus, der die Gegenstände der Natur als Modelle ängstlich und fleißig nachbildet, und somit auf die toten oder stilliegenden Dinge angewiesen ist, tritt die Manier gegenüber, die den Dingen die eigene, subjektive Sprache des Künstlers gibt. Aber erst die Stilkunst vermag die Natur tief und ganz auszuschöpfen: „Gelangt die Kunst durch Nachahmung der Natur, durch Bemühung, sich eine allgemeine Sprache zu machen, durch genaues und tiefes Studium der Gegenstände selbst endlich dahin, daß sie die Eigenschaften der Dinge und die Art, wie sie bestehen, genau und immer genauer kennen lernt, daß sie die Reihe der Gestalten übersieht und die verschiedenen charakteristischen Formen nebeneinander zu stellen und nachzuahmen weiß: wird der Stil der höchste Grad, wohin sie gelangen kann; der Grad, wo sie sich den höchsten menschlichen Bemühungen gleichstellen darf." Der Stil allein ruht „auf den tiefsten Grundfesten der Erkenntnis, auf dem Wesen der Dinge, insofern uns erlaubt ist, es in sichtbaren und greiflichen Gestalten zu erkennen".

Es war nicht eine wesentlich neue Kunsteinsicht, die Goethe in Italien gewann; es war mehr die geklärte und systematisch durchdachte Formulierung einer Genialität, die längst in seinem Schaffen gewirkt. Sie diente jetzt dazu, seinen Stil aus jener überstarken Geistigkeit, in die er sich in Weimar verloren hatte, ins Reich der Sinne zurückzuholen und das Gleichgewicht zwischen Idee und Gestalt wiederherzustellen. Aber nur langsam erwärmte sich sein Blut. Sowohl „Iphigenie" wie der erst nach Italien vollendete „Tasso" leiden noch an der geistigen Blässe, ebenso die neuen Teile des Wilhelm Meister-Romans. Aber sofort stellte sich die plastische Kraft ein, wo es die Gestaltung des Sinnenerlebnisses galt: in einzelnen Gedichten, und vor allem in den „Römischen Elegien" und den „Venezianischen Epigrammen".

Spärlich gedieh die Lyrik in Italien. Was sich in ihm klärte, war der stillen Sammlung des Gemütes nicht hold oder diente der Aus-

arbeitung älterer Werke. Zu reich drängten sich die äußeren Ein=
drücke in seinen Gesichtskreis. Das einzige wertvolle Gedicht, das
sicher in Italien entstand, „Kupido, loser eigensinniger
Knabe", spricht denn auch von der zerstreuenden Unruhe, die das
Erleben in dem südlichen Lande in Goethes Seele erzeugte. Er hat
es, in der Schilderung des zweiten römischen Aufenthaltes, an die
Spitze des Januarberichtes von 1788 gestellt. Mottoartig leitet es
jene Zeit ein, die als der Höhepunkt von Goethes Einwachsen in das
südliche Leben erscheint. Damals ließ er sich in die römische Gesell=
schaft der Arkadier aufnehmen. Unmittelbar darauf machte er den
römischen Karneval mit. Das Liebesspiel mit der jungen Römerin
bildet zu dieser klassischen Walpurgisnacht den Auftakt. Auf dieses
Erlebnis scheint auch die Einreihung seines „Leibliedchens" hinzu=
weisen. Er arbeitete damals an „Claudine von Villa Bella", und
hier singt es Rugantino zu Beginn des zweiten Aufzuges als Lie=
beslied.

Auch Goethe und Eckermann, als sie es 1829 besprachen, faßten
es so auf. „Es drückt den Zustand artig aus und bleibt hübsch im
Gleichnis," meinte Goethe; „es ist in Art der Anakreontischen," und
er widersprach nicht, als Eckermann bemerkte, es drücke die Un=
ordnung gut aus, die durch die Liebe in unser Leben gebracht werde.
Um so wunderlicher, daß Goethe in der Italienischen Reise das Lied
im buchstäblichen Sinne zu nehmen verbietet. Nicht an jenen Dämon,
den man gewöhnlich Amor nenne, dürfe man denken, sondern an
„eine Versammlung tätiger Geister, die das Innerste des Menschen
ansprechen, auffordern, hin und widerziehen und durch geteiltes
Interesse verwirren". Das dürfte die spätere Auslegung des sym=
bolisierenden Greises, aber nicht der ursprüngliche Sinn des Liedes
zur Zeit seiner Entstehung gewesen sein. Wohl mag es — nach
Goethes Begriff des Symbolischen — auch als Ausdruck einer all=
gemeinen Aufregung der Seele gelten (von dem das Liebeserleben
ein Teil war); aber der unmittelbare Anstoß muß das eigentliche
Liebeserleben gewesen sein. Darauf weist schon die wahrscheinliche
Zeit der Entstehung: zwischen der Schwärmerei für Maddalena
Riggi und dem Abenteuer mit der römischen Witwe. Den Zustand
der durch die schöne Mailänderin aufgeregten Sinne drückt es aus,
vor der Beruhigung, die die Römerin spendete: Amor ist Meister
im Hause. Von dem breiten Lager hat er den Dichter auf den Boden
vertrieben. Alles Gerät ist verstellt. So groß ist die Unruhe, daß

das Seelchen fliehen wird. Es flieht in der Tat, wie die rein sinn=
liche Liebe zu der Römerin ihren Einzug hält.

Aufs glücklichste drückt die bildliche Vorstellung die Unruhe aus,
die die Liebe angerichtet. Der wie unter einem starken Luftzug
flackernde Takt erhöht dieses Gefühl der Unruhe. Goethe selber hat
in dem Gespräche mit Eckermann darauf hingewiesen: „Die Verse
beginnen mit einem Vorschlag, gehen trochäisch fort, wo dann der
Daktylus gegen das Ende eintritt, welcher eigenartig wirkt und wo=
durch es einen düster klagenden Charakter bekommt. Goethe nahm
eine Bleifeder und teilte so ab:

Vŏn | mēinĕm | brēitĕn | Lāgĕr | bĭn ĭch vĕr | triēbĕn.“

Je tiefer Goethe sich in italienische Sinnlichkeit eingelebt, um so
schmerzlicher wurde ihm das Scheiden von Rom. In einem Ab=
schiedsgedichte wollte er alles zusammenfassen, was die ewige Stadt
in ihm aufgeregt als Ausdruck einer heroisch=elegischen Stimmung.
Aber es kam weder damals noch später zustande. Ovids Abschieds=
elegie drängte sich stets hindernd dazwischen. Er kam sich vor wie
jener, dem Rom alles gewesen, und dem sein Verbannungsort Tomi
den Tod bedeutete. Seine Stimmung in Weimar ist zuerst die des
Verbannten. Ihn quält das trübe und kühle nordische Klima, die
deutsche Lebensart, die Gleichgültigkeit und das Unverständnis der
Freunde, der Bruch mit Charlotte von Stein.

In seinen Briefen dringt oft der Mißmut durch. „Ich muß nur
bitten,“ schreibt er der Freundin nach der Rückkehr, „daß Du es
nicht zu genau mit meinem jetzt so zerstreuten, ich will nicht sagen
zerrissenen Wesen nehmest.“ Am 31. August 1788 mißstimmt ihn
die frühe Ankündigung des Herbstes: „Ich fürchte mich dergestalt
für Himmel und Erde, daß ich schwerlich zu Dir kommen kann. Die
Witterung macht mich ganz unglücklich, und ich befinde mich nir=
gends wohl als in meinem Stübchen. Da wird ein Kaminfeuer
angemacht und es mag regnen, wie es will.“ Am nächsten hätte ihm
an Freiheit der Lebensauffassung der Herzog stehen können. Aber
auch in ihn kann er sich nicht schicken; mit seinen Geniestreichen macht
er sich und andern das Leben sauer.... „Ich mache so ein gut Ge=
sicht als möglich und bin in einer innerlichen Verzweiflung....
Ich mag nichts weiter sagen und klagen.“

Je mehr ihn der Norden und die alten Verhältnisse durchkälten,
um so leidenschaftlicher hegt er die Erinnerung an Italien in sich.

Warum soll er die Lebensgewohnheiten, an denen er im Süden Gefallen gefunden, nicht auch in Weimar beibehalten, um wenigstens
die antik=südliche Stimmung in sich zu retten? Eine Verjüngung
hat er erlebt wie Faust in der Hexenküche, eine sinnliche Kräftigung
seiner Natur. Bald merkte die Weimarer Gesellschaft, daß diese Ver-
sinnlichung andauert. Caroline Herder berichtet ihrem Mann nach
Italien: Goethe sei es jetzt gar wohl, daß er ein Haus habe, Essen
und Trinken und dergleichen. Alles was Herder in seinen Ideen zur
Philosophie der Geschichte der Menschheit geschrieben habe, laufe
darauf hinaus, daß ein Mensch ein Hauswesen habe.... „Im ganzen
will es mir nicht wohl mit ihm werden. Er lebt jetzt, ohne seinem
Herzen Nahrung zu geben. Die Stein meint, er sei sinnlich geworden, und sie hat nicht ganz unrecht. Das Hofgehen und Hofessen
hat etwas für ihn bekommen.“ Lieber als die ästhetischen und philosophischen Tees, wo die älteren Damen das Wort führen, besucht er
jetzt die Bälle der Jungen. Einmal sind die Frau von Stein und
ihre Schwägerin, Caroline Herder und Charlotte von Kalb bei ihm
zum Tee. Alle finden ihn höchst langweilig. Nachher erfahren sie,
daß er den Tag vorher auf einem „tanzenden Picknick“ beinahe mit
keiner gescheiten Frau ein Wort geredet, sondern den jungen Mädchen nach der Reihe die Hände geküßt, ihnen schöne Sachen gesagt
und viel getanzt habe.

　　Auch das Gretchen stellt sich im Hause des verjüngten Faust ein,
und das Liebesabenteuer mit der Römerin findet in Weimar seine
Erneuerung. Am 18. Juni 1788 ist er nach Hause gekommen, und
schon einen Monat später hat er ein neues Liebchen. Vor Jahren hat
er Christiane Vulpius als Blumenverfertigerin in Bertuchs Fabrik
gesehen. Jetzt tritt die Dreiundzwanzigjährige, deren Vater, ein
dem Trunke ergebener Advokat, 1786 gestorben war und die mutter-
losen Kinder hilflos zurückgelassen hatte, als Bittstellerin für den
Bruder vor Goethe. Wie sie aus der Bittenden die Schenkende
wurde, hat er selber geschildert:

> Diese Göttin, sie heißt G e l e g e n h e i t, lernet sie kennen!
> 　Sie erscheinet euch oft, immer in andrer Gestalt.
> — — Einst erschien sie auch mir, ein bräunliches Mädchen, die Haare
> 　Fielen ihr dunkel und reich über die Stirne herab,
> Kurze Locken ringelten sich ums zierliche Hälschen,
> 　Ungeflochtenes Haar krauste vom Scheitel sich auf.
> Und ich verkannte sie nicht, ergriff die Eilende, lieblich
> 　Gab sie Umarmung und Kuß bald mir gelehrig zurück.

Von Mitte Juli an trafen sie sich in dem alten Gartenhause an der Ilm. Am 25. Dezember 1789 gebar sie ihm den ersten Kna= ben. Damit war das Band, das er die Kirche nicht schließen lassen wollte, zwischen ihnen befestigt. Bald zog die Mutter seines Kindes völlig in sein Haus und gewann alle Rechte, die Goethe einer Frau einzuräumen vermochte.

Fünfundzwanzig Jahre später, am 26. August 1813, sang er zum Gedenken an diesen Fund das artige Liedchen von dem Blümchen, das er, im Walde vor sich hingehend, im Schatten stehen sieht:

> Wie Sterne leuchtend,
> Wie Äuglein schön.

Statt es zu brechen, gräbt er es „mit allen den Würzlein" aus,

> Zum Garten trug ich's
> Am hübschen Haus.

> Und pflanzt' es wieder
> Am stillen Ort;
> Nun zweigt es immer
> Und blüht so fort.

Eine leidenschaftlichere und unmittelbarere Sprache als in diesem Erinnerungsliedchen hat das Erlebnis mit Christiane in den „Rö= mischen Elegien" gefunden.

In Italien zum Teil wohl schon geplant, vielleicht auch in einigem schon geformt, sind sie doch im ganzen nach der Rückkehr in Weimar, von 1788 bis zum Frühjahr 1790, entstanden. Er brauchte zuerst Distanzierung von der Welt Italiens und dem Erleben in Rom, bis jener Scheidungspunkt von Gefühlswärme und Geisteshelle ein= getreten war, den er zur Gestaltung bedurfte. Italien lag fern ab= geschieden; klar vermochte er alles, was es ihm gegeben, zu über= schauen. Aber die erwärmende Gemütskraft strahlte ihm aus seiner Liebe zu Christiane entgegen. Wie er selber in Weimar, ein Ita= liener, ein antiker Mensch unter nordischen sich bewegte, so lieh er in den „Römischen Elegien" nun seinem Liebesleben mit Christiane, das christlich=asketische Seelen verurteilten, die großartige Selbst= verständlichkeit antiker Sinnenfreude, und hob ihren Inhalt dadurch aus dem Bereich des bloßen Genusses und Liebesgetändels in die höhere Luftschicht einer Weltanschauung hinauf: jener Renaissance= stimmung, der nichts Menschliches fremd ist, weil in allem Mensch= lichen, auch im Sinnlichen, die göttliche Stimme der Natur spricht.

Diese Selbstverständlichkeit, mit der das erotische Genießen uns

hier entgegentritt wie ein Naturgeschehen, wie das Wachsen der
Pflanzen und die Nahrungsaufnahme der Tiere, — sie scheidet die
„Römischen Elegien" von den anakreontischen Jugendgedichten des
Leipziger Studenten. Liebesabenteuer bilden hier und dort den Inhalt. Aber in den Anakreontika erzählt sie ein Knabe, der zugleich
ein Greis ist. Ein Knabe, der noch auf der Schwelle der Liebe steht
und lüstern in ihre dunkeln Gemächer späht; ein Greis, weil er Lebensweisheit mit altklugem Munde austeilt. Die Lüsternheit, durch
Moralität mehr gereizt als gezügelt, wirkt frivol und unecht. In den
„Römischen Elegien" aber spricht der Mann, der in den Mysterien
der Liebe die Weihe empfangen hat. Der reif genug ist, um im
ganzen beruhigt zu sein. Aber auch noch jung genug, um sich nicht
über die süßen Schmerzen des Liebesgottes zu erheben. Wie er
als Liebender lichte Sicherheit mit heißer Leidenschaft eint, so vermag er auch seine Erlebnisse mit klarer Glut und glühender Klarheit darzustellen. Diese Ruhe und Selbstverständlichkeit der Darstellung bei aller treibenden Glut im Innern geben den „Römischen
Elegien" jene wundervolle sinnliche Rundheit und Plastik, die sie mit
den Gebilden der Natur wie der antiken Kunst eint. Man spürt
ihnen an, daß ihr Verfasser Pflanzen belauscht und Götterstatuen
abgetastet hat. Zu beiden tritt der Geliebten lebendiger Leib als
dritter Lehrmeister:

> Froh empfind' ich mich nun auf klassischem Boden begeistert;
>   Vor- und Mitwelt spricht lauter und reizender mir.
> Hier befolg' ich den Rat, durchblättre die Werke der Alten
>   Mit geschäftiger Hand, täglich mit neuem Genuß.
> Aber die Nächte hindurch hält Amor mich anders beschäftigt;
>   Werd' ich auch halb nur gelehrt, bin ich doch doppelt beglückt.
> Und belehr' ich mich nicht, indem ich des lieblichen Busens
>   Formen spähe, die Hand leite die Hüften hinab?
> Dann versteh' ich den Marmor erst recht; ich denk' und vergleiche,
>   Sehe mit fühlendem Aug', fühle mit sehender Hand.
> Raubt die Liebste denn gleich mir einige Stunden des Tages,
>   Gibt sie Stunden der Nacht mir zur Entschädigung hin.
> Wird doch nicht immer geküßt, es wird vernünftig gesprochen;
>   Überfällt sie der Schlaf, lieg' ich und denke mir viel.
> Oftmals hab' ich auch schon in ihren Armen gedichtet
>   Und des Hexameters Maß leise mit fingernder Hand
> Ihr auf den Rücken gezählt. Sie atmet in lieblichem Schlummer,
>   Und es durchglüht ihr Hauch mir bis ins Tiefste die Brust.
> Amor schüret die Lamp' indes und denket der Zeiten,
>   Da er den nämlichen Dienst seinen Triumvirn getan.

Selbst in den Anakreontika des Studenten trifft man nicht eine solch sinnliche Situation. Aber welches Gefühl beruhigter Kraft entströmt den Versen! Nicht ein genießender Lüstling spricht in ihnen, der mit nachschmeckender Zunge ein pikantes Abenteuer erzählt, sondern ein Künstler, der an den Linien der Natur die Richtigkeit der Kunstgebilde nachprüft und dem im schönen Leib der Geliebten das tote Kunstwerk lebenatmende Natur geworden ist. Mitten im Sinnesgenießen besitzt er Besonnenheit genug, um, Hexameter mit singernder Hand auf den Rücken der Geliebten zählend, aus dem Naturerlebnis ein neues Kunstwerk erstehen zu lassen! Groß und einfach, glühend und streng, sinnlich und geistgeklärt steht das Bild vor uns, wie eine nackte Statue aus der besten Zeit des Altertums.

Inhaltlich mischen sich Erlebnisse in Rom und in Weimar, und in die Gestalt der Faustine der Elegien sind die wirkliche Faustina und Christiane zusammengeflossen. Auf ein römisches Erlebnis scheint die fünfzehnte Elegie zurückzugehen, die Schilderung der witzig-anmutigen Begegnung in der Osteria. Auch die zweite und die siebente Elegie weisen nach Rom. Aber die meisten Stücke dürften doch aus dem Erleben mit Christiane erwachsen sein. Auf die Anknüpfung des Bundes mit ihr ist angespielt in der vierten Elegie, die ihr Porträt enthält, und auch die zwanzigste bezieht sich auf sie. Denn nur der Liebhaber Christianes, der in Weimar von der spähenden Eifersucht der Frau von Stein umgeben ist, nicht der freie Künstler in Rom, kann sein Verhältnis ein Geheimnis nennen, das er bewahren muß:

Keiner Freundin darf ich's vertraun: sie möchte mich schelten;
    Keinem Freunde; vielleicht brächte der Freund mir Gefahr.

Und wie Christiane nächtlich zu ihm in sein Gartenhaus schlüpft, so schleicht sich die Geliebte zu ihm:

Zaudre, Luna, sie kommt! Damit sie der Nachbar nicht sehe;
    Rausche, Lüftchen, im Laub! Niemand vernehme den Tritt.

Manches auch, was in Weimar geschah, mag auf römischen Boden versetzt sein. Aber die Naht zwischen dem weimarischen und dem römischen Liebeserleben ist nicht immer verwachsen. „Mädchen" wird die Geliebte öfter genannt, aber im sechsten Gedichte ist sie Witwe.

Für den Stil ist Goethe vor allem den römischen „Triumviri amoris" — wie sie Joseph Scaliger nannte — verpflichtet (er führt sie am Schlusse der fünften Elegie an): Catull, Tibull, Properz. Sie haben, in den Spuren der hellenistischen Dichter schreitend, in dem distichischen oder elegischen Versmaß ihre Liebeserlebnisse mit römischen Courtisanen besungen. Ihre Elegien sind keine „wehmütigen" Gedichte, auch weniger lyrisch stimmungsvoll als erzählend und geistreich. Manche gleichen ausgesponnenen Epigrammen, manche sind Epigramme, und gern stellt sich am Ende als eleganter Abschluß die Pointe ein.

Ihnen dankt Goethe die allgemeine künstlerische Haltung des Stils: das behagliche, nicht stürmisch drängende Auskosten der Liebesfreuden, in denen Sinnlichkeit mit Gefühl geeinigt ist; die Durchflechtung des erotischen Erlebnisses mit geistiger Betrachtung, die es in eine höhere Sphäre hebt; die stete Beziehung auf das ganze Kulturleben, die Weltanschauung und die Mythologie des Altertums, das Gefühl, als Liebender Epigone der Götter und Heroen zu sein; einzelne Situationen und Motive, die er bewußt nachbildete oder unbewußt hinüberfliegen ließ; endlich die Neigung zur Pointierung. In seiner spätern Elegie „Hermann und Dorothea" bekennt er:

> Also das wäre Verbrechen, daß einst Properz mich begeistert,
>   Daß Martial sich zu mir auch, der Verwegne, gesellt?
> Daß ich die Alten nicht hinter mir ließ, die Schule zu hüten,
>   Daß sie nach Latium gern mir in das Leben gefolgt?

Vor allem Properz liebt es (nach dem Vorbild der gelehrten Alexandriner), seine Gedichte mit Anspielungen an mythologische Situationen zu durchflechten. Sie werden dadurch vielfach zu künstlerischen (und künstlichen) Zierstücken, die nur der Kenner zu würdigen vermag. Auch Goethe bildet diese Anspielungen nach. Er verkehrt mit den antiken Göttern und Helden als mit Seinesgleichen. Stattete der anakreontisch spielende Student seine Gedichte mit Amoretten aus, wie die Rokokodame ihr Boudoir mit Nippes, schöpfte der schwärmende Jüngling aus den Mythen von Deukalion, Ganymed und Apollo tiefsinnige Offenbarungen von Gott-Natur, so hat der antiquarisch gebildete Mann nur ein sachlich-objektives, ästhetisches Interesse an den Göttern und Heroen gewonnen, deren Statuen er auf den Straßen und in den Sammlungen seines geliebten Roms auf Schritt und Tritt begegnet. Er wandelt auch als Dichter nun unter und mit ihnen. Er tröstet einmal die Geliebte, wenn sie sich grämt, so rasch die Seine geworden zu sein, durch den Hinweis auf freie Liebesbünde der Götter:

In der heroischen Zeit, da Götter und Göttinnen liebten,
    Folgte Begierde dem Blick, folgte Genuß der Begier.
Glaubst du, es habe sich lange die Göttin der Liebe besonnen,
    Als im Idäischen Hain einst ihr Anchises gefiel?
Hätte Luna gesäumt, den schönen Schläfer zu küssen,
    O, so hätt' ihn geschwind, neidend, Aurora geweckt.
Hero erblickte Leandern am lauten Fest, und behende
    Stürzte der Liebende sich heiß in die nächtliche Flut.
Rhea Silvia wandelt, die fürstliche Jungfrau, der Tiber
    Wasser zu schöpfen, hinab, und sie ergreifet der Gott.
So erzeugte die Söhne sich Mars! — Die Zwillinge tränket
    Eine Wölfin, und Rom nennt sich die Fürstin der Welt.

So füllt Properz ganze Versreihen mit Beispielen aus der My=
thologie und vergleicht etwa (III, 13) die weinende Geliebte in einem
Atemzug mit Briseis, Andromache, Philomela, Niobe.

Einzelne Motive bildet Goethe den römischen Elegikern nach.
Properz vergleicht einmal (I, 3) die schlummernde Geliebte mit
Ariadne, die, von Theseus verlassen, am Ufer der Insel Naxos
schlafend lag. Goethe beschließt mit dem Bilde die Schilderung der
Liebesfreuden in der dreizehnten Elegie. Die Geliebte ist einge=
schlafen. Er aber weidet sein Auge an ihrer Schönheit:

Diese Formen, wie groß! wie edel gerundet die Glieder!
    Schlief Ariadne so schön; Theseus, du konntest entfliehn?

Tibull spricht einmal (I, 1, 45 ff.) von dem Glück, die Geliebte
im Arm, auf dem Lager zu liegen und dem Wüten des Winter=
sturms und dem Strömen des Regens zu lauschen.

Goethe singt (XVIII):

Welche Seligkeit ist's! Wir wechseln sichere Küsse,
    Atem und Leben getrost saugen und flößen wir ein.
So erfreuen wir uns der langen Nächte, wir lauschen,
    Busen an Busen gedrängt, Stürmen und Regen und Guß.

Die Elegiendichtung der Römer ist, wie die der späteren Grie=
chen, weniger Natur als Kunst. Der Dichter ist doctus poeta. Man=
ches römische Gedicht mutet an wie ein Cento aus griechischen Ge=
dichten, in dem über der mühsamen Arbeit zierlich=geistreicher For=
mung das Gefühl verdampft ist. Die seelische Haltung ist stark in=
tellektualistisch.

Goethe lebt zu leidenschaftlich aus dem Ganzen und Tiefen, als
daß seine „Römischen Elegien" je den Eindruck bloß antiquari=
scher Gelehrsamkeit und kühler Kunstfertigkeit machten. Aber die

Kunst bestimmt den Eindruck doch vor allem. Und zwar, das darf nicht verhehlt werden, eine von außen gewonnene Kunst. Die von innen heraus selbständig bildende, einzigartige Form, die etwa in „Über allen Gipfeln" die Gestalt des Gedichtes bestimmt, ist preisgegeben zugunsten der überkommenen, festgebildeten der Elegie, in die der Stoff sich ergießt, wie das flüssige Metall in den festen Mantel der Gestalt. Gewiß, der Rhythmus als der Herzschlag von Goethes Seele, verhindert, daß die Form konventionell und mechanisch wird; es ist denn doch ein Unterschied zwischen Goethes Distichen und denen, die einer der di minorum gentium der übersetzenden Philologen auf den Schultisch klopft. Man versteht, wie Goethe in den „Römischen Elegien" diese Form wählen mochte: sie sprach von vorneherein zu allen bloß stofflich Neugierigen das Odi profanum volgus aus. Aber es muß doch gesagt werden, daß er sie später, mehr und mehr dem für ihn organischen, d. h. lebendigen Formbegriff des Deutschen sich entfremdend, auch für Stoffe benützte, die, wie das schöne Erinnerungsgedicht auf die 1797 verstorbene Schauspielerin Christiane Becker-Neumann, „Euphrosyne", kein inneres Bedürfnis für das antike Maß zeigen. Oder er entrückte, wie in „Alexis und Dora", (entstanden vom 12.—14. Mai 1796) durch Schauplatz und Form das Gedicht deutschem Empfinden überhaupt. Wie weit hatte er sich in solchen Dichtungen von seiner Jugendlyrik weggebildet! Wenn Herder als den Lebenspuls des Liedes das Sangbare genannt hatte, so fehlt dies den Elegien völlig; sie sind gesprochene, nicht gesungene Lyrik.

Das elegische Maß zeigt schon mit seiner Zweiteilung in Hexameter und Pentameter und mit der scharfen Gegenüberstellung der beiden Vershälften im Pentameter einen intellektuell-logischen Bau. Er macht das Distichon zur epigrammatischen Form par excellence. In den „Venezianischen Epigrammen" hat Goethe zuerst es so verwendet.

Im März 1790 war er zum zweitenmal nach Italien gezogen, um in Venedig mit der Herzogin Amalie, die nach ihm den Süden durchwandert, zusammenzutreffen. Ihre Ankunft verzögerte sich um Wochen, und er hatte Muße, seine Erfahrungen italienischer Kunst, Natur und Lebensweise zu vermehren und — zu berichtigen. Denn ein anderer hatte er diesmal die Alpen überschritten, und ein anderes Gesicht bot ihm darum das südliche Land. Um sich von „physisch-moralischen Übeln" zu befreien, war er 1786 nach Italien

geflohen. Jetzt mußte er sich von einer ihm zum Bedürfnis gewor=
denen häuslichen Behaglichkeit losreißen, die ihm der Besitz Chri=
stianes und eines Söhnleins verschönte. Wie er vier Wochen in Ve=
nedig ist, weiß er, daß er „auf keine Weise mehr allein sein kann".
Herders Frau meldet er, daß seine Gesinnungen häuslicher seien,
als sie denke. Er liebe Christiane leidenschaftlich. „Wie sehr ich an
sie geknüpft bin, habe ich erst auf dieser Reise gefühlt."

Dem Künstler hatte Italien auf der ersten Reise das bestim=
mende Erlebnis gegeben. Die zweite vermochte es nicht zu vertiefen.
Es war abgeschlossen. Eine endgültige Erfahrung, die er nun in
Werke umsetzen mußte. Dazu brauchte er aber nicht neuer An=
regung von außen, sondern Ruhe und Stille im Innern. So nahte
er sich Italien „ohne rechten innerlichen Trieb". Und die schmerzliche
Enttäuschung blieb nicht aus. Schon die Natur brachte sie. Hatte
sie das erstemal im üppigsten Schmucke des Sommers den An=
kommenden begrüßt, so stieß sie ihn nun durch die unfreundliche
Kälte eines launischen Frühlings ab. Auf der Reise war das Wetter
meist schön gewesen. Diesseits der Alpen von Verona bis Venedig
hatte er immer Nordost gehabt, hellen Himmel, aber kalt. Am
2. April schneite es in Venedig. Und ob auch später der Himmel
sich aufheiterte: „das Grüne fehlt hier dem Frühling." Und endlich:
sein durch inneres Unbehagen geschärfter Blick vermochte diesmal
nicht so leicht über die Nachtseiten italienischen Lebens — den
Schmutz, die Unredlichkeit, die Pfaffenwirtschaft — hinwegzusehen.
Er fand sich selber „ein wenig intoleranter gegen das Sauleben
dieser Nation als das vorigemal". Und dem Herzog gestand er im
Vertrauen, daß seiner Liebe für Italien durch diese Reise ein töd=
licher Stoß versetzt werde.

Hätte es überhaupt anders sein können bei diesem Menschen,
dessen Existenz so tief verwachsen war mit der ganzen Kultur der
Zeit, daß sie geradezu das Barometer ihrer Bewegung wurde?
Die erste Reise mit ihrer jenseits aller Zeit und Politik schwel=
genden Ausbildung der Künstlerpersönlichkeit war der Gipfelpunkt
gewesen einer Kultur, die nur ein Ziel kannte: den Genuß
des Bevorzugten in Kunst und Leben. Gewiß, Goethes Glück in
Italien war ein edleres Genießen als die Vergnügungen am Hofe
zu Paris. Aber es war die gleiche Welle des ancien régime, die
seine edlen ästhetischen Genüsse in Rom und die Ausschweifungen der
der französischen Gesellschaft trug. Und diese Welle war nun end=

gültig vorübergerauscht. Ein Jahr nach Goethes erster Rückkehr aus
Italien hatte sich in Paris das Volk gegen König, Adel und Priester-
tum erhoben. Die Revolution brach aus. Eine neue Zeit kündigte
sich an. Das politische Denken begann an die Stelle des einzelmensch-
lich-ästhetischen Interesses zu treten. Wichtiger als Tugend und
Schönheit wurden in der Folge Macht und Wohlstand. Der Schön-
geist mußte zum Bürger werden, und aus den kosmopolitischen
Schwärmereien eines Menschheitsbundes, von dem die Aufklärung
geträumt, rang sich bald ein Nationalgefühl hervor.

Ist es nicht, als ob Goethe, der Pantheist, der so fest mit dem
Innern der Natur verbunden war, diese Veränderung der Welt-
atmosphäre voraus gespürt, wie die Vögel eine Bewegung in der
physischen Atmosphäre? Als ob er gefühlt, die Epoche des ästhetischen Egoismus neige sich zum Ende? Der Künstler hatte ein Weib
genommen, ein Kind gezeugt und war zum Hausvater und Bürger
geworden. An Caroline Herder schrieb er: „Meine Gesinnungen
sind häuslicher als Sie denken,“ und fügte das — in den „Venezianischen Epigrammen“ weggelassene — Bekenntnis hinzu:

> Weit und schön ist die Welt! Doch o, wie dank' ich dem Himmel,
>   Daß ein Gärtchen, beschränkt, zierlich, mir eigen gehört.
> Bringt mich wieder nach Hause! Was hat ein Gärtner zu reisen?
>   Ehre bringt's ihm und Glück, wenn er sein Gärtchen besorgt.

Während der ersten Reise und kurz nachher hatte ihn sehnsüchtig
der Gedanke gestreift, ob er nicht, wie Winckelmann, Italien als neue
Heimat wählen sollte. Jetzt aber ward er sich seines Deutschtums
bewußt. Er gestand Charlotte von Kalb, unter andern löblichen
Dingen, die er auf dieser Reise gelernt, sei auch das, daß er nicht
außerhalb seines Vaterlandes leben könne.

All diese Stimmungen spiegeln sich in den „Venezianischen
Epigrammen“, die zum größeren Teil in Venedig entstanden, zum
kleineren kurz nach der Rückkehr in Weimar und Schlesien, wohin
er mit dem Herzog im Sommer 1790 reiste. Sie spiegeln sich in
ihrem Inhalt wie in ihrer Kunstform. Goethe selber hat die neue
Atmosphäre durch den Titel bezeichnet: es sind Epigramme, kurze
Gedichte, in denen das Gefühlserlebnis mit einem Tropfen Galle
versetzt ist:

> Frech wohl bin ich geworden; es ist kein Wunder. Ihr Götter
>   Wißt und wißt nicht allein, daß ich auch fromm bin und treu.

Auch wo etwa eine Elegie sich einstellt, da atmet sie nicht das wolken=
lose sinnliche Wohlbehagen der „Römischen Elegien“: Sehnsucht
oder Besorgnis rühren den bittern Tropfen ein.

In den Memoiren des Venezianers Casanova ist der Schmutz
und die Vergnügungssucht des damaligen Venedig durch Sehnsucht
vergoldet. Goethe sieht unerbittlich scharf:

> Das ist Italien, das ich verließ. Noch stäuben die Wege,
>   Noch ist der Fremde geprellt, stell' er sich, wie er auch will.
> Deutsche Redlichkeit suchst du in allen Winkeln vergebens;
>   Leben und Weben ist hier, aber nicht Ordnung und Zucht;
> Jeder sorgt nur für sich, mißtrauet dem andern, ist eitel,
>   Und die Meister des Staates sorgen nur wieder für sich.
> Schön ist das Land; doch ach, Faustinen find' ich nicht wieder.
>   Das ist Italien nicht mehr, das ich mit Schmerzen verließ.

Nur eines fehlt hier noch: die Mißwirtschaft der Kirche mit
Mißbrauch des Kreuzes, Pilgerunfug und Pfaffenherrschaft. Goethes
Widerwillen gegen das katholische Christentum ist nun aufs höchste
gestiegen:

> Vieles kann ich ertragen. Die meisten beschwerlichen Dinge
>   Duld' ich mit ruhigem Mut, wie es ein Gott mir gebeut.
> Wenige sind mir jedoch wie Gift und Schlange zuwider.
>   Viere: Rauch des Tabaks, Wanzen und Knoblauch und +.

Sogar die Kunst, die er auf der ersten Reise als Lehrmeisterin
so schwärmerisch verehrte, bereitet nun kein reines und großes Glück
mehr. Die Kirche Sankt Johannes steht „im Kot“. Der Dichter ist
„müde geworden, nur immer Gemälde zu sehen.... Denn auch dieser
Genuß verlangt Erholung und Muße“. Von den Figuren auf toten
Bildern flieht der genießende Blick ins Leben. In zierlichen Versen
wird das Wesen und Treiben junger Schönen geschildert, die la=
zertengleich über sonnige Plätze und durch dunkle Gäßchen huschen.
Aber von sorglosem Liebesgenusse um des Genusses willen hören
wir nirgends. Immer wieder stiehlt sich in die anmutigen Bilder
südlichen Frauenlebens die Vorstellung Christianes, die zu Hause
seines Söhnleins wartet. Ihrer gedenkt er, wenn er junge Mütter
mit Kindern scherzen sieht:

> Glänzen sah ich das Meer und blinken die liebliche Welle,
>   Frisch mit günstigem Wind zogen die Segel dahin.
> Keine Sehnsucht fühlte das Herz; es wendete rückwärts
>   Nach dem Schnee des Gebirgs bald sich der schmachtende Blick.
> Südwärts liegen der Schätze wie viel! Doch einer im Norden
>   Zieht, ein großer Magnet, unwiderstehlich zurück.

Wenn er das Volk sieht, das sich treibt und schreit, nur um sich und
die Kinder zu ernähren, so ruft er sich zu:

> Merke dir, Reisender, das und tue zu Hause desgleichen!
>   Weiter bringt es kein Mensch, stell' er sich, wie er auch will.

So spricht der, dem vor Jahren Ehe und Familie das beschwerlichste
Ungemach bedeuten; ja, er findet nun auch holdeste Worte, um
das zu schildern, was die reine Schönheitslinie des weiblichen Körpers entstellt:

> „Ach, mein Hals ist ein wenig geschwollen!", so sagte die Beste
>   Ängstlich. — Stille, mein Kind, still! und vernehme das Wort:
> Dich hat die Hand der Venus berührt: sie deutet dir leise,
>   Daß sie das Körperchen bald, ach! unaufhaltsam verstellt.
> Bald verdirbt sie die schlanke Gestalt, die zierlichen Brüstchen,
>   Alles schwillt nun, es paßt nirgends das neuste Gewand.
> Sei nur ruhig! es deutet die fallende Blüte dem Gärtner,
>   Daß die liebliche Frucht schwellend im Herbste gedeiht.

So wird der Liebende zum Vater, der Gatte zum Bürger, und
in dem Familiengärtchen wächst das Gefühl für das größere Ganze,
Land und Volkstum, hervor. Ist es nicht vielleicht maskierte Liebe
zur Heimat, wenn der Dichter deutsche Sprache und deutsche Dichtkunst schmäht? wenn er sich unmutig gesteht:

> Nur ein einzig Talent bracht' ich der Meisterschaft nah:
>   Deutsch zu schreiben. Und so verderb' ich unglücklicher Dichter
>   In dem schlechtesten Stoff leider nun Leben und Kunst.

Wenn er klagt, daß der Deutsche sämtliche Künste treibt und zu jeder
ein schönes Talent zeigt, daß er nur die Dichtkunst nicht lernen will:

> Darum pfuscht er auch so; Freunde, wir haben's erlebt.

Deutsche Redlichkeit sucht er in Italien vergebens, und mit schönen
Worten spricht er es aus, was ihm Karl August gegeben: Neigung
Muße, Vertraun, Felder und Garten und Haus.

> Hat mich Europa gelobt, was hat mir Europa gegeben? — —
>   Niemals frug ein Kaiser nach mir, es hat sich kein König
>   Um mich bekümmert, und Er war mir August und Mäzen.

So verkünden es die „Venezianischen Epigramme" laut: er ist ein
deutscher Dichter, und in Deutschland ist die Stätte seines Liebens,
Gedeihens und Wirkens.

Für die Kunstform der „Venezianischen Epigramme" hat Mar-
tialis Pate gestanden, den Ramler eben damals ins Deutsche über-

trug. Gelegentlich floß eine glückliche Wendung des Römers in
Goethes Verse. Martial klagt einmal (IV 60), daß das Schicksal
überall Zugang finde: wenn der Tod kommt, liegt mitten in (dem
gesunden) Tibur (das ungesunde) Sardinien. Goethe nimmt das
Bild auf:

„Schläfst du noch immer?" Nur still und laß mich ruhen! erwach' ich,
Nun, was soll ich denn hier? Breit ist das Bette, doch leer.
   Ist überall ja doch Sardinien, wo man allein schläft,
     Tibur, Freund, überall, wo dich die Liebliche weckt.

Es ist nicht ein mechanisches Suchen und Zusammensetzen. Sein
Geist ist mit Vorstellungen antiken Lebens und antiker Kunst so
durchwachsen, so daß er sie nicht mehr von eignem Besitz zu trennen
vermag. So gleiten sie ihm mit dem eigenen Gute zu. Aber Martial darf man ihn trotzdem nicht zu nahe stellen. Er steht in den
„Römischen Elegien" dem sinnlich-leidenschaftlichen und gelehrten
Properz näher, als in den „Venezianischen Epigrammen" dem
kriecherischen, anmaßenden, haltlosen Martial.

Die Jahre nach Goethes Rückkehr aus Venedig sind eine Zeit
politischer Unruhe. Ein Sturm der Bewegung braust über die Lande.
In den Tiefen brodelt die Gärung, und der Baum des alten Europa
zittert in Wurzeln, Stamm und Wipfel. Auch Goethe spürt die
Veränderung. Kaum hat ihn die Sehnsucht nach Weib und Kind in
die Heimat zurückgeführt, so trägt ihn das Gebot des Herzogs nach
Schlesien. 1792 macht er die Campagne in Frankreich mit, 1793 die
Belagerung von Mainz. Er sieht klar, was der Zusammenstoß der
Armee der verbündeten Monarchien mit der jungen Republik bedeutet. Als die Kanonade von Valmy, am 20. September 1792, das
französische Heer nicht zu erschüttern vermag und zum erstenmal
die Furcht vor einer neuen großen Macht die in die Zuversicht der
Unbesieglichkeit eingewiegten Führer der Verbündeten erbeben macht,
spricht er das weitschauende Wort: „Von hier und heute geht eine
neue Epoche der Weltgeschichte aus, und ihr könnt sagen, ihr seid
dabei gewesen."

Bereits setzt sich Wilhelm von Humboldt, von dem bildenden
Willen der neuen Zeit ergriffen, ernsthaft mit dem Begriff des
Staates auseinander, um ihn in die „Grenzen seiner Wirksamkeit"
zurückzuweisen, den eudämonistischen Staatsbegriff des aufgeklärten
Despotismus durch eine freiere und organischere Staatsidee zu er-
setzen. Goethe hindern Charakter, Neigung, Studium und Alter,

sich von dem beschleunigten Schwung der Zeit stürmisch fortreißen
zu lassen. Ihm widerstreben die Staubwolken, die das Gewitter
aufwühlt: die unklare Schwärmerei; die Verfinsterung der Gemüter;
die Trübung der richtigen Maße und Abstände zwischen Größe und
Kleinheit, Wert und Unwert; der „Sanskülottismus", der sich lär-
mend breit macht; die Unterwühlung der sittlichen Mächte des Lebens. In den Dramen, in denen er sich mit der Zeitbewegung aus-
einandersetzt, dem „Bürgergeneral", den „Aufgeregten", spricht er
seine Abneigung unverhohlen aus. Der Graben, den seine erste
Italienfahrt zwischen ihm und den Freunden in Weimar aufgetan,
hat sich zu einer Kluft erweitert zwischen ihm und der Zeit. Oder
wenigstens denen, die die Zukunft auf ihren Schultern tragen oder zu
tragen vorgeben. Was diese Fortschrittler wollen, widerspricht allem,
was Goethe als tiefsten Besitz seines Wesens eben sich errungen:
seiner Kunsteinsicht und seiner Naturerkenntnis. Der Sinn von
Winckelmanns „Edler Einfalt und stiller Größe" ist ihm an der
ruhig-großen Kunst der Alten aufgegangen, und aufs neue hat ihm
der geborstene Schafschädel, den er auf dem Judenfriedhof zu Venedig gefunden, seine Erfahrung von der stetigen Umwandlung organischer Formen bestätigt. Was er im Pflanzenleben in der Veränderung des Urblattes zu Blütenteilen beobachtet, hat er nun auch
im Wachstum des Tierkörpers zu finden vermeint: die Schädel-
knochen der Wirbeltiere, ihrer Gestalt noch so sehr verschieden von
den Wirbeln, sind doch durch Metamorphose aus Wirbeln entstanden. Die Stimme der Natur verkündet ihm Entwicklung, nicht
Revolution. Langsames Wachstum, nicht Umsturz.

Darf er diese Erkenntnis sich entreißen lassen, indem er blindlings sich dem „Fortschritt" verschreibt? Eine überzeitliche Weisheit
der Naseweisheit des Tages opfern? Sehenden Auges und wollen-
den Herzens muß er die Kluft zwischen sich und den Zeitgenossen sich
auftun lassen, muß sie selber erweitern, wenn er nicht will, daß
sein Wesen sich von der ewigen Natur loslöst und wurzellos ver-
dorrt. Um Gott zu dienen, muß er die Götter preisgeben. Je
ängstlicher die andern sich an die Erde anklammern und, von ihrem
Staubwirbel fortgeschwungen, ihre Besinnung verlieren, um so fester
und höher, aber auch um so trotziger und starrer drängt sein Blick in
die Himmel des Ideals. Und so geschieht denn das wunderliche
Schauspiel, daß der lebendigste, beweglichste und natürlichste Geist,
den die deutsche Geistesgeschichte jener Zeit kennt, gerade in dem

Augenblick, wo Leben, Bewegung und Natur in den Massen des Volkes zum Siege zu kommen scheinen, von diesem Volke sich ablöst und sich in die selbstgewählte Einsamkeit eines dem Tage abgewandten Jenseits erhebt. Genau zur gleichen Zeit, wo die Augen Deutschlands in atemloser Spannung nach Paris gerichtet sind und die Ungeheuerlichkeit der Vorgänge, die sich dort abspielen, in dem noch schlaftrunkenen Volke ein politisches Fühlen wecken; wo Fichte seine Stimme erhebt und Novalis und Friedrich Schlegel die ersten tastenden Schritte in den Nationalgedanken tun: da erbaut sich Goethe ein Reich rein geistiger Interessen, das er den Deutschen als das ihnen durch Natur und Geschichte zugehörige Erbland zuweist. Kunst, Philosophie, Wissenschaft sollen seine Provinzen sein. Die Politik aber ist aus seinen Grenzen verbannt.

Revolutionen.

Was das Luthertum war, ist jetzt das Franztum in diesen
Letzten Tagen, es drängt ruhige Bildung zurück.

Das deutsche Reich.

Deutschland? Aber wo liegt es? Ich weiß das Land nicht zu finden,
Wo das gelehrte beginnt, hört das politische auf.

Deutscher Nationalcharakter.

Zur Nation euch zu bilden, ihr hoffet es, Deutsche, vergebens;
Bildet, ihr könnt es, dafür freier zu Menschen euch aus.

Als Goethe in den „Xenien" so schrieb, wußte er, daß er mit seiner ästhetischen Weltanschauung in seiner Zeit nicht allein stand. Ein anderer hatte sich an seine Seite herangebildet, der, was ihm an Unmittelbarkeit der Erfahrung abging, durch die methodische Geschlossenheit einer philosophischen Bildung ersetzte: Schiller. Auch er stand damals noch mit beiden Füßen im 18. Jahrhundert. Auch er huldigte der Persönlichkeit, nicht der Masse. Was in seinen stürmischen Jugendwerken revoltierte, waren individualistische, nicht politische Ideen gewesen: der Expansionsdrang des Starken, der sein eigenes Leiden zur Sache der Menschheit macht und sich begnügt, seine Gedanken als Märtyrer für sie sterben zu lassen. Seitdem er dann im „Don Carlos" mit dem Munde des Marquis Posa ein so erschütterndes Gemälde der politischen und geistigen Knechtung der Niederlande entworfen und die Gedankenfreiheit als Grund und Hebel für den Fortschritt der Völker verkündet, hatte ein vertieftes Studium der Geschichte sein Urteil über die Menschennatur geklärt und die kantische Philosophie den ursprünglichen Kern des geborenen Idealisten bloßgelegt. Vollends die Hinrichtung Ludwigs XVI. am 21. Januar 1793 öffnete ihm die Augen. Der „citoyen français" Schiller konnte seitdem keine französische Zeitung mehr lesen, „so ekeln diese elenden Schindersknechte mich an". Nun brach die ursprüngliche Aristokratie seines Wesens durch. Der Künstler war ihm der „wahre Mensch", und von der Kunst her sollten auch dem wirklichen Leben in Haus und Familie, Gesellschaft und Staat die Normen kommen. Durch die Schönheit sollte das Bedürfnis geadelt werden. In den Jahren 1793 und 1794 schrieb er die Briefe über die ästhetische Erziehung an den Augustenburger: die ästhetische Persönlichkeit ist der Gipfel des Menschentums. Es war nur konsequent, wenn Schiller, als ihm Cotta den Plan eines politischen Journals vorlegte, daraus die ästhetisch-moralischen „Horen" schuf.

So ist denn das Schauspiel dies: mitten in der Zeit, wo in Frankreich die entfesselte Demokratie dem Königtum den Kopf abschlägt und die Masse wildeste Orgien feiert; wo aber auch in Deutschland vorahnende Geister die nationalpolitische Erneuerung des Volkes erörtern, ziehen sich die beiden erlauchtesten Führer der deutschen Kultur in das Allerheiligste reiner Kunst zurück, über dessen Tor Horazens abweisendes Odi profanum volgus prangt. Das war gewiß nicht zeitgemäß und für die Entwicklung des politischen Denkens ein Hemmnis; aber es war geschichtlich notwendig und innerlich doch ein Gewinn. Es bedeutet jene innere Stärkung, Sammlung und Erbauung, die das deutsche Volk bedurfte, um später nach außen groß zu werden.

Im Sommer 1794 erfuhr Goethe, der Schiller bis dahin in achtungsvoller Ferne gehalten hatte, seine innere Nähe. Schillers Brief vom 23. August zeigte eine Schärfe und Tiefe der Erkenntnis von Goethes Persönlichkeit, einen Ernst eigenen künstlerischen Wollens und zugleich, bei aller stolzen Zurückhaltung, den brennenden Wunsch der Gemeinschaft, wie Goethe sie bei keinem Zeitgenossen erfahren. „Reiner Genuß und wahrer Nutzen," erklärt er nun, „kann nur wechselseitig sein, und ich freue mich, Ihnen gelegentlich zu entwickeln, was mir Ihre Unterhaltung gewährt hat, wie ich von jenen Tagen an auch eine Epoche rechne." Er erhebt Anspruch darauf, durch Schiller selbst mit dem Gange seines Geistes bekannt zu werden. „Haben wir uns wechselseitig die Punkte klargemacht, wohin wir gegenwärtig gelangt sind, so werden wir desto ununterbrochener gemeinschaftlich arbeiten können." Er selber machte den Anfang, indem er „dem Freunde" die ersten Aushängebogen des „Wilhelm Meister" sandte.

So durfte er denn wohl, Seite an Seite mit dem kühnen und hochstrebenden Genossen, seiner Zeit den Fehdehandschuh hinwerfen.

> Was ist die Mehrheit? Mehrheit ist der Unsinn,
> Verstand ist stets bei wen'gen nur gewesen.

Die Worte Leo Sapiehas im „Demetrius" sind ihre Losung, wie sie zum Gericht schritten über alle seichte Mittelmäßigkeit und gleißende Aufgeblasenheit im Denken, Schaffen und Leben ihrer Zeitgenossen. Alles Kleine soll mit Spott und Ernst verfolgt werden, „Weil es das Kleine nur ist, welches das Große verdrängt". 1796 schrieben sie die „Xenien", die — ohne Scheidung des beiderseitigen Eigentums — als speerstarrende Proklamation ihres Bundes in Schillers Musenalmanach für 1797 erschienen. Zur gleichen Zeit, wo Napoleon Bonaparte durch seine Siege in Italien den Grund legte zu seiner politischen Weltherrschaft, begründeten Goethe und Schiller ihre Weltherrschaft im Reiche des Geistes.

Die „Xenia", das dreizehnte Buch von Martials Epigrammen, gaben Titel und Muster. Es sollen beißende „Gastgeschenke" sein für die zu literarischer Bewirtung Geladenen. Die Kosten haben diese selber mit ihrem Namen, Ruf und Ansehen zu bestreiten. Jene Freude an der geistreichen Pointe am Schlusse der „Römischen Elegien", jene satirische Laune, die schon die „Venezianischen Epigramme" zu Invektiven schärft, ist nun zur boshaftesten Lust gesteigert, alles, was dem strengen Gebot des Ideals nicht gehorcht, zu züchtigen: mittelmäßige Dichter wie Kotzebue; rührselige oder moralisierende wie Klopstock; schlechte Übersetzer wie Manso; bornierte Aufklärer wie Nicolai; falsche Propheten wie Lavater; seichte Philosophen wie Professor Jacob in Halle; flache Teleologen wie Fritz Stolberg. Sparsam nur werden Lobsprüche eingestreut; fleckenlos glänzen die Schilde von Lessing und Voß; Ironie schillert in den Versen auf Wieland.

Ironie, Kritik, Satire sind auflösende Mächte. In dem Witze, den sie ausscheiden, ist aller poetische Stoff zum scharfkantigen Kristall gehärtet. Umfassendere Stoffe vermögen sie nicht aufzubauen. So wirkt die geschliffene Klarheit in dem einzelnen Xenion unmittelbar.

Die antithetische Form des Distichons gleicht einem zweischneidigen
Dolche, dessen zwei Schneiden zur gemeinsamen Spitze zusammenstre=
ben. Der Rahmen aber, der die Masse zur künstlerischen Einheit zu=
sammenbinden soll, wird durch die Überfülle und auseinanderstre=
bende Ungebärdigkeit der einzelnen Gruppen gesprengt. Die An=
fangsvorstellung der Xenien als Wanderer, die zur Messe nach Leip=
zig ziehen, wird ebenso rasch aufgegeben wie das Bild von dem
Glückstopf (Nr. 7), aus dem jeder Autor sein Glück ziehen soll.
Andere Zyklen, deren zusammenhaltende Vorstellungseinheit weder
zur Messe noch zum Glückstopf paßt, mischen sich ein, wie die Gruppe
des literarischen Zodiakus oder die Reihe der Flüsse. Fessellos wal=
tet die Laune, die sie in überströmender Leichtigkeit geschaffen, auch
in der Ordnung oder Unordnung der fertigen Sammlung, und nur
Pedanterie könnte eine verständige Komposition oder Einheit des
Bildes fordern, wo die Stimmung und Grundidee Auflösung heißt.

Darum aber haben die „Xenien" auch für Goethes wie Schillers
Schaffen nur die Bedeutung von Kindern des Augenblicks. Die
von der Peitsche Getroffenen mochten den Schmerz lange spüren
und durch ihn zu „Gegengeschenken" gereizt werden; für die Ur=
heber aber mußte mit dem Knall der Peitsche auch die Freude an
derartigem Spiel verhallt sein.

Siebentes Kapitel

Die Balladen

Der epische wie der lyrische Dichter bedürfen für ihr Werk Ele=
mente der äußeren und der inneren Welt, Anschauungen konkreter
Art, Gedanken und Gefühle. Der Unterschied zwischen dem epischen
und dem lyrischen Stil liegt darin, daß bei dem einen Stoff ist, was
bei dem andern Darstellungsmittel.

Das Epos läßt uns ein Stück Außenwelt durch das Innere eines
Dichters schauen; das lyrische Gedicht das Innere durch Vorstellun=
gen aus der äußeren Welt. Das Epos stellt ein in sich geschlossenes,
stetiges Geschehen dar, dessen innere Begründung, also dessen or=
ganischen Zusammenhang die Weltanschauung des Dichters schafft;
das lyrische Gedicht zeigt uns Stücke der Außenwelt in Vorstellun=
gen, die auf der erregten oder ruhigen Flut der Dichterseele treiben,
wobei den Grad der Bewegung, den Rhythmus, das Temperament

des Dichters bestimmt. Das Symbol für das epische Gedicht ist der
nach dem bestimmten Ziel fliegende Pfeil, das Symbol für das
lyrische Lied die Kreislinie. Es ist aber klar, daß dieser rein kate=
gorische Unterschied gelegentlich am wirklichen Beispiel versagt, so
vielfach bei der Ballade.

Goethes früheste Balladendichtung ist ein Edelreis, aufgepfropft
auf dem Baum von Herders Volkslied und mit ihm so innig ver=
wachsen, daß die Grenze zwischen Mutterast und neuem Zweig nicht
mehr überall erkennbar ist. Das Volkslied, tief und echt, aber knapp
und spröde in seinem Gefühlsausdruck, liebt die dramatische Ver=
bildlichung des Innenlebens durch den lebhaft bewegten äußeren
Vorgang und gleitet so in die lyrische Ballade hinüber; die starke
Gefühlsatmosphäre, die den Vorgang umgibt, scheidet es von der
lichten Klarheit reiner Epik. Die Volkslieder, die Goethe selber für
Herder im Elsaß gesammelt hat, tragen diesen Balladencharakter. Die
Lieder vom Pfalzgrafen, vom Grafen Friedrich, vom Herrn von
Falkenstein und vom Zimmergesellen, sie stellen alle das bittersüße
Gefühl der Liebe nicht in unmittelbarer Schilderung dar (die allzu
leicht zu unwahrer Bloßstellung und reflektierender Zerdehnung
führt), sondern lassen es aus dem lebendigen Wechselspiel zwischen
Mann und Weib hervorquellen.

Auch bei den eigenen Gedichten, die Goethe unter dem Eindruck
des Volksliedes schuf, ist vielfach das rein lyrische Lied von der
Ballade kaum zu scheiden. Er selber hat das „Heidenröslein" und
den „Geistesgruß" unter die Lieder gestellt, „Mignon" („Kennst du
das Land") und „Das Veilchen" („Ein Veilchen auf der Wiese
stand") unter die Balladen. Und doch sind jene nicht weniger episch,
diese nicht weniger lyrisch. Das „Veilchen" z. B. stellt sich schon
nach Motiv und Durchführung als Gegenstück zu dem „Heidenrös=
lein" dar: hier der Knabe, der das Röslein trotz seinem Widerstre=
ben bricht; dort das Mädchen, welches das in süßer Ergebenheit
ersterbende Veilchen achtlos zertritt. Beidemal ein in sich geschlosse=
ner, stetig=organischer Vorgang der Außenwelt. Ja, das „Heiden=
röslein", das ein „Lied" sein soll, wirkt durch den dramatischen
Dialog eher balladenhaft als die „Ballade" „Das Veilchen", in der
nur das Veilchen spricht. So zeigt Goethes eigenes Vorgehen nur,
wie fließend in den Jugendgedichten die Grenze ist.

Sie verschwimmt auch in den späteren Balladen noch, und man
ist berechtigt, dieses Durcheinandergehen des Lyrischen und des Epi=

schen als bezeichnend für Goethes Balladenbegriff anzusehen, im
Gegensatz zu Schiller, der klar scheidet. Wohl lernt Goethe in Weimar als Mensch moralisch zwischen Ich und Welt scheiden und das
ansaugende Gefühl zurückzudrängen gegenüber den Ansprüchen des
Du. Auch der Künstler lernt das Objekt vom Subjekt, den äußeren
Gegenstand und Vorgang vom persönlichen Gefühl und Gedanken
trennen. Die „gegenständliche" Darstellungsart beginnt die subjektiv lyrische abzulösen. In „Werthers Leiden" hat Goethe eigenes
aufwühlendes Liebeserleben in die Seele eines andern projiziert und
ihm in der Form des Briefromanes leidenschaftlichsten Ausdruck
gegeben; jeder Brief Werthers ist ein lyrisches Gedicht in Prosa,
ein eigener Gefühlserguß Goethes (wie er in „Schäfers Klagelied"
oder „Jägers Abendlied" sich in andere maskierte), der ganze Roman eine Folge subjektiv lyrischen Erlebens. In Weimar sucht der
werdende Verfasser von „Wilhelm Meisters Theatralischer Sendung" den objektiven Stil der Epik. Sein Held heißt nicht mehr
„ich", sondern „er". Schon dieser Personenwechsel bedingt Abrückung,
Beruhigung, Abkühlung, Objektivierung. Der beharrlich gehütete persönliche Blickpunkt, der im „Werther" alle perspektivischen Verhältnisse auf das eine Ich bezogen hatte, ist preisgegeben; der Dichter stellt sich bald da-, bald dorthin, wandert mit seinen Personen,
tauscht seine Begleiter, um so die Außenwelt als vom Ich losgelöste
Gegenständlichkeit zu erfassen und jedes ihrer Wesen in seiner
eigenen Bedingtheit darzustellen.

Die Ballade aber macht diese Entwicklung im allgemeinen nicht
mit, wenn sich auch im einzelnen etwa eine größere Gegenständlichkeit und eine ruhigere Gefühlshaltung zeigt. Sowohl in dem „Fischer" wie in dem „Erlkönig" mischen sich Lyrisches und Episches.
Man kann von beiden sagen: der Dichter läßt uns durch Äußeres
in Inneres schauen, oder durch Inneres in Äußeres. Der Gefühlsgehalt ist sehr stark. Der stetig-organische Ablauf des äußeren Geschehens weist aber zugleich ins Epische.

Beide gehören nach Stoff und Behandlung zusammen. Beide
sind in jener Zeit des sich bildenden Weltgefühls entstanden: der
„Fischer" Anfang 1778, der „Erlkönig" 1782. In beiden greift der
Dichter zu Vorgängen und Tatsachen der äußeren Natur, die er doch
nur als fühlendes Ich erfahren kann, die ihm also Naturstimmun-
gen werden. Das rauschende, sich bewegende Wasser (im „Fischer")
wirkt auf die Seele als Anziehungskraft (das Gefühl des Wassers

sei darin dargestellt, äußerte sich Goethe später gegen Eckermann), der brauende Nebel und das Blättergeflüster der Dämmerung als furchterregendes Gespenst („Erlkönig"). Aber in beiden Gedichten schildert Goethe nicht eigene Stimmungen, sondern er löst den Teil seiner selbst, der unter der Einwirkung des Naturereignisses steht, von sich ab und wandelt ihn in ein anderes menschliches Wesen um: den Fischer, das Kind. Er objektiviert auch das stimmungerregende Element in der Natur, indem er es in eine mythologische Gestalt personifiziert: die Nixe, den Erlkönig mit seinen Töchtern. So scheint das ursprüngliche Gefühlserlebnis epische Form zu haben, die in Wahrheit doch nur als Symbol der Stimmung wirkt.

Die Wahl der Personen und die Art ihres Verhaltens ist in beiden Gedichten durch den Charakter des seelischen Grunderleb= nisses aufs feinste motiviert. Von dem gefährlich Anziehenden des Wassers hat Goethe am 19. Januar 1778 an Frau von Stein ge= schrieben; „der Abglanz der Sterne des Himmels ... lockt uns". Anfang August des gleichen Jahres vergleicht er das Element, in dem er schwebt, mit dem Wasser: „es zieht jeden an und doch versagt dem, der auch nur an die Brust hereinspringt, der Atem. ..." Er weiß, daß die Macht des Wassers sich steigert, je länger man in seiner Nähe weilt. So überträgt er sein eigenes Erleben auf einen Fischer, den sein Beruf zwingt, stundenlang am Wasser zu sitzen. Sein Tun, das fast ein Nichtstun ist, läßt seinen Geist unbeschäftigt, und das eintönige Plätschern der Flut regt seine Phantasie an, in= dem es seinen Willen lähmt. Er gerät in einen Zwischenzustand zwischen Wachen und Schlafen, und seine träumende Sehnsucht läßt ein Weib aus dem Wasser aufsteigen. Das Geräusch der Wellen ver= wandelt sich in ihren Gesang. Dessen Inhalt bildet zuerst sein Be= ruf. Er lockt die Fische herauf, und auch er spürt die Kraft des Wassers als etwas Lockendes. Ein Vorwurf bildet sich in seiner Seele, dem die Frau Worte leiht. Sonne, Mond, der ganze Himmel laben sich im Wasser; warum er nicht? Lockend schmiegt sich die Welle an seinen Fuß. Die Sehnsucht wächst. Schläfrigen Willens sinkt er hinunter.

Ebenso psychologisch fein motiviert ist der mythologische Vorgang im „Erlkönig". Zugrunde liegt eine nordische Sage, die Goethe in der dänischen Ballade „Erlkönigs Tochter" in Herders Volksliedern fand. Der Erlkönig, wie Goethe mißverständlich Herder nachschreibt, ist eigentlich der Elfenkönig (dänisch Ellekongen, d. h. Elvekongen, norwegisch Elletrold). Die dänische Volksballade stellt einen Mann einem Weibe gegenüber. Herr Oluf reitet nachts über Land, um die Leute zu seiner Hochzeit einzuladen. Er sieht die Elfen tanzen. Die Tochter des Elfenkönigs lädt ihn zum Reigen ein. Er lehnt es ab im Gedanken an seine Braut. Sie bietet ihm zu dreimalen Geschenke: zwei güldene Sporen, ein seidenes Hemd, einen Haufen Gold. Er bleibt standhaft. Da wünscht sie ihm Seuche und Krankheit an und tut einen Schlag auf sein Herz. Blaß und bleich kommt er nach Hause. Der Mutter erzählt er sein Unglück. Wenn die Braut mit der Hochzeitschar kommt, so soll sie ihr sagen, er sei noch im Walde, Pferd und Hund zu proben. Wie die Braut erscheint, findet sie den Leichnam.

Die nordische Volksphantasie stellt sich die Elfen als tückische und unflätige Naturgeister vor, deren menschliche Gestalt durch tierische Formen entstellt ist. Sie schaden dem Menschen, schrecken harmlose Wanderer, und die Elfenweiber verführen junge Männer wie die Tochter des Dovrealten, des Elfenkönigs, den Peer Gynt (in Ibsens Drama — auch die Olufsage hat er in „Olaf Liljekrans" dargestellt). Die grausige und düstere Natur des Nordens verkörpert sich in dieser Auffassung ihrer Kräfte und Erscheinungsformen.

Als boshafte Verführerin tritt die Elfenkönigstochter in der Volksballade erst dem Ritter Oluf gegenüber, dann als tückische Feindin, wie er ihren Lockungen nicht folgt. Der deutsche Dichter wandelt das Grundmotiv. Wenn das nordische Volk an Elfen glaubt und den Vorgang naiv faßt, so übersetzt Goethe ihn, hier durchaus ein Sohn der Aufklärung, aus der Wirklichkeit in das eingebildete Erleben überreizter Phantasie. Er stellt ein Kind in die Mitte, gibt dem Geschehen so allgemeinere Bedeutung und macht es dem Gebildeten glaubhafter. Um sein Erlebnis als Phantasiegebilde schon in dem Gedicht selber zu kennzeichnen, stellt er ihm als zurechtrückenden Gegenspieler den Vater gegenüber. Damit hat aber auch die Tochter des Erlkönigs keinen Sinn mehr. Goethe ersetzt sie durch den Vater und läßt diesen nur im Laufe seiner Lockung von den Töchtern sprechen, als Wärterinnen und Gespielinnen des Knaben.

Noch weiter geht der Realismus des Dichters. Der ganzen Erscheinung und den Worten des Erlkönigs gibt er, in der rationalistischen Erklärung und Beschwichtigung des Vaters, eine tatsächliche Grundlage in der Natur. Krone und Schweif sind in Wirklichkeit Nebelstreifen, die der überreizte Sinn des Knaben so deutet. Die

leisen Reden des Elfs hört der Knabe aus dem Säuseln des Win=
des in dürren Blättern; die Töchter des Königs „am düstern Ort"
sind alte graue Weiden.

Und doch bleibt das Ganze im Zwielicht des Poetisch=Wunder=
baren schweben. Der Dichter läßt es unausgesprochen, ob der Knabe
an der Berührung des Elfenkönigs oder aus Angst vor der eingebil=
deten Berührung stirbt, und dem Rationalisten mag immerhin das
Grausen des Vaters zu denken geben.

Wenn so inhaltlich der „Fischer" wie der „Erlkönig" aus dem
dumpfen Dunkel des Volksaberglaubens in die lichte — aber nicht
rationalistische — Besonnenheit der Bildung emporgehoben sind, so
rückt die formale Gestaltung beide Gedichte vollends in höchste Höhen
souveräner Kunst. In dem „Fischer" wirken Vorstellungen wie
„wellenatmend", Takt, Syntax und Klang zur Erzeugung stärkster
Illusion zusammen. In dem „Erlkönig" ist die Kunst noch gestei=
gert. Man denkt bei der Schilderung des nächtlichen Rittes an
Bürgers „Lenore". Aber was für ein Unterschied! Gegenüber
Bürgers wortmalerischem Prunk wirkt Goethe durch schlichteste
Knappheit. Wie das Pferd Huf nach Huf absetzt und sein Schritt
durch die stille Nacht tönt, tritt im Gedicht in der Anfangs= und
der Schlußstrophe Hauptsatz neben Hauptsatz. Die Wortstellung ist die
einfachste, der Ausdruck der nächstliegende, alles Überflüssige ist bis
zur Härte weggelassen.

Von dramatischer Kraft sind die Reden und Gegenreden. Erst
sieht der Knabe den Erlkönig, dann hört er ihn sprechen, lockend,
süß. In den Worten:

> Du liebes Kind, komm, geh mit mir!
> Gar schöne Spiele spiel' ich mit dir;

überwiegt wieder der Klang des I=Lauts, mit dem Goethe das sehn=
süchtige in die Ferne Greifen oder Gezogenwerden auszudrücken
pflegt. Dann die Vorstellung der Töchter:

> Meine Töchter führen den nächtlichen Reihn
> Und wiegen und tanzen und singen dich ein —

der wiegende Takt suggeriert dem Knaben die Empfindung des
Tanzens. Endlich, wie das Locken nichts nützt, die Drohung:

> Ich liebe dich, mich reizt deine schöne Gestalt;
> Und bist du nicht willig, so brauch' ich Gewalt.

In das gehäufte I in „ich liebe dich, mich" preßt sich die werbende
Kraft der Naturgewalt zusammen, aber sie wirkt hier nicht süß=
lockend, sondern, weil durch den Widerstand des Kindes gehemmt,
gewaltsam eingeengt; der Luftstrom pfeift zischend zwischen gepreß=
ten Zähnen durch. Um so stärker bricht dann am Schlusse jeder Zeile
die unterdrückte Wut aus in dem kurzen, offenen „Gestalt", „Ge=
walt", das gleichsam den Mund gewaltsam aufsprengt. In den Wor=
ten des Kindes:

<blockquote>Mein Vater, mein Vater, jetzt faßt er mich an!</blockquote>

hetzt die Todesangst über eine Reihe kurzer, einsilbiger Wörter (auch
„Vater" wirkt so) hin wie über eine rettende Treppe, um dann, zu
Tode getroffen, ermattend zurückzusinken. Am Anfang der Zeile:

<blockquote>Erlkönig hat mir ein Leids getan!</blockquote>

tritt der ohne Vorschlag gesetzte Daktylus „Erlkönig" völlig aus dem
sonstigen taktischen Gefüge heraus und wirkt als letztes Aus=
atmen der durch die Angst stoßweise aufgesammelten Luft, als Zu=
sammensinken der Brust, das durch die weitern Wörter des Verses
zu Ende geführt wird.

Zu ruhiger epischer Gegenständlichkeit geklärt ist Goethes Bal=
ladenkunst im „Sänger". Auch hier geht der Dichter von einem
persönlichen Erlebnis aus: dem widerstreitenden Gefühl, als Künst=
ler in eine Welt verwirrender und zerstreuender Geschäfte hinein=
gestellt zu sein. Die praktische Tätigkeit als Staatsmann bedarf
er zur Erweiterung und Vertiefung seiner Weltkenntnis; aber sie
strebt darnach, sein Wertvollstes zu überwuchern. Die Klagen häufen
sich in den Briefen an Charlotte von Stein vom Herbst 1782 an.
Im August 1782 entlockt ihm die Freude am „Wilhelm Meister"
den Ruf: „Eigentlich bin ich zum Schriftsteller geboren." Am
17. September bekennt er, er sei recht zu einem Privatmenschen
erschaffen und begreife nicht, wie ihn das Schicksal in eine Staats=
verwaltung und eine fürstliche Familie habe einflicken mögen. Im
April 1783 schreibt er: „Ich bin fleißig und bekümmre mich um
irdische Dinge um der Irdischen willen. Mein innres Leben ist bei
Dir, und mein Reich nicht von dieser Welt." Und eine Woche später:
„Es ist ein sauer Stückchen Brot, wenn man drauf angenommen
ist, die Disharmonie der Welt in Harmonie zu bringen. Das ganze
Jahr sucht mich kein angenehmes Geschäft auf, und man wird von
Not und Ungeschick der Menschen immer hin und wider gezogen."

Aus solchen Stimmungen muß damals „Der Sänger" entstan=
den sein. Er beschließt das zwölfte Kapitel des vierten Buches der
„Theatralischen Sendung", an dem Goethe bis zum 12. Novem=
ber 1783 gearbeitet hat. Der ausbrechende Krieg scheint den Plänen
Melinas, der sich zum Leiter der Theatergruppe aufgeworfen, ein
Ende zu machen. In der Truppe selber herrscht Unordnung und
Mißhelligkeit. In der Kasse ist Ebbe. Wilhelm Meister fühlt sich
durch sein Verhältnis zu Philine „bestrickt und zusammengezogen".
Alles ist in übler Laune. Da wird der alte Harfner gemeldet. Schon
die angenehmen Töne, die er präludierend seinem Instrument ent=
lockt, versetzen alle in die beste Stimmung. Wie er darauf ein Lied
vorträgt, das den Gesang und das Glück der Sänger preist und die
Menschen „warnt", sie zu ehren, da kann sich Wilhelm kaum enthal=
ten, ihm um den Hals zu fallen. Der Sänger singt weiter. Wilhelm
fühlt sich wie neugeboren, und er bietet dem Alten seine Hilfe an.
Jener erwidert nichts, läßt seine Finger über die Saiten schleichen,
greift schärfer drein und singt das Lied vom Sänger. Es wiederholt
die Situation aus „Wilhelm Meister", projiziert sie aber ins
Heroisch=Ideale. Der Sänger singt am königlichen Hofe. Die Schön=
heit seiner Kunst wird, ähnlich wie bei der Schilderung des Gesanges
des alten Harfners in der vorhergehenden Erzählung des Romans,
wesentlich durch die sein unterscheidende Wirkung dargestellt, die
der Gesang hervorruft:

> Die Ritter schauten mutig drein
> Und in den Schoß die Schönen.

Der König will ihm mit einer goldenen Kette lohnen. Aber der
Sänger wehrt ab. Der goldene Lohn ist für die, die die Bürde des
Kampfes oder der Staatsgeschäfte zu tragen haben:

> Ich singe, wie der Vogel singt,
> Der in den Zweigen wohnet,
> Das Lied, das aus der Kehle dringt,
> Ist Lohn, der reichlich lohnet;
> Doch darf ich bitten, bitt' ich eins,
> Laß mir den besten Becher Weins
> In purem Golde reichen!

Also nicht Belohnung, Bezahlung, sondern Erquickung und — der
Wein soll ihm „in purem Golde" gereicht werden! — Ehrung. Dies
ist die Art, wie man Künstlern dankt. Den Lohn aber tragen sie
in sich.

Das ist das Bekenntnis in Goethes Briefe: „Mein Reich ist nicht von dieser Welt." Das Tassoglück, die Seligkeit des Phantasie= menschen, die Goethe mitten in den Plackereien der Geschäfte als heimliche Flamme nährt. Aber nur die Wärme und Wahrheit der Gestaltung kommt aus seinem persönlichen Erleben. Die Fabel ist völlig losgelöst von seinem Ich und wird rein episch vorgetragen.

Neuen Schwung erhielt Goethes Balladendichtung durch die Freundschaft mit Schiller. Den Xenienkampf brachen die beiden übers Knie ab, um der heilsamen Kritik schöpferische Arbeit folgen zu lassen. Goethe vertiefte sich in „Hermann und Dorothea", Schiller nahm den Wallensteinstoff wieder vor. Dazwischen ging eifrige Er= örterung theoretischer Fragen in Gespräch und Brief. Die Grenzen zwischen epischer und dramatischer Dichtung wurden im April 1797 besprochen und in einem kurzen, beiderseits inspirierten Aufsatze niedergelegt. Dann schrieben sie wetteifernd Balladen. Am 21. und 22. Mai schuf Goethe den „Schatzgräber", vom 4.—6. Juni die „Braut von Korinth", vom 6.—9. Juni den „Gott und die Ba= jadere". Vor Mitte Juli entstand der „Zauberlehrling". Am 30. Juli reiste Goethe nach der Schweiz. Auf der Reise entstanden die Balladen „Der Edelknabe und die Müllerin", „Der Junggesell und der Mühlbach", „Der Müllerin Verrat" und „Der Müllerin Reue". Damit war Goethes Lust an der Verfertigung von Balladen für einmal wieder erloschen.

Die Balladenform, für die er im Gedankenaustausch mit Schiller Lust und Klarheit gewonnen, bot ihm die willkommene Gelegenheit, alten Stoffen, die sich in seinem Inneren herangebildet, Gestalt zu geben. „Mir drückten sich", erzählt er später, „gewisse große Mo= tive, Legenden, uraltgeschichtlich Überliefertes so tief in den Sinn, daß ich sie vierzig bis fünfzig Jahre lebendig und wirksam im Innern erhielt; mir schien der schönste Besitz, solche werte Bilder oft in der Einbildungskraft erneut zu sehen, da sie sich denn zwar immer umgestalteten, doch ohne sich zu verändern, einer reineren Form, einer entschiednern Darstellung entgegenreiften. Ich will hie= von nur die ,Braut von Korinth', den ,Gott und die Ba= jadere', den ,Grafen und die Zwerge' [das ,Hochzeitslied'], den ,Sänger und die Kinder' [,Ballade vom vertriebenen und zurück= kehrenden Grafen'], und zuletzt noch . . . den ,Paria' nennen." Man darf zu diesen Stoffen aber auch den des „Schatzgräbers" und des „Zauberlehrlings" stellen. Denn das Geisterbeschwörungswesen (im

„Schatzgräber") war ihm durch die Welt des Faust ein altvertrautes
Motiv, und auf die Sage vom Zauberlehrling spielt schon eine Bemerkung im achten Kapitel des im Oktober 1784 beendeten fünften
Buches der „Theatralischen Sendung" an. Die Balladen, deren
Stoffe so lange vor 1797 in Goethes Einbildungskraft wachsend
leben, sind auch die künstlerisch wertvollsten der ganzen Reihe. Nur
in ihnen, im besondern dem „Schatzgräber", der „Braut von Korinth", dem „Gott und der Bajadere" und dem „Zauberlehrling",
hat der in die Gründe des Natur- und Weltgeschehens hinunter-
greifende Gedanke dem Stoff die organische Form geschaffen; nur
sie sind schicksalmäßig-symbolisch. Die Balladen von der Müllerin
bekunden wohl die spielende Gestaltungskraft des geübten Künstlers,
bleiben aber in ihrem Gehalt am Anekdotisch-Oberflächlichen haften.

Der „Schatzgräber", die „Braut von Korinth" und der „Gott und
die Bajadere" wuchsen in der ruhigen Abgeschiedenheit des Jenaer
Schlosses, in dem Goethe sich am 19. Mai für vier Wochen nieder-
ließ. Der Tag gehörte der Arbeit, der Abend dem Vergnügen in
Konzert oder Gesellschaft. Es gehe ihm, schrieb er Schiller am
23. Mai, so gut, daß die Vernunft des Petrarch alle Ursache hätte,
ihm einen großen Sermon zu halten. In dieser „Geistesatmosphäre"
entstand der „Schatzgräber". In einer deutschen Ausgabe von Pe-
trarcas Schrift „De remediis utriusque fortunae" hatte Goethe bei
dem Abschnitt „Vom Schatzgraben und Finden" ein Bild gesehen,
darauf ein Knabe mit einer Licht ausstrahlenden Schale neben Be-
schwörern, Schatzgräbern und dem Satan stand. Eine ähnliche
Geisterbeschwörung hatte er zu Anfang des zweiten Buches von Benvenuto Cellinis Lebensbeschreibung gefunden, die er damals für
Schillers „Horen" übersetzte. Zu der trüben Kunst der Geisterbeschwörung, die schon dem Faustdichter das Sinnbild der dumpfen Sehnsucht des Unbefriedigten war, bildete das kräftige Wirken und reine
Genießen, wie er es in Jena übte, den polaren Gegensatz. In dieser
Klarheit, nicht in jener Schwarzkunst lag das Heil für den Lebens-
kundigen, und das Bild in der Petrarca-Übersetzung schien ihm der
glücklichste Ausdruck des Gegensatzes. So legte er es deutend seinem
„Schatzgräber" zugrunde.

In seiner Selbstbiographie erzählt Benvenuto Cellini, wie er
durch einen sizilianischen Priester in die Nekromantie eingeführt
wird. In zwei Nächten beschwören sie im Kolosseum die Geister.
Der Priester zeichnet unter sonderbaren Zeremonien Zirkel auf den

Boden, in die er die Teilnehmer hineinführt, verbrennt wohl- und übelriechendes Räucherwerk, erzeugt wunderbare Flammen und murmelt Beschwörungsformeln, bis das ganze Kolosseum von Geistern erfüllt ist. Cellinis farbiger Bericht klingt in Goethes Gedicht nach. Aber bei ihm endet die Beschwörung nicht, wie bei Cellini, in Angst und Grausen der Teilnehmer, sondern dem Schatzgräber tritt der Knabe von dem Bilde der Petrarca-Übersetzung mit der Licht und Aufklärung spendenden Schale erlösend entgegen, nicht ein böser, sondern ein guter Geist:

> Trinke Mut des reinen Lebens!
> Dann verstehst du die Belehrung,
> Kommst mit ängstlicher Beschwörung
> Nicht zurück an diesen Ort.
> Grabe hier nicht mehr vergebens!
> Tages Arbeit, Abends Gäste!
> Saure Wochen, frohe Feste!
> Sei dein künftig Zauberwort.

Schiller, dem Goethe das Gedicht am 23. Mai sandte, rühmte es als so musterhaft schön und rund und vollendet, daß er recht gefühlt habe, wie auch ein kleines Ganze, eine einfache Idee, durch die vollkommene Darstellung einem den Genuß des Höchsten geben könne. Man begreift Schillers Lob; steht doch das Gedicht mit der überdeutlichen Aussprache der Idee („Tages Arbeit, abends Gäste, Saure Wochen, frohe Feste") Schillers eigenen Balladen am nächsten. Wer aber das lyrisch „Inkommensurable" in Goethes Gedichten liebt, mag es bedauern, daß der klare Glanz aus der Schale des Knaben nicht nur die Beschwörungstat des Schatzgräbers, sondern auch das Gedicht als Kunstwerk bis in alle Winkel durchhellt hat.

Um so weiter entfernt sich die „Braut von Korinth" von dem lehrhaften Rationalismus des „Schatzgräbers". Kein Zufall, daß Schiller sie wunderlich mißverstand. Als Körner, der sich redlich mit dem Gedicht abmühte, das Urteil formte, Goethe habe damit gezeigt, daß er sich auch auf diese Arbeit verstehe, aber er würde sie nicht bei ihm bestellen, erklärte Schiller, das sei die Meinung von allen: „Im Grunde war's nur ein Spaß von Goethe, einmal etwas zu dichten, was außer seiner Neigung und Natur liegt." In Wahrheit spricht die Ballade ureigenstes Weltgefühl des nachitalienischen Goethe in höchster Kunst aus. Die antike Vorstellung von den Vampirn oder Lamien liegt zugrunde: Geister von Verstorbenen entsteigen

dem Grabe und saugen Lebenden das Blut aus, bis man die Leichen
wieder ausgräbt, ihr Herz durchbohrt, ihren Kopf abschlägt oder sie
verbrennt. Eine solche Sage erzählt Phlegon von Tralles, ein Frei=
gelassener des Hadrian, in seinen Wundergeschichten, die Goethe in
des Johannes Prätorius 1668 erschienenem „Anthropodemus Plu=
tonicus, das ist Eine Neue Weltbeschreibung, von allerley Wunder=
baren Menschen", fand. Der junge Machates kehrt in dem Hause
seiner Gastfreunde Damostratus und Charito ein. Wie er nachts in
seinem Zimmer allein weilt, gesellt sich Philinnion, die vor kurzem
verstorbene Tochter des Hauses, zu ihm. Durch die Amme erfährt
die Mutter davon. Sie schleicht sich an die Türe und sieht beide auf
dem Lager liegen. Wie sie am Morgen ins Gemach tritt, findet sie
den Jüngling allein. Er erzählt ihr, wie die Tochter, von Liebeslust
getrieben, zu ihm gekommen sei, und zeigt ihr als Beweis einen von
ihr erhaltenen goldenen Ring und eine Busenschleife. Daß eine
Tote bei ihm gewesen, erscheint ihm unmöglich, da sie mit ihm ge=
essen und getrunken. In der nächsten Nacht erscheint Philinnion
wieder. Ein Diener holt die Eltern herbei. Wie sie sie erblickt,
spricht die Tochter zu ihnen: „Vater und Mutter, wie unbillig seid
ihr, daß ihr mir nicht einmal gönnt, drei Tage bei diesem Fremden
allein im elterlichen Hause ohne euren Nachteil zu verweilen! Eures
ungeduldigen Vorwitzes wegen werdet ihr mich von neuem be=
trauern; denn nicht ohne göttliche Fügung kam ich hieher." Darauf
sinkt sie tot auf das Bett nieder. Man untersucht ihr Grab und
findet darin, statt des Leichnams, einen ehernen Ring und eine ver=
goldete Trinkschale, die Philinnion am ersten Tag von Machates
erhalten hat. Nun beschließt man, die Gestorbene außerhalb der
Grenzen zu begraben und den unterirdischen Göttern zu opfern.
Machates tötet sich aus Verzweiflung.

Für Goethe barg die schauerliche Rückkehr der Toten und ihre
Vermählung mit dem lebenden Jüngling einen tief symbolischen
Zug: das durch die Natur verbürgte Recht der Sinne verlangt Be=
friedigung, wo sie ihm versagt wird, verkehrt es sich in Unnatur und
zieht, statt Leben zu schaffen, bestehendes Leben in grausigen Tod.
In Italien ist der Dichter ein „dezidierter Nichtchrist" geworden.
Altertum bedeutet ihm Natur, Sinnlichkeit, Schönheit; Christen=
tum Unnatur, Vergeistlichung, Askese. In den „Römischen Elegien"
hat er als Heide die Freude des sinnlichen Genießens geschildert, in
den „Venezianischen Epigrammen" die katholische Form des Chri=

stentums scharf angegriffen. Phlegon von Tralles lebte in einer
Zeit, wo die hellenistische Kultur bereits gegen das vordringende
Christentum zu kämpfen hatte. Was lag näher, als daß Goethe den
vampirischen Sinnenhunger der Toten durch die aufgezwungene Entsagung des Christentums begründete? Das Mädchen hat nicht nur
ein sinnliches, sondern auch ein sittliches Recht auf den Jüngling: die
Väter haben die beiden in früher Jugend einander verlobt. Dann
aber schied sie ein unnatürliches Gelübde. Des Mädchens Mutter, in
Krankheit gefallen, schwört mit den Ihrigen zum Christentum über-
zugehen und die Tochter dem Himmel zu weihen, wenn sie genest.
Es geschieht. Für den Jüngling wird die „zweite Schwester" bestimmt. Die Erstverlobte aber siecht in ihrer aufgezwungenen Entsagung dahin, stirbt und wird (nach christlichem Brauch) begraben.
Nun aber, wie der Verlobte im Vaterhause erscheint, um sich die
Braut zu holen, treibt sie die ungestillte Sehnsucht aus dem Grab
in seine Arme und sie vermählt sich mit ihm. Aber sie zieht ihn auch
mit in den Tod. Auf gemeinsamem Scheiterhaufen werden sie, nach
antikem Brauch, verbrannt, und ihre Seele kommt zur Ruhe. So
bringt erst Goethe den tiefen geschichtlichen Sinn in die Sage und
erhebt sie aus der Anekdote zum Symbol: die sinnenfeindliche Weltanschauung des Urchristentums streitet darin gegen die Sinnenfreude
des Altertums. Des Dichters Liebe aber gehört der Weltanschauung des Altertums; denn sie einzig ist Natur.

Die symbolische Kunst als Verbildlichung des Wesentlichen wirkt
bis ins einzelne. Der Jüngling stammt aus Athen, dem alten Mittelpunkt griechischen Schönheitsdienstes; die Familie des Mädchens
wohnt in Korinth, das in heidnischer Zeit als Handelsstadt ein
Ort üppiger Sinnenlust gewesen und dann, besonders durch den Eifer
des Paulus, eine der frühesten Pflegestätten des Christentums geworden war. In der Sage des Tralles wirkt das wiederholte Zusammensein des Machates mit Philinnion abstoßend; Goethe erzählt
nur von einer Liebesnacht, die nicht von der Amme der Mutter
hinterbracht, sondern von der Mutter selber, die „häuslich spät" noch
vorbeischleicht, erlauscht wird. Den Liebesgenuß schildert er mit unerhörter Glut und Zartheit. Unverhüllteste Sinnlichkeit erscheint als
keuscheste Sittlichkeit. Das Mädchen, von seiner Sehnsucht getrieben, tritt mit weißem Schleier und Gewand „sittsam still" ins
Zimmer, und erschrocken hebt sie, wie sie den Jüngling erblickt, die
weiße Hand. Schamhaft will sie sofort wieder gehn. Erst des Jüng-

lings Einladung hält sie. Aber immer noch schwebt die Entsagung
auf ihren Lippen. Sie gehört nicht mehr den Freuden an. Die Familie ist zum Christentum übergetreten, sie selber dem Himmel geweiht, als Opfer gefallen. Da merkt er, daß sie seine Verlobte ist.
Nun hat sie ein sittliches Recht, bei ihm zu bleiben. Sie wechseln
die Zeichen der Treue. Sie gibt ihm eine goldene Kette, von ihm
heischt sie, statt der Schale, die er ihr reicht, eine Locke — sie fesselt
ihn mit dem toten Gegenstande und erhält von ihm einen Teil seines
Lebens. Beim feurigen Weine steigert sich seine Liebe. Er fleht um
Erhörung. Da deutet sie an, was sie ihm bisher verhehlt:

> Wie der Schnee so weiß,
> Aber kalt wie Eis
> Ist das Liebchen, das du dir erwählt.

Aber seine Leidenschaft fühlt sich stark, selbst das Grab zu überwinden. So schließt die Liebe sie fester zusammen. Sie saugt vam-
pirisch seines Mundes Flammen. Seine Liebeswut wärmt physisch
ihr starres Blut. Aber ihr Leib bleibt tot.

Mit bewußter Kunst läßt der Dichter hier den Vorhang fallen.
Er gesellt sich zur Mutter, die draußen vorbeigeht, und läßt uns
den Liebesrausch der beiden mit ihr horchend vor der Türe erleben.
Wie beim Hahnenschrei das Mädchen sich zum Scheiden wendet,
öffnet sie das Schloß und dringt in das Gemach. Der Jüngling
will die Geliebte decken; aber sie windet sich hervor. Unverhüllt sich
erhebend, eröffnet sie der Mutter die Wahrheit:

> Eurer Priester summende Gesänge
> Und ihr Segen haben kein Gewicht;
> Salz und Wasser kühlt
> Nicht, wo Jugend fühlt,
> Ach! die Erde kühlt die Liebe nicht ...
>
> Aus dem Grabe werd' ich ausgetrieben,
> Noch zu suchen das vermißte Gut,
> Noch den schon verlornen Mann zu lieben
> Und zu saugen seines Herzens Blut.
> Ist's um den geschehn,
> Muß nach andern gehn,
> Und das junge Volk erliegt der Wut.

Die Polarität der Idee — Sinnenfreude des Altertums und
Entsagung des Christentums — findet ihren machtvollen Ausdruck
in dem Ethos der Sprache, in Versmaß und Strophenform. In

der Sprache mischen sich leidenschaftliche Glut und gelassene Kälte zu rätselhafter Kraft. Wie ruhig sachlich klingt der Anfang:

> Nach Korinthus von Athen gezogen
> Kam ein Jüngling, dort noch unbekannt,

oder eine Wendung wie:

> Sie empfängt den Gast mit bestem Willen.

Wie weit ist diese prosaische Schlichtheit von Schillers prunkvollem Pathos entfernt! Um so stärker hebt sich nun von dieser nüchternen Sachlichkeit das leidenschaftliche Erlebnis ab, an dem sich die Sprache rasch entzündet:

> Heftig faßt er sie mit starken Armen,
> Von der Liebe Jugendkraft durchmannt:
> „Hoffe doch, bei mir noch zu erwarmen,
> Wärst du selbst mir aus dem Grab gesandt!"
> Wechselhauch und Kuß!
> Liebesüberfluß!
> „Brennst du nicht und fühlest mich entbrannt?"

Wie fliegt, von der Mutter belauscht, Wort und Liebkosung hin und her in dem Abschied:

> „Still! der Hahn erwacht!" —
> „Aber morgen nacht
> Bist du wieder da?" — und Kuß auf Kuß.

Stärksten Anteil an der Stimmungskraft der Sprache haben Versmaß und Strophenbau. Das trochäische Ethos der vier ersten fünffüßigen Verse gießt über das Ganze etwas Verhaltenes aus; Schmerz und Glut sind zum Schweigen verdammt. Aber die zwei eingelegten kurzen, dreihebigen und männlich reimenden Trochäen durchbrechen die gedämpfte Gelassenheit wie eine Doppelflamme, die durch die Aschendecke emporzüngelt. Der wiederum lange Schlußvers der Strophe weist die züngelnde Glut wieder in die dunkle Tiefe und breitet die Decke wieder aus: schließlich hat über den Sinnendurst des Heidentums, der in dem Gedicht noch einmal emporflammt, doch das Christentum gesiegt, und über die beiden schauerlich Liebenden breitet sich der Schatten des Todes. Das Reimpaar, das die vierte mit der letzten Zeile verbindet und so die beiden auflodernden kurzen Verse einschließt, steigert diesen Eindruck der die Sinnlichkeit auslöschenden Entsagung. Besonders eindringlich wirkt diese Polarität der Strophenform am Schlusse:

1. Christliches Motiv des Todes:

> Höre, Mutter, nun die letzte Bitte:
> Einen Scheiterhaufen schichte du!
> Öffne meine bange kleine Hütte,
> Bring' in Flammen Liebende zur Ruh'!

2. Heidnisches Motiv der Leidenschaft:

> Wenn der Funke sprüht,
> Wenn die Asche glüht,

3. Motiv des Ausgleichs:

> Eilen wir den alten Göttern zu.

So entsteht, durch Sinn und Klang, Gedanke und Form ein Ge=
samteindruck von größter Wirkung. Grabeshauch und Rosenduft
mischen sich in dem Gedichte. Leben und Tod umarmen sich in un=
löslicher Verbindung und schließen den Kreis des Seins. Gegenüber
dem hellen Rationalismus in Schillers rein epischen Balladen webt
hier das lyrische Grauen mystischer Offenbarung. Der Schoß der
Welt selbst scheint sich unserm schaudernden Blick zu öffnen, und wir
sehen Urnebel sich zu Gestalten ballen und in Nichts wieder zerwehn.

Auch „Der Gott und die Bajadere" gehört zu den Balladen,
deren Stoff Goethe lange Jahre bildend im Innern trug. 1783 nahm
er eine eben erschienene deutsche Übersetzung von Sonnerats Voyage
aux Indes orientales et à la Chine zur Hand. Dort las er die Ge=
schichte von „Dewendren", dem König der Halbgötter, und einem
Freudenmädchen. Dewendren geht einst in der Gestalt eines schönen
Jünglings aus und sucht eine Tochter der Freude, um zu erfahren,
ob sie ihm treu sein würde. Er vergnügt sich eine Nacht mit ihr. Am
Morgen stellt er sich tot. Das Mädchen will sich als seine Gattin
mit ihm verbrennen lassen, obschon man ihr erklärt, der Verstorbene
sei nicht ihr Mann. Wie sie sich in die Flammen stürzen will, er=
wacht Dewendren wieder und gesteht seinen Betrug. Zum Lohne
für ihre Treue nimmt er sie nun wirklich zum Weib und führt sie
mit sich ins Paradies.

In „Dichtung und Wahrheit" bekannte Goethe später, die un=
förmlichen und überförmlichen Ungeheuer der indischen Märchen
hätten ihn in seiner Jugend nicht eigentlich poetisch befriedigen
können; „sie lagen zu weit von dem Wahren ab, nach welchem
mein Sinn unablässig hinstrebte". Ebenso bemerkte er 1804 aus der
Verehrung griechischen Maßes und antiker Schönheit heraus:

„Eigentlich hasse ich alles Orientalische." So mag man sich wundern, wie er unmittelbar nach der von antikem Geiste erfüllten „Braut von Korinth" zu einem indischen Stoffe griff. Und doch besteht tiefste Verwandtschaft des sittlichen Gehaltes zwischen beiden Ge- dichten. In der „Braut von Korinth" tritt die Sinnenfreude des Altertums der christlichen Lebensentsagung gegenüber; in unbe- fangenem Genuß verbindet sich der Jüngling mit dem Mädchen, das ihm verlobt ist, und der Bund, den er mit ihr schließt, hat sittlich= ehelichen Wert. Der „Gott und die Bajadere" mutet wie eine Fort- führung und Klärung dieser Idee an. Sinnlichkeit allein ist häßlich und gemein. Aber Sinnlichkeit, verbunden mit Gemüt, ist rein, ja göttlich. Wie Goethe als Naturforscher kein getrenntes Innen und Außen kennt, sondern Geist und Materie ihm eins ist, so ist ihm auch die Einheit von Geist und Leib natürlich=sittlich. Sein Bund mit Christiane Vulpius ist ihm ohne den Segen der Kirche eine sitt= liche Ehe, weil die Herzlichkeit des Gefühls das sinnliche Verhält= nis adelt. Die indische Legende spiegelt ihm sein Verhältnis zu Christiane. Die Bajadere betrachtet sich als die Gattin des Halb- gottes, nachdem sie sich in Liebe ihm verbunden. Sie beansprucht das bittere Recht der Gattin, mit dem Toten verbrannt zu werden; selbst in den Tod hinein will sie ihm folgen — wie Christiane später bei der Plünderung Weimars durch die Franzosen ihr Leben für Goethe dahingeben wollte. Der Gott erhebt darum die Bajadere in aller Form zu seiner Frau, wie es Goethe später mit Christiane tat.

Goethe hat diesen menschlich=sittlichen Zug der Legende stark betont. Aus dem Halbgott „Dewendren" (Deva=Indra) macht er, um seinem Willen und Handeln unbedingte Gültigkeit zu leihen, Ma- hadöh, Mahadeva, den „großen Gott" Çiva. Er nennt ihn den Herrn der Erde und hebt ihn damit aus dem Göttergewimmel des indischen Himmels in die Einzigkeit monotheistischen Glaubens. Er teilt ihm die Inkarnationsfähigkeit des Vischnu zu, von dem Son- nerat neunundzwanzig Verwandlungen aufzählt, und wendet sie im Sinne von Christi Menschwerdung um. Er legt ihm die deutliche Absicht bei:

> Mitzufühlen Freud' und Qual. — —
> Soll er strafen oder schonen,
> Muß er Menschen menschlich sehn.

Und er betont die rasch aus der gelernten Gefallsucht sich bildende Hilfbereitschaft und herzliche Liebe des Mädchens. Mit heitrer Miene tut es dem Fremdling Sklavendienste, und er „siehet mit Freuden durch tiefes Verderben ein menschliches Herz":

> Ist Gehorsam im Gemüte,
> Wird nicht fern die Liebe sein.

Wie er sie küßt, fühlt sie der Liebe Qual, sie weint zum erstenmal, und wie sie sich ihm hingibt, geschieht es nicht um Wollust oder Gewinn, sondern aus Liebe. So besteht sie auch die letzte größte Probe, die er von ihr fordert, die freiwillige Verbrennung der Witwe. Mit dem aus den Flammen heraussteigenden Götterjüngling schwebt auch sie zum Himmel empor.

Ist die Ballade, nach der „Braut von Korinth", ein Bekenntnis zur Ethik des Christentums? Erinnert die Inkarnation des Mahadöh nicht an Christi Menschwerdung? Sein Verhalten gegenüber der Bajadere an Christi verzeihendes Mitleid gegenüber der magna peccatrix Maria Magdalena? Der Schluß:

> Es freut sich die Gottheit der reuigen Sünder;
> Unsterbliche heben verlorene Kinder
> Mit feurigen Armen zum Himmel empor.

an Christi Wort zu dem Schächer am Kreuz? — Aber zeigt nicht schon Goethes Vorlage, die indische Sage, daß der sittliche Kern des Vorganges nicht der Ethik des Christentums allein zu eigen gehört? Warum soll die verzeihende Liebe der Gottheit gegenüber dem Sünder nicht Grundsatz und Übung allgemein menschlicher Sittlichkeit sein? Und dann: Christus schenkte der großen Sünderin nur Verzeihung; Mahadöh aber erfreut sich selber genießend ihrer Liebe. Das ist antik-indisch, nicht christlich.

In der Fabel wie im Bau bildet die Ballade das Gegenstück zu der „Braut von Korinth". In der „Braut" ein Bürgermädchen, das in geistlicher Askese leben sollte; in der „Bajadere" die Dirne, die sich dem Genuß geweiht hat. In der „Braut" wird der Mann durch das Mädchen zum Genusse geführt; in der „Bajadere" weckt der Mann in dem Mädchen die Seele. In beiden Gedichten schweben die Liebenden in Flammen von der Erde zum Himmel empor.

Die Polarität der Idee bestimmt auch hier den Bau der Strophe. In den strengen vierfüßigen Trochäen der ersten Hälfte drückt sich der Ernst der Gottheit metrisch aus; in den leichtfüßigen, mit Vorschlag beginnenden Daktylen der zweiten Hälfte malt sich das Gewerbe der Bajadere. Aber die organische Bindung der beiden Taktarten, wie sie die Strophe in der „Braut von Korinth" zeigt, fehlt hier. Man empfindet stets eine Kluft zwischen den Trochäen und den Daktylen, und unser Gefühl muß sich im Übergang von den einen zu den andern jeweils anders einstellen. Nimmt man noch die lehrhafte Überklarheit hinzu, mit der Goethe die sittliche Idee aus= spricht, so erklärt sich, daß die Wirkung weniger stark ist als bei der „Braut von Korinth".

Um so größer ist sie beim „Zauberlehrling". Die Quelle ist Lukians Philopseudes 33—36, den Goethe wohl aus Wielands Über= setzung kannte. Auf einer Reise, so erzählt bei Lukian der Athener Eukrates, nahm der ägyptische Priester Pankrates im Wirtshaus etwa einen hölzernen Türriegel, einen Besen oder einen Stößel, legte ihm Kleider an und verwandelte ihn durch einen Zauberspruch in einen Menschen, der Wasser trug oder ihnen sonst diente. Ein an= derer Spruch wandelte den Knecht wieder zum Besen, Riegel oder Stößel um. Einmal gelingt es Eukrates, die Zauberformel aufzu= schnappen. Am folgenden Tag, wie der Priester ausgegangen ist, verwandelt er einen Stößel in einen Wasserträger. Er bringt einen großen Krug voll. Nun heißt er ihn wieder zum Stößel werden. Aber der Knecht kümmert sich nicht um seine Rede, sondern trägt weiter Wasser, bis das ganze Haus davon voll ist. Er schlägt den Stößel mit einer Axt entzwei. Nun trägt jede Hälfte Wasser. End= lich kommt Pankrates zurück und gibt den Geistern ihre frühere Gestalt wieder zurück.

Wieder übt Goethe bewußte Kunst in der Herausarbeitung des Ideenkerns und der Gestaltung des wirkungsvollen Vortrags. In dem Verhältnis des zauberkundigen Pankrates zu dem in Zauberei dilettierenden Eukrates sieht er den Gegensatz zwischen Meister und Lehrling. Statt des Stößels nimmt er den Besen, der der mensch= lichen Gestalt an Größe näher steht und zugleich dem Vorgang eine humoristische Färbung gibt. Das Wassertragen motiviert er mit dem Bade. Den Zauberspruch teilt er mit in der kurzzeiligen, mo= notonen Form, die an das Einmaleins der Hexe im „Faust" er= innert. Der Lehrling spricht ihn, bevor er ihn laut zum Besen sagt, noch einmal zur Auffrischung des Gedächtnisses still bei sich. Er stürzt sich, bevor er zur Axt greift, auf den Wasserträger, um ihn festzuhalten, und bekommt dabei („Das ist Tücke!") von dem mechanisch=fühllos arbeitenden Knechte einen Schlag oder Stoß.

Der Gegensatz zwischen dem Meister und dem Lehrling pflanzt

sich in die metrische Gestaltung fort: dem straffen Kommandoton
der kurzen Zeilen in der Zauberformel des Meisters steht die ge-
schwätzige Breite der prahlerischen und zugleich hilflosen Reden des
Lehrlings gegenüber, und nun wechseln die beiden metrischen Gestaltungen durch das ganze Gedicht als sinnfälliger Ausdruck des Unterschiedes zwischen Meister und Lehrling. Unmittelbar wirksam ist die
Tonmalerei etwa an der Stelle:

> Krachend trifft die glatte Schärfe

oder in den Zischlauten bei der Schilderung der Überschwemmung:

> Naß und nässer
> Wird's im Saal und auf den Stufen:
> Welch entsetzliches Gewässer!

Die Idee wird diesmal nicht, wie in dem „Gott und der Bajadere" aufdringlich vom Dichter selber ausgesprochen; organisch
wächst sie aus dem Hilferuf des Lehrlings selbst hervor:

> Die ich rief, die Geister
> Werd' ich nun nicht los.

Wozu als Antwort der Spruch des Meisters gehört:

> als Geister
> Ruft euch nur zu seinem Zwecke
> Erst hervor der alte Meister.

Bei ihrer Anwendung aber dachte Goethe gewiß nicht an das
wässerige Geplätscher der Antixenien; eher mochte ihm die Französische Revolution vorschweben. In seinen Dramen hatte er die Ver-
wirrung geschildert, die sie bei Urteilslosen anrichtete, und ihre welt-
geschichtliche Bedeutung tat, eben im Balladenjahr, „Hermann und
Dorothea" dar. Sie hatte gezeigt, wie Elementarmächte von Menschen geweckt worden waren, die Goethe als Lehrlinge erscheinen
mußten; wie ihre Kraft dämonisch gewachsen war und die, die sie
entfesselt, nicht nur verletzt, sondern vernichtet hatte, als sie sie zu
hemmen versucht. Bereits aber war damals der Herr erstanden,
der die Geister zu meistern verstand: der „weit und breit gewaltige"
Bonaparte, wie Goethe ihn im Oktober 1797 nannte, eilte seit 1796
in Italien von Sieg zu Sieg. Und gerade nach Italien sandte Goethe
im Balladenjahr wieder sehnsüchtige Blicke.

Ein halbes Menschenalter später erfuhr Goethes Balladendichtung eine bescheidene Nachblüte. Am 17. April 1813 floh er aus

dem Getümmel und Lärm des beginnenden Freiheitskrieges, der seine erregten Wogen gegen Weimar wälzte, nach dem sichern Teplitz, wo er mehr als drei Monate blieb. Damals entstanden „Der getreue Eckart", „Der Totentanz" und „Die wandelnde Glocke". Alle drei Balladen Schöpfungen einer weisen Überlegenheit und gefestigten Kunsterfahrung, nicht aus dem dämonischen Drange des zwingenden und gezwungenen Genius hervorgetrieben, sondern mit spielender Formbeherrschung gestaltet. Wie bezeichnend ist es: allen dreien liegt ein übernatürlicher Vorgang zugrunde. Aber er ist nicht in das Dämmerlicht des Dämonischen gerückt, wie im „Erlkönig" oder „Fischer"; nicht mit künstlerischer Selbstverständlichkeit dargestellt wie in dem „Zauberlehrling" oder dem „Gott und der Bajadere", nicht von Grauen umwoben wie in der „Braut von Korinth". Der Greis spielt damit wie mit einem grotesk geformten Spielzeug. Hier wäre Schillers Wort von dem „Spaß", um den es Goethe zu tun gewesen, am Platze. Er ist zum Romantiker geworden.

Je tiefer das Elend materieller Wirklichkeit jenes Geschlecht darniederdrückte, je enger die Fesseln politischer Ohnmacht die Körper umschnürten, um so eigengewaltiger und herrischer erhob sich der Geist. Was war die Wirklichkeit? Ein Schein. Was der Tag? Ein Hauch! Was der Geist? Wahrheit. Was das Werk des Geistes? Unendlichkeit. So schwang man sich hoch in die Wahrheit und Unendlichkeit des Geistesschaffens empor und trotzte spottend, höhnend oder lachend dem verwehenden Hauch der Scheinwirklichkeit. Man steigerte das Geistige zum Geisterhaften und gab Gespenstern Gestalt. Man schwelgte im Grotesken, Wunderbaren, Grausigen, um die Entsetzlichkeiten der Wirklichkeit durch die Erfindungen des Geistes zu übertäuben. Aber man war groß genug, jeden Augenblick die eigenen Geschöpfe wieder zu vertilgen oder doch zu verspotten. Ironie, Satire, Humor waren die Gewaltigen, denen die Phantasie ihre Kinder in Pflege ab.

Goethe hätte nicht das organische Lebensgefühl haben müssen, wenn dieser Wandel nicht auch ihn ergriffen hätte. Schon zu Beginn des Jahrhunderts hatte er der Not Trotz geboten und für sein Mittwochskränzchen gesellige Lieder gedichtet und wissenschaftliche Vorlesungen ausgearbeitet. Jetzt ließ er sich um so lieber von der souveränen Welle der romantischen Formkunst über die kahle Wirklichkeit tragen. Das Eigenwillig-Persönliche in seinem Schaffen wächst. und die „Manier" siegt mit fortschreitender Entwicklung über den

„Stil". Der Stoff muß sich unbedingt dem Geiste fügen. Die „Achil=
leis", die „Natürliche Tochter" zeigen jene gewaltige Vergeistigung
des Stiles. In den „Wahlverwandtschaften" lenkt Goethe das Reich
der Seele und der Natur nach dem Willen eines mystischen Gesetzes.
Bald wird er im „West=östlichen Diwan" mit Riesenschritt den un=
geheuren Schlund, der Osten und Westen trennt, überspringen. So
zwingt er auch in den Balladen des Jahres 1813 die allmächtigen
Geister in den engen Raum einer Schul= oder Kinderstube, schaltet
mit ihnen in lehrend=spielender Willkür und läßt sie wie Hampel=
männer tanzen zum heitern Ergötzen von Kindern und solchen, „die
die Kinder lieb haben".

Über die Entstehung des „Getreuen Eckart" hat Goethe selber
in einem Briefe an seine Frau und im Tagebuch vom 17. April 1813
das Nötige gesagt: „Mein Begleiter [der Sekretär John] erzählte
mir eine alte Geisterlegende, die ich sogleich, als wir [auf der Reise
nach Teplitz] in Eckartsberge still hielten, rhythmisch ausbildete."
„³/₄ auf Zehn in Eckartsberge. Gedicht gemacht: ‚Der treue Eckart'.
... Gegen 12 Uhr in Naumburg, ... [nachmittags] das Gedicht ab=
geschrieben." Goethes Arbeit war diesmal, im Gegensatz zu jenen
Gedichten, deren Stoff er jahrelang im Innern um und aus=
gestaltend trug, in der Tat wesentlich nur ein „rhythmisches Aus=
bilden" und malerisches Ausschmücken. Neue Stoffmotive hat er,
mit Ausnahme der Lehre in der Schlußstrophe, die man gern preis=
gäbe, keine eingeflochten. Denn es läßt sich vermuten, daß John die
Sage ungefähr so erzählt hat, wie sie bereits damals, z. B. in J. H.
von Falckensteins Thüringischer Chronik (1738) aufgezeichnet war:
In dem thüringischen Dorfe Schwarze passiert einst Frau Holla oder
Hulda an dem Weihnachtsfeste durch das Dorf mit ihrem wütenden
Heere. Ihr zieht der treue Eckart voraus und heißt die Leute ihr
aus dem Wege gehen. Er begegnet zwei Knaben, die aus dem
nächsten Dorfe Bier geholt und sich, wie sie der Gespenster ansichtig
geworden, in einen Winkel versteckt haben. Die Geister aber er=
spähen sie doch und leeren ihnen die Kannen. Wie das Heer vorbei=
gesaust ist, kommen die Knaben bekümmert aus ihrem Versteck. Da
gesellt sich der getreue Eckart zu ihnen und sagt ihnen, sie hätten
wohl getan, daß sie das Bier freiwillig hergegeben; sonst hätten ihnen
die Furien die Hälse umgedreht. Sie sollten nur getrost mit ihren
Kannen heimgehen und nichts von dem Vorfall sagen. Wie sie
nach Hause kommen, sind die Kannen voll Bier, und soviel man auch

davon trinkt, es nimmt nicht ab. Erst wie sie das Schweigen brechen, ist es verschwunden.

Ähnlich entstand der „Totentanz". In Dresden hatte Goethe, wie er Christiane schrieb, mit John am 21. April einen Deklamator angehört und schrieb darauf „zu unserer Lust die von August erzählte Totentanzlegende in paßlichen Reimen auf". Also auch hier mündliche Überlieferung, nicht schriftliche Quelle. Die Sage, die er aus dem Munde seines Sohnes hörte, ist weitverbreitet und schon vor Goethes Zeit mehrmals aufgezeichnet worden. In allen Fassungen raubt ein kühner Zuschauer auf einem Turme dem Gerippe das Leichengewand, das es aufs Grab gelegt hat, muß es aber wieder zurückgeben, da das Gespenst furchtbare Drohungen ausstößt. In einer von Hermann Corner in seinem Chronicon aufgezeichneten Fassung klettert das Gerippe wie bei Goethe am Turm hinauf. Der Jüngling, der das Leichentuch genommen hat, läßt sich nun am Glockenstuhl in die Kirche hinab, legt das Tuch auf den Hochaltar, nimmt ein Kreuz und wehrt sich gegen den Toten, der zusammenbricht, wie der Küster die Morgenglocke läutet. Wundervoll und ganz Goethes Eigentum ist der barocke Humor, der über den Vorgang ausgegossen ist und das Gruseln in Heiterkeit löst. Wie lächerlich wirkt die Schilderung der tanzenden Gerippe! Wendungen wie: „Und weil hier die Scham nun nicht weiter gebeut" (der Dichter der Mignonlieder hatte einst gesungen: „Und jene himmlischen Gestalten, Sie fragen nicht nach Mann und Weib!"); Ausdrücke wie „Hemdelein"; lautmalerische Schilderungen wie:

> Nun hebt sich der Schenkel, nun wackelt das Bein,
> Gebärden da gibt es vertrackte;
> Dann klippert's und klappert's mitunter hinein,
> Als schlüg' man die Hölzlein zum Takte;

die Vorstellung von dem trippelnden und zuletzt stolpernden, an den Grüften tappenden und grapsenden Gerippe — all das ist köstlichste Komik, die ein gewisses gutmütiges Mitleid mit dem geprellten Gerippe zum Humor erhebt.

Auch die Entstehung der „Wandelnden Glocke" ist an die Person von Goethes Sohn geknüpft. „Das Ganze", erzählt dessen Lehrer F. W. Riemer, „beruht auf einem Scherz und Spaß, den sein Sohn und ich gemeinsam mit einem kleinen Knaben zu treiben liebten, der, des Sonntags vor der Kirchzeit uns besuchend, bei beginnendem Geläute, besonders der durchschlagenden großen Glocke, sich einigermaßen zu fürchten schien. Nun machten wir ihm weis, die Glocke steige auch wohl von ihrem Stuhle herab, käme über Markt und Straße hergewackelt und könne sich leicht über ihn herstülpen, wenn er sich draußen blicken lasse. Diese wackelnde einbeinige Bewegung bildete der humor- und scherzreiche August mit einem aufgespannten Regenschirm dem Kinde vor und brachte es dadurch, wo nicht zum Glauben, doch zur Vorstellung einer Möglichkeit der Sache. Wir erzählten Goethe davon."

Nach Jahren schuf Goethe in Teplitz aus dem Kinderspaß die Ballade. Die gespenstische Verfolgung des Kindes durch die Glocke begründete er recht schulmeisterlich mit der Flucht des Kindes vor der Kirche. Am 24. Mai 1813 schickte Goethe das Gedicht, das am 22. entstanden war, an seinen Sohn: „Ich hoffe," schrieb er dazu, „Du sollst Dich Deiner Erstindung in diesem Gewande freuen."

Die drei Balladen gehören auch nach ihrem Stil zusammen. Ein Greis erzählt, und seine Zuhörer sind Kinder oder doch junge Leute. Den „Totentanz" halte Goethe ausdrücklich für den Prinzen Bernhard bestimmt, die „Wandelnde Glocke" für seinen Sohn; den „Getreuen Eckart", den er seinem Sohn am 26. Juni sandte, macht schon der Schluß zum Kindergedicht:

> Und wenn euch, ihr Kinder, mit treuem Gesicht
> Ein Vater, ein Lehrer, ein Aldermann spricht.

In Wirklichkeit waren die Kinder, denen Goethe die Gedichte zueignete, freilich ein wenig alt, Prinz Bernhard einundzwanzig und August gar vierundzwanzig. Aber auch Goethe gab sich darin älter, als er war. Die breite Behaglichkeit des epischen Stiles ist gedehnt, greisenhaft, manieriert. Man hat sich den Vortrag, bei aller Lebendigkeit, gemächlich, durch ausgiebige Pausen unterbrochen zu denken. Bezeichnend ist die Wiederaufnahme des Subjektes durch Fürwörter:

> Der Türmer, der schaut zu mitten der Nacht.

> Die Hulden, sie kommen von durstiger Jagd.

> Das Kind, es denkt: Die Glocke hängt
> Da droben auf dem Stuhle.

Das Fürwort wird auch wohl vorausgenommen:

> Nun saust es und braust es, das wütige Heer.

Oder es werden Beiwörter vom Hauptwort getrennt:

Gebärden da gibt es vertrackte.
Sie trinken das mühsam geholte, das Bier.

Neben dieser Breite wirkt in dem „Getreuen Eckart" die Auslassung des Prädikates:

Die Kinderlein ängstlich gen Hause so schnell
doppelt hart.

Verkleinerungsformen sollen im „Getreuen Eckart" beschwichtigen: „Kinderlein, Kindelein", im „Totentanz" zum Lachen reizen:

Da liegen zerstreut
Die Hemdelein über den Hügeln.

Die Behaglichkeit, der die Breite dient, ist aber ja nicht schläfrige Mattheit. Als Goethe den „Getreuen Eckart" seinem Sohne schickte, bemerkte er, das Gedicht müsse recht gut und dramatisch vorgelesen werden. Das gilt auch von dem „Totentanz". Es gibt unter Goethes Balladen, etwa den „Zauberlehrling" oder den „Erlkönig" ausgenommen, keines, in dem der Dichter alle Künste seiner genialen Sprachgewalt so virtuos spielen läßt, um eine faszinierende Anschaulichkeit zu erreichen, wie er es im „Getreuen Eckart" und im „Totentanz" tut. Wie schwillt aus den angstvollen Reden der Kinder zu Beginn der Eckartballade allmählich die grause Erscheinung des wütigen Heeres auf! Erst das ängstlich unbestimmte: „Sie kommen." Dann bestimmter: „Da kommt schon der nächtliche Graus." Und endlich die Benennung: „Die unholdigen Schwestern." Wie folgt die Sprache dem wechselnden Tempo des Geschehens! Der Takt ist im „Eckart" wie im „Totentanz" derselbe — daktylisch mit Vorschlag. Aber die Elastizität ist erstaunlich. Man hört ein großwogiges, starkakzentuiertes Sausen in der Schilderung des wütigen Heeres:

Gesagt so geschehn! Und da naht sich der Graus
Und siehet so grau und so schattenhaft aus ...
Nun saust es und braust es, das wütige Heer,
Ins weite Getal und Gebirge.

Man sieht und hört aber auch, in den abgeteilten Versen, die kleinlichen, gehackten Bewegungen der tanzenden Gerippe:

Nun hebt sich der Schenkel, nun wackelt das Bein,
Gebärden da gibt es vertrackte;
Dann klippert's und klappert's mitunter hinein,
Als schlüg' man die Hölzlein zum Takte.

Man empfindet es sozusagen körperlich, wie die Kinder am Schlusse der Eckartballade zum Schwatzen verleitet werden. Erst das selbstgefällige Lächeln (das schon der Anfang des Verrats ist), dann das steigernde:

> Sie s-tammeln und s-tottern und schwatzen zuletzt.

Ebenso anschaulich wirkt im „Totentanz" etwa die Schilderung, wie sich die Gerippe nach beendigtem Tanz wieder verlieren:

> Doch endlich — verlieret sich — dieser und der,
> Schleicht eins — nach dem andern — gekleidet einher,
> Und husch! — ist es unter dem Rasen.

Am Schlusse hört man wirklich das mächtige Eins, das die Glocke donnert.

Glückliche Neubildungen fügen sich zwanglos ein. Das weite „Getal" zaubert im Bund mit dem „Gebirge" ebenso knapp und zwingend die Vorstellung einer großen, vielgegliederten Landschaft hervor, wie die Wendung „in Lage" mit vielsagender Kürze die Reihen der flach hingelagerten Gräber veranschaulicht.

So machte sich Goethe in einer Zeit, wo politische und kriegerische Stürme alte Kulturschätze zu verschütten drohten, sein Künstlertum aufs neue zu eigen und suchte darin Trost und Stärkung. Das war die Art, wie er die neue Zeit erlebte und erleben half. Nicht umsonst künden die zwei dichterisch wertvollern der drei Balladen, der „Getreue Eckart" und der „Totentanz", von der Beherrschung und Überwindung dunkler Geister durch die Klugheit der Menschen und den Beistand guter Gewalten. Für den engsten Kreis der Seinen, seine Frau, seinen Sohn, den Prinzen Bernhard und Riemer, hatte der Dichter sie bestimmt. Auch sie sollten aus ihnen Mut und Kraft schöpfen. „Diese Späße", schrieb er August am 22. Mai, „sollen nebenbei noch zu dem wichtigen Zwecke dienen, euch zu sagen, daß ihr in eurem jetzigen täglichen Zustand, er sei, wie er will, froh und fröhlich sein sollt: denn das Unheil, das in unserer Nähe vorgeht, und dem wir, wie einer vom Felsen dem Schiffbruch ganzer Flotten, sicher, aber mit Angst zusehn, ist ohne Grenzen."

Für sich selber war er entschlossen, sich über die Kämpfe des Tages, über Ort und Zeit zu erheben und an den ewigen Kräften und Werten des Geistes zu erbauen. Zu der Zeit, als Napoleons irdisches Weltreich in Trümmer sank, gründete er ein Weltreich der Literatur und drang erobernd in den Orient vor. Etwa ein Jahr nach der Balladennachblüte erschloß sich ihm das Reich des west=östlichen Diwans.

Achtes Kapitel
Der West=östliche Diwan

Es gibt zwei Arten, eine Zeit zu erleben: sinnlich=handelnd und geistig=betrachtend. Jene wirkt im Tage; diese dient dem Geiste. Jene läßt unbekümmert die ewigen Kräfte im geschichtlichen Leben schaffen; diese knüpft sorgend das geschichtliche Leben des Tages an das Sternennetz des Ewigen an. Jene macht gesellig, diese einsam. Jene genießt die Früchte ihres Tuns unmittelbar, diese erst nach Jahren, Jahrzehnten, ja oft nach Jahrhunderten.

Der junge Goethe neigt zur ersten, der alte zur zweiten Art. Nur kurze Zeit stand er wirkend in seiner Zeit: als er den „Götz" und den „Werther" schrieb. Mit der Übersiedlung nach Weimar begann die Entfremdung zwischen ihm und der Masse. Nun mußte alles, sein Amt, seine Freunde, seine Kunst, seine Wissenschaft der Ausbildung seiner Persönlichkeit dienen. Als er sie gefährdet glaubte, warf er seine Amtspflichten hin und floh nach Italien. In der anderthalbjährigen Einsamkeit fand er sich wieder: als Betrachtenden und betrachtend Gestaltenden: als Forscher und Künstler.

Fortan ging er bewußt und zielsicher diesen Weg. Er sah, daß die Wegrichtung, die er in Italien gewonnen, in der Diagonale von der Linie des Volkes wegführte. Aber er tat, was seine Persönlichkeit heischte. Als die Französische Revolution die Welt mit einer Flut politisch aktueller Gedanken überschwemmte, vertiefte er sich in biologische Studien. Als in Frankreich die Schreckensherrschaft ein Königspaar auf das Schaffott führte, nahm er seinen „Wilhelm Meister" wieder zur Hand, um darin die Erziehung eines Menschen seiner Zeit aus der Blindheit romantischen Tastens zur besonnenen Klarheit sittlich=künstlerischen Menschentums zu schildern und damit den Zeitgenossen das Ideal klassischer Persönlichkeitsbildung vor die Augen zu stellen. In Schiller fand er den verwandten, zu einsamer Höhe ragenden Freund. Die erste Vergleichung ihres Urteils zeigte beiden den Gegensatz zu dem herrschenden Geschmack. Die „Xenien" trotzten einer Welt von Feinden. Experimente in klassizistischem Geschmack erweiterten die Kluft. Als bei der Aufführung von Friedrich Schlegels „Alarkos" das Publikum im Weimarer Theater in Gelächter ausbrach, und es Goethe durch den Ruf „Man lache nicht!" niederdonnerte, war die Natur nicht mehr auf seiner Seite.

Nach dem Zusammenbruch Preußens bei Jena setzte jene große
Bewegung der Gefühle, Gedanken und Taten ein, die zunächst in die
Freiheitskriege ausmündete. Stein, Hardenberg und Scharnhorst
schufen ihre Reformen und bauten die Grundlage des neuen Staates.
Fichte hielt seine Reden an die deutsche Nation und stärkte das
Volksgefühl. Bewußt und zielsicher setzte man den Strich unter die
Vergangenheit und begann ein neues Buch deutschen Lebens. Goethe
aber schlug die Geschichte seiner Jugend auf und schrieb „Dichtung
und Wahrheit".

Es ist verständlich, daß bei der Erhebung der Deutschen gegen
Napoleon der Vierundsechzigjährige nicht an die Spitze der Bewegung trat. Er konnte den Blick von den Sternen und ihren ewigen
Gesetzen nicht mehr zur Erde zurückwenden und ihn durch Schlachten-
staub trüben lassen. Aber hier zeigte es sich nun, daß der Weitsich-
tige in die Nähe zu schauen verlernt hatte. Als Heinrich Luden, der
Jenaer Historiker, Ende 1813 (nach Großbeeren, der Katzbach, Denne-
witz und Leipzig!) begeistert vom Erwachen Deutschlands sprach, bekannte Goethe: „Auch liegt mir Deutschland warm am Herzen. Ich
habe oft einen bittern Schmerz empfunden bei dem Gedanken an das
deutsche Volk, das so achtbar im einzelnen und so miserabel im
ganzen ist. Eine Vergleichung des deutschen Volkes mit andern Völkern erregt uns peinliche Gefühle, über welche ich auf jegliche Weise
hinwegzukommen suche; und in der Wissenschaft und in der Kunst
habe ich die Schwingen gefunden, durch welche man sich darüber
hinwegzuheben vermag: denn Wissenschaft und Kunst gehören der
Welt an, und vor ihnen verschwinden die Schranken der Nationali-
tät; aber der Trost, den sie gewähren, ist doch nur ein leidiger Trost
und ersetzt das stolze Bewußtsein nicht, einem großen, starken, ge-
achteten und gefürchteten Volke anzugehören. In derselben Weise
tröstet auch nur der Gedanke an Deutschlands Zukunft. Ich halte
ihn so fest als Sie, diesen Glauben. Ja, das deutsche Volk verspricht
eine Zukunft, hat eine Zukunft. Das Schicksal der Deutschen ist,
mit Napoleon zu reden, noch nicht erfüllt... Aber die Zeit, die Gelegenheit, vermag ein menschliches Auge nicht vorauszusehen und
menschliche Kraft nicht zu beschleunigen oder herbeizuführen. Uns
einzelnen bleibt inzwischen nur übrig, einem jeden nach seinen Ta-
lenten, seiner Neigung und seiner Stellung, die Bildung des Volkes
zu mehren, zu stärken und durch dasselbe zu verbreiten nach allen
Seiten..., damit es nicht zurückbleibe hinter den andern Völkern,

sondern wenigstens hierin voraufstehe." Wie weit war der Publizist
Adam Müller Goethe vorausgeeilt! In den Vorlesungen, die er
1808/9 in Dresden über die Elemente der Staatskunst gehalten,
hatte er den Staat bereits als die große organische Lebensgemein=
schaft des Volkes erfaßt, in der auch die Wissenschaften ihren Zweck
zu erfüllen hätten. Er träumte bereits von dem modernen Kultur=
staat. Goethe aber sah in dem Staat nur das einseitig Politische,
Kulturfeindliche, und in dem Deutschen den kleinbürgerlichen
Egoisten. „Ist denn wirklich das Volk erwacht?" fragte er. „Weiß
es, was es will? Haben Sie das prächtige Wort vergessen, was der
ehrliche Philister in Jena seinem Nachbar in seiner Freude zurief,
als er seine Stuben gescheuert sah und nun nach dem Abzuge der
Franzosen die Russen bequemlich empfangen konnte? Der Schlaf ist
zu tief gewesen, als daß auch die stärkste Rüttelung so schnell zur
Besinnung zurückzuführen vermöchte."

So schritt er den Weg der reinen Bildung jenseits des National=
gefühls und des politischen Lebens weiter und schuf mitten in der
Zeit der höchsten nationalen Erregung sein unnationalstes Werk:
den west=östlichen Diwan.

Zu den Denkmälern arabisch=persischer Dichtung gewann man
in Europa im letzten Drittel des 18. Jahrhunderts erweiterten Zu=
gang. Unter den ersten lenkte den Blick Herder darauf, der in seinen
„Zerstreuten Blättern" „Blumen aus morgenländischen Dichtern",
vor allem aus dem „Rosengarten" des persischen Dichters Saadi
spendete und in den „Humanitätsbriefen" von der Bedeutung der
arabischen Kultur für die spanische Bildung des Mittelalters sprach.
Goethes eigenes Interesse an der Welt des Islam reicht weit zurück.
1772 las er Maraccis lateinische Übersetzung des Koran und über=
setzte ein Stück daraus. Des Propheten problematische Gestalt selber
sollte in einer Tragödie ausgedeutet werden. Zehn Jahre später,
1783, übersetzte er ein Stück des ersten der sieben Mo'allakâts, der
altarabischen Heldengedichte, die William Jones eben herausgegeben.
So lebte er sich langsam in die fremde Welt mohammedanischer Bil=
dung ein. Wohl konnte er 1804, im Enthusiasmus für die Griechen,
bekennen, eigentlich hasse er alles Orientalische; vier Jahre später
las er des Persers Dschâmi anmutigen Liebesroman „Medschnun
und Leila" und eignete sich die Sagen von Ferhad und Schirin,
Salomo und der Königin von Saba, Jussuph und Suleika an, die
Josef von Hammer=Purgstall, der österreichische Orientalist, in seinem

Sammelwerk „Schirin" herausgegeben. Von da an blieb sein Interesse für den Orient stetig wach. Aus ihm heraus verweilte er 1811 im
vierten Buche von „Dichtung und Wahrheit" so lange auf der Ur-
geschichte Palästinas: „Unser Blick," gesteht er da, „unser Anteil
bleibt aber noch immer an diese Gegenden geheftet." So kannte er,
als die Erhebung gegen Napoleon kam, die Welt des Ostens so weit,
daß sie ihn zu tieferm Eindringen reizte. Er las im November 1813
Klaproths Reise in den Kaukasus und nach Georgien. Und gab
nicht die Tagesgeschichte selber seinen Studien Lebendigkeit? Auf
den Schlachtfeldern Europas mischten sich Völker des Ostens und
Westens! Im April 1813 sah Goethe bei einem Kosakenhaufen ein
Kamel als „asiatisches Wahrzeichen". Im Januar 1814 ward im
protestantischen Gymnasium zu Weimar für russische Baschkiren mohammedanischer Gottesdienst gehalten. Alles schien ihn nach dem
Osten zu drängen. Er wurde sein Asyl, in das er sich über die
Völkerstürme flüchtete; aber auch der Brunnenschacht, aus dem er die
Deutschen zur Vertiefung ihrer Bildung trinken ließ, wie er es selber
tat.

Gleichzeitig mit der Befreiung Deutschlands von dem napoleonischen Drucke erlebte Goethe eine Verjüngung, wie sie ihm von Zeit
zu Zeit beschieden waren. Am 9. April 1814 kam die Kunde von dem
Einzug der Verbündeten in Paris nach Weimar. Im Mai und
Juni hielt sich Goethe in dem eben zum Bade eingerichteten Berka
an der Ilm auf. Der Musiker Eberwein, der zur Vertonung der
„Proserpina" damals bei ihm weilte, erzählt, wie der Fünfundsech-
zigjährige ihm die Verse mit jugendlichem Feuer deklamierte. Und
der Kanzler von Müller berichtet, wie Goethe unermüdet an den
festlichen Anordnungen zur Feier der Rückkehr Karl Augusts mit-
half, im frischesten Tatgefühl jedem seine Rolle zuteilte, fröhlich
von Straße zu Straße umherwandelte, überall ermutigend, belebend
wirkte.

Damals, am 7. Juni, nahm Goethe zum erstenmal die Gedichtsammlung oder den Diwan (= Sammlung) des persischen Dichters Schems ed-din Mohammed mit dem Beinamen Hafis, d. h. der
Korangelehrte, zur Hand, die Josef von Hammer-Purgstall in deutscher Übersetzung 1812 und 1813 herausgegeben hatte. Sie wirkte wie
eine Offenbarung auf ihn. Sie bestätigte ihm, wie recht er hatte, wenn
er sich über das einzelne des Tages ins Allgemeine und Ewige erhob.

Der Stürmer und Dränger hatte, Giordano Bruno und Her-

der folgend, sein Evangelium von der alles schaffenden, formen=
den und belebenden Gotteskraft in schwärmender Erhebung ver=
kündet. In Italien hatte der Naturforscher die dunklen Gefühle des
Jünglings durch Beobachtung und Intuition zu wissenschaftlichen
Begriffen zu klären unternommen. Die „Metamorphose der Pflan=
zen" entwickelte die Idee von der Umformung eines Urblattes in die
verschiedengestaltigen Stengelorgane. Die ganze Beschäftigung mit
den biologischen Naturwissenschaften galt der wissenschaftlichen Er=
weisung des pantheistischen Ein und Alles: in den äußerlich so
unendlich mannigfaltigen Gestaltungen der Individuen wirkt sich
stets die gleiche göttliche Kraft gesetzmäßig aus. Dem Naturforscher
aber reichte der Kunstbetrachter und Künstler die Hand. Immer deut=
licher prägen Lehre und Schaffen das Symbolische aus: das In=
dividuell=Sinnliche soll im Kunstwerk so gebildet sein, daß das Ge=
setzmäßig=Typische oder das Geistig=Allgemeine durchschimmert und
seine Form bestimmt.

Die Beschäftigung mit Schellings Naturphilosophie in den
Jahren 1798 bis 1803 vertiefte Goethes metaphysische Überzeugung.
Wie nahe stand ihm Schellings Auffassung des Alls als eines Or=
ganismus, in dem Gott als Weltseele, als wirkende Lebenskraft die
Gestalt bestimmt, wie die Einzelseele im Organismus des mensch=
lichen Körpers waltet! Sprach er nicht altvertraute Weisheit aus,
wenn er mit Schelling die Natur die Wirklichwerdung Gottes
nannte? Aus Schellings Ideen leuchtete ihm sein alter Entwick=
lungsgedanke entgegen. „Die Natur," sagt er, „um zum Menschen
zu gelangen, führt ein langes Präludium auf von Wesen und Ge=
stalten, denen noch gar sehr viel zum Menschen fehlt. In jedem aber
ist eine Tendenz zu einem andern, was über ihm ist, ersichtlich. . . .
Die Natur kann zu allem, was sie machen will, nur in einer F o l g e
gelangen. Sie macht keine Sprünge. Sie könnte z. B. kein Pferd
machen, wenn nicht alle übrigen Tiere voraufgingen, auf denen sie
wie auf einer L e i t e r bis zur Struktur des Pferdes heransteigt. So
ist immer Eines um Alles, Alles um Eines willen da, weil ja eben
das Eine auch das Alles ist. Die Natur, so mannigfaltig sie er=
scheint, ist doch immer ein Eines, eine Einheit, und so muß, wenn
sie sich teilweise manifestiert, alles übrige diesem zur Grundlage
dienen, dieses in dem übrigen Zusammenhang haben."

Das Gedicht „Weltseele", schon durch den Titel eine Huldigung
an Schelling, etwa 1800 entstanden, verdichtet den Kern dieser pan=

theistischen Naturphilosophie zum poetischen Bilde. Es schildert die
Schaffung der Welt und der Gestalten des Lebens aus der einen
Gotteskraft. In ihr haben die Monaden oder Einzelseelen sich in
„heiligem Schmaus" genährt. Nun sendet sie sie in das Weite des
Raums. Erst schweben sie in seligem Göttertraum unter den Ster=
nen, gewaltige Kometen, ohne feste Bahn. Dann geraten sie in die
Gesetzmäßigkeit der Gestirnsysteme hinein, greifen nach ungeform=
ten Erden und lassen schöpferisch jung in ihnen das Leben entstehen:
Tag und Nacht, Stein, Pflanze, Tier in individuellen Gestaltun=
gen, die liebend das Leben weitergeben:

> Und kreisend führt ihr in bewegten Lüften
> Den wandelbaren Flor
> Und schreibt dem Stein in allen seinen Grüften
> Die festen Formen vor.
>
> Nun alles sich mit göttlichem Erkühnen
> Zu übertreffen strebt;
> Das Wasser will, das unfruchtbare, grünen,
> Und jedes Stäubchen lebt.
>
> Und so verdrängt mit liebevollem Streiten
> Der feuchten Qualme Nacht;
> Nun glühen schon des Paradieses Weiten
> In überbunter Pracht.
>
> Wie regt sich bald, ein holdes Licht zu schauen,
> Gestaltenreiche Schar,
> Und ihr erstaunt auf den beglückten Auen
> Nun als das erste Paar.
>
> Und bald verlischt ein unbegrenztes Streben
> Im sel'gen Wechselblick.
> Und so empfangt mit Dank das schönste Leben
> Vom All ins All zurück.

Für den Denker folgte aus dieser Erkenntnis der symbolischen
Alleinheit des Seins die Neigung und Pflicht, überall in der ge=
staltenreichen Verschiedenheit der Erscheinungen das Eine Gemein=
same, die Urform, zu finden. So setzt nach der Beschäftigung mit
Schellings Naturphilosophie immer deutlicher das Streben der
Gleichsetzung des Ungleichen, der Identifikation ein. Bewegt sich
nicht die Idee der „Wahlverwandtschaft" auf dieser Bahn? Dasselbe
Gesetz, das schaffende Wirken der Weltseele regelnd, waltet als Af=
finität im Reiche der chemischen Körper wie als Liebe im menschlichen
Seelenleben. Das Gedicht „Eins und Alles" vom 6. Oktober 1821

prägt dieses Gefühl der Gleichsetzung des äußerlich Mannigfaltigen,
der substanziellen Einheit des Individuums mit der schaffenden
Weltseele als religiöses Erlebnis aus:

> Im Grenzenlosen sich zu finden,
> Wird gern der einzelne verschwinden,
> Da löst sich aller Überdruß;
> Statt heißem Wünschen, wildem Wollen,
> Statt läst'gem Fordern, strengem Sollen
> Sich aufzugeben ist Genuß.
>
> Weltseele, komm, uns zu durchdringen!
> Dann mit dem Weltgeist selbst zu ringen,
> Wird unsrer Kräfte Hochberuf.
> Teilnehmend führen gute Geister,
> Gelinde leitend, höchste Meister,
> Zu dem, der alles schafft und schuf.

In dieser metaphysischen Stimmung tritt Goethe dem persischen
Diwan gegenüber. Was wunders, wenn die Welt, die sich ihm darin
erschließt, ihm als Wiederholung eigenen Erlebens erscheint! In
Hammers Einleitung liest er: „Von Fürsten geehrt, von Freunden
geliebt, verlebte Hafis in den Rosenhainen von Schiras unter Studien und Genuß seine Lebenstage, welche in eines der stürmischsten
Jahrhunderte, welche die morgenländische Geschichte aufzuweisen hat,
gefallen waren. Dynastien, die sich haßten und bekämpften, neue auf
den Trümmern der andern sich erhoben und dann wieder überein-
ander stürzten, unterhielten immerfort den Brand des Krieges, bis
daß durch Timurs alles verheerenden Eroberungsbrand ganz Asien
aufflammte, eine weite schreckliche Feuersbrunst. Hafis ward dem
Eroberer vorgestellt, und auch von ihm gnädig aufgenommen...
Die Greuel politischer Stürme, welche damals den Orient erschütter-
ten, bilden einen merkwürdigen Kontrast mit der ungetrübten Heiterkeit des Dichters... Das Ungetüm der Zeiten mußte einen Geist,
wie Hafisens, nur noch mit größerer Freiheit entfesseln, als es vielleicht in ruhigeren Zeiten geschehen wäre."

Die Parallelen sind verblüffend. Schildert Hammer nicht die stür-
mische Zeit der Kriege der Revolution und der napoleonischen
Weltherrschaft? Spricht er nicht von der Ehrung Goethes durch Napoleon? Nicht von der geistesmächtigen Heiterkeit des Künstlers mitten im öffentlichen Elend? Und bestätigt nicht jedes Gedicht von
Hafis Hammers Schilderung? Spricht nicht laut aus ihnen Goethes
eigene Weltfrömmigkeit und sein Haß gegen finstere Orthodoxie und

dogmatisches Pfaffentum? Ja, findet Goethe in Hafis nicht seine eigene Weltanschauung wieder? Gerade jene symbolische Ver= geistigung des Sinnlichen, jene Beziehung des Einen auf ein Alles? Führt doch Hafis wegen dieser Neigung zur deutenden Symbolik den Beinamen „die mystische Zunge" oder „die Zunge der mysti= schen Welt"!

So mußte der Diwan des Hafis die Aussaat werden, die in Goethes lenzbereitem Gemüte blühend aufging. In seinem Geiste wölbte sich die Brücke vom Westen zum Osten und band die Welt= hälften zum Kosmos zusammen. Schon am 21. Juni, noch in Berka, weckte ein Gedicht des Hafis Goethes erstes Diwangedicht: „Er= schaffen und Beleben", Hafis als Beleber feiernd. Einen Monat später suchte der Verjüngte, nach fast zwanzig Jahren, die Lande seiner Jugend, den Rhein und Main, wieder auf. Wie stiegen auf Schritt und Tritt die Zeichen verschollener Tage, Orte und Menschen wie aus Gräbern auf! In Frankfurt hörte er, als er am Vaterhause vorbeiging, die alte Hausuhr drinnen schlagen. In Winkel weilte er beim Stiefsohn der geliebten Maxe Brentano. In Heidelberg be= staunte er mit Sulpice Boisserée die Wunder gotischer Kunst. Alles wie einst vor vierzig Jahren! Was sollte der Greis nicht wieder zum Jüngling werden? Wie sollte nicht, wie einst, als er hier liebte, wan= derte und schwärmte, wieder den Quell des Liedes in starkem Strahl seiner Brust entströmen?

Hafis hielt die Wünschelrute, die den unterirdisch fließenden fand und ans Licht lockte. Der erste Reisetag, der 25. Juli, trug die Worte ins Tagebuch ein: „Hafis. Herrlicher Tag." Er habe viele „Gedichte an Hafis" geschrieben, meldete er Christiane. Darunter ist „Phänomen" mit der Schlußstrophe:

> So sollst du, muntrer Greis,
> Dich nicht betrüben;
> Sind gleich die Haare weiß,
> Doch wirst du lieben.

Am folgenden Tage weckte die Landschaft um Eisenach, wo er einst gejagt und liebend der Frau von Stein gedacht, die Erinnerung an Jugendstimmungen wieder und er hielt sie fest in dem Gedicht: „Im Gegenwärtigen Vergangnes."

Am 29. August sind dreißig Gedichte beisammen. Auch das wun= dervolle „Selige Sehnsucht" ist darunter, das am 31. Juli ent= standen war. Bei Hafis hatte Goethe den Vergleich des in der Glut

der liebenden Seele verbrennenden und sich wandelnden Leibes mit
dem um die Flamme kreisenden und darin aufgehenden Falter gefunden:

> Wie die Kerze brennt die Seele
> Hell an Liebesflammen,
> Und mit reinem Sinne hab' ich
> Meinen Leib geopfert.
> Bis du nicht wie Schmetterlinge
> Aus Begier verbrennest,
> Kannst du nimmer Rettung finden
> Von dem Gram der Liebe.
> Du hast in des Flatterhaften
> Seele Glut geworfen,
> Ob sie gleich längst aus Begierde
> Dich zu schauen tanzte.
> Sie, der Chymiker der Liebe
> Wird den Staub des Körpers,
> Wenn er noch so bleiern wäre,
> Doch in Gold verwandeln.

Für Goethe wird die Liebe zum platonischen Eros: zur Sehn-
suchtskraft, die seelisch und körperlich Wesen in Wesen drängt und so
zeugend neues Leben schafft. So heißt ihm Dasein ewiger Wandel
von Form zu Form, unaufhörlicher Wechsel von Zustand zu Zustand, von Wesen zu Wesen, durch Tod und Leben. In dem von ihm
eingegebenen Fragment „Die Natur" heißt es: „Leben ist ihre schönste
Erfindung, und der Tod ihr Kunstgriff, viel Leben zu haben." Und
in einer der Maximen: „Unser ganzes Kunststück besteht darin, daß
wir unsere Existenz aufgeben, um zu existieren." „Alles ist Metamorphose im Leben," gestand er Sulpice Boisserée im Sommer 1815.
Wer leben will, muß sich also wandeln. Nicht erstarrt einen Zustand halten, sondern ihm einen neuen opfern. Die Liebe aber, als
Werdegang und Zeugungskraft, ist die „selige Sehnsucht", die den
Werdenden von Form zu Form treibt — „selig", weil nur sie höchstes Glück schafft: das Glück des höchsten Selbstgenusses des Ich
(das in der schöpferischen Tat gipfelt) und das Glück der be-
dingungslosen Hingabe des Ich an ein Du (das ein Werk oder ein
Mensch sein kann). Also höchste Anspannung und völlige Auslöschung des Ich. Beides bedeutet selig: höchste sinnliche Lust, Gipfelpunkt des individuellen Lebensgefühls, und Vernichtung des leiblichen Ich im geistigen Jenseits (im „seligen Leben").
Beides, höchste Anspannung des Ich und Eingehen ins Du,

stellt die Zeugung dar. Die Liebesnacht kühlt die brennende Sehn=
sucht, das Ich fühlt sich von einem Du angeweht:

> In der Liebesnächte Kühlung,
> Die dich zeugte, wo du zeugtest,
> Überfällt dich fremde Fühlung,
> Wenn die stille Kerze leuchtet.

> Nicht mehr bleibest du umfangen
> In der Finsternis Beschattung,
> Und dich reißet neu Verlangen
> Auf zu höherer Begattung.

> Keine Ferne macht dich schwierig,
> Kommst geflogen und gebannt,
> Und zuletzt, des Lichts begierig,
> Bist du, Schmetterling, verbrannt.

> Und solang du das nicht hast,
> Dieses: Stirb und werde!
> Bist du nur ein trüber Gast
> Auf der dunkeln Erde.

So verkündet Goethe als heilige Wahrheit, die nur die Weisen
verstehen, die die Menge verhöhnet, zu einer Zeit, wo er selber durch
den Flammentod der Metamorphose in ein neues höheres Leben
einging. Die Liebesflamme, in der er zeugend sein altes Ich ver=
brannte, weckte eine Frau in ihm.

Sie hieß Marianne Jung, war 1784 zu Linz geboren, früh zum
Theater gekommen, und war von Goethes Freund, dem Bankier
Willemer in Frankfurt, 1800 den Lockungen des Bühnenlebens ent=
zogen und in sein verwitwetes Haus geführt worden. Anmutig,
heiter und geistreich, für Musik und Dichtung begabt, lohnte sie
ihrem Wohltäter durch den Zauber, den sie über sein Leben aus=
goß. Ende September 1814 machte er sie zu seiner Frau.

Kurz zuvor hatte Goethe sie auf der Gerbermühle, dem Land=
gut Willemers in der Nähe von Frankfurt, kennen gelernt. Manches
an ihr mochte ihn an Christiane erinnern: ihr Schicksal, ihre Ge=
stalt, ihr Naturell. Aber sie steigerte alles durch Geist. Goethe
feierte den ersten Jahrestag der Schlacht bei Leipzig in ihrer Ge=
sellschaft. Doch trat sie ihm jetzt noch nicht nahe.

Am 27. Oktober war er wieder zu Hause. Den ganzen Winter
über lebte er im Orient. Aus gelehrten Quellenwerken, wie Hammers
„Fundgruben des Orients“, Hydes „Historia religionis veterum
Persarum“, schöpfte er vertiefte Kenntnis arabisch=persischer Kultur.

Firdusis „Königsbuch" schmetterte in das Flöten= und Geigenkonzert von Hafis' Lyrik den Posaunenklang des weltgeschichtlichen Helden= epos. So wächst er immer tiefer in den Osten ein, und weil sie per= sönliches Erlebnis ist, weckt und nährt die Forschung das lyrische Schaffen. Noch ehe das Jahr beschlossen ist, steht der Plan eines deutschen Diwans als Gegenstück zu dem des Hafis fest, und im Mai 1815 trägt er Cotta das Buch an. Am 24. Mai reist er zum zweitenmal an den Rhein und Main. Unterwegs besuchen ihn „die guten Geister des Orients" und geben ihm mancherlei Gutes ein, so die Namen Suleika (Suleika ist die Geliebte Josefs), mit dem er darauf Marianne schmückt, und Hatem für sich selber („Da du nun Suleika heißest").

Völlig lebte er im Orient. In Wiesbaden blühen die Rosen vollkommen, „die Nachtigallen singen, wie man nur wünscht, und so ist es keine Kunst, sich nach Schiras zu versetzen". Am 12. August trifft er auf der Gerbermühle ein, um diesmal wochenlang zu blei= ben. Ein beglücktes, beglückendes Zusammensein hebt an. In der geistgewürzten Heiterkeit, die die Hausfrau belebt, wird der Greis zum Jüngling. In Marianne Willemer hält die romantische Frau ihren Einzug in sein Herz. Nicht die bloß geistreiche oder sinnlich= begehrende wie Caroline Schlegel. Auch nicht der schwärmend sich ansaugende Backfisch wie Bettine Brentano. Sondern die Frau, die reife Schönheit und tiefes Gemüt genug besitzt, um Goethes Männlichkeit zu fesseln, und zugleich so viel Ironie, Kunstsinn und gesellig=spielende Beweglichkeit, um seinem Geist als Partnerin will= kommen zu erscheinen.

In den Wochen innig=geselligen Zusammenseins wuchs die Freundschaft bald zur Liebe. Aber zur romantischen Liebe. Die Leidenschaft drang nicht kurzweg werbend ans Ziel, sondern sie ging, bald tänzelnd, bald schlendernd, auf den Arabeskenpfaden des Geist= reichen der Geliebten entgegen, die ebenfalls spielend heran= schwebte, zauberte herbstliche Wiesen durch einen Regen künstlicher Blumen in Frühlingsauen um oder führte, ewige Sterne deu= tend, die Augen in der Unendlichkeit des Himmels spazieren. Es war eine vergeistigte, nicht eine unmittelbare Liebe. Die Liebe eines Greises. Das Gefühl offenbarte sich nicht mehr in hüllenloser Natur, es bekleidete sich mit den bunten Gewändern des Orientalen und drapierte auch die Geliebte mit den Schleiern der Odaliske.

Die Frau des Bankiers Willemer war phantasievoll und ro=

mantisch genug, um das Spiel zu erwidern. Auch sie lebt sich ganz in
den Orient ein. Zum Geburtstag schenkt sie ihm „echt persisches
Zeug" und einen orientalischen Dolch. Und er spendet ihr eine gelbe
Schärpe, mit der sie als Turban die Stirne umwindet. Zum vor=
aus hat er, in Hatem sich umwandelnd, Suleika sich als Traum=
geliebte zugesellt. Nun blitzt ihm aus den Augenhöhlen der Maske
Mariannes Seele entgegen, und Hatem hat die Partnerin gefunden,
die seine Liebesbekenntnisse in seiner Sprache erwidert. Am 12. Sep=
tember gesteht er ihr seine Liebe in den Versen: „Nicht Gelegen=
heit macht Diebe", und erhält von ihr am 16. die Antwort:

> Meine Ruh', mein reiches Leben
> Geb' ich freudig, nimm es hin!

Am 17. September entsteht der Dialog: „Als ich auf dem Euphrat
schiffte." Marianne läßt im Traum einen Ring, den sie von Goethe
empfing, in den Main fallen, und bittet ihn um die Deutung des
Vorfalls. Da wandelt er den Main zum Euphrat, sich zum No=
maden:

> der von den Indostanen
> Streifte bis Damaskus hin,
> Um mit neuen Karawanen
> Bis ans Rote Meer zu ziehn,

und deutet das Erlebnis durch ein Symbol westlicher Kultur. Wie
der Doge von Venedig alljährlich am Himmelfahrtstage von dem
Bucentoro einen Ring in die Adria warf und sich, als Vertreter
der Republik, dem Meere anvermählte, so hat die Geliebte durch
den Ring ihn dem heimatlichen Flusse, der ganzen Landschaft ewig
verbunden.

Am 18. September reist Goethe ab. Der jugendliche Schwung
hält an. Das Tagebuch berichtet von lauter herrlichen Morgen,
Abenden, Tagen. So stark wühlt die Leidenschaft in ihm, daß der
Strom des Gefühls, die Dämme der Form überbordend, wie in den
Zeiten des Sturms und Drangs in freien Versreihen sich ergießt:

> Freude des Daseins ist groß,
> Größer die Freud' am Dasein.
> Wenn du, Suleika,
> Mich überschwenglich beglückst,
> Deine Leidenschaft mir zuwirfst
> Als wär's ein Ball,

Daß ich ihn fange,
Dir zurückwerfe
Mein gewidmetes Ich;
Das ist ein Augenblick!

Am 23. September folgt Marianne in Willemers Begleitung Goethe nach Heidelberg. Bis zum 26. noch weilt man zusammen. Die Gewißheit nahender Trennung steigert Goethes Gefühl zu mystischer Höhe. Im Zusammenfließen optischer Ideen mit alten metaphysischen Träumen dichtet er am 24. „Wiederfinden". Die Farbe entsteht nach Goethes Lehre dadurch, daß das Licht durch ein trübes Medium hindurchgeht, also durch Mischung von Licht mit lichtloser Materie. Das jeweilige Verhältnis der beiden Komponenten bedingt den Grad der Farbenskala, die Art der Farbe. Indem die Farbe so Gegensätzliches eint, wird sie ihm zum Symbol der Liebe. Mit der Schilderung der Weltschöpfung hebt, nach der Einleitungsstrophe, das Gedicht an. Schöpfung heißt schmerzvolle Trennung. Der Eine Geist, indem er zur sinnlichen Wirklichkeit wird, muß sich in individuelle Gestalten teilen, das All „bricht in die Wirklichkeiten". Die erste scheidende Schöpfungstat ist die von Licht und Finsternis. Die Schöpfung des Lichtes sondert die Elemente, die in der frühern Trübe eine dunkle Einheit bildeten. Da erschuf Gott das Morgenrot, die Farbe, als Vermittlung von Licht und Dunkel, als Band der Elemente. Was die Farbe im Physischen, das ist die Liebe im Psychischen. Sie ist es, die als Ausfluß der weltschaffenden Gottheit bildend in der Welt wirkt. Sie steht als Morgenrot, als Farbe, über Goethes Bund mit Marianne, hält sie schaffend, befruchtend, ewig zusammen, überwindet die Trennung:

Allah braucht nicht mehr zu schaffen,
Wir erschaffen seine Welt.

So mit morgenroten Flügeln,
Riß es mich an deinen Mund,
Und die Nacht mit tausend Siegeln
Kräftigt sternenhell den Bund.
Beide sind wir auf der Erde
Musterhaft in Freud' und Qual,
Und ein zweites Wort: Es werde!
Trennt uns nicht zum zweitenmal.

Goethe hat Marianne Willemer nie mehr gesehen. Sie verkehrten von da an nur noch in Briefen, Gedichten oder Geschenken. Der glühendste Nachklang ihrer Liebe ist die „Vollmondnacht". In

der Nacht des 18. September hatten sie verabredet, am nächsten Voll=
mond aneinander zu denken. Am 18. Oktober schickte ihm Marianne
folgenden Spruch aus Hafis:

> Ich habe keine Kraft als die,
> Im stillen ihn zu lieben.
> Wenn ich ihn nicht umarmen kann,
> Was wird wohl aus mir werden?
> Immer sehnt sich mein Herz nach deinen Lippen.

Das bot Goethe den Keim. Den Refrain gab eine andere Stelle
aus Hafis:

> Gestern sah ich in den Locken
> Meines liebsten Bildes Wangen,
> Sie umgaben's wie die Wolken,
> Die den vollen Mond umfangen.
> Ich will küssen, küssen, sprach ich.

Am 24. Oktober schrieb er die „Vollmondnacht". Ein Mond=
gedicht wie des Jünglings Lied „An Luna", des Mannes Strophen
„An den Mond". Aber wie so ganz anders! Dem Jüngling weckt
Luna den begehrlichen Wunsch, mit ihr emporzuschweben und die
schlafende Geliebte zu beschauen. Dem Freund der Frau von Stein
bedeutet das Clairobscur des Mondes wehmütiges Sich=Auflösen
im Strome der Erinnerungen.

In dem Gedicht des Greises erinnert manches einzelne an das
Lied „An den Mond". An den „Nebelglanz" das „zweifelhafte
Dunkel". An den „Nachklang froh= und trüber Zeit" das „erprobet
im Sauersüßen". An das Wandeln „zwischen Freud und Schmerz"
das Fühlen des „unglückseligen Glückes". Aber Grundstimmung und
Ausdruck sind ganz anders. Suleika, vom Geliebten getrennt, spricht
mit ihrer Dienerin von ihm. Ein Wort des Hafis hat sich auf ihre
Lippen gedrängt: „Ich will küssen, küssen, sprach ich." Flüsternd
wiederholt sie's. Glühende Sehnsucht bewegt ihr Herz. Die Ent=
sagung, von der auch dieses Gedicht spricht, ist eine durch die Ferne
erzwungene. So nähert sich das Gedicht wieder mehr dem Lunalied
des Jünglings. Weckt in diesem der Mond die Lust, die Geliebte
körperlich zu sehen, so entzündet er in Suleika die Begierde, den
Geliebten zu küssen. Die schwüle Stimmung, deren Schilderung
freilich dem greisen Künstler ungleich besser gelungen ist, haben sie
miteinander gemein.

Die Wiederholung der Reise nach Frankfurt im Sommer 1816
verhinderte ein Radbruch zwei Stunden vor Weimar. Am 6. Juni

war Christiane gestorben. Nun nahm er den Unfall als abmahnenden Schicksalswink.

1816 und 1817 verbreitete und vertiefte er durch weiteres Quellenstudium seine Kenntnis des Orientes. Zu Anfang 1818 gab er den Büchern Überschriften, im Februar begann der Druck. 1819 erschien die erste Ausgabe des „West=östlichen Diwan" bei Cotta, 1827 die dritte vermehrte.

Der West=östliche Diwan bedeutet etwas Neues in Goethes Schaffen wie in der deutschen Literatur überhaupt. Frühere Gedichtsammlungen vereinigten zu verschiedenen Zeiten entstandene, nach Stimmung und Stoffart verschiedene Gedichte zu einer mehr oder weniger äußerlichen Einheit. Den „West=östlichen Diwan" hat ein künstlerischer Wille in der Stetigkeit einer kurzen Spanne Zeit aus einheitlicher Idee und einheitlichem Erlebnisstoff in einheitlichem Stil geprägt. So wurde er nicht eine bunte Sammlung, sondern ein in sich geschlossener Kreis, ein Gedichtzyklus. Um an die ursprüngliche Bedeutung des Wortes zu erinnern: nicht eine Versammlung von wahllos von der Straße zusammengelesenen Fremden, sondern von Gästen, denen die Freundschaft mit dem Hausherrn Gleichförmigkeit in Stand, Charakter und Betragen geliehen hat. Es sind alles Europäer, Deutsche der Romantik, die sich in orientalische Gewänder drapiert und den Turban um den Kopf geschlungen haben. Das Deutsche ihres Ursprungs bricht aus der Bildung ihres Gesichtes, aus Haltung und Sprache hervor. Das Orientalische ist nur Überwurf, Maskerade aus innerer Verwandtschaft des Darstellers mit dem Dargestellten, wie es bei jeder richtigen Maskierung sein soll. Aber doch eben Maskerade. Goethe hat, in dem erstaunlichen Expansionsdrang seines Geistes, das Gebiet seiner Bildung um einen neuen Kreis erweitert. Aber dieser Kreis ist konzentrisch zu seinem früheren Wesen. Alle Punkte seiner Peripherie beziehen sich auf den ein für allemal gegebenen Mittelpunkt seiner Persönlichkeit. Der mystische Identifikationstrieb seines Pantheismus beugt östliches und westliches Leben unter das gleiche Formgesetz; aber in Wahrheit zwingt ihn der Blickpunkt seiner Persönlichkeit, nur diejenigen Erscheinungen östlichen Lebens zu gewahren, die westlichen gleich sind; die Strahlen der vielen andern treffen auf den blinden Fleck seines Auges.

Man muß sich hüten, in Goethes Diwan ein getreues Bild arabisch=persischer Kultur zu suchen. Er ist es nicht, trotz den geist-

und kenntnisreichen Noten und Abhandlungen, womit Goethe selber
ihn erläutert hat. Er ist west=östlich. Er umfaßt, in Goethes Person
geeinigt, zwei Welten, nicht nur kulturhistorisch und ethnographisch,
sondern auch weltanschaulich und künstlerisch. Die gedankliche Mög=
lichkeit, ja Notwendigkeit bot Goethes Alleinheitslehre, der das Eine
nur Sinnbild des Alls und „Alles Vergängliche nur ein Gleichnis"
ist. Deutlich verkündet es das Schlußgedicht des Suleikabuches. Der
Zypresse schlanker Wuchs, das reine Wellenleben des Kanales, der
steigende Wasserstrahl, die wechselnde Wolke, der Blumenteppich der
Wiese, der tausendarmige Eppich, der Morgenglanz des Gebirges.
der weite Himmel — alles ist ihm, nicht metaphorisch=bildlich, son=
dern lebendig=innerlich, Suleika:

> In tausend Formen magst du dich verstecken,
> Doch, Allerliebste, gleich erkenn' ich dich;
> Du magst mit Zauberschleiern dich bedecken,
> Allgegenwärt'ge, gleich erkenn' ich dich.

So nur können nun die Grenzen zwischen westlicher und öst=
licher Kultur verfließen und kann Goethe allerpersönlichstes Erleben
an Motiven östlichen Lebens darstellen, wie seine Verjüngung in
den Jahren 1814 und 1815 als ein Bad im Quell der ewigen Ju=
gend, den Chiser (Chidher) hütet, seine Flucht in den Orient vor den
Wirrnissen der Tagespolitik als die Hedschra des Propheten Mo=
hammed:

> Nord und West und Süd zersplittern,
> Throne bersten, Reiche zittern:
> Flüchte du, im reinen Osten
> Patriarchenluft zu kosten!
> Unter Lieben, Trinken, Singen
> Soll dich Chisers Quell verjüngen.

Wie durch Gemächer mit orientalischen Teppichen wandern wir
durch diese Gedichte. Wo die orientalische Grundvorstellung fehlt,
erinnern Einzelzüge an den östlichen Schauplatz. Dichternamen wie:
Hafis, Hatem, Misri, Dschami; Werke wie: Pend=Nameh; Per=
sonen aus Dichtwerken wie: Medschnun und Leila; Jussuph und
Suleika, Dschemil und Boteinah; religiöse Vorstellungen wie:
Allah, Mohammed, Paradies, Huri; Moschee, Feuerdienst der
Parsen; Einrichtungen wie: Basar, Zelt, Karawanenhandel; geo=
graphische Begriffe wie: Balch, Bochara, Samarkand; Tiere wie:
Bulbul (die Nachtigall), Hudhud (der Wiedehopf); Kleidungsstücke

wie Turban und Shawl; Gebräuche wie die Chiffresprache der Ori=
entalen; persische Bücher und Schriftarten.

West=östlich im Sinne der Unterordnung des einzelnen unter
ein Allgemeines ist die Komposition der ganzen Sammlung. Eine
stetige gedankliche Entwicklung ist in ihr durchgeführt, freilich nicht
logisch, wohl aber organisch, wie alles Lebendige: Risse und Aus=
wüchse fehlen nicht.

Je zwei aufeinanderfolgende Bücher bilden ein polares Paar zu=
sammen. Das erste Paar: Das Buch des Sängers (Moganni Nameh
— auch der Doppeltitel hält den Begriff des West=Östlichen fest!) führt
ein, schildert Ursache der Entstehung des Diwan, versinnbildlicht
das Wesen und Schaffen des Künstlers und charakterisiert die Stoffe
im allgemeinen. Das Buch Hafis (Hafis Nameh) beschäftigt sich
im besondern mit dem Dichter, dem Goethe nacheifert. Das zweite
Paar: Das Buch der Liebe (Uschk Nameh) schildert Liebeserlebnisse
in orientalischer Sinnlichkeit. Das Buch der Betrachtungen (Tefkir
Nameh) bildet dazu das ins Geistige gestellte Gegenstück. Einen
ähnlichen Gegensatz bekundet das dritte Paar: Das Buch des Un=
muts (Rendsch Nameh) überflutet kräftig erregte Leidenschaftlich=
keit, das Buch der Sprüche (Hikmet Nameh) glättet die Wellen zum
Öl der Lebensweisheit. Echt goethisch bewährt sich diese Weisheit
im folgenden vierten Paar: Über die aufregende Politik gleitet der
Sinn des Dichters in dem kürzesten Buch, dem Buche des Timur
(Timur Nameh), rasch hinweg, um im längsten, dem Suleikabuche
(Suleika Nameh), desto inniger bei dem Erlebnisse der Liebe zu
weilen — eingedenk des alten Wortes:

Selig, wer sich vor der Welt
Ohne Haß verschließt.

Das fünfte Paar, das Schenkenbuch (Saki Nameh) und das Buch
der Parabeln (Mathal Nameh), wiederholt den Gegensatz zwischen
Sinnenfreude und geistiger Betrachtung in reizvoller Schattierung.
Paradiesesluft weht in dem sechsten Paar, sowohl im Buch des
Parsen (Parsi Nameh), mit dem feierlichen Vermächtnis eines dem
altpersischen Sonnenkult anhangenden Greises, wie im Buch des
(mohammedanischen) Paradieses, dem Chuld Nameh.

Ebenso entwickelt sich der Stoff organisch innerhalb der einzelnen
Bücher. Am klarsten ist die Entwicklung in der lyrischen Novelle
des Suleika=Buches: Entstehung der Liebe, Erlebnisse mit der Ge=
liebten in einzelnen Episoden, Höhepunkt, Trennung, Sehnsucht und

Wiedersehen, neue Trennung, und zum Schluß der bleibende Seelen-
gewinn und die ewige Bedeutung der Liebe werden in steter Folge
geschildert. Nicht minder organisch entwickelt sich der Inhalt des
Paradiesbuches. Nach dem Einführungsgedicht (der Jugendreiz der
Geliebten gibt dem Dichter einen Vorgeschmack der ewigen Jugend-
schönheit des Paradieses) und der Darlegung der Bedingungen des
Eingangs ins Paradies wird der Einlaß des Dichters selber geschildert und sein Leben im Himmel. In der Siebenschläferlegende
und dem damit verbundenen Epilog schlägt der Dichter für sich
selber die mystische Brücke von der Erde zum Paradies.

Von organischer Entwicklung endlich ist auch im allgemeinen
bei der Darstellung des Stoffes im einzelnen Gedicht zu sprechen.
Der Dichter breitet nicht, wie etwa in den Hymnen seiner Jugend,
seine Seele vor uns aus in Ruhe oder Sturm, sondern er liebt es,
sein Inneres stromhaft dahinfließen zu lassen. Die Gedichte rücken
dadurch aus der rein lyrischen Gefühlsdarstellung in die Grenz-
gebiete des epischen oder des reflektierenden Stiles. Sie geben sich
episch-balladenhaft, wenn sie äußeres Geschehen schildern, wie etwa:
„Als ich auf dem Euphrat schiffte", oder die „Vollmondnacht"; sie
geben sich reflektierend, wenn sie innere, gedankliche Entwicklung darstellen, wie die Verkündigung Mahomets „Berechtigte Männer".
Auch eine Mischung beider Stile ist möglich: das epische Geschehen
stellt symbolisch Gedankenentwicklung dar, wie in „Wiederfinden".

Durch diese Kompositionsart im ganzen wie im einzelnen kommt
etwas Intellektuell-Künstliches in den Diwan. Die überlegene Ironie
des Romantikers spielt mit Stoff und Form. Die Sprache steigert
diesen Eindruck des Intellektuellen, Ironischen, Gewaltsamen. Auch
sie ist west-östlich.

Kühne Neubildungen, Auslassungen und Umstellungen, Formen
der Volkssprache und der Vergangenheit, geben ihr etwas Seltsames,
Fremdartiges, Bizarres, Arabeskenhaftes. Der Dichter schaltet, wie
ein asiatischer Despot mit seinen Untertanen, mit den Wörtern, verkürzt sie nach Belieben um Haupt und Glieder, schiebt sie durcheinander, hebt die Niederen in die Höhe und beraubt die Hohen ihres
Ranges, treibt Günstlingswirtschaft, führt neue Ämter ein und er-
findet neuen Ordensschmuck:

Buch des Unmuts, Anfang:

> Euch mög' es nicht bedünkeln,
> Es sei gemeines Fünkeln.

Buch des Sängers, „Zwiespalt":

> Nun flötet's immer voll
> Im Kriegestunder,
> Ich werde rasend, toll —
> Ist das ein Wunder?

Buch des Unmuts, gegen den Schluß:

> Und wer franzet oder britet,
> Italiänert oder teutschet:
> Einer will nur, wie der andre,
> Was die Eigenliebe heischet.

Buch des Sängers, „Hegire":

> Wenn [ich] mit Karawanen wandle,
> Schal, Kaffee und Moschus handle.

Buch Suleika:

> Streifte sich der goldne Ring
> Fingerab, in Wasserklüfte,
> Den ich jüngst von dir empfing.

Buch des Paradieses, „Berechtigte Männer":

> [Doch die allertrefflichste] unterhält dich
> Von den mannigfalt'gen andrer Trefflichkeiten.

Der metaphorische Ausdruck geht oft nicht auf unmittelbare Anschaulichkeit, Augenwirkung aus, wie das Bild in der Sprache des Realisten, sondern auf geistreiche Inbeziehungsetzung. Nicht dem Allgemeinempfinden naheliegende Vorstellungen werden durch eine Gleichheit miteinander verbunden, wie etwa Liebe und Feuer, oder gerade und Kerze, sondern ferne, unähnliche, wo erst das gebildete Nachdenken, geübt in dem Identifikationsstreben des Pantheisten, oder die wissenschaftliche Kenntnis eine Gleichheit zu finden vermag. Die beiden Ufer sind nicht durch eine kurze, feste Brücke, die dem gewöhnlichen Fußgänger sichern Halt bietet, sondern durch ein langes, schwankendes Seil miteinander verbunden, über das nur der Virtuos zu schweben vermag. Einmal findet Goethe bei Hafis die Stirne der Schönen als Glättstein der Herzen bezeichnet. Nun dichtet er:

> Nun öffnet sich die Stirne klar,
> Dein Herz damit zu glätten.

In einem Nachlaßgedicht, das zum Diwan gehört, wird die Perlenkette, die der Liebende der Geliebten als leuchtendes Zeichen seiner Liebe geschenkt, als eine Reihe von Lampendochten dargestellt:

Süßes Kind, die Perlenreihen
Wie ich irgend nur vermochte,
Wollte treulich dir verleihen,
Als der Liebe Lampendochte.

West=östlich ist der Reim im Sinne der Seltenheit, der Zusam=
menspannung weit entfernter Begriffe, und im Sinne orientalischer
Häufung der reimenden Silben: „Karneol" wird auf „Wohl".
„Transoxanen" auf „Bahnen", „gefällt sich" auf „unterhält sich"
gereimt.

West=östlich endlich der Strophenbau. In die geläufigen Formen
deutscher Gedichte sind orientalische Bildungen eingestreut, vor
allem, freilich noch unbeholfene, Versuche im Gasel, z. B. im Schen=
kenbuch:

Ob der Koran von Ewigkeit sei?
Darnach frag' ich nicht!
Ob der Koran geschaffen sei?
Das weiß ich nicht!
Daß er das Buch der Bücher sei,
Glaub' ich aus Mosleminen=Pflicht.

So ist nach Weltanschauung und Stoff, Stimmung und Kunst=
form der West=östliche Diwan Goethes des Lyrikers Beitrag an die
Romantik. Er ist die nach Gehalt, Stimmung und Formkraft be=
deutendste Gedichtsammlung der reinen Romantik. Tiefste Furchen
hat er in dem nachfolgenden lyrischen Schaffen gezogen. In Heines
geistreich=spielender Liedkunst ist der Stil des Diwans ein wich=
tiger Einschlag. Platen, Rückert, Bodenstedt u. a. bilden ihn
orientalisierend nach.

Neuntes Kapitel.

Entsagung.

Goethes Schaffen endet wie ein langer, schöner Sommertag. Ein
tiefblauer Himmel spannt sich über die Landschaft, von den Sternen
des Kosmos besetzt. Auf der Erde aber bringen die Menschen ge=
mächlich letzte Garben zur Scheune, sinnen, vor stillen Häusern
sitzend, über die Arbeiten des vergangenen und sorgen für die des
kommenden Tages. Reichbeladen fließen Gedanken und Reden, und
wo ein Gefühl aufwallen will, beschwichtigt es die süße Müdigkeit
des Körpers und die Nähe des allesstillenden Schlafes.

Allen seinen Alterswerken ist diese reife Ruhe der befriedigten
Seele eigen. Die empfindlichen Sinne, der sondernde Verstand, das
glühende Gefühl erscheinen in ihren Außerungen gedämpft, ohne in
ihrem innern Wesen an Gewalt verloren zu haben. Aber die Dinge
sind weiter gerückt. Das Blau der Ferne legt sich zwischen sie und
ihn. Wer eine ganze Welt im Busen trägt, kann sich nicht mehr so
ausschließlich dem einzelnen hingeben.

Die Nähe der Sterbestunde gießt Hoheit und Heiligkeit in die
Seele. Die Verantwortlichkeit ist gesteigert. Das weitläufige Ta=
geswerk ist getan. Entsagung verkünden „Wilhelm Meisters Wan=
derjahre" und der Schluß des „Faust". Abgetan ist der ästhetische
Egoismus der alten Persönlichkeitskultur. Als Glied des demo=
kratischen Volkes hat nun jeder an seiner Stelle zu dienen. Kühlen
Blickes und nüchternen Herzens ziehen die Menschen, deren Kindheit
die rokokogeschnitzte Wiege geschaukelt, in die Fabriksäle der
Arbeit.

Es ist nur ein Zeichen der organischen Lebendigkeit von Goethes
Wesen, wenn seine Entwicklung in dem Entsagungsgedanken endet.
All=Einheit, d. h. Polarität von Ich und Welt, ist der Inbegriff
seines Pantheismus. Aber das Verhältnis ist nicht starr=mechanisch,
sondern lebendig=fließend. Ein schwebendes Sich=Ausdehnen des
Ich ins All und ein Sich=Bewußtwerden des All im Ich. Was
in der Jugend Gefühl, wildschäumender Krafttrieb ist, klärt sich im
Alter zur bewußten Einsicht allherrschender Weltgesetzlichkeit, deren
Symbol die Astronomin Makarie in den „Wanderjahren" ist. Es
ist kein Zufall, daß Angela dem Wilhelm Meister Werden und
Wesen der wundersamen Greisin unter dem Bilde des dichterischen
Wachstums deutet: „Wie man von dem Dichter sagt, die Elemente
der sittlichen Welt seien in seiner Natur innerlichst verborgen und
hätten sich nur aus ihm nach und nach zu entwickeln, daß ihm nichts
in der Welt zum Anschauen komme, was er nicht vorher in der
Ahnung gelebt: ebenso sind, wie es scheinen will, Makarien die
Verhältnisse unsres Sonnensystems von Anfang an, erst ruhend, so=
dann sich nach und nach entwickelnd, fernerhin sich immer deut=
licher belebend gründlich eingeboren." Goethe spricht damit die Ent=
wicklung seiner Weltanschauung aus. In dem greisen Faust, der
sich selbstlos wirkend dem Ganzen hingibt, der damit seinen „höch=
sten Augenblick" erlebt und stirbt, lebt die Allsehnsucht, die Werther
im Überschwang in den Tod getrieben hat. Aber der selbstische Ge=

fühlsdrang ist zur sozialen Einsicht geklärt, der Naturtrieb als Lebensgesetz erkannt, das Sinnliche vergeistigt.

Es ist weiter ein Zeichen der organischen Einheit von Goethes
Persönlichkeit, daß dem sittlichen Erlebnis der Vergeistigung des Ich
auch die Entwicklung von Goethes Kunststil entspricht. Schon der Stil
des West=östlichen Diwan ist ein Stil der Entsagung. Die Gleich=
setzung so entfernter Werte, wie vorderasiatische und europäische Kul-
turen sind, heißt Auslöschung der Besonderheiten zugunsten des
Gemeinsamen, Preisgabe des Ich ans All. Auch der Sänger des
West=östlichen Diwan geht, wie Faust, durch Sinnlichkeit und Leidenschaft ins geistige Reich des Paradieses ein.

Entsagung im Sinne der Preisgabe des sinnlich in sich ge=
schlossenen Ich verkünden auch die letzten bedeutsamen Schöpfungen
des Lyrikers: „Paria" und „Trilogie der Leidenschaft"

„Paria" gehört zu jenen Gedichten, deren Stoff Goethe etwa
vierzig Jahre mit sich herumgetragen zu haben erklärt. 1783 las er
Sonnerats Reise in Ostindien und China. Damals scheint sich ihm,
wie das Motiv zu dem Gott und der Bajadere, auch die Legende
von der wasserholenden Brahmanenfrau eingeprägt zu haben. Mariatale, die Gattin des Büßers Schamadagni, die Mutter des
Parassurama, beherrscht die Elemente, solang ihr Herz rein ist. Einst
geht sie an einen Teich, um Wasser zu schöpfen, das sie, ohne Gefäß,
zu einer Kugel geballt, nach Hause zu tragen pflegt. Da sieht sie
auf der Oberfläche des Wassers die Gestalten einiger Granduers,
einer Art schöner, geflügelter Sylphen, die über ihrem Haupt in der
Luft fliegen. Sie wird durch ihre Reize bezaubert. Irdische Lust
schleicht sich in ihr Herz. Augenblicklich löst sich das schon zusammen-
geballte Wasser wieder auf und entgleitet ihren Händen. Von da an
muß sie das Wasser in einem Geschirr tragen. Ihr Mann schließt
daraus, daß seine Frau nicht mehr reinen Herzens sei. Wutentbrannt
befiehlt er seinem Sohn, sie auf die Richtstätte zu schleppen und ihr
den Kopf vom Rumpf zu trennen. Der Sohn tut es, wird aber über
den Tod der Mutter so betrübt, daß Schamadagni ihm befiehlt,
den Kopf wieder an den Körper zu setzen und durch ein Gebet, das
er ihr ins Ohr sagen muß, die Mutter wieder zum Leben zu erwecken. Der Sohn geht hin. Aber durch ein Versehen setzt er den
Kopf der Mutter auf den Rumpf einer Pariafrau, die eben wegen
Schandtaten hingerichtet worden ist. Nach ihrer Auferstehung besitzt
Mariatale die Tugenden einer Göttin, die Laster einer Übeltäterin.

Sie wird aus dem Hause verjagt und richtet viel Unheil an. Die Dewerkels (eine Art Halbgötter) verleihen ihr aus Mitleid die Kraft, Kinderpocken zu heilen. Die Parias verehren sie als ihre Schutzgöttin.

1807 spricht Goethe im Tagebuch von dem Weib in dem indianischen (indischen) Märchen, in deren Hand sich das Wasser nicht mehr ballt. Zu Ende 1816, des Jahres, da Christiane starb, hat er sich mit dem Stoffe beschäftigt. Das „Gebet des Paria" habe noch nicht parieren wollen, schreibt er seinem Freunde Zelter am 1. Januar 1817. Dann nimmt er die Sage wieder im November oder Dezember 1821 vor. Er schreibt am 7. Dezember „Des Paria Gebet" ins Reine und dichtet am 15. und 17. an dem Mittelstück der Legende. Anfangs April des folgenden Jahres rekapituliert er den „Paria" und unterhält sich bei Tisch mit Sohn und Schwiegertochter lebhaft darüber. Im Juni nimmt er das Gebet des Paria wieder vor. Im November 1823 zeigt er das Ganze Eckermann, ehe er es in „Kunst und Altertum" veröffentlicht. Immer und immer wieder nimmt er so das Gedicht vor, ändert und feilt daran und kann sich kaum genug tun. Zeigt dies einerseits die mattere Schwungkraft des greisen Schöpfers (die „Braut von Korinth" ist in einer Folge rasch entstanden!), so verrät es anderseits die unermüdlich tiefe Liebe, die Goethe zu dem Stoffe trug.

Die Idee der Bajaderenballade schwebt im Hintergrunde:

> Es freut sich die Gottheit der reuigen Sünder;
> Unsterbliche heben verlorene Kinder
> Mit feurigen Armen zum Himmel empor.

Wie hier die Beziehung auf Christiane deutlich ist, so mag auch bei der Pariaballade ihr Tod den seit Jahrzehnten eingekapselten Stoff zur Entwicklung gebracht haben. Hatte seine Frau nicht lange Jahre als Paria unter der Weimarer Gesellschaft stehen müssen? Als minderen Standes auch von Schiller verachtet, sogar von Freunden Goethes brutaler Sinnlichkeit angeklagt? War nicht die Existenz des Sohnes für Goethe mit ein Anstoß, Christiane völlig zur Gattin zu machen, wie in der Legende die Mutter dem Sohne zuerst die Wiederbelebung und schließliche Erhöhung dankt? Aber Goethe hatte in Wahrheit Christiane geehrt und erhoben, weil er wußte, daß neben dem Niedern, Leidenschaftlichen, das er nicht verachtete, auch Edles und Tüchtiges in ihr lag. War nicht ihr Beispiel der Beweis, daß es die unüberbrückbare Kluft zwischen den Ständen, an die noch das 18. Jahrhundert glaubte, nicht geben durfte, weil die

Natur, sobald man ihr Raum zur Entfaltung gab, darüber hinweg=
wuchs? Natur aber heißt dem Pantheisten Gott.

So wird die unorganische Bemerkung Sonnerats, die Parias
verehrten Mariatale als ihre Schutzgöttin, zum Keimpunkt und
Ziel für Goethe, und die Legende von der sündigen Brahmanen=
frau interessiert ihn nicht um ihres Geschehnisses willen, sondern
wegen ihrer Folge. In der Legende begeht die Brahmanenfrau,
nachdem sie der Sohn wieder ins Leben gerufen, in ihrer Mißgestalt
allerlei Schandtaten. Goethe aber erhebt sie nach ihrer Wieder=
erstehung sofort als Göttin in den Himmel, nicht als Schutzgöttin
der Parias nur, sondern aller Sünder, der hohen wie der niedern:

> Ihm [Brahma, d. h. Gott schlechthin] ist keiner der Geringste —
> Wer sich mit gelähmten Gliedern,
> Sich mit wildzerstörtem Geiste,
> Düster, ohne Hilf' und Rettung,
> Sei er Brahme, sei er Paria,
> Mit dem Blick nach oben kehrt,
> Wird's empfinden, wird's erfahren:
> Dort erglühen tausend Augen,
> Ruhen lauschend tausend Ohren,
> Denen nichts verborgen bleibt.

In dem Liede des alten Harfners ertönt schauerlich das Wort
von der göttergewollten Verschuldung der Menschen und der furcht=
baren Allgerechtigkeit des Lebens:

> Denn alle Schuld rächt sich auf Erden.

Wie ein sanfter Abglanz dieser grellen Erkenntnis leuchtet es auf
in dem Schicksal von Goethes Brahmanin. In der Legende sieht sie
zufällig die Bilder von Sylphen im Wasser, und es erwacht in ihrem
Herzen unreine Lust, so daß sie die Flut nicht mehr ballen kann. Bei
Goethe erscheint ihr der Liebesgott Kama auf Befehl Brahmas:

> Er gebot ja buntem Fittich,
> Klarem Antlitz, schlanken Gliedern,
> Göttlich=einzigem Erscheinen,
> Mich zu prüfen, zu verführen;
> Denn von oben kommt Verführung,
> Wenn's den Göttern so beliebt.

Wenn in dem Liede (und dem Schicksal) des Harfners die Linien
waltender Gerechtigkeit hart und scharf gezogen sind, so hier weich
und leise. Der Ritterspruch ist zum sittlichen Urteil umgewandelt;
Gott entscheidet nicht mehr nach der strengen Forderung des Ver=

standes, sondern nach dem milden Drange des Gefühls. Sein Wille
ist es, daß die reine Brahmanin in Sünde fiel; denn er darf die
Scheidung: hie Brahmanen, hie Parias! hie Reine, hie Unreine!
nicht wollen; das ist menschliche Unterscheidung, nicht göttliche. Aber
wenn er so ins Herz der Reinen Unreines gesenkt und weises Wollen
in wildes Handeln ausarten läßt, wenn er den Sohn das Haupt der
Brahmanin dem Körper der Verbrecherin einimpfen läßt, so hat
er selber auch an den Folgen zu tragen. Die grausige Vermischung
von Heiligem und Häßlichem bleibt nicht Sonderschicksal des armen
Menschen; sie steigt zum Himmel empor und tritt klagend und an-
klagend vor Gottes Thron. Auch er ist nicht nur rein, in unbe-
rührter Heiligkeit von allem Schlechten und Niedrigen gesondert.
Auch er hat daran wie der Mensch zu tragen; der Anblick menschlichen Leidens stimmt ihn mitleidsvoll:

> Schaut er mich, die Grausenhafte,
> Die er gräßlich umgeschaffen,
> Muß er ewig mich bejammern,
> Euch zugute komme das.
> Und ich werd' ihn freundlich mahnen,
> Und ich werd' ihm wütend sagen,
> Wie es mir der Sinn gebietet,
> Wie es mir im Busen schwellet.

All das steckt nicht in der indischen Legende (für die das Kasten-
wesen gottgewollte Einrichtung ist), es ist Goethes Eigentum. Wieder, wie so oft, hat er einen fremden Stoff aufgegriffen, um ihn zu
überwinden. Wenn er einmal in „Dichtung und Wahrheit" gesteht,
die unförmlichen und überförmlichen Ungeheuer der indischen Märchen hätten ihn nicht eigentlich poetisch befriedigen können, weil sie
zu weit von dem Wahren abläegen, so muß dies einst auch sein Gefühl gegenüber der Legende von der sündigen Brahmanenfrau gewesen sein. Die grauenhafte Vorstellung der gekreuzten Leichen und
Köpfe, der Zusammenfügung von Haupt und Rumpf hätte den
Dichter der „Iphigenie" abgestoßen. Jetzt ist sein Verhältnis zum
Grausigen und Unförmlichen gewandelt. Nicht das griechische Maß
und die apollinische Harmonie beherrschen ihn mehr ausschließlich.
Auch er ist, wie der Wilhelm Meister der „Wanderjahre", aus der
ästhetischen Sphäre in die sittlich-praktische geschritten. Wo Gehalt,
Lebensweisheit, Weltanschauung zu verkünden ist, greift er auch zum
Formlosen und Häßlichen.

So dient ihm auch die Brahmanenlegende, um Tiefstes zu offen=
baren. Was er in ihr verkündet, hat teil an wesentlichen Ideen
seiner Weltanschauung. Als Naturforscher lehnt er es ab, ein Innen
und ein Außen zu scheiden und Geist von Körperlichem zu tren=
nen. Die Tiere sind ihm nicht mehr seelenlose Maschinen, wesentlich
von dem Menschen geschieden, sondern Glieder der gemeinsamen
Kette und nur durch die Stufe der Entwicklung von ihm getrennt.
Im „Faust" kann sich das gottgewollte Werden der Welt nicht ohne
Mephistopheles vollziehen. Materie und kritischer Verstand, wirkt
er in beidem hemmend, begrenzend, beschwerend und widersprechend,
und damit Kraft entbindend und Form bildend. Wie des Künstlers
Idee zur Gestaltung den ungefügen Stoff bedarf und geradezu durch
ihn gereizt wird, so ist das sinnliche Erlebnis, die materielle Tat
dem Faust Stufe zur Erhöhung seiner Persönlichkeit. Er bedarf den
Mephistopheles als Weg zum Himmel, wie er den Grund der Erde
bedarf, um darauf zu schreiten. Er würde ohne ihn haltlos ins
Bodenlose versinken, oder gestaltlos ins Formlose verschweben.

Auch im „Paria" ist, nur in anderm Bilde, diese Idee von der
notwendigen Zweieinheit von Geist und Materie, Heiligkeit und
Sinnlichkeit. Weil ohne sie kein Leben und Werden ist, wird die
Brahmanin von Brahma ihrer unnatürlichen (das Wunder der
Wasserkugel!) Reinheit beraubt und zum Mischwesen umgeschaffen:

> Und so soll ich, die Brahmane,
> Mit dem Haupt im Himmel weilend,
> Fühlen, Paria, dieser Erde
> Niederziehende Gewalt.

Darum muß auch Brahmas Herz selber durch den Anblick der Sinn=
lich=Häßlichen immer wieder zum Mitleid gestimmt werden, wie im
Prolog zum „Faust" Mephistopheles Gott dem Herrn im Himmel
in schneidendem Hohn die Unvollkommenheiten seiner Schöpfung
vorhält. Alle diese Ideenzusammenhänge, in das Gedicht einge=
preßt, erklären Goethes Wort an Eckermann: die Behandlung sei
sehr knapp. Das Gedicht komme ihm selber vor wie eine aus Stahl=
drähten geschmiedete Damaszenerklinge.

Die Entstehung des „Paria" fällt zeitlich zusammen mit den
Anfängen der sozialistischen Bewegung durch Saint=Simon und
Fourier. Mit Saint=Simonistischen Ideen hat sich Goethe, soweit
wir wissen, erst 1830 näher beschäftigt. Aber die Kulturbewegung
wurde hier wie in anderm spontan in ihm lebendig. Die Botschaft

der verwandelten Brahmanin an ihren vordem stolz in seiner Hei=
ligkeit abgeschlossenen Gemahl und ihren Sohn, in alle Welten
zu wandern und auch dem Geringsten das neue Evangelium zu
verkünden — sie ist die soziale Aufgabe der folgenden Zeit ge=
worden. Man denkt auch an das Aufbrechen sozialistischer For=
derungen, wenn Goethe die Legende von der Brahmanenfrau mit
dem „Gebet des Paria" und dem „Dank des Paria" umrahmt.
Im ersteren bittet der Paria Brahma um Gerechtigkeit, Achtung und
Schutz; im letzteren dankt er ihm: denn die Legende zeigt ihm, daß
Brahma die hochmütige Mißachtung der Parias nicht billigt, daß
er „alle gelten läßt":

> Und verschließet auch dem letzten
> Keines von den tausend Ohren;
> Uns die tief Herabgesetzten,
> Alle hast du neu geboren.
> Wendet euch zu dieser Frauen,
> Die der Schmerz zur Göttin wandelt!
> Nun beharr' ich, anzuschauen
> Den, der einzig wirkt und handelt.

Klingt das nicht wie eine — ungewollte — Apotheose Christianes?
Ohne Sozialist zu sein, hatte Goethe, allen voraus, durch seine
Verbindung mit ihr sozial d. h. einfach menschlich gehandelt.

Entsagung als soziale Pflicht liebenden Verständnisses für den
Geringsten verkündet der „Paria", Entsagung als persönliches Opfer
des begehrenden Ich die „Trilogie der Leidenschaft".

Aus der letzten Aufwallung von Goethes Liebesdrang bricht
die Reihe der drei Gedichte auf. Im Sommer 1821 hatte er in
Marienbad die lieblich=schlanke siebzehnjährige Ulrike von Levetzow
kennen gelernt, bei deren Großeltern er wohnte. Auch in den beiden
folgenden Jahren sah er sie während seines Aufenthalts in dem
böhmischen Bade täglich im Kreise der Ihren. Er schenkte ihr väter=
liche Freundschaft, Neigung, Leidenschaft. In forcierter Jugendlich=
keit nahm der Siebziger, vor allem 1823, an Ausflügen, Spielen
und Tänzen der Gesellschaft teil, Anwandlungen des Alters, Er=
schöpfung und fiebernde Nächte, mit höchster Energie überwindend.
Er tändelte mit dem Gedanken, Ulrike für immer in seine Nähe zu
ziehen, und bedauerte, daß er keinen zweiten Sohn habe, um das
bildsame Kind zur Schwiegertochter zu bekommen. Er huldigte ihr,
halb Onkel, halb Liebhaber, mit Blick und Rede. Kein Wunder, daß
der Herzog, auch im Alter noch zu Geniestreichen aufgelegt und in

der Liebe der große Herr des Rokoko, in der Muße und Medisance des Badelebens mit dem Gedanken spielte, Goethe könnte Ulrike heiraten, als Freiwerber vor ihre Eltern trat und der Familie, wie Ulrike berichtete, die großartigsten Versprechungen für eine Übersiedlung nach Weimar machte. Goethe selber wahrte sein Schweigen, ohne ihr doch seine Liebe zu verhehlen. Sie aber lehnte ab.

Gegen Ende August 1823 fuhr die Familie Levetzow nach Karlsbad, wohin Goethe ihr nach einiger Zeit zu folgen gedachte. Der Abschied, ein Vorspiel des endgültigen, wühlte sein ganzes Wesen auf. Zeitliches stritt in ihm mit Ewigem, Sinnliches mit Geistigem. Zur Entsagung war er gezwungen, wo er sich begehrend hingeben wollte. Zur Entsagung mußte er sich zwingen, wenn er seine Würde wahren wollte. So oft schon hatte er den Kampf gegen das harte Nein der Notwendigkeit gekämpft. Jedesmal hatte er sein persönliches Erleben aus der bangen Enge der Brust in die befreiende Weite künstlerisch gestalteter Geistigkeit hinausgetragen. Diesmal löste die Musik das befreiende Dichterwort aus Goethes Seele. Kurz vor der Abreise der Levetzows traf die dreiunddreißigjährige polnische Klavierspielerin Maria Szymanowska in Marienbad ein. Ihre Schönheit entzückte ihn. Ihr Spiel wirbelte das ganze Gefühlschaos auf, das in ihm gärte, und gliederte es zugleich zu rhythmisch bewegten Reihen. Vom 16. bis 18. August schrieb er, zum Eintrag in das Album der Szymanowska bestimmt, den dritten Teil der „Trilogie der Leidenschaft", „Aussöhnung".

Es war nur eine vorläufige Buchung des klärenden Verzichts durch Erhebung des Erlebnisses in die erdenferne Höhe verallgemeinernder Töne. Die künstlerische Darstellung des Erlebnisses harrte noch. Sie löste sich Anfang September (in der Hauptsache vom 5. bis 7.) langsam aus Goethes Brust, als er mit seinem Diener Stadelmann und seinem Schreiber John von Karlsbad nach Hause fuhr. Das Mondlicht der Erinnerung durchflutete seine Seele. Seine Stimmung, auf dem schmalen Saume zwischen Glück und Schmerz schwebend, konnte nur Wehmut sein. „Elegie" nannte er die wundersamen Strophen, die aus seinem Innersten drangen, nicht mehr im antiken Sinne des bloßen Versmaßes, wie in den lebensglutatmenden „Römischen Elegien", auch nicht im Sinne von „Alexis und Dora", sondern inhaltlich, wegen der Stimmungsatmosphäre, die das Gedicht umgibt und erfüllt. In dem stetigen Flusse der fünffüßigen Jamben hört man gleichsam das Rollen der Räder des

Wagens, der den Reisenden immer weiter von dem Ort des Glückes in die entsagungsvolle Ferne trägt. Man hört darin aber auch das weiche und mächtige Wallen des Erinnerungs-Meeres (die Verse enden meist mit weiblichen Reimen) und das rastlos aufdrängende Fluten der Sehnsucht. In der Tat macht dieser Zweiklang das eigentümlich Ergreifende des Gedichtes aus: ein breit und mächtig Auswogendes ist durch regelmäßigen Takt gefesselt. Wie in reicher Prosa strömt die Sprache dahin: ausgreifende, oft kompliziert gebaute Konstruktionen, ein feingegliedertes Gefüge von Haupt- und Nebensätzen, Partizipialformen, übergreifend von Strophe zu Strophe, einen Satz an den andern hängend, weil die sehnsüchtige Erinnerung immer noch neue Bilder herbeischleppt. Aber durch die breit ausladenden Gedankenfügungen tönt immerfort der jambische Takt wie regelmäßiger Schritt durch weite und hohe Säle:

> Wie zum Empfang sie an den Pforten weilte
> Und mich von dannauf stufenweis beglückte,
> Selbst nach dem letzten Kuß mich noch ereilte,
> Den letztesten mir auf die Lippen drückte:
> So klar beweglich bleibt das Bild der Lieben
> Mit Flammenschrift ins treue Herz geschrieben.
>
> Ins Herz, das fest, wie zinnenhohe Mauer,
> Sich ihr bewahrt und sie in sich bewahret,
> Für sie sich freut an seiner eignen Dauer,
> Nur weiß von sich, wenn sie sich offenbaret,
> Sich freier fühlt in so geliebten Schranken
> Und nur noch schlägt, für alles ihr zu danken.

Den Inhalt bildet die Liebe zu Ulrike, das sich in der Stunde des Abschieds zusammendrängende Gefühl von Glück und Weh. Aber es ist nicht unmittelbar gegenwärtig, realistisch-sinnlich vor die nachschaffende Einbildungskraft des Genießenden gestellt, sondern in die schwimmende Ferne der Erinnerung gerückt und umwogt von Betrachtungen sinnvoller Weisheit.

Eine Frage steht unverrückt vor der Seele des weiter und weiter Fahrenden: Wiedersehen! Mehrmals hat er die Geliebte, von Jahr zu Jahr, wiedergesehen. Er hat sie nach dem Abschied von Marienbad in Karlsbad wiedergesehen. Jedesmal hat sich sein Glück gesteigert. Aber — zwischen das erste und zweite Wiedersehen schob sich eine Krankheit des Vierundsiebzigjährigen ein, die ihn an den Rand des Grabes brachte. Muß er nicht zittern, ob ihm noch ein

Wiederſehen beſtimmt ſei? Es iſt ihm eine „noch geſchloſſne Blüte“: er weiß nicht, ob ſie aufgehen wird.

Das Paradies, die Hölle ſteht dir offen.

Aus den Zweifeln am wirklichen Geſchehen der Zukunft rettet ihn die bildende Phantaſie in die Traumwelt, und indem das zukünftig=mögliche in das wirklich erlebte Wiederſehen verfließt, feſtigt ſich die bangende Hoffnung zu der glücklich=ſicheren Erinnerung:

> So warſt du denn im Paradies empfangen,
> Als wärſt du wert des ewig ſchönen Lebens;
> Dir blieb kein Wunſch, kein Hoffen, kein Verlangen,
> Hier war das Ziel des innigſten Beſtrebens,
> Und in dem Anſchaun dieſes einzig Schönen
> Verſiegte gleich der Quell ſehnſüchtiger Tränen.

In zwei Strophen ruft er, kurz zuſammenfaſſend, ſich den Verlauf des Erlebniſſes empor: die Flucht der Tagesſtunden vom Morgen bis zum Abendkuß — die Flucht der Tage vom Wiederſehen bis zum endgültigen Abſchied. Schließlich ſinkt er verzweifelnd aufs neue in ſeine Einſamkeit zurück:

> Und nun verſchloſſen in ſich ſelbſt, als hätte
> Dies Herz ſich nie geöffnet.

Wie echt goethiſch, daß ihn aus dieſem Trübſinn das Anſchaun der reichen Fülle der ewig lebendigen Natur rettet:

> Iſt denn die Welt nicht übrig? . . .

Und von der Erde wandert der Blick des Meteorologen zum Himmel und betrachtet die Wolken und ſieht in einem „ſchlanken Gebild aus lichtem Duft“ ihr Abbild:

> So ſahſt du ſie in frohem Tanze walten,
> Die lieblichſte der lieblichſten Geſtalten.

Doch wozu ihr Bild in den flüchtigen Wolkengeſtalten ſuchen?

> Ins Herz zurück! dort wirſt du's beſſer finden.

Er verweilt bei einzelnem. Wie ſie ihn empfangen. Das ſteht mit Flammenſchrift ihm ins Herz geſchrieben. Und das Gefühl, das ſie ihm in die Seele goß, war Religion — Liebe. Nicht der welten=ſchaffende Dämon der Jugenddichtungen, nicht der ſinnliche Amor der „Römiſchen Elegien“, ſondern eine geiſtig=löſende, erlöſende Macht, halb chriſtliche caritas, ſelbſtloſe Hingabe, und halb plato=niſcher Eros, ſehnſüchtiges Streben nach Vollkommenheit. Unmit=

telbar gießt sich dieses reine und hohe Gefühl formend in die wundersamen Strophen:

> Dem Frieden Gottes, welcher euch hienieden
> Mehr als Vernunft beseliget — wir lesen's —
> Vergleich ich wohl der Liebe heitern Frieden
> In Gegenwart des allgeliebten Wesens;
> Da ruht das Herz, und nichts vermag zu stören
> Den tiefsten Sinn, den Sinn, ihr zu gehören.
>
> In unsres Busens Reine wogt ein Streben,
> Sich einem Höhern, Reinern, Unbekannten
> Aus Dankbarkeit freiwillig hinzugeben,
> Enträtselnd sich den ewig Ungenannten;
> Wir heißen's: fromm sein! — Solcher seligen Höhe
> Fühl' ich mich teilhaft, wenn ich vor ihr stehe.
>
> Vor ihrem Blick, wie vor der Sonne Walten,
> Vor ihrem Atem, wie vor Frühlingslüften,
> Zerschmilzt, so längst sich eisig starr gehalten,
> Der Selbstsinn tief in winterlichen Grüften;
> Kein Eigennutz, kein Eigenwille dauert,
> Vor ihrem Kommen sind sie weggeschauert.

Aber gerade die himmlische Höhe des Glückes, das er in der Nähe der Geliebten genoß, macht ihm die Tiefe des Verlustes um so schmerzlicher. Ihr hat ein Gott die „Gunst des Augenblickes" zum Geleit gegeben. Und jetzt ist er ihr fern. Und alle Leiden der Trennung, der Verzweiflung senken sich in seine Brust und wühlen sie auf. Was nützt es, daß er ihr Bild hervorholt? Er muß allein sein. Das sammelnde Erforschen der Einzelheiten der Natur mag den andern, seinen Gehilfen und Weggenossen, frommen. Ihn drängt unendliche Liebessehnsucht zum Besitz des Alls. So scheidet sich noch einmal von Wagner Faust ab.

> O daß kein Flügel mich vom Boden hebt,
> Ihr nach und immer nach zu streben!

läßt der Jüngling im Anblick der schwindenden Sonne den Faust ausrufen. Ganymeds, der sehnsüchtig ins All schwebt, Werthers gedenken wir, der im dampfenden Tal im hohen Gras am fallenden Bache liegt und durch das Erlebnis von Sonne, Pflanze und Tier die Gegenwart des Allmächtigen empfindet. Und zu Faust, Ganymed und Werther gesellt sich eine vierte Riesengestalt aus Goethes Jugend: Prometheus, dem die Götter Pandora, die Gabenreiche, zum Weibe anboten:

> Verlaßt mich hier, getreue Weggenossen!
> Laßt mich allein am Fels, in Moor und Moos;
> Nur immer zu! Euch ist die Welt erschlossen,
> Die Erde weit, der Himmel hehr und groß;
> Betrachtet, forscht, die Einzelheiten sammelt,
> Naturgeheimnis werde nachgestammelt.
>
> Mir ist das All, ich bin mir selbst verloren,
> Der ich noch erst den Göttern Liebling war.
> Sie prüften mich, verliehen mir Pandoren,
> So reich an Gütern, reicher an Gefahr;
> Sie drängten mich zum gabeseligen Munde,
> Sie trennen mich und richten mich zugrunde.

So wogen längst verschollene Jugendgefühle wieder anklingend in das Altersleben hinein, und aufs neue erfährt Goethe die Allgegenwart des Geistes und die Ewigkeit innern Seins.

Es war wie eine Schicksalsfügung, daß nun auch wirklich das leidenschaftlichste Werk von Goethes Jugend, die „Leiden des jungen Werthers", sich damals durch äußeren Anlaß in sein Bewußtsein drängte. Im Februar 1824 hat der Verleger Weygand in Leipzig Goethe um ein Vorwort oder eine andere Beigabe für die von ihm geplante Jubiläumsausgabe des „Werther", seit dessen erstem Erscheinen fünfzig Jahre verstrichen waren, und Goethe schrieb ihm die Verse „An Werther" („Noch einmal wagst du, vielbeweinter Schatten, hervor dich an das Tageslicht").

Man spürt das Marienbader Erlebnis überall in dem Gedicht nachzittern. Werther ist Goethe im Tode vorangegangen — „und hast nicht viel verloren". Die Schilderung von Freude und Schmerz des Wiedersehens und der Trennung (im zweiten Abschnitt) weist mehr auf Goethes Marienbader Erlebnis als auf den Inhalt des Werther. Man fühlt aber auch, daß er das Leid überwunden hat. Mit weiser Überlegenheit, bei aller Tiefe des Gefühls, kann er nun den Fall des Werther geschichtlich-psychologisch darstellen. Immer aufs neue trübt „verworrene Bestrebung" das Glück und den Frieden des Menschen. Der Liebende schweift ins All:

> Er sucht vom Äther, den er gern verläßt,
> Den treuen Blick, und dieser hält ihn fest.

Die Überlegenheit steigert sich gegen den Schluß zu klarer Ironie. Werther, wie ihm Goethe nochmals seinen Fall objektiv vorträgt, „lächelt gefühlvoll, wie sich ziemt". Wie Goethe als Jüngling Werther nicht nachgestorben ist und kräftigen Intellekt genug besaß, von dem Erlebnis durch dichterische Darstellung sich zu befreien, so sah er auch jetzt (die Verse an Werther sind am 24. und 25. März 1824 entstanden) bereits mit überlegener Weisheit auf die Marienbader Wochen zurück. Aber die Ironie ist doch nicht Kälte. Verstand und Gefühl halten sich auch hier die Wage.

Die drei Gedichte, aus verschiedenem Anlaß entstanden, aber von der gleichen Stimmungssphäre eingehüllt, hat Goethe 1827 im dritten Band der Ausgabe letzter Hand in umgekehrter Reihenfolge als „Trilogie der Leidenschaft" veröffentlicht. Voraus geht „An Werther" als Auftakt; dann folgt als breites Mittelstück die „Elegie", zuletzt als „Aussöhnung" die Darstellung der lösenden Wirkung der Musik der Szymanowska. Der Dichter mochte damit seinem Bedürfnis nach triadischer Komposition Genüge tun; der Zusammenhang aber, vor allem zwischen dem ersten und zweiten Gedicht, bleibt lose, und das ironische Über-der-Wirklichkeit-Stehen im Werthergedicht eignete sich besser als Nachklang denn als Vorklang, wie es sich psychologisch auch nur aus der zeitlichen Distanzierung vom Marienbader Erlebnis erklärt.

So bedarf man, um die drei Gedichte als Einheit zu empfinden, der Kenntnis ihrer Entstehung. Man bedarf sie auch zum völligen Verständnis und Genuß des Einzelgedichtes. Das ist aber doch wohl eine Schwäche dieser Alterslyrik. Sie besitzt nicht mehr die Tragkraft, das menschliche Erlebnis in die Höhe künstlerischer Geistigkeit zu heben und es dort als selbständiges, in sich organisch geschlossenes Gebilde schweben zu lassen. Sie vermag sich nur noch als ans Individuelle gebundene Geisteswelt über der Erde und ihren Erscheinungen zu bewegen, ihre Abbilder wie Schattengestalten in sich empfangend. Aber die Konturen der Schatten sind verschwommen. Wollen wir sie verstehen, so müssen wir auf die Erde niedersteigen zu den Gestalten, die die Schatten werfen.

Auch der Lyriker Goethe steigt, wie sein Faust, allmählich zum Himmel empor.

———

Wendet sich der Blick, am Ende von Goethes lyrischer Entwicklung, auf die durchmessene Strecke zurück, so erfüllt die beispiellose Fülle von Erlebnismöglichkeiten und die Mannigfaltigkeit der lyrischen Darstellungsformen stets aufs neue mit höchster Bewunderung. Die Nachbildung der zierlichen Porzellannippes des Rokoko steht am Anfang. Aber bereits wallt eine Welle tieferen Gefühls auf, um dann, wie die Rokokoherrlichkeit im ersten Gemütssturm zerbricht, mit dunkeln Fluten den Dichter ganz zu überspülen. Dem Pietismus und dem Pantheismus dankt der Jüngling die Erweckung seiner Seele, die nun in den Liedern und Gesängen des Stürmers und Drängers auf rauschenden Fittichen durch die Welt fliegt. Das Erlebnis mit Frau von Stein leitet sie in die Ordnung der menschlichen Gesellschaft zurück. Die Verantwortlichkeit senkt sich lastend auf das Ich. Schauernd fühlt es sich an die gesetzliche Fügung der Welt gebunden. Italien bringt die neue Erlösung, richtet das Sinnliche wieder auf und weist dem Geistigen seine Stelle als allgemeines Gesetz, das das Sinnliche und Besondere in seinem Schoße trägt. Der klassische Stil dringt auch in Goethes Lyrik ein: die episch gerichteten Elegien und Balladen entstehen. Die Romantik, mit ihrer Betonung des Maßlosen, Ahnungsvollen, mit ihrer Abkehr von der Helle rational begriffener Wirklichkeit zu den Dämmerungen des Gemüts, schafft auch Goethe die Möglichkeit neuer, nicht episierter Lyrik. In der Berührung mit Schellings romantischer Naturphilosophie gewinnt sein eigener entwicklungsgeschichtlicher Pantheismus neue Kraft und mystische Vertiefung. Aber es ist für seinen Realismus bezeichnend: es kann diese romantisch-idealistische Phase seiner Lyrik nur auf dem festen Boden neuer positiver Tatsachen, der arabisch-persischen Kultur, gedeihen. Es entsteht der „West-östliche Diwan" mit seiner merkwürdigen Mischung von mystischem Tiefsinn und spielerischer Anakreontik, Geist und Glut in Gedanke und Form. Auch dem Pariazyklus eignet der feste Kontur noch, während die „Trilogie der Leidenschaft", der deutlichen Silhouette äußeren Stoffes bar, zur lyrisch geschwellten Betrachtung zerfließt.

Drei Stilrichtungen sind in der Gesamtheit dieser lyrischen Schöpfungen bemerkbar: der naiv-musikalische Stil des Herderschülers, der reflektierend-sprechende, geistreich-spielende Stil des romantischen Dichters des „West-östlichen Diwans". Dazwischen steht der gegenständlich-episierende Stil des Klassikers. Alle drei Richtungen bilden sich in der Lyrik des 19. Jahrhunderts fort und tauchen, durch neue Persönlichkeiten reizvoll umgewandelt, bald da bald dort wieder auf.

Anmerkungen zum ersten Band.

S. 7: Zur Naturdarstellung in der Lyrik des 17. Jahrh. vgl. M. v. Wald-
berg, Die deutsche Renaissance-Lyrik. 1888. S. 126 ff. — H. Cysarz, Deutsche Barockdichtung. 1924. — Über Brockes: L. Fulda, Gegner der zweiten schlesischen Schule. II (Kürschners deutsche National-Literatur 39),
S. 275 ff.

S. 9: A. v. Hallers Gedichte. Hrsg. von Ludwig Hirzel. Frauenfeld
und Leipzig 1917.

S. 11: Fr. Ausfeld, Die deutsche anakreontische Dichtung des 18. Jahrh.
1907. — Fr. Muncker, Anakreontiker und preußisch-patriotische Dichter.
II (Kürschners deutsche National-Literatur 45).

S. 17: Fr. Muncker, Friedrich Gottlieb Klopstock. 1888. — K. Viëtor,
Geschichte der deutschen Ode. 1923. S. 110 ff.

S. 25: Zur Sturm- und Drangzeit: H. Hettner, Literaturgeschichte des
18. Jahrh. Bd. 5. — A. Köster, Die allgemeinen Tendenzen der Geniebewegung im 18. Jahrh. 1912. — R. Unger, Hamann und die Aufklärung. 1911. — H. A. Korff, Geist der Goethezeit I. 1923.

S. 27 f.: E. Young, Über den Geist der Originalwerke. Leipzig 1787. —
Hamanns Sokratische Denkwürdigkeiten und Kreuzzüge des Philologen
in der Ausgabe von F. Roth. Bd. 2.

S. 30 f.: Herder, hrsg. von Suphan. Bd. 8, S. 200 f.

S. 32: Herder, Fragmente. Suphan. Bd. 1, S. 165.

S. 32 f.: Herder, Über den Ursprung der Sprache. Suphan. Bd. 5,
S. 111 f. — Über das Volkslied: Herder, Vorrede zum 2. Teil der Volks-
lieder. Suphan. Bd. 25, S. 328 f. Vgl. Haym, Herder. Bd. 1, S. 419.
Fragmente. Suphan. Bd. 1, S. 266. Vgl. R. Haym, Herder. Bd. 1,
S. 151.

S. 33: Haym, Herder. Bd. 1, S. 421. — Auszug aus einem Briefwechsel über Ossian und die Lieder alter Völker. Suphan. Bd. 5, S. 164.
Haym. Bd. 1, S. 425.

S. 35: Über Volk und Nation: Fr. Meinecke, Weltbürgertum und
Nationalstaat. 5. A. 1919. S. 23 ff.

S. 35: In den Briefen zur Beförderung der Humanität wird z. B.
IV, 42 Volk neben Nation ohne Unterschied gebraucht. Suphan. Bd. 17,
S. 211 f.

S. 36 f.: Über die Entstehung von Herders Volksliedern: Haym. Bd. 1,
S. 689 ff.; Bd. 2, S. 90. An Lessing: Lessings Schriften, hrsg. von Lach-

mann=Muncker. Bd. 21, S. 239; 258. Ein Neudruck von Nicolais Volks=
lieder=Almanach (von J. Bolte herausgegeben) erschien 1918 in der Ges.
b. Bibliophilen in Weimar.

S. 40 f.: A. Köster, Die allgemeinen Tendenzen der Geniebewegung
im 18. Jahrh. 1912. S. 17, 25.

S. 42: Schillers Rezension: Säkularausgabe. Bd. 16, S. 226 ff. Bür=
gers Gedichte, hrsg. von E. Consentius (mit Lebensbild). — W. v. Wurz=
bach, Bürger, sein Leben und seine Werke. 1900.

S. 45: Der Herzensausguß über Volkspoesie in der Ausgabe von
R. M. Werner. Bd. 2, S. 198 ff. — Die Vorreden zur 1. und 2. Ausgabe
der Gedichte: Werner. Bd. 1, S. 27 ff., 35 ff.

S. 46: Bürgers Vorläufige Antikritik und Anzeige: Werner. Bd. 2,
S. 124 ff.

S. 48.: Die Vorlage zu Kaiser und Abt: Percy, Reliques of ancient
English poetry. London 1823, Bd. 3, S. 147 ff.

S. 48 f.: Über die Lenore: E. Schmidt, Charakteristiken. Bd. 1, S. 206 ff.

S. 50: Schubarts Leben, Gesinnungen und Charakter in: Werke.
1839/40, Bd. 1 und 2. D. Fr. Strauß, Schubarts Leben. Werke. 1878,
Bd. 8 und 9.

S. 53: Die Mittellungen von Ernestine Voß: Aus dem Leben von
J. H. Voß, sind wieder abgedruckt in A. Sauers Ausgabe des Göttinger
Dichterbunds. I (Kürschners deutsche National=Literatur, Bd. 49), S. LXXI ff.

S. 55: A. Sauer, Der Göttinger Dichterbund. I, S. XII ff.

S. 59: Einiges von und über Höltys Charakter von J. M. Miller.
A. Sauer, Der Göttinger Dichterbund. II, S. XIII ff.

S. 66: Stolbergs Aufsatz: Über die Fülle des Herzens steht bei Sauer,
Der Göttinger Dichterbund. III, S. 18 ff.

S. 68: Vgl. Sauer zu Stolbergs Ode: Der Felsenstrom, Der Göttin=
ger Dichterbund. III, S. 75.

S. 70: Die Pränumerationsanzeige bei Sauer, Der Göttinger Dich=
terbund. III, S. 210 ff.

S. 77: Matthissons Gedichte. Kritische Ausgabe von G. Bölsing.
1912/13. — H. Limbach, Fr. v. Matthissons Lyrik. 1909. — A. Heers, Das
Leben Fr. v. Matthissons. 1913.

S. 79: Das Erlebnis auf der Tour de Mayen: Schriften. Bd. 2,
S. 207 f.

S. 81: Der Tod von Matthissons Tante: Selbstbiographie. Literari=
scher Nachlaß. Bd. 1 (1832), S. 247. — Seine Lektüre: ebenda, S. 256 f.

S. 83: A. Frey, J. G. Salis=Seewis. 1899. — Derselbe: A. v. Haller
und J. G. v. Salis=Seewis (Kürschners deutsche Nationalliteratur). —
Kritischer Neudruck von Salis Gedichten, hrsg. von E. Korrodi. 1924. —
A. Heers, Matthisson. S. 52 f. — R. Friedmann, Die Wandlungen in
den Gedichten von J. G. v. Salis=Seewis. 1917.

S. 90: Hebels Werke, hrsg. von A. Sütterlin. — Hebels Briefe an
Gmelin, Kerner und die Straßburger Freunde, hrsg. von Behaghel. 1883.
Briefe an Nüßlin. Briefe an Gustave Fecht, hrsg. von W. Zentner. 1921.

S. 91 f: Der Katechismus ist abgedruckt in Sütterlins Ausgabe. Bd. 2,
S. 270 ff.

20*

S. 99: Die Goetheſchen Werke werden nach der Geſamtausgabe von Karl Alt zitiert.

S. 104: Das Briefgedicht an Merck bei E. Wolff, Der junge Goethe. S. 181; Morris, Der junge Goethe 4, S. 151 f.

S. 106: Biedermann, Goethes Geſpräche. 2. A. 1910. Bd. 3, S. 264 f. — Weitere Belege für Goethes Reizbarkeit gibt E. Sarter, Zur Technik von Wilhelm Meiſters Wanderjahren. 1914. S. 43. — Goethes Außerung über ſeine Augenbegabung: Dichtung und Wahrheit. Bd. 23, S. 191.

S. 107: P. Peterſen, Goethe und Ariſtoteles. 1914. S. 38 f.

S. 109: Wiederholte Pubertät: Geſpräche. 2. A. Bd. 3, S. 495.

S. 110: Vgl. G. Simmel, Goethe. 1913. S. 198 ff.

S. 111: Goethe hat ſich über Heinroths Wort geäußert in dem Auf-ſatz: Bedeutende Fördernis durch ein einziges geiſtreiches Wort. Bd. 38, S. 77 ff. — Über Idee, Begriff, Urphänomen bei Goethe vgl. P. Peter-ſen, Goethe und Ariſtoteles. 1914. S. 41 ff. — Maximen und Reflexionen. Bd. 4, S. 15 f. — Vgl. dazu auch W. Hertz, Goethes Naturphiloſophie im Fauſt. 1913. — O. Meyerhoff, Über Goethes Methode der Naturforſchung. 1910. S. 25 ff.

S. 113: Geſpräche. 2. A. Bd. 3, S. 495 f. — Zur Farbenlehre, § 175.

S. 114: Über die Hegelſche Philoſophie ſprach Goethe zu Eckermann am 28. März und 18. Oktober 1827. Über ſeine Art zu dichten am 6. Mai 1827.

S. 115: Idee und Liebe: Maximen und Reflexionen. Bd. 4, S. 71. Nr. 515.

S. 116: Auf die Genauigkeit von Goethes Naturſchilderungen weiſt E. Boucke hin, Goethes Weltanſchauung. 1907. S. 302 ff.

S. 119: Über die erſten Reimverſuche Goethes: Dichtung und Wahr-heit. Bd. 23, S. 26 f.; 119. — E. Wolff, Der junge Goethe. S. 5 f. — Morris, Der junge Goethe 1, S. 83 f.

S. 119: Über die poetiſchen Sammelbände: An Cornelie, Auguſt 1767. — Wolff, Der junge Goethe. S. 233. — Morris, Der junge Goethe 1, S. 165 f. — Über die Vorbilder der Frankfurter Knabengedichte: Wolff, Der junge Goethe. S. 234 f.

S. 121: Goethe in Leipzig: Dichtung und Wahrheit. Bd. 23, S. 215, 217 ff. Geſpräche. 2. A. Bd. 1, S. 6.

S. 122 f: An Rieſe, 28. April. 1766.

S. 124: Dichtung und Wahrheit. Bd. 23, S. 241.

S. 126: A. Leitzmann, Zu Goethes Liederbuch Annette. Euphorion. Bd. 4, S. 494 ff. B. Suphan, Das Buch Annette. Deutſche Rundſchau. 1895, Bd. 84, S. 139 ff. Fr. Ausfeld, Die deutſche anakreontiſche Dichtung des 18. Jahrh. 1907. 93 f. — Vorarbeiten zu Dichtung und Wahrheit: Weimarer Ausgabe. Bd. 27, S. 383.

S. 128: Richtung zum Natürlichen: Dichtung und Wahrheit. Bd. 23, S. 255.

S. 130: Brief an Friederike Oſer vom 6. November 1768. Vgl. Wolff, Der junge Goethe. S. 333 ff. A. Strack, Goethes Leipziger Liederbuch. 1893.

S. 133: Goethes Briefe an E. Th. Langer, hrsg. von P. Zimmermann. 1922. S. 11. Lehrjahre. Bd. 18, S. 347, 348.

S. 135: Goethes Kosmologie: Dichtung und Wahrheit. Bd. 23, S. 298 ff. E. Boucke, Goethes Weltanſchauung. S. 226 ff.

S. 137: Deutſche Baukunſt. Bd. 31, S. 9.

S. 138: Der Begriff „innere Form" findet ſich zuerſt in dem Anhang zu Mercier-Wagners Neuem Verſuch über die Schauſpielkunſt. Bd. 32, S. 113 f. — Vgl. auch E. Ermatinger, Das dichteriſche Kunſtwerk. 1921, S. 192 ff. — Die Volkslieder bei Morris, Der junge Goethe 2, S. 62 ff.

S. 141: K. Reuſchel, (Euphorion, B. 22, S. 57 f.) ſucht wahrſcheinlich zu machen, daß Goethe bei dem gewöhnlich auf Friederike Brion be= zogenen Gedicht „Balde ſeh' ich Rickchen wieder", an Friderike Oſer ge= dacht habe. R. Ballof, Herrigs Archiv 1920, S. 247 ff. weiſt das Lied Lenz zu. — „Kleine Blumen, kleine Blätter": Dichtung und Wahrheit. Bd. 24, S. 21. E. Schmidt und M. Friedländer, Herrigs Archiv. Bd. 97, Heft 1 und 2. Schriften der ſchweizer. Geſellſchaft für Volkskunde. 1906. Bd. 4, S. 30. A. Götze, Ilbergs Jahrbücher. 1913. Bd. 31, S. 300 f.

S. 143: „Sah ein Knab' ein Röslein ſtehn": Wolff, Der junge Goethe, S. 412, wo das Wichtigſte aus der weitſchichtigen Literatur verzeichnet ſteht. Morris, Bd. 6, S. 166 ff.

S. 145: Die Chronologie der Seſenheimer Gedichte iſt unſicher. Jeden= falls kann „Willkommen und Abſchied" nicht „auf den Dreikönigsabend 1771 gehen", wie Wolff, Der junge Goethe, S. 84, nach Loeper meint; denn die Stelle: „Wo Finſternis aus dem Geſträuche mit hundert ſchwar= zen Augen ſah" ſetzt belaubtes Gebüſch voraus.

S. 150: Heinſe und Jacobi über Goethe: Geſpräche², Bd. 1, S. 46.

S. 151 f.: Herder (Suphan), Bd. 1, S. 429, 443 f. Über „Emilia Ga= lotti" an Herder Mitte Juli 1772.

S. 157: „Selbſtironie": Wolff, Der junge Goethe. S. 475.

S. 158: J. Minor, Goethes Mahomet. 1907. S. 26 ff.

S. 161: Goethes irrtümliche Angabe über Prometheus: An Zelter 11. Mai 1820.

S. 163: Goethes Naturauffaſſung in der Rezenſion von J. G. Sul= zers Schönen Künſten in den Frankfurter Gelehrten Anzeigen. Bd. 32, S. 18, 20.

S. 173: Über die Auffaſſungen des Schluſſes des Spinnerliedchens: Minor, Goethes Fauſt. 1901. Bd. 1, S. 173.

S. 176 f.: Dichtung und Wahrheit. Bd. 24, S. 200.

S. 185: Goethes Verhältnis zu Spinoza: G. Schneege, Zu Goethes Spinozismus. 1910.

S. 192: Entſtehung des Liedes An den Mond: Gräf, Goethe über ſeine Dichtungen. Lyrik Bd. 1, S. 52.

S. 200: Campagne in Frankreich. Bd. 26, S. 118 ff.

S. 209: Datierung von „Grenzen der Menſchheit": Gräf, Goethe über ſeine Dichtungen. Lyrik Bd. 1, S. 70.

S. 211: Umarbeitung des „Werther": An Keſtner, 2. Mai 1783. — An Charlotte von Stein, 2. Oktober 1783. 17. Juni 1784.

S. 212: Lavater: Gräf, Goethe über ſeine Dichtungen. Lyrik Bd. 1 S. 84.

S. 215: Mignon: Theatralische Sendung. Hrsg. von H. Maync. 1911. S. 157, 165.

S. 217: Theatralische Sendung. S. 208.

S. 221: G. Schneege, Zu Goethes Spinozismus. S. 10. — Über die Geheimnisse: M. Morris, Goethe-Jahrbuch. Bd. 27, S. 131 ff.

S. 228: „Kupido, loser, eigensinniger Knabe" scheint schon Ende 1787 entstanden. Gräf, Lyrik Bd. 1, S. 103 f.

S. 229: Goethes Gespräche². Bd. 4, S. 87 und 90 f.

S. 230: Caroline Herders Mitteilung bei Biedermann, Goethes Gespräche². Bd. 1, S. 146 f. — W. Bode, Goethes Liebesleben. 1914. S. 290.

S. 231: E. Eggerking, Goethes Römische Elegien. 1913.

S. 241: W. von Humbolds Ideen zu einem Versuch, die Grenzen der Wirksamkeit des Staates zu bestimmen, entstanden 1791/92. Vgl. Fr. Meinecke, Weltbürgertum und Nationalstaat. 5. Aufl. 1919. S. 39 ff.

S. 243: Novalis' und Fr. Schlegels früheste politische Ideen: Meinecke, Weltbürgertum und Nationalstaat. S. 62 ff.

S. 249: Vergleichung des Elements, in dem er schwebt, mit dem Wasser: An Merck, 5. August 1778.

S. 254: Bedeutende Fördernis durch ein einziges geistreiches Wort, Werke. Bd. 28, S. 343 f. — Anspielung auf die Sage vom Zauberlehrling in der Theatralischen Sendung, Maync S. 321.

S. 257: Der Abschnitt aus Phlegon bei Düntzer, Goethes lyrische Gedichte. Bd. 2², 1876, S. 424 ff. — Goethe selber soll später, nach der Mitteilung des Kanzlers von Müller, die Benützung des Phlegon geleugnet haben, Gespräche². Bd. 3, S. 119.

S. 261: Der Abschnitt aus Sonnerat bei Düntzer, Goethes lyrische Gedichte. Bd. 2², S. 409; sowie bei Leitzmann, Quellen von Schillers und Goethes Balladen. 1911. S. 37 f. — Dichtung und Wahrheit, Werke. Bd. 24, S. 82.

S. 264: Die Stelle aus Lukian bei A. Leitzmann, Die Quellen von Schillers und Goethes Balladen. 1911. S. 32 ff.

S. 267: Die thüringische Eckart-Sage: Düntzer, Goethes lyrische Gedichte. Bd. 2², S. 397. — Die Totentanzsage in Corners Chronicon: Strehlke zu der Stelle, Hempelausgabe. Bd. 1, S. 261.

S. 268: Über die Entstehung der Wandelnden Glocke: Gräf, Lyrik. Bd. 1, S. 589.

S. 273: Gespräche². Bd. 2, S. 214 f.

S. 276: Goethe und Schelling: Boucke, Goethes Weltanschauung. S. 188 ff., 242 f. — Gespräche². Bd. 1, S. 479. — Schriften der Goethe-Gesellschaft. Bd. 13, S. 204 ff.

S. 281: Goethes und Marianne von Willemers Briefwechsel hat zuerst Th. Creizenach 1878 herausgegeben, neuerdings (1909) Ph. Stein.

S. 293: Die Quelle der Parialegende bei Düntzer, Goethes lyrische Gedichte. Bd. 2², S. 449 f. und Leitzmann, Quellen, S. 47.

S. 294: Entstehung des Paria-Zyklus: Gräf, Lyrik. Bd. 2, 1, S. 414.

S. 296: Dichtung und Wahrheit. Bd. 28, S. 81 f.

Gerhart Hauptmanns Sucherdramen. Ein Beitrag zur Entwicklungsgeschichte d deutsch. Dramas. Von Privatdoz. Studienr. Dr. H. Engert. M. 2.—

Ricarda Huch. Ein Beitrag zur Geschichte der deutschen Epik von E. Gottlieb. Geh. M. 5.—, geb. M. 6.80, in Halbpergament mit Go'doberschnitt M. 10.—

Unsere Muttersprache, ihr Wesen und ihr Werden. Von Geh. Studienrat Dr. O. Weise. 9., verb. Aufl. Geb. M. 5.—

Meister des Stils über Sprach- und Stillehre. Beiträge zeitgenössischer Dichter und Schriftsteller zur Erneuerung des Aufsatzunterrichts. Herausgegeben von Stud.-Rat W. Schneider. 2. Aufl. Kart. M. 2.—

Einführung in Sprechtechnik und Vortragskunst. Von Lektor A. Riesenberg. [In Vorb. 1925.]

Handbuch der Deutschkunde. Hrsg. von Studienr. Dr. W. Hofstaetter u. Geh. Reg.-Rat Prof. Dr. F. Panzer. In einzelnen Bänden. [Bd. I ersch. Anf. 1925.]

Von deutscher Art und Kunst. Eine Deutschkunde. Hrsg. v. Stud.-Rat Dr. W. Hofstaetter. 4. Aufl. Mit 42 Tafeln und 2 Karten. Geschenkausgabe M. 7.—, in Halbleder M. 10.—

Sachwörterbuch der Deutschkunde. Hrsg. von Geh. Reg.-Rat Prof. Dr. F. Panzer, Prof. Dr. J. Petersen u. Prof. Dr. J. G. Sprengel. [In Vorb. 25.]

Volkskundliches Wörterbuch. Von Prof. Dr. E. Fehrle. (Teubners kleine Fachwörterbücher.) [In Vorb. 1925.]

Charles Dickens. Von Prof. Dr. W. Dibelius. Mit 1 Titelbild. Geb. M. 12.—

Die romanischen Literaturen und Sprachen mit Einschluß des Keltischen. (Die Kultur der Gegenwart. Herausgeg. von Prof. P. Hinneberg. Teil I, Abt. XI, 1.) 2. Aufl. Geb. M. 14.—

Geschichte der französischen Literatur. In 5 Bänden. Von Prof. Dr. V. Klemperer. [Zunächst erscheint Anfang 1925 Band V: Vom ersten Kaiserreich bis zur Gegenwart.]

Die moderne französische Prosa. (1870—1920.) Studie und erläuterte Texte. Von Prof. Dr. V. Klemperer. In Halbleinen geb. M. 6.40. Auch in 2 Teilen kart. erhältlich. I. Teil. M. 2.40. II. Teil. M. 3.20

Dantes göttliche Komödie. In deutschen Stanzen von Prof. Dr. P. Pochhammer. 5. Aufl. Mit einem Dante-Bild nach Giotto von E. Burnand, Buchschmuck von H. Vogeler-Worpswede und 10 Skizzen. In Halbleinen M. 12.—, in Halbpergament M. 16.—, in Halbleder M. 17.—, in Halbschweinsleder M. 19.—. Kleine (Taschen-)Ausgabe. 5. Aufl. Geb. M. 5.20, in Halbpergament und in Halbleder je M. 8.—

Elementargesetze der bildenden Kunst. Grundl. einer prakt. Ästhetik von Prof. Dr. H. Cornelius. 3. Aufl. Mit 245 Abb. u. 13 Tafeln. M. 8.—, geb. M. 10.—

Psychologie der Kunst. Von Dr. R. Müller-Freienfels. Bd. I: Allgemeine Grundlegung und Psychologie des Kunstgenießens. Mit 10 Tafeln. 3. Aufl. Geb. M. 7.—. Bd. II: Psychologie des Kunstschaffens und der ästhetischen Wertung. Mit 7 Tafeln. 2. Aufl. Geh. M 6.—, geb. M. 8.—

Verlag von B. G. Teubner in Leipzig und Berlin

Im März 1925 erscheint:

R. HAMANN

Professor an der Universität Marburg

DIE DEUTSCHE MALEREI
VOM ROKOKO BIS ZUM EXPRESSIONISMUS

Mit etwa 300 Abbildungen im Text und 8 farbigen Tafeln

In dieser neuen Darstellung erscheint grundlegend für das Verständnis der Kunst des 19. Jahrhunderts die Entwick= lung des Naturgefühls in einer dem Malerischen fern= stehenden, auf einer durch und durch menschlichen Teil= nahme an der Natur beruhenden Versenkung in alles Lebendige um uns. So wird die Darstellung der deutschen Malerei von dem Entstehen des Naturgefühls im aus= gehenden 18. und beginnenden 19. Jahrhundert über Klassi= zismus und Romantik bis zu der Kunst der großen Maler Böcklin, Feuerbach, Leibl, Hans von Marées, Thoma ver= folgt, die weitere Entwicklung als Überwindung des Na= turalismus durch eine neue Betonung der Bildmittel, von Farbe, Licht, Flecken als optische Faktoren und durch eine neue Betonung des Technischen und des künstlerischen Aus= drucks gekennzeichnet. Zuletzt gewinnt die künstlerische Sprache als solche, der Ausdruck des Künstlers eine Eigen= bedeutung und den der Natur abgesehenen Oberflächen= reizen des Impressionismus folgen die in Farbe und Form von der Natur unabhängigen Konstruktionen des Kubismus.

LEIPZIG / VERLAG B. G. TEUBNER / BERLIN

Aus Natur und Geisteswelt

Jeder Band gebunden M. 1.60

Zur Sprache und Literatur:

Sprachwissenschaft. Von Prof. Dr.
Kr. Sandfeld. 2. Aufl. . (Bd. 472.)

Die Sprachstämme d. Erdkreises.
Von Prof. Dr. H. N. Finck. 3. Aufl. (267.)

**Die Haupttypen des menschlichen
Sprachbaus.** V. Prof. Dr. H. N. Finck.
2. Aufl. . . . . (Bd. 268.)

Die deutsche Sprache von heute.
Von Dr. W. Fischer. 2. Aufl. (Bd. 475.)

Fremdwortkunde. Von Prof. Dr.
Elise Richter. . . . . (Bd. 570.)

Rhetorik. Von Prof. Dr. E. Geißler.
I. Richtlin. f. d. Kunst d. Sprechens. 3. Aufl.
II. Dtsche. Redekunst. 2. Aufl. (Bd. 455/456.)

Wie wir sprechen. Von Prof. Dr. E.
Richter. Mit 5 Fig. im Text. (Bd. 354.)

Die menschliche Sprache, ihre Ent-
wickl. b. Kinde, ihre Gebrechen u. der. Heil.
V. Lehrer K. Nickel. Mit 4 Abb. (Bd. 586.)

**Einführung in das Verständnis
des dichterischen Kunstwerks.**
Von Oberstudiendirektor Dr. A. Ludwig.
(Bd. 681.) [In Vorb. 1925.]

Poetik. V. Dr. R. Müller-Freienfels. 2. Aufl. . . . . . (Bd. 460.)

Die griech. Komödie. V. Prof. Dr. A.
Körte. Mit Titelbild u. 2 Taf. (Bd. 400.)

Die griech. Tragödie. Von Prof. Dr.
J. Geffcken. M. 5 Abb. u. 1 Taf. (566.)

Griechische Lyrik. Von Geh. Hofrat Prof. Dr. E. Bethe. (Bd. 736.)

Die Homerische Dichtung. Von
Rektor Dr. G. Finsler. . (Bd. 496.)

German. Mythologie. Von Prof.
Dr. J. v. Negelein. 3. Aufl. (Bd. 95.)

Die altnordische Literatur. Von
Prof. Dr. G. Neckel. . . (Bd. 782.)

Die germanische Heldensage. Von
Dr. J. W. Bruinier. . . (Bd. 486.)

Das Nibelungenlied. Von Prof.
Dr. J. Körner . . . (Bd. 591.)

Das deutsche Volksmärchen. Von
Pfarrer K. Spieß. 2. Aufl. (Bd. 587.)

Die deutsche Volkssage. Von Dr.
O. Bödel. 2. Aufl. . (Bd. 262.)

Das deutsche Volkslied. Über Wesen
und Werden des deutschen Volksgesanges.
Von Dr. J. W. Bruinier. 6. Aufl. (Bd. 7.)

Minnesang. Die Liebe im Liede des
deutschen Mittelalters. Von Dr. J. W.
Bruinier . . . . . . (Bd. 404.)

**Deutsche Volkskunde im Grund-
riß.** Von Prof. Dr. K. Reuschel. I. Allg.
Sprache. Volksdichtung. Mit 3 Fig. (644.)
II. Sitte, Brauch und Volksglaube.
Sachl. Volkskunde. . . . (Bd. 645.)

Deutsche Romantik. Von Geh.
Hofr. Prof. Dr. O. Walzel. I. Die Welt-
ansch. 5. Afl. II. Die Dichtg. 4. Afl. (232.)

**Geschichte der deutschen Frauen-
dichtung seit 1800.** V. Dr. H. Spiero.
Mit 3 Bildnissen auf 1 Tafel. (Bd. 390.)

**Geschichte d. dtsch. Lyrik seit Clau-
dius.** V. Dr. H. Spiero. 2. Aufl. (254.)

**Geschichte d. niederdtsch. Litera-
tur v. d. ältest. Zeiten bis a. d. Ge-
genw.** V. Prof. Dr. W. Stammler. (815.)

Das Theater. Von Prof. Dr. Chr.
Gaehde. 3. Aufl. Mit 17 Abb. (Bd. 230.)

Der Schauspieler. Von Professor
H. Gregori. . . . . . (Bd. 692.)

Das Drama. Von Dr. B. Busse.
4 Bände. 2. Aufl. . . (Bd. 287/290.)

Lessing. Von Prof. Dr. Th. Schrempf.
Mit einem Bildnis . . (Bd. 403.)

Schiller. Von Prof. Dr. Th. Ziegler.
Mit 1 Bildnis Schillers. 3. Aufl. (Bd. 74.)

Schillers Dramen. Von Progym-
nasialdirekt. E. Heusermann (Bd. 493.)

Goethe. V. Prof. Dr. M. J. Wolff. (497.)

Kleist. Von Prof. Dr. H. Meyer-
Benfey . . . . (Bd. 567.)

Das deutsche Drama des 19. Jahrh.
V. Prof. Dr. G. Wittowski 5. A. (Bd. 51.)

Franz Grillparzer. V. Prof. Dr. A.
Kleinberg M. 1 Bildn. Grillp. (513.)

Friedrich Hebbel u. s. Dramen. V.
Geh. Hofr. Prof. Dr. O. Walzel 2 A. (408.)

Gerhart Hauptmann. Von Prof. Dr.
E. Sulger-Geting 3 Aufl. (Bd. 283.)

Ibsen und Björnson. Von Prof.
Dr. G. Neckel . . (Bd. 635.)

Verlag von B. G. Teubner in Leipzig und Berlin